Jenny Schon

Böhmen nicht am Meer

Impressum:

Jenny Schon

Böhmen nicht am Meer
Eine Spurensuche bis heute

1. Auflage 2016

Gesamtherstellung:

Gerhard Hess Verlag
www.gerhard-hess-verlag.de

Sämtliches Bildmaterial stammt vom Autor

ISBN: 978-3-87336-483-7

Jenny Schon

BÖHMEN NICHT AM MEER

Eine Spurensuche bis heute

GERHARD HESS VERLAG

Meiner Mutter
Anni Schon geb. Schwantner
(4.4.1922 Trautenau / Böhmen –
30.5.2015 Brühl / Rheinland)

und von Krieg bedrohten Müttern
und Kindern gewidmet

Inhaltsverzeichnis

3. Von einem Krieg, der unser Leben änderte

4. Kinderlandverschickung

5. Im Kalten Krieg

6. Nach der Samtenen Revolution

Appendix:

Anhang:

Einige Worte zu »*Böhmen nicht am Meer*«

Kaum ein Land in Europa liegt mittiger als das Königreich Böhmen bzw. das heutige Tschechien. Es ist das einzige Land Europas, das es zu einem Charakteristikum, dem Attribut „Bohème“, gebracht hat.

Doch sein Grußwort „ahoi“, von der internationalen Seefahrt übernommen, zeigt in eine andere Richtung, lässt eine Ahnung von Meer zu.

Nun ist es eine historische Tatsache, dass es bis in die spätrömische Zeit keine Slawen in Europa, keine Westslawen in Mitteleuropa, gegeben hat. Erst mit den Völkerwanderungen, in denen die germanischen Stämme die Gebiete an der Elbe, die Markomannen die Bohemiens verlassen haben, kamen aus dem südöstlichsten Teil Europas, möglicherweise aus Gebieten am schwarzen Meer, slawische Volkschaften, in der Genesis der Tschechen machte sich Väterchen Tschech mit ihnen auf, und sie siedelten in den nun verlassenen Gebieten, von der Elbe aufwärts bis hinauf an die Ostsee.

Als irgendwann kaiserliche Kundschafter in das Gebiet des heutigen Böhmischen Beckens geschickt wurden, berichteten diese, dass die neuen Völker, inklusive der ebenfalls eingewanderten Awaren, friedlich Ackerbau betrieben.

Nun hat Böhmen außer Elbe und Moldau keine nennenswerten Flüsse oder Gewässer, das Kernland nennt sich aber Becken und ist umgeben von Randgebirgen, die nahelegen könnten, hier wäre ein Meer gewesen. Und in der Tat, in den Adersbacher Felsen, in Nordostböhmen, das erst zur Goethezeit touristisch erschlossen wurde, sind eindeutig Wellen der frühen Erdgeschichte in den Felsen versteinert.

In den alten Mythen der Menschen hat sich dieses Wissen verewigt.

William Shakespeare lässt Antigonus im „Wintermärchen“ fragen:

Böhmen, eine wüste Gegend am Meer.
(Antigonus tritt auf mit dem Kinde und ein Matrose.)
Antigonus: Bist du gewiß, daß unser Schiff gelandet
An Böhmens Wüstenei'n?
Matrose: Ja, Herr, doch fürcht ich,
Zur schlimmen Stunde; düster wird die Luft
Und droht mit bald'gem Sturm. Auf mein Gewissen,
Der Himmel zürnt auf das, was wir hier tun,
Und blickt uns drohend an.
Antigonus: Gescheh' sein heil'ger Wille! – Geh an Bord,
Sieh nach dem Boot; nicht lange soll es währen,
So bin ich dort.
Matrose: Eilt, was Ihr könnt und geht nicht
Zu weit ins Land; gewiß kommt bald ein Wetter,
Auch ist die Gegend hierherum verrufen,
Der wilden Tiere wegen.

Auch die Österreicherin Ingeborg Bachmann hat diesen Topos verinnerlicht. Sie, die ihre Heimat an Donau und Moldau wähnt, erinnert in ihrem Gedicht auch an dieses Böhmen am Meer.

... Zugrund – das heißt zum Meer, dort find ich Böhmen wieder.
Zugrund gerichtet, wach ich ruhig auf.
Von Grund auf weiß ich jetzt, und ich bin unverloren.

Kommt her, ihr Böhmen alle, Seefahrer, Hafenhuren und Schiffe
unverankert. Wollt ihr nicht böhmisch sein, Illyrer, Veroneser,
und Venezianer alle. Spielt die Komödien, die lachen machen ...

Nein, eine Umkehrung dieses beschworenen „Böhmen liegt am Meer" der Ingeborg Bachmann soll mein Titel „Böhmen nicht am Meer" nicht sein.

Ich will die Sehnsucht zeigen, gewiß, aber auch das Unvermögen, sich vorzustellen, dass man fremd war, Jahrhunderte lang. Eine junge Tschechin fragt mich, als wir über die Vertreibung sprechen, was hätten wir denn mit den Deutschen machen sollen? Wir mit den Deutschen machen sollen, also gehörten sie nicht dazu.

Oder Libuše Moniková: „Die ehemaligen tschechoslowakischen Bürger deutscher Zunge wirken auf sie weicher, spontaner, auch heftiger als die anderen, in gewisser Hinsicht seien sie ihr näher." Das hört sich nicht nach Geschwistern an.

Da nimmt es denn auch nicht wunder, dass ein in russischer Gefangenschaft umgekrempelter Franz Fühmann in seiner

„Böhmen am Meer“ titulierten Erzählung vorschlägt, dass die, die 1945/46 durch die Benesch-Dekrete die Heimat verloren haben und auf der Suche nach der neuen Heimat sind, ganz gut an der Ostsee siedeln können, Menschen, die meist im Gebirge lebten, dass sie eine neue Heimat in einer sozialistischen DDR am Meer finden könnten.[1]

Beispielhaft werde ich an dem Trautenauer Bildhauer Emil Schwantner zeigen, wie „Umsiedeln“ in die Ostzone, nach Schönebeck an der Elbe, eben nicht geglückt ist.[2] Wohingegen die Vertreibung meiner Mutter ins Rheinland positiv ausgegangen ist.

Natürlich ist der Vertreibung eine Geschichte vorangegangen, an der allerdings alle beteiligt sind.

Dieser Taumel, den Bachmann bedichtet, Böhme zu sein mit seiner unerschütterlichen Sehnsucht nach dem Meer, sich in Lust dem Meeresrauschen hinzugeben, einzutauchen in den Urzustand des Seins, in das panta rhei eines Heraklit, in dem Sinne, dass alles sich bewegt und nichts bleibt, wurde schon vorher zerstört, dieses Ergötzen am Untergang des Fin de Siècle mündet in den Ersten Weltkrieg. Das Spiel ist aus. Mehr noch als für andere europäische Länder brechen in Böhmen tausend Jahre gemeinsame Kultur auseinander, auch wenn die Brüche schon vorher sich abzeichneten.

Die Tschechen gehen mit den zwei Millionen Slowaken zusammen, bisher Nachbarn, sie gründen die tschechisch-slowakische Republik CSR. Die deutsche Bevölkerung, drei Millionen an der Zahl, seit tausend Jahren gemeinsam im Königreich Böhmen lebend, werden ausgegrenzt, zur Minderheit, seither Sudetendeutsche genannt, mit ihnen die deutschsprechenden Juden, sie werden quasi Sudetenjuden und 1945 infolge, sofern sie den Nazi-Terror überlebt haben, ebenso misshandelt und durch die Benesch-Dekrete diskriminiert wie alle, die deutsch- oder zweisprachig waren.

Das hat als Absurdität zur Folge, daß Franz Kafka, ein Prager par excellence, weil er deutsch geschrieben hat, nicht auch als Dichter der Tschechen empfunden wird, obwohl der Prager Germanist Eduard Goldstücker 1963 und 1965 versucht hatte, das Kafka-Tabu im Ostblock aufzubrechen. Oder Walter Trier, wie Kafka mit Max Brod befreundet und Prager, der Illustrator von Erich Kästners Büchern, in dessen Zeichnungen das Leben in dieser multikulturellen Stadt eingeflossen ist, gilt nichts im tschechischen Bewusstsein, Rainer Maria Rilke, Franz Werfel ebenfalls Prager, Joseph Roth, fast 20 Jahre für das Prager Tagblatt tätig, bei den Tschechen fast unbekannt, um nur einige zu nennen. Die erste deutschsprachige Prosaerzählung „Der Ackermann aus Böhmen", um 1400 in Böhmen entstanden – sie alle haben Jahrhunderte lang die Kultur des Landes geprägt und sind dort heute fast vergessen.

So habe ich seit Zeiten der Zwerge, seit Zeiten von Shakespeare zusammengetragen, was mir liebens- und erhaltenswert erschien. Und immer wieder werden meine Geschichten von Kriegen unterbrochen, aber auch angestoßen.

Ganz besonders wertvoll macht diesen Band die Geschichte meines Freundes Horst Schulze aus Berlin, von der großmütterlichen Seite auch böhmischstämmig, wie er die Kinderlandverschickung von Berlin nach Böhmen im zweiten Weltkrieg und zurück erlebt hat.

Der Band ist diesen Kindern gewidmet, die mit großen Augen, fragend und ängstlich, ab Januar 1945 auf die große unbekannte, mitunter tödliche Reise gen Westen von Ostpreußen, Pommern, über Galizien und Böhmen geschickt werden. Für diese Kinder beginnt jetzt erst der Krieg, und für ihre Mütter auch, sie werden zu abertausenden vergewaltigt und massakriert. Im Westen sind sie nicht willkommen, wie Kartoffelkäfer, unnütz, zusätzliche Fresser, sprechen eine andere Sprache. Sie werden Menschen begegnen, die die Bombennächte überlebt haben, die aber einen, wenn auch zerstörten Ort, Heimat haben…

Die Flüchtlinge und Vertriebene haben nur das, was sie am Leibe haben, und ihr Leben. Dieses Leben werden sie bis heute in ihre neue Heimat einbringen, in die Geschichte Deutschlands nach dem 2. Weltkrieg, es sind die Kinder und Menschen meiner Generation.

Jenny Schon

Berlin · 2015
70 Jahre nach der Vertreibung
aus Trautenau / Riesengebirgsvorland

Der Glaube hilft, wo die Liebe weint

— Herbstliche Betrachtungen aus Böhmen —

von Jenny Schon

Was nur in den Geschichten der Großeltern lebte, nimmt jetzt — nach der tschechischen Revolution — Gestalt an. Ich erfahre meine eigene Vergangenheit, die ich mit vielen Abertausenden teile, die nach 1945 fluchtartig ihre Heimat verlassen mußten. Meine Heimat war Trautenau am Fuße des Riesengebirges, in Böhmen, wo ich 1942 geboren wurde.

Meine Erinnerung an diese drei Jahre im Riesengebirge werden überlagert von den Geschichten meiner Verwandten. Manchmal weiß ich nicht, ob ich sie bewußt erlebt habe oder nur aus ihren Erzählungen weiß. Da tauchen Ortschaften auf: Grieblitz, Parschnitz, Marschendorf, Freiheit, Johannesbad ... Orte, an denen die Verwandten gelebt haben, und damit auch ich. Da gab es Wiesen, Wälder, Pfifferlinge, Blaubeeren, meine ganze Kindheit lebte von diesen wunderbaren Früchten der Natur, die mir wie aus einer anderen Welt erschienen.

Und vor allem Rübezahl. Wenn ich nicht artig war, wurde Rübezahl gerufen — und das im flachen Rheinland, wohin ich nach dem Kriege verschlagen wurde, wenngleich ich doch wußte, daß Rübezahl der Herr Berge war.

Jetzt bin ich wieder hier — als Erwachsene, als ein Mensch, dessen Leben in ganz anderen Richtungen verlaufen ist, als ursprünglich von dem Herrn der Berge vorgesehen. Die Vergangenheit scheint vergessen, gebannt, aber nun auf einmal lebt alles wieder vor meinen Augen. Trautenau heißt heute Trutnov (es machte das letztemal Schlagzeilen, als hier 1866 die Preußen geschlagen wurden, wie Fontane, der den Kriegsschauplatz im August des gleichen Jahres besuchte, so lebhaft beschreibt). Freiheit heißt Svoboda, aus Marschendorf I bis IV ist Dolni und Horni Maršov geworden, Johannesbad klingt fremdartig: Janské Lázně, ebenso Jungbuch (Mladé Buky) und Oberaltstadt (Horni Staré Město). Alles Orte im Umfeld von Trautenau.

Rübezahl ist fast unaussprechlich in der fremden Sprache: Krakonoš. Aber die tschechischen Kinder achten ihn ebenso wie wir damals.

Man darf wieder über die deutsch-österreichische Vergangenheit, die diese Gegend geprägt hat, reden mit den mittlerweile Einheimischen, es ist nicht mehr ein Tabu so wie 1976, als ich das erste Mal seit meinem Weggang hier ein Wochenende verlebte, um eine zurückgebliebene Tante zu besuchen, die einen Tschechen geheiratet hatte und bleiben durfte.

In diesem Sommer ist ein Tschechisch-Deutsches Begegnungszentrum mit böhmischer Blasmusik auf dem Marktplatz offiziell eingeweiht worden, um die beiden böhmischen Völker wieder näherzubringen (es leben noch ca. 30 000 deutschsprachige Menschen in Böhmen). Das Zentrum ist aber vor allem ein Ort, wo Deutsche aus der Bundesrepublik, die mal reinschauen, Geschichten austauschen von früher. Denn die meisten sind bereits älteren Jahrgangs und haben bis Kriegsende irgendwo in Böhmen gelebt. Bei den beiden Angestellten, Herrn Fiedler und Frau Černý, geb. Müller, finden sie ein offenes Ohr.

Ich erkenne den Marktplatz, der jetzt Rübezahlplatz heißt, weil ihn eine Rübezahlfigur ziert, nicht wieder. In den letzten 15 Jahren hat er sich sehr zu seinen Gunsten verändert. Die Autos sind verbannt, die Fassaden der alten Häuser und das Rathaus liebevoll restauriert. Berühmt ist auch der Laubengang rund um den Platz. Leider findet der allabendliche Corso, wie er aus den 20 er Jahren beschrieben ist, nicht mehr statt. Die meisten Geschäfte schließen bereits um 17 Uhr und mit Beginn der Dunkelheit wird der Bürgersteig hochgeklappt. Das ehemalige Schloß ist ebenfalls restauriert und beheimat das Museum des Riesengebirgsvorlands, mit teilweise interessanten Ausstellungen. Gegenwärtig wird eine Ausstellung deutscher Künstler von 1918—1945 gezeigt. Die Ausstellung präsentiert Exponate, die Trautenauer Künstler 1945 hier gelassen haben/ lassen mußten. Somit ein Ereignis, das vor 1989 nicht denkbar gewesen wäre.

Die das Stadtbild prägende Kirche steckt in einem bombastischen Gerüst, das Ergebnis scheint zur Augenfreude Anlaß zu geben. Alles in allem würde auch Fontane seine Zustimmung geben zu der Entwicklung der Stadt, hat er den Berichten, daß die Trautenauer den Brunnen vergiftet hätten, um die preussische Armee zu schwächen, sowieso keinen Glauben geschenkt. Und ich gebe Fontane recht, die böhmischen Städte haben etwas südländisches.

Meine persönliche Geschichte erlebe ich auf dem Trautenauer Friedhof. Auf der Suche nach meinen verstorbenen Ahnen begegnen mir Namen auf den Grabsteinen, die plötzlich ganz lebendig werden. Schremmer: so hieß doch die Familie der Freundin meiner Mutter: Kahl: so hieß meine Urgroßmutter. Reeh: das ist der Ehenamen einer Tante, die jetzt in Schwaben lebt. Pauer: das waren Cousinen meiner Mutter und und und ... Das sind plötzlich gar keine toten Grabmale mehr. Aus den Gräbern formen sich Gestalten, die zu Menschen gehören, die mit mir zu tun haben.

Auch der neueste Skandal in Trautenau hat indirekt mit mir zu tun. Im Frühjahr ist ein wundervolles Bronzerelief, das dem sozialdemokratischen Abgeordneten des Kreises Trautenau im Prager Parlament, Wilhelm Kiesewetter, der 1925 verstorben, gewidmet war, von Vandalen bei Nacht und Nebel zersägt und auf dem Altstoffmarkt verhökert worden. Das Relief hat ein Cousin meines Großvaters geschaffen, der hier in der Gegend ein bedeutender Bildhauer war.

Trautenau kocht vor Entsetzen, es gibt nicht wenig Anlaß, über die neue Demokratie die Stirn zu runzeln: »Früher wäre so was nicht möglich gewesen!« Ich gehe weiter: Da erzählen wunderschöne Skulpturen von Elend und Leid, aber auch von Liebe und Glück. Gebeugte Gestalten mit wehenden Gewändern, so echt, daß ich sie im Wind rascheln höre. Eine getötete Taube mit gebrochenem Flügel, der Hut des Wanderers vom Zahn der Zeit und vom sauren Regen, der hier viele Zerstörungen hinterläßt, durchlöchert. »Auf Wiedersehn«, steht ganz freundlich irgendwo. Aber am häufigsten fallen mir die Worte ins Auge: »Der Glaube hilft, wo die Liebe weint.« In Gedanken wische ich mir die Tränen weg, die hier schon geweint wurden.

Viele Inschriften sind nicht mehr zu entziffern. Auch meine näheren Verwandten finde ich nicht. Ihre Grabsteine sind umgestürzt, eine üppige Vegetation hat sich der Gräber bemächtigt. Storchenschnabel und Farn herrschen vor. Birken rauschen im Wind, der Regen tropft auf rostige Kreuze. Auf Wiedersehn. Ich fahre nach Marschendorf zu anderen Verwandten. Marschendorf ist der letzte größere Ort, bevor der Marsch in Rübezahls Bergwelt beginnt.

Hier liegt der Friedhof an einem steilen Hang. In seiner Mitte steht die Kirche Mariä Himmelfahrt. Ein schlichter und einziger Renaissance-Kirchenbau der Gegend, den 1605 Hannibal von Wallenstein an der Stelle der ursprünglichen Holzkirche errichten ließ. Er holte sich dazu den italienischen Baumeister Carolo Vamadi. Wer hätte gedacht, daß in einem so entlegenen Winkel, wo meine Ahnen jahrhundertelang einen Bauernhof, der der großen Straße zur Schneekoppeweichen mußte, bewirtschafteten, ein italienischer Baumeister zu einem Kirchenbau inspiriert wurde. Der Marschendorfer Friedhof ist bei weitem nicht so prachtvoll wie der in Trautenau, aber auch hier Namen, die ich in dem Ahnenpaß meiner Mutter finde; das einzig brauchbare Relikt einer unseligen Zeit, der wir das ganze Elend der letzten 40—50 Jahre verdanken. Genug geweint, die Liebe kann hoffen und unsere Ahnen auf ein glückliches Wiedersehen!

»Trautenau heißt heute Trutnov. Ich erkenne den Marktplatz, der jetzt Rübezahlplatz heißt, weil ihn eine Rübezahlfigur ziert, nicht wieder.« Foto: čtk

Mein erster Artikel zu Böhmen Herbst 1993

1.
Von fernen Kriegen und Geschichten

Die erste SMS

Der Bursche Igor Cleppr dreht sich noch mal um. Kuttenberg, seine Heimatstadt, liegt noch im Morgenschlummer. Irgendwo kräht ein Hahn. Aus einem Schornstein zieht ein dicker schwarzer Strich schnurstracks in den frischen blauen Himmel. Kein Lüftchen weht.

Es wird der Bäcker sein, denkt Igor, und ihn überkommt ein starkes Hungergefühl, so als würde er nie wieder was zwischen die Zähne bekommen. Er setzt sich auf einen Steinbrocken, der den Weg nach Prag kennzeichnet.

Ade, Kuttenberg, murmelt er mit dicken Backen. Aber ich komm wieder und bringe dir den Reichtum, den ich in der großen weiten Welt für dich sammeln werde, für dich Vater und um dich Mütterchen zu ehren, die du mir aus den Himmelstoren bei meinen Reisen zuwinken wirst.

Kuttenberg war zu dieser Zeit nicht mehr die reichste und damit bedeutendste Stadt Böhmens. Der Silberbergbau hatte seinen Höhepunkt überschritten, die Macht und Pracht war an Prag gegangen.

Vom Turm der Jakobskirche vernimmt Igor einen warnenden Klang. Das Glockengeläut zur Morgenmesse. Auf in die Welt, Igor Cleppr, mahnt sie, marsch, marsch, ahoi.

Igor springt auf. Ahoi! ruft er und schon beginnt er summend seine große Reise.

Gut zwanzig Jahre vorher hat ein englischer Dichter ein Theaterstück geschrieben. In der dritten Szene beschreibt er ein Land.

Böhmen, eine wüste Gegend am Meer.
Antigonus: Bist du gewiß, daß unser Schiff gelandet
An Böhmens Wüstenei`n?
Matrose: Ja, Herr, doch fürcht ich,
Zur schlimmen Stunde; düster wird die Luft
Und droht mit bald'gen Sturm. Auf mein Gewissen,
Der Himmel zürnt auf das, was wir hier tun,
Und blickt uns drohend an.
Antigonus: Gescheh' sein heil'ger Wille! – Geh an Bord,
Sieh nach dem Boot; nicht lange soll es währen,
So bin ich dort.
Matrose: Eilt, was Ihr könnt, und geht nicht
Zu weit ins Land; gewiß kommt bald ein Wetter,
Auch ist die Gegend hierherum verrufen,
Der wilden Tiere wegen.

Igor Cleppr wird Shakespeares „Wintermärchen“ nicht gekannt haben, dennoch macht er sich auf ans große Meer, an dem auch der Dichter gelebt hat. Und Igor hat einen langen Weg vor sich, denn Böhmen liegt schon lange nicht mehr am Meer. Igor will dennoch Matrose werden. Ahoi! rufend kommt er in Hamburg an. Hoeg Dilsen, der Kapitän des Schiffes „Stolz von Deventer“, winkt ihn heran. He, was rufst du denn da für'n Kauderwelsch.

Ahoi, Sir, sagt Igor. Das hatte er bereits aufgeschnappt, daß er die feinen Herren zur See mit Sir anreden mußte.

Ahoi? fragt Hoeg Dilsen. Was soll denn das bedeuten!

Na ahoi, betont Igor, ahoi ist ahoi.

Soso, spottet Hoeg Dilsen. Soll'n wir jetzt auf See ahoi sagen. Meinst du das, Herr Ahoi!

Warum nicht, bekräftigt Igor, ahoi ist kurz und lustig und eben ahoi, weil man es bei uns in Böhmen sagt.

Immer wieder erzählte der Kapitän auf seinen weiten Reisen von diesem merkwürdigen Burschen aus Böhmen und seinem Ahoi. Und nicht lange und dieses böhmische Ahoi wurde 1642 bei der ersten Konferenz zur Vereinheitlichung des zivilen Schiffsrechts in Antwerpen, die anläßlich der Havarie 1640 vor Glasgow abgehalten wurde, der offizielle Begriff zur Schiffsanrufung und zum internationalen Gruß der Seeleute. Da war der britische Dichter aber leider schon verstorben, sonst hätte auch er seine Schiffsreisenden sicherlich ahoi! rufen lassen und die wilden Tiere wären beeindruckt davon geschlichen oder gezähmt worden.

Unter den vielen menschlichen Gebeinen, die im Beinhaus in Kuttenberg aufbewahrt werden, befindet sich auch der Walfischzahn, den Igor Cleppr nach 20 Jahren Abwesenheit in seine Heimatstadt mitbrachte. In der Kirche der Heiligen Barbara von Kuttenberg ist dem Heiligen Ignatius zu Ehren ein kleiner Seitenaltar gewidmet, der auch den Namen Igor Clepprs erwähnt und bei dem der Walfischzahn zu sehen ist. Wo allerdings die Gebeine seines zahmen Affen, den er ebenfalls mit im Gepäck hatte, geblieben sind, ist nicht überliefert.

Was allerdings verbürgt ist, daß Igor der Erfinder der SMS ist und so finden wir, wenn wir genau hinsehen, auf dem Walfischzahn die erste SMS eingekerbt: ahoi![3]

Wo der Rübezahl mit seinen Zwergen...

Was so märchenhaft im Riesengebirgsheimatlied besungen wird oder in Grimms Märchen von *Schneewittchen und den sieben Zwergen* oder *Schneeweißchen und Rosenrot* hat einen reellen Hintergrund. Die Zwerge werden immer mit Gold und Erzen in Verbindung gebracht. Auch Simon Hüttel, der Chronist von Trautenau, weiß davon zu berichten. Waren es dort auch Bergkappen aus Meißen, die einen Tag vor dem hl. Georg, an dem sich der Sage nach der Erdboden öffnet (23. April 1511), am Fuße des Hopfenberges in Trautenau nach Gold gruben. Sie schufen eine Grube, stießen aber nur auf Wasser, das weitere Arbeiten verhinderte. Gold wurde nicht gefunden. Dann zogen die Bergknappen in den Riesengrund weiter.

Wie bei vielen dieser Geschichten gibt es ältere Vorläufer. So wird erzählt, dass im Jahre 1456 ein Venediger auf seiner Suche nach Gold und Edelsteinen sich ins innere Riesengebirge aufmachte und nach abenteuerlichen Wegen durch den Urwald in den Riesengrund geriet. Hier stieß er auf eine baumlose Wiese und fand dort menschliche Gerippe. Mehrere von ihnen hatten zwischen den Fingerknochen Gold und Edelsteine, welche die Schatzsucher aus dem Stollen am Abhange der Schneekoppe geschürft hatten. Aufgrund einer Lawinenkatastrophe waren alle verschüttet und getötet worden.

Um 1590 – 1600 wird weiter berichtet wurde auf der Navorer Wiese, im Zacken, in der Aupa, in der jungen Elbe und in den Iserzuflüssen (Kleine und Große Iser) Gold gewaschen. Dass die Quellbäche der Iser und des Zacken auch noch später goldhaltige Sande führen, ist noch im 20. Jhd. überliefert.

Solche Orte wie Hermannseifen am Bach Seifen, im Mittelalter gegründet, sind nach Seifen benannt, Lagerstätten sekundärer Mineralanreicherungen in Sedimenten wie Sand oder Kies, in denen sich mineralhaltige Körner entsprechend ihrem spezifischen Gewicht durch mechanische Strömungen sortiert, konzentriert und dann abgelagert haben. Vorkommen abbauwürdiger Konzentrationen von Edelmetallen, Schwermineralien oder Edelsteinen werden als Seifenlagerstätten bezeichnet. *Alluviale Seifen* oder *Flussseifen* in fließenden Gewässern gehörten in der Vergangenheit zu den wichtigsten Seifenlagerstätten.

Die Vorkommen in den Flussbetten war aber schnell erschöpft. Im Gebirge war im Mittelalter noch ein Urwald. In diesen Urwald kamen die bereits genannten Venediger oder Walen, von Venedig geschickt, das im Mittelalter eine Weltmacht war, aber keine eigenen Ressourcen hatte. Venedig stellte ein Glas her, das auf den Märkten der damaligen Welt hoch begehrt war: Murano Glas, dessen Herstellung jahrhundertelang ein Geheimnis blieb. Um an die Rohstoffe für das Glas zu gelangen, zogen die Walen oder auch Welschen als Erz- oder Mineraliensucher durch Europa. Und das Besondere an diesen Menschen: sie waren kleinwüchsig, nach unserer Schreibart Zwerge, denn sie mussten ja in die Berge, gruben Stollen und holten die Erze heraus.

Aufgrund ihrer fremden Sprache und ihres unverständlichen Tuns in den Bergen regten sie in ganz Mitteleuropa zur Sagenbildung an. In der Sage wurden ihnen auch magische Eigenschaften zugeschrieben. Sie erscheinen dort als zauberkundige und geisterhafte Fremdwesen. Darüber hinaus wurde ihnen die Autorenschaft der sogenannten Walenbücher zugeschrieben: angebliche Wegbeschreibungen zu verborgenen Schätzen und reichen Erzadern. Sie tauchen überraschend auf und verschwinden auch schnell wieder, kommen dann aber oft viele Jahre hintereinander zurück. Oft verbergen sie ihren Reichtum unter ärmlicher Kleidung und durch anspruchslose Lebensführung. Aus ihrer Heimat bringen sie zuweilen Kräuter oder andere Waren mit, die sie nach Art der Buckelapotheker verkaufen. In Wirklichkeit verstehen sie sich aber vor allem auf das Auffinden und Schmelzen von Erz, aber eigentliche Bergleute sind sie meist nicht. Die Einheimischen wissen oft nicht, was sie sammeln und halten es für gewöhnliche Steine.

Besonders auf der Schlesischen Seite sind Walenzeichen erhalten geblieben. Ein Walenbüchlein stammt von Antonius von Medici, welcher in den Jahren 1425 bis 1456 das Riesengebirge besuchte und über seine Irrfahrten geschrieben hat. Auszüge aus diesem Walenbüchlein enthält die Schreiberhauer Chronik. Ein anderes Walenbüchlein stammte von dem Venediger Johannes Wahle und enthielt die interessante Bemerkung: „Daß in dem Hirschburger Gebürge ein gar nachsetziges Volk gegen die Wälschen sei, die selbst als Bettler nicht wohl durchkommen, weil ihre Sprache sie verrät." In keinem anderen Walenbüchlein ist ein so ausdrücklicher Hinweis auf das „Welschentum" der Goldsucher erhalten wie in diesem. Dieses Büchlein wird jetzt wahrscheinlich in der Stadtbibliothek von Breslau verwahrt. Im „Wanderer im Riesengebirge" vom Januar 1914, findet sich der Hinweis: „Ein Felsstück mit Walenzeichen konnten wir beim Bau der Eisenbahnstrecke Schreiberhau-Grünthal retten. Dieser Stein, den wir damals beim Gabelstein niederlegen ließen, haben wir jetzt nach unserem Museum befördern lassen. Unseres Wissens sind jetzt nur noch an zwei Stellen in unserem Gebirge solche Walenzeichen an Felsen vorhanden. Um so wertvoller ist für unser Museum dieser Besitz." Auch im Museum im Krummhübel befinden sich Fundstücke.

Im 16. Jahrhundert verbieten die Herrscher der europäischen Länder diese Ausbeute durch Fremde und lassen in eigener Produktion Glas herstellen. Das Vordringen der Glashütten in diesen Urwald hatte zufolge, daß auf den gerodeten Waldflächen sich nach und nach Familien ansiedelten. Ebenso verhielt es sich mit dem Bergbau. Der Bergbau im böhmischen Kuttenberg verschlang Unmengen an Holz für den Stollenbau und die Verhüttung der Erze. Das Holz wurde im Riesengebirge geschlagen und auf den Bächen und schließlich auf der Elbe bis Kuttenberg geflößt. Um die Bäche und die Elbe zum Flößen kurzzeitig anschwellen zu lassen, wurden die Wässer in Klausen gestaut.

Aus Tirol wurden hierzu Holzknechte, die sogenannten Schwazer geholt.

Der Chronist Simon Hüttel berichtet in seiner Trautenauer Chronik: „1591 am pfingstdinstag sind 3 hundert schwazer holzknechte gen Trautnaw auf den schloszhof kommen, woselbst sie der Rath bewirtete“.

Die Halbjahreszeitschrift veselý výlet aus Dunkeltal schrieb darüber im letzten Jahr und nannte die Familien, die damals gekommen sind. Zwei Schwantner, denen meine Mutter Anni Schon geb. Schwantner und der Bildhauer Emil Schwantner entstammen, waren darunter.

Bei einer solchen Hand liegt gut Waschwerk von Erz.

Bei diesem Zeichen sind Walengruben,
gediegen [Gold] und ist Seifengut.

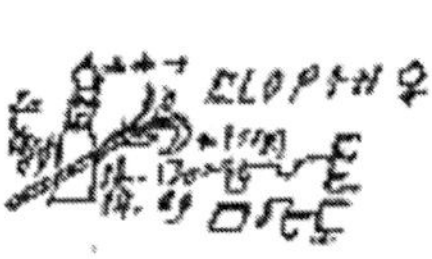

Bei diesem Zeichen liegen überall viel Goldkörner.

Bei diesem Zeichen findest du gelben Zirill.

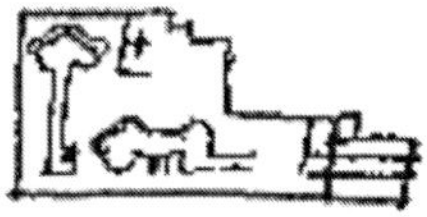

Dies zeigt einen Berg da [Gold] genug innen.

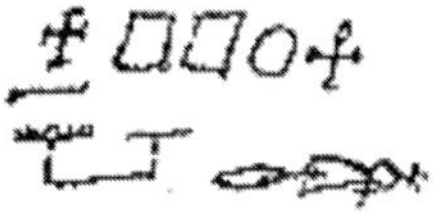

Bei einem solchen Zeichen findest du Marcasit.

Dieses Zeichen wurde 1899 in Wittigsthal (Erzgebirge) gefunden. Bergmännisch lässt sich die Inschrift nicht deuten.

Goldgrube –
Auf der Schatzsuche in Trautenau

Auf dem Foto hocke ich als noch nicht Einjährige auf dem Schoß meiner Mutter Anni Schon geb. Schwantner, ohne zu wissen, das da hinter uns im Mittelalter Schatzsucher den Berg aushöhlten. Die Bank, die uns zum Pausieren einlädt, quasi als Sinnbild für die unsichtbare Bank im Berg?

Als ich vor einiger Zeit mit Günter F. zu den neuen Gedenkstätten für den Forstmeister Vogelg'sang und den Bürgermeister Flögl (Replik eines Werks von Emil Schwantner) im Stadtpark spazierte, war davon auch nicht die Rede.

Auf dem Rückweg trafen wir Herrn Ing. Jaroslav Semerák, Direktor der Städtischen Forst- und Parkanlagen, wozu auch die Friedhofsverwaltung gehört. Als wir über die Treppe heruntergingen, sagte ich, daß ich dort auf der Bank schon als Kleinkind mit meiner Mutter gesessen habe, davon gäbe es ein Foto. Erinnern könne ich mich aber nicht.

Ob ich denn mal den unterirdischen Gang besichtigen wolle, wo nach Gold gegraben wurde. Er zeigte auf ein Tor vor dem Hang.

Ein Gang? Vom Goldgraben? Es sei aber glitschig und feucht. Leider war ich nicht höhlenmäßig angezogen.

Simon Hüttels Stadt-Chronik führt an, dass am 23. April 1511 (einen Tag vor dem hl. Georg, an dem sich der Sage nach der Erdboden öffnet!) Bergknappen aus Meißen am Fuße des Hopfenberges nach Gold gruben. Sie schufen eine Grube, stießen aber nur auf Wasser, das weitere Arbeiten verhinderte. Gold wurde nicht gefunden. Dann zogen die Bergknappen in den Riesengrund weiter.

Unter den Bewohnern von Trautenau blieb aber über Jahrhunderte die Sage über die große verschüttete Grube am Fuße des Hopfenberges lebendig. Der Sage nach war die Grube voller Gold.

Tatsächlich befindet sich hier ein Stollen in ungefähr 7 m Tiefe unter der Erdoberfläche und steigt in der Länge von 120 m in südwestlicher Richtung in das Massiv des Johannisberges sanft an. In Richtung Lindwurm-Fontäne zur Forstakademie führt der Stollen mit einem niedrigen Profil als Wassersammler weiter, der das überflüssige Wasser abführt. Von hier kommt auch das Wasser – mit unterirdischer Wasserleitung – das den Brunnen am Ringplatz speist.

Der Stadtpark war früher das Quellgebiet des Baches, der der Rinnelstraße (Na Struze) den Namen gab. Bis zum Bau der Kanalisation in der zweiten Hälfte des 19. Jahrhunderts floss neben der Straße frei das Wasser und speiste einige kleinere Teiche.

Vor 1890 wurde das Rinnel, wo das überflüssige Wasser abfloss, mit Steinen ausgemauert und das Wasser als städtische Kanalisation in den Mühlgraben abgeführt. Bis in die heutige Zeit hat sich davon der Abschnitt in der Straße Lesnická ulice bis zur Kreuzung mit der Straße Na Struze erhalten.

Die steinerne Mauer aus regelmäßig gehauenen Quadern stammt aus der Mitte des 18. Jahrhunderts. Sie wurde aus Sicherheitsgründen dort ausgebessert, wo durch Verwitterung statische Schäden eintraten.

Die Abschnitte aus dünn gehauenen Steinen sind die ältesten erhalten gebliebenen Teile. Zu deren Ausmauerung wurde das Material verwendet, das auf der Stirnseite des Stollens bei dessen Verlängerung in den Hang gewonnen wurde. So wurde nach und nach der hölzerne Ausbau dort ersetzt, wo der Stollen in den Hang (Felsmassiv) führt, damit dessen Mundloch genügend gegen Einbruch von Erdreich von der Erdoberfläche und der verwitterten oberen Felsschicht abgesichert ist.

Das ursprüngliche Eingangsportal, das sich jetzt ungefähr 3,5 m unter der Erdoberfläche befindet, ziert im Mittelpfosten die Jahreszahl 1858. In dieser Zeit wurde wohl der schriftlich nicht dokumentierte Eingang hergerichtet, der mit einem Treppengang über das Niveau der Umgebung ausgeführt wurde.

Beim nächsten Besuch, habe ich mir geschworen, nehme ich Gummistiefel und eine Taschenlampe mit. Vielleicht findet sich ja doch ein Schatz.

Noch ohne Gummistiefel

Anni Schon geb. Schwantner mit Tochter Jenny im Stadtpark Trautenau 1943 *Archiv Schon*

Die preußische Jeanne d'Arc ist eine böhmische

Erinnerung im Geiste der Musik

Der Jäger August Renz alias Eleonore Prochaska

Es ist erst eine Generation her, als Friedrich II. den Kriegs- und Domänenrat Johann Friedrich Pfeiffer beauftragte, an der Müggelspree ein Spinnerdorf anzulegen. Der König wollte Spinnerdörfer, seine Armee brauchte Kleidung und die Einfuhr von Stoffen war teuer.

Bislang hatten nur Frauen in Heimarbeit gesponnen. Während der Schlesischen Kriege konnte er sich von den handwerklichen Fähigkeiten der Böhmen überzeugen, wo Spinnen bereits ein Beruf war, was bedeutete, daß auch Männer spannen. Zudem war in den Ländern Österreichs noch immer die Zwangsrekatholisierung in Gange, was für die protestantischen Böhmen mitunter lebensbedrohlich war, und die, die nicht konvertieren wollten, auszureisen gezwungen waren.[4]

In Preußen gab es fünf zugelassene Gewerke nämlich:

Schmiede, Schneider, Weber, Rademacher und Zimmerleute. Laut königlichem Edikt vom 18. August 1750 sollte sich das ändern, denn seine Kgl. Majestät, unser allergnädigster Herr, (haben) in Gnaden resolviret, daß in denen Amtsdörffern, Leineweber und Tagelöhner oder Spinner auf dero Kosten angesetzt werden sollen.

Für die Amtsdörfer hieß das, den Kolonisten für 1, 2 Kühe, 1 Schwein, 2 junge Gänse Weideland und 2, 3 kleine Morgen Land zur Verfügung zu stellen, denn auch Spinner brauchen was in den Magen und die böhmische Küche ist eine der besten.

1755 waren in dem Friedrichshagen genannten Ort 23 Häuser fertiggestellt und 55 Kolonistenfamilien mit 221 Personen angesiedelt. Es waren nicht nur Böhmaken darunter, wie sie bald schon genannt wurden.

Ein Jahr zuvor war Pfeiffer bereits wieder seinen Posten los, denn man warf ihm Spekulantentum vor. Drei Jahre untersuchte eine Kommission seine Machenschaften. Bei Errichtung der Dörfer Friedrichshagen, Gosen und Marienwerder habe er 8061 Taler aus der Etablissementskasse unterschlagen, auch werde ihm Forstverwüstung vorgeworfen. 1758 wird er zu 6 Jahren Festungshaft verurteilt.

Nachdem sich die böhmischen Siedler von dem Anfangsstress erholt hatten, hielt der Alltag Einzug. Zwanzig Jahre später, 1775, war Friedrichshagen eine vielschichtige Gesellschaft. In 99 Haushalten lebten 393 Einwohner, davon 33 Familien Böhmen, die übrigen deutsche. 64 waren lutherisch, vier böhmisch-lutherisch, 27 böhmisch-reformiert, eine deutsch-reformiert und drei katholisch.

Pfarrer und Lehrer, die tschechisch sprachen, waren gefunden, Kinder geboren und getauft, Paare getraut, Alte gestorben und christlich beerdigt worden. In der zweiten, dritten Generation war die Starthilfe in tschechischer Sprache nicht mehr nötig, die Menschen unterhielten sich deutsch. Dieser Sprachwandel ist sehr schön auf den Epitaphen der Böhmen auf dem Friedhof in Böhmisch-Rixdorf, heute Neukölln, in Berlin, nachzuvollziehen. Wo die erste Generation in Tschechisch verewigt, die zweite in einem Mischmasch aus tschechisch und deutsch, und die 3. Generation, so um 1800, nur noch deutsch in den Grabstein meißelt.

Eine ähnliche Situation herrschte in Nowawes bei Potsdam, das zur gleichen Zeit ebenfalls für Glaubensflüchtlinge, besonders aus Böhmen, von Friedrich II. gegründet worden war. Der Ortsname ist tschechisch und heißt „Neues Dorf“.

Am 11.3.1785 wird den Nachfahren einer böhmischen Kolonistenfamilie aus Friedrichshagen eine Tochter geboren: Maria Christiana Eleonore Prochaska wird in das Taufregister eingetragen. Daß sie einmal August Renz heißen wird, weiß noch keiner. Da der Vater Unteroffizier in der Potsdamer Garde ist, verläßt er Friedrichshagen, so daß die Quellen als Geburtsort von Eleonore mal von Friedrichshagen, mal von Potsdam sprechen, das letztere wird wahrscheinlicher sein und hat sich eingebürgert.

Prochaska ist ein häufiger Name in Böhmen und heißt „Spaziergang“.

Als der Vater (Unteroffizier im 2. Bataillon Garde) infolge der Französischen Revolution ins ferne Rheinland (Unionskriege, die Friedrich Wilhelm II. unterstützt) versetzt wird, kommen die Prochaska'schen vier Kinder (eins stirbt im Kindesalter, Eleonore ist die älteste, Karoline und der Bruder) am 4. August 1794 ins Potsdamer Waisenhaus, wo sie bis zur Rückkehr des Vaters 1797 verbleiben. Es wird erwähnt, daß die Mutter nicht in der Lage war, die Kinder zu versorgen. Wahrscheinlich war sie krank, sie stirbt einige Jahre später. Es wird auch erwähnt, dass der Vater ebenfalls nicht in der Lage war, die Kinder zu versorgen.

Eleonore, katholisch getauft, möglicherweise gehörte die Familie zu den wenigen katholischen in Friedrichshagen, wird zu Michaelis (29.9.) 1797 evangelisch eingesegnet, wohl noch im Militärwaisenhaus. Die Katholische Kirche hat auf Anfrage mitgeteilt, dass sie zwischen 1775 und 1815 starke Tauf-Urkunden-Verluste hat.

Das Waisenhaus war eine Stiftung des preußischen Königs Friedrich Wilhelm I., des sogenannten Soldatenkönigs, gegründet 1. November 1724, seit 1725 nahm sie auch Mädchen auf. Kinder zwischen 6 und 16 Jahren sollten im Christentum, Lesen, Schreiben und Rechnen unterrichtet werden und anschließend einen Beruf erlernen. Die Stiftung besteht noch heute und fördert Projekte zur Jugendarbeit. Das barocke Haupthaus aus dem Jahr 1771 mit seinem Monopteros (Tempelturm) und der Karitas-Figur ist heute eines der Wahrzeichen von Potsdam.

Diese etwas unruhige Vita hat vielleicht auch zu der Unklarheit der Geburtsstätte von Eleonore Prochaska beigetragen.

Jedenfalls scheidet der Vater mit einer kleinen Invaliden-Pension aus den militärischen Diensten. Da er Militärmusiker war, gibt er fortan Musikunterricht. Eleonore führt ihm den Haushalt, sie hat neben der Militärmusik auch das Flötenspiel bei ihm gelernt. Von 1810 an gibt sie mit ihm öffentliche Konzerte.[5] Die „Allgemeine musikalische Zeitung“ vermerkt 1813 aus Anlaß ihres Todes: „Von ihrem Vater...unterrichtet, hatte sie sich frühzeitig eine grosse Fertigkeit auf der Flöte erworben, und gab daher auch vor einigen Jahren mit ihrem Vater

Concerte hier in Berlin."[6] Auch das „Tonkünstlerlexikon" (Carl Ferdinand Becker) von 1849 führt sie noch als „Flötenvirtuosin auf. Die Flöte war zu jener Zeit keins den Damen zugesprochenes Musikinstrument.

Warum Eleonore dennoch in fremde Dienste geht, läßt sich nur vermuten, wahrscheinlich aus finanziellen Gründen. 1810 steht sie dem Haushalt des Hofbaurates Manger als Köchin zu Diensten. Karoline Schulze, eine Nichte desselben, berichtet im Jahre 1866 dem Major und Strafanstaltsdirektor a.D. Schelowsky[7]:

„Eleonore Prochaska diente als Köchin 1810 bei meinem Oheim, Hofbaurath Manger, der damals in dem Manger'schen Erbenhause Brauerstraße Nr. 8 wohnte. Im Juni des gedachten Jahres waren die Verwandten meiner Eltern zu deren silbernen Hochzeitsfeier mehrere Tage hier anwesend versammelt. Eines Tages waren wir zu einer Familienfestlichkeit zu meinem Oheim eingeladen. Hier wurden einige scherzhafte Vorstellungen von meinem Oheim ausgeführt, bei einer derselben hatte Eleonore Prochaska eine Rolle übernehmen gewußt.

Ihr sittlich anständiges Verhalten rühmte meine Tante Manger stets und theilte uns auch mit, daß sie, die Prochaska, in Mußezeit die Flöte geblasen habe. Sie war großer Gestalt, wohlgebaut und ganz angenehmer Physiognomie, trug sich nach damaliger Sitte, und stets mit Kopfbedeckung, ein ihrem Stande nach sauberes Häubchen...jene von ihr übernommene Rolle machte einen unvergeßlichen Eindruck auf mich. Ihr Heldentod erregte unsere Theilnahme um so mehr, als wir sie persönlich gekannt haben."

Spuren der Böhmen in Berlin – Rixdorf *Foto Schon*

Eleonore Prochaska war offensichtlich eine auf vielen Gebieten begabte junge Frau. Da sie bereits mit ihrem Vater öffentliche Auftritte hatte, muß es ihr auch Spaß gemacht haben, Vorstellungen, heute würde man sagen kleine Sketche, zu geben. Als Potsdamer Soldatenkind hatte sie auch das Trommeln, also Militärmusik, erlernt.

Die schon erwähnte „Allgemeine musikalische Zeitung" fügte in ihrem Nachruf auf Eleonore Prochaska noch hinzu: „Von Liebe für die Sache des deutschen Vaterlandes ergriffen, nahm sie jetzt, statt der Flöte, das Schwert, und fiel siegreich."[8]

***

Es ist die Zeit der Befreiungskriege gegen Napoleon. In Spanien und Tirol bewaffnen sich sogar Frauen, um gegen die napoleonischen Truppen zu kämpfen. Der Vater Prochaska erzählte davon. Eleonore wird es in dem Brief aus dem ersten Biwak am 30. Juli 1813 an ihren Bruder erwähnen.

Aus unserem ersten Biwak 1813.

„Lieber Bruder,

Nun habe ich Dir noch etwas ganz Neues (zu) erzählen, worüber Du mir aber vorher versprechen musst, nicht böse zu sein. Ich bin seit vier Wochen schon Soldat! Erstaune nicht, aber schelte auch nicht; Du weißt, dass der Entschluß dazu schon seit Anfang des Krieges meine Brust beherrschte. Schon zwei Briefe von Freundinnen erhielt ich, welche mir vorwarfen, ich sei feige, da Alles um mich her entschlossen ist, in diesem ehrenvollen Kriege mitzukämpfen. Da wurde mein Entschluss unumstößlich fest; ich war im Innern meiner Seele überzeugt, keine schlechte oder leichtsinnige That zu begehen; denn sieh nur Spanien und Tyrol, wie da die Weiber und Mädchen handelten! Ich verkaufte also mein zeug, um mir eine anständige Manneskleidung zu kaufen, bis ich Montirung erhalte; dann kaufte ich mir eine Büchse für 8 Thaler, Hirschfänge und Czacko zusammen 3 ½ Thaler. Nun ging ich unter die schwarzen Jäger; meiner Klugheit kannst Du zutrauen, dass ich unerkannt bleibe. Ich habe nur noch die große Bitte, dass Du es Vatern vorträgst, so vortheilhaft wie möglich für mich. Vater wird mir nicht böse, glaube ich, denn er erzähle ja selbst Skizzen von den Spanierinnen und Tyrolerinnen, wobei er meinen Entschluß deutlich auf meinem Gesichte lesen konnte. Ich habe aus Vorsicht meinen Namen geändert; wenn Du mir schreibst, so unterzeichne Dich mit meinem angenommenen Namen als mein Bruder; denn Du weißt, Briefe haben mancherlei Schicksale. Wir exerciren, tirailliren und schießen recht fleißig, woran ich sehr viel Vergnügen finde; ich treffe auf 150 Schritt die Scheibe.

Lebe recht wohl, guter Bruder! Ehrenvoll oder nie siehst Du mich wieder. Grüße Vater und Karolinen tausendmal; sage Ihnen, versichre sie, dass mein Herz stets gut und edel bleiben wird, dass keine Zeit, Schicksal, oder Gelegenheit mich zu Grausamkeiten, oder bösen Handlungen verleiten soll und dass stets mein Herz treu und bieder für Euch schlägt. Mit ewiger Liebe Deine Leonora genannt August Renz, freiwilliger Jäger bei dem Lützowschen Freicorps im Detachement erstes Bataillon."[9]

Ermuntert, Eleonores Engagement fortzusetzen, tritt nach deren Tod Anna Lühring aus Bremen, genannt der kleine Kruse, in den Dienst der Lützowschen Jäger.

„Am 28. Februar meldete sich zu Altenhofen bei Hauptmann von Helmenstreit ein junger Bursche. Er nannte sich Eduard Kruse aus Oldenburg und berief sich auf die Aufforderung zum freiwilligen Dienste, die auch im Oldenburger Lande ergangen sei. Er war bereits im Depot zu Münster mit Waffen und Uniform versehen worden und schien als Büchsenjäger brauchbar zu sein, zumal da die täglichen Ausfälle des Feindes die Kräfte der Besatzung sehr geschwächt hatten."[10]

Durch ihren frühen Tod ist Eleonore ein ähnliches Schicksal erspart geblieben. Folgende Frauen haben ebenfalls gegen die napoleonische Besatzung gekämpft:

Maria Buchholz, Lina Petersen, Friederike Krüger, Johanna Stegen, Marie Werde und Anna Unger aus Bayreuth, die auch bei den Lützowern kämpfte.[11]

Auf welchem Hintergrund konnte sich der Patriotismus auch der Frauen entwickeln. Unmittelbar nach der Doppelschlacht von Jena und Auerstedt 1806 ziehen die französischen Truppen in Berlin ein und werden dort bis 1808 bleiben.

In der Folgezeit wird die Stadt zum Etappenlager in der weitausgreifenden Kriegspolitik Napoleons, das Umland leidet unter den Truppendurchmärschen und Plünderungen und verwildert förmlich. Vivant Denon läßt zahlreiche Kunstschätze Preußens nach Paris bringen, darunter die Quadriga des Brandenburger Tores.

Seit dem Frieden von Tilsit stand fast ganz Deutschland unter dem Diktat Napoleons. Bewaffneter Widerstand regte sich nur vereinzelt, erst im Herbst 1812 nach dem Fiasko der Franzosen im Rußlandfeldzug und als nach dem Rückzug der Großen Armee die vierte Koalition als Bündnis zwischen Preußen und Rußland zustandekommt, bündelt sich die nationale Begeisterung. Der Ausdruck „Befreiungskrieg" ist eine Sprachregelung des Königs Friedrich Wilhelm III. Nach seinem Aufruf an die Studenten eilt eine große Zahl seiner schöngeistigen Untertanen zu den Waffen. Vaterländische Ideale werden nun in Sonettform bedichtet: es entsteht eine Nationalromantik. Der aus Dessau stammende Wilhelm Müller, Student der Klassischen Philologie an der Berliner Universität malt sich den Sieg der preußischen Armee über die Franzosen als apokalyptisches Strafgericht aus: „Aus Franzenschädeln trinken wir Dort unsern deutschen Trank und feiern Wilhelms Siegeszier Mit altem Bardensang." [12]

Zu den bekannteren Freiheitsdichtern gehören:

Theodor Körner, Sachsen

Ludwig Uhland, Schwaben,

Ernst Moritz Arndt, Rügen

Friedrich de la Motte Fouqué, Brandenburg.

Auch Heinrich von Kleist zählt dazu, wenngleich er im November 1811 freiwillig aus dem Leben schied. Aber auch die romantischen Dichter wie der Hugenotte Adalbert von Chamisso und der brandenburgische Achim von Arnim, der mit Clemens Brentano die Volksliedsammlung „Des Knaben Wunderhorn" herausgibt, sind ohne die Befreiungskriege nicht zu denken.

Die Dichter de la Motte Fouqué und Theodor Körner waren bei den Lützower Jägern. Wie die Stimmung im Frühjahr 1813 ist, besingt Körner in seinem Gedicht

Aufruf

Frisch auf, mein Volk! Die Flammenzeichen rauchen;
Hell aus dem Norden bricht der Freiheit Licht.
Du sollst den Stahl in Feindesherzen tauchen.
Frisch auf, mein Volk! – Die Flammenzeichen rauchen,
Die Saat ist reif; ihr Schnitter, zaudert nicht!
Das höchste Heil, das letzte, liegt im Schwerte.
Drück dir den Speer ins treue Herz hinein!
Der Freiheit eine Gasse! – Wasch die Erde,
Dein deutsches Land, mit deinem Blute rein!

So geht es noch viele Strophen weiter.[13] Der Namensgeber des Korps Adolf Ludwig Wilhelm von Lützow, Sprößling eines mecklenburgischen Adelsgeschlechts, ist am 18.5.1782 in Berlin geboren. Sein Vater machte die letzten Feldzüge des 7jährigen Krieges unter Friedrich II. mit.

Adolf Lützows militärische Laufbahn begann 1795 als Gefreiter-Korporal im Grenadiergarde Bataillon Nr. 6 in Potsdam. Als Kind war er schon ein guter Reiter, deshalb wechselte er zum Kürassierregiment und nahm unter Blücher 1806 an der Schlacht von Auerstedt teil. Bei weiteren Kämpfen wurde er mehrmals verwundet. Am 1. März 1813 erhielt er ein besonderes Patent als Major und Eskadronchef bei dem von ihm errichteten Freikorps.[14]

Vorangegangen war ein gemeinsamer Beschluß des russischen Kaisers und preußischen Königs, vor der Front des etwa an der Elbelinie sich versammelnden preußisch-russischen Heeres Streifkorps nach Norddeutschland zu entsenden.[15] Infolgedessen gründeten sich Freikorps, jedoch keine der Neugründungen im Jahre 1813 erregte so viel Aufmerksamkeit wie die Lützower. Ferner forderten Scharnhorst und Blücher die Bildung leichter, selbständiger Korps, die im Rücken des Feindes operieren sollten, um Volksaufstände hervorzurufen. Sie gewinnen Friedrich Ludwig Jahn, den späteren Turnvater, der sich wie Friedrich Fröbel, dem Vater des Kindergartens, den Lützowern anschließt. Auch der Maler Georg Friedrich Kersting ist darunter, der in eindrucksvollen Bildern und Zeichnungen den Befreiungskrieg dokumentiert.

Die gute Fee der Lützower war Lützows erste Frau Elise geborene Gräfin von Ahlefeldt-Laurvig, die oft monatelang das Korps begleitete und unermüdlich sammelte: Geld, Ausrüstung, Kleider, Lebensmittel und auch Leute warb.

Nach außen hat Eleonore Prochaska nicht wie Elise von Lützow ihr Geschlecht beibehalten können. Zu hegen und zu pflegen schien ihr zu wenig. Ihr Kompanieführer Leutnant Otto Preusse schreibt über sie:

„Wir standen in Sandau (südlich Havelberg). Hier kam auch ein Jäger Renz zur Kompanie -wie sich's nachher zeigte, ein Mädchen namens Prochaska. Er wurde Flügelmann, 3 Fuß 8 Zoll 3 Strich hoch. – Es wurden uns englische Schuhe geliefert, alle bedeutend zu groß für Renz, und ich mußte besonders für ihn ein Paar arbeiten lassen. Seine Sprache war nicht besonders fein, so daß niemand in ihm ein Mädchen vermuten konnte. Übrigens kochte er vortrefflich in den Biwaks".[16]

Den Sommer 1813 über wird Jäger Renz an den Waffen geschult.

Am 9. August 1813 schreibt er/sie erneut an ihren Bruder, diesmal aus Schwerin. [17]

„Das Datum weiß ich nicht, wir haben keinen Kalender und man merkt es gar nicht, wenn Sonntag ist.

Lieber guter Bruder, Uns ist gesagt, dass wir schon in drei Tagen vor den Feind kommen; es ist also vielleicht das letzte Mal, dass ich mit Dir, geliebter Bruder, noch eine Unterhaltung habe; ich bin zwar sehr müde, wir haben in fünf Tagen wohl an dreißig Meilen zurückgelegt und morgen früh um 2 Uhr marschieren wir schon weiter; aber trotz aller Müdigkeit will ich mich diesen Abend nur mit den Meinigen beschäftigen. Es ist mir noch immer geglückt, ganz unerkannt zu bleiben; kann ich nicht ein Quartiersbillet für mich allein bekommen, so ist gewöhnlich der kleine Arnold von fünfzehn Jahren mein Kamerad. Im Biwak hab' ich mein Lager immer für mich allein. Wegen meiner Stimme necken sie mich; da habe mich für einen Schneider ausgegeben, die können auch eine feine Stimme haben. Zu thun giebt es im Biwak auch genug, denn außer mir ist nur noch ein einziger Schneider bei der Compagnie, ein bucklicht altes Männchen, den sie nirgends als Soldat haben annehmen wollen; aber unser Hauptmann sagte: Im Kriege sieht Gott nicht den Buckel, sondern das Herz an, wenn das nur auf dem rechten Flecke sitzt. Mit dem halt ich zusammen und nähe und wasche fleißig und weil ich mich auch auf die Küche verstehe, mögen sie mich alle gen.

Lieber guter Bruder, Du sagtest mir einmal, ich müsste Dein Herz nicht zu dem eines Weibes herabstimmen, sondern in Dir allen Muth zu erwecken suchen. Sieh, Lieber, so denke ich jetzt von Dir und habe die feste Überzeugung, dass Du, Vater und Karoline mir nicht böse seid und so gehe ich, durch diesen Gedanken gestärkt, voll Muth und Entschlossenheit in den Kampf. Komme ich einst glücklich wieder, dann guter Bruder, wird meine Freude überschwenglich sein; komme ich nicht wieder zurück, dann sage ich Dir in diesem Briefe das letzte Lebewohl, dann, theurer guter Bruder, lebe ewig, ewig wohl. Ich kann vor Thränen nichts weiter sagen, als dass ich auch noch im Tod treu und ewig mit Liebe sein werde Deine Dich ewig liebende Schwester Leonore gen. August Renz.“

Am 26.8.1813 fällt auf der Straße nach Schwerin, auf der auch Jäger Renz marschiert, der Dichter Theodor Körner.

Im Göhrde Wald am 16. September 1813 wirbelt Renz noch zur Freude der Mannschaft lebhaft die Trommel. Lieutenant Dr. Friedrich Förster, ein Historiker und einer der Anwesenden, wird verwundet, der Maler Kersting versucht ihn zu verbinden. Förster schreibt in seinen Erinnerungen[18]:

„Damit er die Kugel aus der Wunde herausdrücken konnte, hieß er mich niedersitzen, wozu sich als geeigneter Sitz die Trommel eines todt an der Erde liegenden französischen kleinen Rataplan[19] darbot. Bald versammelten sich noch eine Anzahl Freunde und als die Operation glücklich vollbracht war, versuchte ich, um zu probieren, ob meine Armröhre ganz geblieben, die Trommel zu schlagen. Da dies nicht zum Besten gelang, nahm mir der Jäger Renz die Trommel aus der Hand und wirbelte mit großem Geschick darauf herum. „Du verstehst dich doch auf Alles, rief ein Anderer ihm zu, du schneiderst, kochst, wäschst, singst und schießt, wie Keiner es besser versteht und nun bist du auch noch Tambour!!" – „Ein Potsdamer Soldatenkind", sagte Renz, „ muß sich auf Alles verstehn", und trommelte lustig weiter..."

Aber so lustig geht die Angelegenheit nicht weiter. „Hier erfuhr ich nun zum Erstenmale die furchtbare Wirkung einer vollen Kartätschenladung in einen dichtgeschlossenen Haufen auf etwa 150 Schritt Entfernung."

Der Trommler Jäger Renz alias die Flötistin Eleonore Prochaska hatte im richtigen Augenblick durch ihr Trommelschlagen den militärischen Sturmangriff ermöglicht. Dr. Förster schreibt weiter:

„Mir war plötzlich bei dem Jubelklang um das Geschütz der Hülferuf unseres armen Trommelschlägers wieder ins Gedächtnis gekommen und nur dunkel schwebte mir vor, dass Renz ich mit Worten festgehalten: „Herr Lieutemant, ich bin ein Mädchen."

Förster findet den Arzt bei Renz, den Waffenrock geöffnet. „... der schneeweiße Busen verrieth in pochenden Schlägen das jungfräuliche Heldenherz. Kein Laut der Klage kam über ihre Lippen, um die sterbend ein beseligtes Lächeln schwebte. Das heldenmüthige Mädchen war Eleonore Prochaska, 21 Jahr alt, aus Potsdam gebürtig…"

Das war am 5. Oktober in Dannenberg. Am 7. meldet ein Bericht:

„Heute morgens 9 Uhr wurde die Leiche der in der Schlacht an der Görde verwundeten Eleonora Prochaska zur Erde bestattet, welche als Jäger im Lützowschen Freikorps unerkannt ihren Arm aus reinem Patriotismus der heiligen Sache des Vaterlandes geweiht hatte. Gleich einer Jeanne d'Arc hat sie muthvoll gekämpft den Kampf für König und Vaterland…

Als dem Könige der Bericht über das Gefecht an der Görde vorgelegt wurde, erklärte er: „es werde von ihm auf die Erhaltung des ruhmwürdigen Andenkens der für König und Vaterland in den Tod gegangenen Eleonore Prochaska Bedacht genommen werden."[20]

Förster erwähnt, daß er bis zur Niederschrift seiner Erinnerungen (1856) „Von dem, was dafür geschehen, hat nichts verlautet"[21] und meint damit, daß keine weitere öffentliche Ehrung vorgenommen worden war.[22]

Das sollte sich jedoch zum 50. Jahrestag der Völkerschlacht bei Leipzig am 18.10.1863 ändern.

Eleonore Prochaska war nun seit einem halben Jahrhundert auf dem St. Annen-Friedhof in Dannenberg bestattet, als unter den Bewohnern der Stadt der Wunsch entstand, eine Prochaska Stiftung ins Leben zu rufen, welche den Zweck haben sollte, neben der Versorgung von Militärwitwen und -waisen aus den Zinsen der Stiftung der Freiheitskämpferin auf dem genannten Friedhof ein dauerndes Monument zu setzen.

Major Schelowsky schreibt:

„Der Magistrat zu Dannenberg theilte solches unterm 25. August 1863 dem hiesigen Magistrate (Potsdam) mit und erbat sich Auskunft darüber, ob Eleonore Prochaska wirklich hier geboren sei, so wie über deren frühere Verhältnisse überhaupt, die demselben denn auch zu Theil geworden ist. Da aber dann nicht ob und in welcher Weise vorgedachte Beschlüsse zur Ausführung gekommen sind, so fragte ich ...bei dem Magistrate zu Dannenberg deshalb an, worauf mir....mittgetheilt wurde, daß...das Denkmal ausgeführt und errichtet worden ist. Es besteht in einer 11 Fuß hohen Pyramide aus Sandstein mit der Inschrift."[23]

Die Gesamtkosten des Denkmals betrugen 94 Thlr 19 Groschen 4 Pf.

Heute gibt es den Friedhof nicht mehr, das 1865 errichtete Denkmal steht in einer kleinen Grünanlage an der B 191 Richtung Uelzen.

1889 ist auf dem Potsdamer Alten Friedhof ein Denkmal für Eleonore Prochaska errichtet worden, und zwar aus Anlaß des 75. Jahrestages.

Am 4.10.1888 klagt ein Potsdamer Bürger, der Kaufmann und Schiedsmann Wilhelm Bormeister, dem Magistrat über die vergeblichen Bemühungen, den Namen der Eleonore Prochaska auf die Ehrentafeln der in den Freiheitskriegen Gefallenen auf dem alten Friedhof aufzunehmen.

Weder die Kirchenvorstände in Potsdam noch die Garnisonskirche waren dazu bereit. Bormeister wendet sich an Bismarck, der auch als Jäger in Potsdam gedient hatte, und dieser gibt die Angelegenheit an den Kriegsminister. Da ihr Name in der Garnisonskirche zu Köln und Erfurt erwähnt sei, gegnüge dies, wurde Bormeister mitgeteilt. Er bittet nunmehr den Magistrat von Potsdam, ein bereits vorhandenes Denkmal, das ohne Inschrift ist, für Eleonore Prochaska zu verwenden. Er wolle die Kosten durch eine Privatsammlung aufbringen. Ein Komitee sammelt in der Bürgerschaft, unterstützt von dem Verein der ehemaligen freiwilligen Jäger und den ehemaligen Zöglingen des Militär-Waisenhauses, unterstützt von Stadtrat Schmidt.

Am Sonntag 10.11.1889, 11 Uhr, findet die Einweihungsfeier auf dem Alten Friedhof statt. Auf dem Sockel steht:

Eleonore Prochaska – geboren in Potsdam am 11. März 1785 erzogen im Königl. Großen Milit. Waisenhaus – Freiwilliger Jäger im Lützowschen Korps zum Tode verwundet im Gefecht an der Göhrde gest. 5. Oktober 1813 – Der Heldenjungfrau zum Gedächtnis 1889.

Pastor von Ranke hielt die Rede.

Laut „Der Bär" 1889 [24] soll die 80jährige Tochter des Bruders, eine verwitw. Britz aus Bornstedt, der Feierstunde beigewohnt haben. Nach einem Artikel von Julius Haeckel von 1936 soll die Nichte Brise geheißen haben, jedenfalls muß sie Eleonore gekannt haben, denn sie wurde noch zu Lebzeiten von Eleonore, 1809, geboren.

Ferner waren bei der Feierstunde anwesend der Vorsitzende des Vereins „Einigkeit", Stadtrat Schmidt, General Major von Lindequist,

Waisenhaus-Kommandant von Döring, Offiziere und ein Kirchenchor aus den Zöglingen des Waisenhauses.

Aus Anlaß der Einweihung des Denkmals hat Professor Emil Taubert einen Vierakter geschrieben „Eleonore Prochaska". Das Schauspiel ist im Verlag von Walther und Apolant, Berlin W 8, 1889, verlegt worden.

***

In der vorgestellten patriotischen Stimmung ist der Heldentod einer Frau literarisch und musikalisch ein wunderbares Thema. Es ist aber auch in anderer Hinsicht von größtem Interesse. Um die Jahrhundertwende 1800 war die Diskussion um das Frauenbild und die Frauenbildung in vollem Gange. Auch Kleists Briefe an seine Schwester und an seine Braut sind voller Ratschläge und Überlegungen, wie gebildet eine Frau sein sollte. Im Preußischen Jahrbuch von 1801 ist zu lesen: „Jahrhunderte – ich mag sagen Jahrtausende lang sind die Flügel des weiblichen Geschlechts gelähmt geblieben. Erfolgt hierin keine Änderung, so artet am Ende das ganze Geschlecht in Puppen aus. Wehe dann den Männern...Die beiden zentralen, an Rousseau anknüpfenden Argumente für eine verbesserte Mädchenerziehung lauteten: der Männer wegen und der Kinder wegen sei sie nötig. Mütter waren für die ersten Lebensjahre der Kinder zuständig, deren Bedeutung für die menschliche Entwicklung zunehmend erkannt wurde."[25]

Eleonore hatte keine Kinder. Sie wird häufig als erst 21jährige genannt. Sie hat sich sogar noch jünger gemacht und als 18jährige in die Armee eingetragen. Das erklärt sich daher, daß sie wegen ihrer Frauenstimme den Jäger Renz jünglingshaft machen mußte, was auch erklären sollte, warum ihr noch kein Bart gewachsen sei. Sie war aber bei Eintritt in die Armee bereits 28 Jahre alt. Und nirgends ist die Rede davon, daß sie die Braut irgendjemands war oder gar beabsichtigte zu heiraten. Das ist für eine hübsche Frau in der damaligen Zeit ungewöhnlich. Statt für ihre Kinder zu sterben, stirbt sie wie Jeanne d'Arc für das Vaterland.

Das ist das Thema des Dramatikers Piwald in seinem Stück „Das Mädchen von Potsdam". Er läßt nicht nur Eleonores Bruder sterben, sondern stellt ihr auch einen Geliebten zur Seite, beides ist dichterische Freiheit. Das Drama ist am 1.3.1814 in dem Leopoldstädter Theater Wien uraufgeführt und von der Presse abgelehnt worden, weil sich Eleonore zu sehr als Kopie der französischen Johanna hergeben muß, was in den Kriegen gegen Napoleon psychologisch unklug ist. Bis zum 14.4.1814 werden noch weitere zehn Vorstellungen geboten, dann wird das Stück abgesetzt.[26]

Als der preußische Kabinettssekretär Johann Friedrich Leopold Duncker im September 1814 in Begleitung des Preußenkönigs zum Wiener Kongreß anreiste, hatte er ebenfalls ein Stück Eleonore betreffend in der Tasche.

Über Giannatasio del Rio, in dessen Haus Duncker wohnte, kam es zu einer Freundschaft mit Beethoven, die bis in die zwanziger Jahre andauern sollte.

Aus Enttäuschung hatte Beethoven die Widmung für Napoleon aus seiner „Eroica“ zurückgenommen, da dieser seine republikanische Gesinnung verletzt hatte. In Eleonore Prochaska sah er eine Freiheitskämpferin und war daher für den von Duncker mitgebrachten Stoff empfänglich. Er hat seine Musik dazu im Frühjahr 1815 komponiert.[27]

Beethoven fühlte sich offenbar zu einer Stellungnahme genötigt, und er hat sie vor allem in der Wahl von Leonores Stimmlage (Sopran) und in der Wahl der Begleitinstrumente abgegeben. Eine Sopranstimme rückte den Charakter nach gängiger Opernpraxis in die Nähe der Mädchenhaftigkeit, Unschuld und ethischen Reinheit. Harfe und Glasharmonika waren nicht nur „schickliche Frauenzimmer-Instrumente“, sondern in Klang und Ausdruckscharakter eindeutig mit weiblichen Konnotationen der Unkörperlichkeit und Entsexualisierung verknüpft.[28] Im Zusammenhang mit dem Volksliedton der Romanze und der Blumen-Symbolik beider Texte wird Leonore damit in einer Weise gezähmt und verharmlost, die in auffallenden Gegensatz zu ihrer Rolle steht.

Da der Text des Dunckerschen Dramas verschollen ist, sind Rückschlüsse auf seinen Inhalt nur aufgrund der drei erhaltenen Gesangnummern und entsprechend vorsichtig zu ziehen. Der Kriegerchor singt: Wir bauen und sterben; aus Trümmern ersteht – ist längst unsre Asche vom Winde verweht – der Tempel der Freiheit und Liebe. Manche Interpreten sehen darin eine freimaurerische Färbung, der auch Beethoven zuneigte.[29]

Zu seinen Lebzeiten wurde „Eleonore Prochaska“ nie aufgeführt, als Gründe werden genannt: Piwald sei Duncker schon zuvorgekommen, oder auch, daß, wie Fanny del Rio, wo Duncker gewohnt hatte, mitteilt, es zwischen Duncker und Beethoven zu Auseinandersetzungen gekommen ist, der über den Text des Jägerchors u.a. unzufrieden war. Eine weitere Möglichkeit war die Zensur, denn Duncker war exponiertes Mitglied der preußischen Delegation beim Wiener Kongreß, dessen Verlauf in Wien eine antipreußische Einstellung hervorgerufen hatte. Auch die möglicherweise freimaurerische Färbung stünde im Konflikt mit der Politik Österreichs, das Volkserhebungen während des Krieges niedergehalten hatte, so daß wenig Anlaß bestand, die preußischen Freikorps nach Kriegsende literarisch aufzuwerten.[30]

Dennoch hatte bereits vor der Piwaldschen Aufführung am 23. Februar 1814 in Wien ein Konzert für Eleonore stattgefunden. Eine Demoiselle Adamberger trug ein Gedicht von Florian Pichler vor:

„Leonore Prochaska – An die deutschen Mädchen“. [31]
„Mädchen, Ihr, deren Herzen unschuldvoll
Allem Großen und Göttlichschönen schlagen
Bringet diesem Grabe den Tränenzoll
Zärtlicher Klagen!“
Und ganz ein Dichter seiner Zeit resümiert er:
„Mädchen, es fordert nicht das Vaterland,
Daß ihr, rüstig in's Schlachtgetümmel flieget,
Und die Todesblitze mit zarter Hand
Schwinget, und sieget:“

Auf dieser Veranstaltung wurde ein Tableau aufgeführt, das vom Dekorationsmaler des Wiener Hofburgtheaters Friedrich Tremel stammt, dem Pichlers zweites Gedicht „Der preußische Jäger August Renz“ zugrundelag, in dem das heldenhafte Leben und Sterben des Jägers Renz und auch der Frauen aus Spanien und Tirol besungen wird, während in dem ersten Gedicht die Frau in ihre gottgegebenen Schranken verwiesen wird.

Auch Friedrich Rückert, dessen Eleonore Gedicht „Auf das Mädchen aus Potsdam, Prochaska“ das bekannteste ist, und unmittelbar nach Bekanntgabe ihres Todes 1813 geschrieben wurde, verfährt ähnlich:

„Ich müßte mich schämen, ein Mann zu heißen,
Wenn ich nicht könnt' führen das Eisen,
Und wollte Weibern es gönnen,
Daß sie führen es können!“

Diese Strophe eröffnet sein Gedicht und beendet es mit dem Unterschied, daß aus „könnt' führen das Eisen“, „wollt' führen das Eisen“ wird, emphatischer kann ein Dichter nicht den Appell richten!

Offensichtlich ist nach Beendigung der Kriege die Waffenbruderschaft der Frauen nicht mehr erwünscht.

Im 19. Jahrhundert findet Eleonore Prochaska hin und wieder in kurzen Artikeln in Berlin-Brandenburgischen Jahrbüchern Erwähnung. Besonders zum 100. Gedenktag der Völkerschlacht bei Leipzig, 1913, wiederum kurz vor einem Krieg, steigt das Interesse an Nationalhelden und -heldinnen:

Arnold Koeppen, schreibt „Eleonore Prochaska“, ein Schauspiel in 3 Akten, 1913. Auch dieses Stück ist wegen Kriegsverlusten nicht auffindbar.

Hermann Stodte, widmet seinem im 1. Weltkrieg gefallenen Sohn seinen Roman „Das preußische Mädchen, Schicksalwege der Eleonore Prochaska“.

1968 ist sie erwähnt in den Brandenburgischen Neuesten Nachrichten „Potsdamer, auf die wir stolz sind. Ihr Denkmal steht auf dem Alten Friedhof“, während es in dem 1993 von mehreren Autoren zusammengetragenen Band „Vernichtet Vergessen Verdrängt – Militärbauten und militärische Denkmäler in Potsdam“ nicht aufgenommen ist. Einer dieser Autoren, Frank Bauer, jedoch, hat das Desiderat mit dem Buch „Horrido Lützow!“ nachgeholt.

Zur 200. Jahrhundertfeier der Völkerschlacht bei Leipzig 2013 wurde ein großes Spektakel veranstaltet. In Dannenberg und Potsdam wurden Gedenkveranstaltungen organisiert.

Eleonore Prochaska würde wieder in eine hundertjährige Vergessenheit geraten, wenn da nicht die kleine Komposition von Beethoven aus dem Jahre 1815 zu Johann Friedrich Leopold Duncker verschollenem Theaterstück „Eleonore Prochaska“ wäre: „Wir bauen und sterben; aus Trümmern ersteht – ist längst unsre Asche vom Winde verweht – der Tempel der Freiheit und Liebe.“[32]

Franz Metzner ca. 1895 *Archiv Neuber*

Dem Bildhauer *Franz Metzner* zum 90. Todestag

** 18. November 1870 in Wscherau bei Pilsen/Böhmen*
† 24.3.1919 Zehlendorf bei Berlin

In der Stadt, in der der Bildhauer *Franz Metzner* die meiste Zeit seines künstlerischen Wirkens verbracht hat, in Berlin, gibt es nur noch wenige Spuren von ihm. Das Haus und die angrenzenden Ateliers, die er seit 1911 bauen ließ, sind in den neunzehnhundertsiebziger Jahren abgerissen worden. Das Areal wurde von einem Chronisten folgendermaßen beschrieben:

Ein Idealgrundstück fand er in einem der schönsten Vororte Berlins: in Zehlendorf-Mitte. Einen großen Obstgarten mit wunderbarem Baumbestand fand er da, der im Frühlinge, im Schmucke seiner Blüten, zauberisch anzusehen war. Nach eigenen Entwürfen schuf er sich sein Wohnhaus und eine Reihe von Arbeitsstätten, eine immer mächtiger und größer als die andere.[33]

In dem Atelier hatten Skulpturen von beachtlicher Größe Platz. Die überlebensgroße Figur des Rüdigers von Bechelaren (Nibelungengestalt) und andere Werke standen im Garten und erregten in der ländlichen Gegend Aufsehen. Zehlendorf war damals ein Ort vor den Toren Berlins und galt als Idylle. Vergleicht man das Geburtshaus Metzners in Wscherau, das viel bescheidener war, mit seinem Anwesen in Zehlendorf, so vermitteln beide bei aller Unterschiedlichkeit doch eine Verwandtschaft: die der Geborgenheit.

Noch nach der Eingemeindung zu Groß-Berlin, 1920, galt Zehlendorf als bevorzugte Wohngegend im Südwesten der Dreimillionenstadt. Metzner waren nur wenige Jahre auf seinem eigenen Stück Erde in der Machnower Straße 37 – 39 vergönnt, das ihn an seine böhmische Heimat erinnert haben mag. Am 24.3.1919 stirbt er im Alter von achtundvierzig Jahren an der Spanischen Grippe.

Keine Erinnerungstafel verweist heutzutage auf sein Schaffen, auf seine letzte Ruhestätte auf dem Onkel-Tom-Friedhof an der damaligen Spandauer Straße in Zehlendorf.

Zu seinem zehnjährigen Todestag wird eine Gedenkfeier für Sonntag, den 12. Mai 1929, anberaumt. Dem Ehrenausschuß gehören an: die Maler Max Liebermann, Willy Jäckel, August Kraus, Fritz Klimsch und andere Künstler, der Präsident des Preußischen Landtages Bartels, der Bürgermeister der Stadt Reichenberg/Böhmen Dr. Franz Bayer, der Rektor der Technischen Hochschule Berlin Prof. Dr. Hamel und der Reichskunstwart Dr. Edwin Redslob, der nach dem 2. Weltkrieg auch noch eine bedeutende kunstwissenschaftliche Persönlichkeit ist und der auf dem Dahlemer St. Annen-Friedhof ein Ehrengrab hat.

Das Ateliergebäude Franz Metzners war in den zwanziger Jahren zu einem Metzner-Museum hergerichtet worden, das während der Sommermonate täglich besichtigt werden konnte.

Franz Metzner

* 18. November 1870
im Wscherau bei Mies

† 24. März 1919
in Zehlendorf

◁ Sein Geburtshaus

Sein Andenken wahrte in der
Heimat der Metzner-Bund

Metzner-Wohnhaus Zehlendorf bei Berlin, Machnower Straße 37 – 39

Metzners Atelier · Machnower Straße 37 – 39 in Zehlendorf *Archiv Neuber*

Dann verstummen die Quellen. Es wird privat in der Machnower Straße 37-39. Franz Metzners Tochter bringt hier 1945 den einzigen Enkel, der heute im Hessischen lebt, zur Welt. Er erinnert sich gerne an seine Zehlendorfer Zeit. Das große Grundstück war so richtig für einen Jungen geeignet. Freunde kommen zum Spielen, doch in den vom Krieg zerstörten Ateliers dürfen die Kinder wegen Baufälligkeit nicht.

Der Vater stirbt 1956, der Enkel kommt nach Westdeutschland in ein Internat. Die Räumlichkeiten werden renoviert und an Berliner Bildhauer, Max Esser, Erich Fritz Reuter u.a., vermietet.

Metzners Tochter stirbt 1967, der Enkel findet keine Sponsoren, er muß verkaufen. Die historischen Gebäude werden abgerissen und es wird eine nichtssagende Siedlung auf dem Gelände errichtet, eine Entscheidung, die heute vielleicht anders ausfallen würde.

Auch in der Uhlandstraße 76 in Wilmersdorf, wo er nach seinem Weggang als Professor an der Kunstgewerbeschule in Wien von November 1906 bis April 1910 wohnte und ein Atelier hatte, ist keine Berliner Gedenktafel angebracht. Hier traf er sich mit anderen bedeutenden Bildhauern des Berliner Jugendstils, Hermann Feuerhahn, aber auch der ebenfalls in Böhmen geborene Hugo Lederer verkehrte bei Metzner, sowie die Mitglieder der „Neuen Gruppe Berlin", der er angehörte und die unter diesem Namen 1903 auf der Großen Berliner Kunstausstellung zum ersten Mal an die Öffentlichkeit trat: die Architekten Emil Schaudt, William Müller und Max Salzmann, die Maler Richard Böhland und Richard Guhr und der Bildhauer Richard Kohn. Hier lockt ihn bereits die Zusammenarbeit mit Architekten, was er auch in Wien, Leipzig und anderenorts zeigen wird.

Das erste Atelier Metzners, von 1896 bis 1904, in Friedenau bei Berlin, das in dem Haus Goßlerstraße 24 war, ziert weder Gedenktafel noch ist es in den Friedenau-Führern erwähnt, obwohl die Gegend voller Gedenktafeln ist, u.a. für einige nach Friedenau gezogene Expressionisten.

Der Architekturstudent Ernst Ludwig Kirchner hatte 1905 in Dresden mit Fritz Bleyl, Erich Heckel und Karl Schmidt-Rottluff die Künstlergruppe die „Brücke" gegründet. Später schlossen sich noch Otto Müller und Max Pechstein an. Ihr Ziel war es, sich von dem tradierten Stil der Akademien und von der Malerei des Impressionismus zu lösen und neue Wege im künstlerischen Ausdruck zu finden. Müller und Pechstein lebten bereits seit 1908 in Berlin. Pechstein teilte sich vorübergehend mit Kirchner das Atelier in der Durlacher Straße 14. Dieser schrieb an einen Dresdner Kollegen: *Wir sind eine große Familie geworden und Du kannst alles haben, Weib und Wohnung…*[34] Die übrigen Brücke-Maler entschlossen sich 1911 nachzuziehen.

Auch das Atelier von Metzners Kollegen Wilhelm Lehmbruck, der ihn in seinem Spätwerk stark beeinflußt hat, in der Fehlerstraße Nr. 1, ebenfalls in Friedenau, ist bekannt. Einen Tag vor Metzners Tod nimmt sich Lehmbruck, der im Ersten Weltkrieg Sanitäter war und mit Depressionen zurückkam, das Leben.

Doch das Leben und Arbeiten in den Friedenauer Ateliers war auch immer wieder bedroht: *Seit einigen Wochen ist in Berlin, Charlottenburg, Schöneberg, Friedenau und anderen Orten der größte Teil der Künstler aus ihren Ateliers, welche sie in der 5. Etage inne hatten, polizeilich ausgewiesen, oder aber die Ausweisung steht ihnen seitens des betreffenden Polizei-Reviers stündlich bevor. Innerhalb 4 Wochen sind all die vielen hundert Ateliers zu räumen bei Androhung einer Strafe von 50 M. im Nicht-Erfüllungsfall, dabei hat aber die Behörde nicht etwa gleichzeitig dafür Sorge getragen, daß die so plötzlich ausgewiesenen Künstler anderweitig – für verhältnismäßig niedrige Miete, wie sie bisher für die Ateliers verlangt wurde – ein Unterkommen finde. Ob ein Künstler gleichzeitig in seinem Atelier wohnt, das heißt darin übernachtet, oder nur darin am Tage malt, alles muß raus, weil das sechste Geschoß oder die fünfte Etage nicht zum dauernden Aufenthalt von Menschen dienen darf. Eine Verfügung seitens eines Ministers und was bedeutet diese? „Den Ruin vieler hundert Künstler?" Die Kunst wird bei der ihr bekannten Sorge auf die Straße getrieben. Seht doch zu, wo ihr ein Nest findet, nirgends Unterkunft, jeder Wirt zuckt mit den Achseln, auch ihm ist es polizeilich untersagt, uns aufzunehmen? Jedem Vogel wird im Tiergarten ein Nistkasten gebaut, täglich liest man „Gedenket der armen Vögel!" nur die Künstler, denen wird noch eine Sorge mehr aufgepackt und was für eine Sorge? Wohin sollen wir uns wenden, irgend ein Zimmer in der 4. Etage können wir doch für unsere Zwecke nicht gebrauchen und kein Wirt kann uns solches Einzelzimmer vermieten. Es ist ja ganz unmöglich, darin künstlerisch zu schaffen, die reflektierenden Gebäude vis-à-vis hindern uns ja in der Beurteilung unserer Arbeiten. Seit Menschengedenken schaffen die Künstler friedlich in ihren Ateliers da oben unterm Dach, da finden sie das rechte Licht und die Ruhe, aber plötzlich müssen sie raus – auf die Straße? – Denn es gibt nur allzu wenige Ateliers, die in anderen Etagen liegen und diese sind eben nicht zu bezahlen? –*

Nun höre man aber, daß Tausende von Waschfrauen tagtäglich, bei offenem Feuer unter dem Herd, von früh bis in die Nacht in derselben Etage ihrer Arbeit nachgehen? – Hiergegen hat die Polizei nichts einzuwenden? – Wieviele Burschen und Dienerzimmer liegen in derselben Etage, darum kümmert sich kein Mensch. – Wo bleibt die große Gerechtigkeit? – Für Obdachlose wird gesorgt, gesammelt, nur wir Künstler sind obdachlos, jetzt bitten wir um Hilfe? Helft uns, alle, die ihr euch erfreut an gesunder froher Kunst? Steht uns bei, damit wir weiter schaffen können in unseren bescheidenen Räumen hoch oben unterm Dach? – Diese Räume haben das Zweckmäßige für uns, Licht und Luft zur Genüge![35]

Als Bildhauer ist Franz Metzner Autodidakt. Kleinere Skulpturen, Büsten sind aus der frühen Zeit erhalten. Sein Leitbild findet er im Werk des belgischen Jugendstil-Bildhauers George Minne. Metzner jedoch führt die lineare Auflösung der plastischen Substanz der Figur noch weiter fort.

Er beginnt mit Entwürfen für architektonische Anlagen. Bismarck-Türme, damals populär, sind darunter. Es ist die sepulkrale Architektur archaischer Kulturen zu erkennen, wie sie in seinen späteren Baudenkmälern ausgeführt werden wird.

Von Metzner existieren in Berlin nur noch die Figuren an der Grabstätte für den Papierfabrikanten Max Krause auf dem Friedhof in der Bergmannstraße in Kreuzberg, auf dem auch seine Kollegen Hermann Feuerhahn u.a. Skulpturen hinterlassen haben. Beide sind zu einer speziellen Auffassung der Reliefgestaltung inspiriert worden, für die Kunsthistoriker den Begriff des „Gezwängten Menschen" geprägt haben. Die Figuren scheinen in den vorgegebenen Reliefgrund eingezwängt, ihn aber gleichzeitig sprengen zu wollen.

Ansonsten ist Metzners reiches plastisches Werk in Berlin zerstört. Das Kino-Theater am Nollendorfplatz und das Weinhaus Rheingold sind in den Trümmern des Zweiten Weltkrieges verschwunden und die Plastiken an der Freien Volksbühne am Rosa-Luxemburg-Platz, von dem Architekten der Moderne, Oskar Kaufmann, entworfen, sind bis auf einige Reste im Inneren entfernt worden. Am Heidelberger Platz existiert noch das Signum des Springer Verlages, ein sandsteinernes Pferd.

Bevor Metzner Bildhauer wurde, war er erfolgreicher Porzellankünstler. Das Bröhan-Museum für Jugendstilkunst in Berlin-Charlottenburg präsentiert einige seiner Arbeiten aus seiner

Schmitz / Metzner · Max Krause Grabstätte 1906
Berlin-Kreuzberg *Foto Schon*

Tätigkeit bei der Königlichen Porzellanmanufaktur (KPM), unter anderem die damals aufsehenerregende, im symbolistischen Jugendstil geschaffene Vase „Sphinx des Lebens". 1900 erhält er die Goldene Medaille auf der Pariser Weltausstellung.

Was ist weiter von seinem umfangreichen Oeuvre erhalten?

Der Nibelungenbrunnen mit dem Rüdiger-von-Bechelaren-Standbild, zunächst für die Votivkirche in Wien entworfen, dann, nach Metzners Tod, 1924, in Gablonz / Nordböhmen ausgeführt, wurde nach dem Zweiten Weltkrieg von dort von Heimatfreunden in das von Vertriebenen neuerschaffene Neugablonz / Bayern transferiert.

Franz Metzner · Der Dichter Franz Stelzhammer im Volksgarten, Linz
Foto Engersberger

Auch Mannheim kann sich einiger Metzner-Figuren im Rosengarten erfreuen, in Wien existiert der Figurenschmuck am Zacherlhaus am Bauernmarkt des Architekten Josef Plečnik.

In Linz steht das Denkmal für den Dichter Franz Stelzhammer im Volksgarten, das der einzige öffentliche Auftrag Metzners in Österreich blieb. Und in Prag schmücken seine Plastiken das Haus des Wiener Bankvereins, das heute als der Vorläufer der Moderne in Prag gilt, sowie das Gebäude des Asekuranz Vereins der Zuckerindustrie.

In den Jahren 1905 – 1011 beteiligte er sich, zusammen mit der Elite der Wiener Secession an der Ausschmückung des Stoclet-Palais von Josef Hoffmann in Brüssel. Metzners Stil wurde von allen erwähnten Architekten bedingungslos respektiert und er wurde zu keinerlei Konzessionen verpflichtet. Besonders geschätzt war er von dem weichen, verfeinerten Josef Hoffmann, der ihn damals auch bei seinen Ausstellungskonzeptionen stark einsetzte.[36]

Sein größtes Werk hat trotz allem die Zeitläufte überdauert: Der Figurenschmuck am Völkerschlachtdenkmal in Leipzig, wo man sich mit großen Schritten auf die Hundertjahrfeier des Denkmals im Oktober 2013 vorbereitet. Hier wird dann wahrscheinlich endlich der Durchbruch sein, das Werk Franz Metzners wieder in das öffentliche Gedächtnis zu bringen, denn im Gegensatz zu seinem Landsmann Hugo Lederer, seinen Berliner Kollegen Fritz Klimsch, August Kraus u.a und seinen Mitstreitern der Wiener Sezession Gustav Klimt u.a. ist Franz Metzner kaum bekannt, obwohl er zu seinen Lebzeiten ein gewaltiges Oeuvre geschaffen und auch hinterlassen hatte.

Bereits 1977 wurde vom Adalbert-Stifter Verein und Stuck-Jugendstil-Verein, München, der Versuch unternommen, Franz Metzner mit einer Wanderausstellung wieder in das Bewußtsein der Öffentlichkeit zu bringen. Teile seiner noch in Deutschland vorhandenen Werke wurden in der Villa Stuck in München, in Kaiserslautern, in Regensburg und in Kaufbeuren ausgestellt. Die erwartete Renaissance blieb aus. 2006 präsentierte Reichenberg / ČR seine Metzner-Werke.

Möglicherweise hat die Außerachtlassung des Metznerschen Werkes auch damit zu tun, daß das Denkmal in Leipzig in Nazi-Zeiten zu Aufmärschen mißbraucht worden war. Nach dem Krieg gehörte Leipzig zur DDR. Die Nachkriegsgesellschaft in Deutschland hat offensichtlich jahrzehntelang die Aufarbeitung der Geschichte dieses Denkmals verdrängt.

Am 26. April 1894 wurde auf Betreiben des Leipziger Architekten Clemens Thieme (1861 – 1945) der „Deutsche Patriotenbund zur Errichtung eines Völkerschlachtdenkmals bei Leipzig" gegründet. Wenige Tage zuvor hatte Thieme „an eine beschränkte Anzahl Herren, von denen er ein lebhaftes Interesse für die Denkmalsfrage voraussetzte" einen Aufruf verschickt, in dem es unter anderem hieß: „Immer noch fehlt Leipzigs Gauen ein großes mächtiges Dankzeichen aus Stein und Erz für die mit Ehren für die Befreiung Deutschlands vom fremden Sklavenjoche gefallenen Helden. Nicht allein deutsches, sondern auch das Blut verbündeter Kampfgenossen tränkte die Walstatt. Haben wir Deutschen der Gegenwart darum nicht immer noch die Ehrenpflicht, mit heller Begeisterung eine Ehrenschuld abzutragen.[37]

Nach langen Diskussionen im Deutschen Patriotenbund (DPB) hatte man sich für den Architekten Bruno Schmitz, 1858 in Düsseldorf geboren, entschieden. Schmitz hatte dort die Akademie besucht und bei mehreren Auslandsaufenthalten in Italien, den USA und Frankreich, wo er die undogmatische Verwendung romanischer Stilformen kennenlernte, Preise errungen.

Er bekommt den Auftrag für das Kyffhäuserdenkmal (Harz; 1891 – 96). *Bereits während der Planungsphase des Kyffhäuserdenkmals vollzog Schmitz den für die spätere Entwicklung bestimmend werdenden Bruch mit der Neuromanik und den Neostilen überhaupt, was von der zeitgenössischen Kritik fast durchwegs positiv zur Kenntnis genommen worden war: „Man hebt die Tatsache hervor, daß Schmitz nicht in strengem Anschluß an irgendein*

Muster, sondern in durchaus freier und selbständiger Weise mit romanischen Stilformen gearbeitet habe oder umschrieb die Wirkung seiner Denkmäler, die in ihrer ‚Wucht der Erscheinung' eine ‚großartige Massenhaftigkeit' und eine 'majestätische Ruhe' zeigten, mit Begriffen wie ‚kühn', ‚urwüchsig' und ‚wahrhaft monumental'." Bemängelt wurde am Kyffhäuserdenkmal hingegen die barocke Kaiserstatue, die als nicht mehr vereinbar mit der Denkmalarchitektur empfunden wurde.[38]

Schmitz bekam weitere Aufträge, das Denkmal an der Porta Westfalica (1896) und am Deutschen Eck in Koblenz (1897). Nach Umarbeitungen durch Schmitz zeigte sich der DPB mit seinem Entwurf des Völkerschlachtdenkmals zufrieden. Sie „*zeugen von dessen Bestreben, die drei stereometrischen Grundkörper Pyramide, Würfel und Kegel deutlicher erkennbar zu machen noch enger miteinander zu verzahnen, und so den Umriß des Denkmals dadurch an eine Pyramide anzu*nähern.[39] Der DPB wird sie „Gesellschaftspyramide" nennen.[40]

Für den Bildschmuck hatte Schmitz den Breslauer Bildhauer Christian Behrens (1852 – 1905) vorgesehen. Er schuf die Barbarossaköpfe und das große Relief einschließlich der Michaelsfigur. Durch den plötzlichen Tod Behrens' am 14. September 1905 wurde auf Vorschlag Schmitz' der Deutsch-Böhme Franz Metzner mit der Weiterführung des Figurenprogramms betraut. Dieser überarbeitete das Relief und entwarf die Modelle für alle weiteren Skulpturen.

Ein Leipziger Bildhauer, der in der Nähe des Denkmals großgeworden ist, schreibt: *Das wohl einzige christliche Symbol an diesem Monumentalbau ist der Erzengel Michael, die übergroße Figur am Fuße des Denkmals. So ist das Denkmal in seiner Gesamtheit, und bis ins Detail von archaisierenden Elementen geprägt; diese sind es, die diesen Memorialbau für uns so eindrucksvoll fremd machen. Es ist diese Fremdheit, die jeden Besucher zumindest irritiert. Die gesamte Architekturanlage besteht m. E. aus zwei Hauptbereichen: der äußere und der innere Teil. Nähert man sich dem Denkmal von rechts oder links auf den Wegen, hat man den Eindruck von Größe und Weite. Die Bäume, das Wiesengrün, das Wasser, auch der wechselnde Himmel haben teil an der vermittelnden Gesamtwirkung. Kommt man dem Völkerschlachtdenkmal näher, dann steigt dieses nach oben, man fühlt sich kleiner werdend – und steht vor dem Schlachtrelief; dann hat man die Empfindung; jetzt wird dir Ernstes vorgeführt. Den größten Eindruck macht das Innere des Memorialbaus, der zugleich ein riesiges Grabmal ist. Die emotional wirkende Wucht des dreigeteilten Raumes, in Verbindung mit den zum Teil riesigen Skulpturen macht proportional die einheitlichste Wirkung. Franz Metzner hat hier seine Figuren nicht bloß dazugestellt – sondern sie zu den prägenden Teilen eines Gesamtkunstwerkes gemacht, sie sind unlösbar mit den Wänden und Pfeilern verbunden. Der Raum als Erlebniszone findet in den Figuren seine Entsprechung und Steigerung. Hier ist formal alles aufeinander bezogen. Das ist schon auffallend einzigartig (weil selten) an einem Monumentalwerk der neueren Architektur. Die schon erwähnte Fremdheit tritt hier dem Besucher direkt gegenüber. Nichts vergleichbar Ähnliches wird er vorher gesehen haben – zumindest nicht in Europa. Am ehesten noch in romanischen Kirchenbauten, aber die großen raumbestimmenden Figuren fehlen auch da. Die Fremdheit mag verunsichern, aber das einfache Da-Sein dieser Räume, Skulpturen und Reliefs, die gewaltige Stille, die alles strahlt, macht den Besucher schweigsam und nachdenklich. Alle Figuren, auch Verkleidungen der Architekturteile, wurden von Steinmetzen bewusst von grob bis fein bearbeitet; die großen Figuren wurden meist fein gestockt, auch damit wurde die Stilisierung und der Verallgemeinerungscharakter der Skulpturen unterstützt . Als Werkstein wurde harter und härtester Granitporphyr benutzt, bossierte Blöcke stehen unvermittelt neben fein bearbeiteten Stücken. Das ist die lebendige „Malhaut" dieser bildhauerischen Arbeiten. Nirgends ist ein grobnaturalistisches Element zu finden, alles ist Gestalt geworden; wenn auch hier und da gewisse Kleinteiligkeiten, Oberflächlichkeiten durch Flüchtigkeiten die Wirkung zu mindern scheinen – dem Ganzen könne diese Qualitätsmängel nichts anhaben. Bemerkenswert. Es gab um die Jahrhundertwende eine Reihe von betont architektonisch denkenden Bildhauern in Europa. Sie erkannten die Notwendigkeit der Erneuerung der Plastik in geschlossenen, elementaren Volumen, Flächen und Umrissen. Es war also der Weg, den Minne (1866 – 1941), Meštrovič (1883 – 1962), Bourdelle (1861 – 1929), Hoetger (1874 – 1949), entschiedener Brancusi (1876 – 1957), in eigenwilligen Varianten auch Lehmbruck (1881-1919) und Barlach (1870 – 1938), gemäßigter Lederer (1871 – 1940) und Wrba (1872 – 1939) einschlugen. In dieser Wendung begründet sich der Widerspruch gegen ihren Lehrer Auguste Rodin (1840 – 1917). Dieser Widerspruch lag primär im Formalen, im Gestalterischen, weniger im Gedanklichen. Hier findet sich der Standort von Franz Metzner.*[41]

Besonders die Krypta mit ihren Wächterfiguren, „die gewaltige Stille, die alles strahlt, macht den Besucher schweigsam und nachdenklich".

Dieser phänomenale Skulpturenschmuck hatte seine Vorläufer in dem Figurenschmuck, den Metzner für das Weinhaus Rheingold in Berlin, 1906, bei dem ebenfalls Bruno Schmitz der Architekt ist, schuf.

Metzner schreibt:

*...das die erste Idee und der Entwurf in einer kleinen Skizze lange schon vorher, ehe man an die innere Ausstattung des Rheingold gedacht hatte, fertig war. Dieser Saal war im gewissen Sinne für uns eine Vorschule für die Arbeiten in der Krypta (*des Volkerschlachtdenkmals, d.V.*) Bei näherer Betrachtung werden Sie auch selbst gesehen haben, daß die Masken im Rheingold nur eine ganz entfernte Ähnlichkeit mit der Krypta geben, so zu sagen, sind sie nur eine Vorempfindung und Studie, zu dieser großen Idee, die mich bei den Gedanken an das Völkerschlachtdenkmal beseelte. Die Kryptamodelle sind aber etwas vollständig Anders. Das wird gereifte künstlerische Arbeit, in welcher ich meine ganze monumentale Empfindung und Liebe, die ich gerade dieser Sache entgegenbringe, verkörpern möchte...*[42]

Die monumentale Empfindung, die sich in der Krypta des Völkerschlachtdenkmals widerspiegelt, zeigt er auch in seinen Räumen der Wiener Kunstschau 1908, die das Belvedere in Wien im Herbst 2008 mit einer Gedenkausstellung gewürdigt hat. Es ging Metzner nicht nur um die Präsentation seiner Werke, sondern um die konkrete Raumgestaltung und vor allem um die Zusammenarbeit mit dem Architekten. Die Rekonstruktion der damaligen Ausstellung würdigt noch einmal die enorme Bedeutung dieser Künstler um Gustav Klimt für die Moderne.

Franz Metzner wurde in dem kleinen Städtchen Wscherau bei Pilsen am 18. November 1870 in einer verarmten Familie geboren. Die erste Lehre erhielt er bei einem Steinmetzmeister in Pilsen. Dieser Ausbildung verdankt er seine Erdhaftigkeit, die Kraft seiner Linien.

Er bemühte sich, die Ausbildung in einer allgemeinen Fortbildungsschule zu ergänzen. *Zähes Ringen um Bildung und Kunst, die eigenbrötlerische Einsamkeit eines Autodidakten und ein schweigsames, schwermütiges Naturell sonderten schon damals den Lehrjungen von seiner Umgebung ab und bestimmten in der Folge sein ganzes Leben. Über die ersten Jahre nach Abschluß der Steinmetzausbildung – die Zeit der Wanderschaft und Gesellentätigkeit – wissen wir nur wenig. Im Germanischen Nationalmuseum Nürnberg liegen seine Briefdurchschriften unter anderem ein eigenes Curriculum vitae, das er am 3. Februar 1911 als Unterlage für sein Naturalisierungs-Gesuch an den Preußischen Regierungssekretär Werbs gerichtet hatte.*[43]

In den Jahren 1890 – 94 hielt er sich überwiegend in Sachsen auf. Anfangs in Zwickau und Dresden, später auch in Altenburg und Leipzig. Längere Aufenthalte sind aber auch in den Städten Hamburg überliefert, in Berlin, Frankfurt am Main sowie Studienreisen ins Ausland, u.a. nach Paris und Italien. Es findet sich kein Hinweis auf einen regulären Besuch einer Kunstakademie, nur gelegentlich eine Notiz, dass er auf der Dresdner Kunstgewebeschule einen Abendkurs frequentiert habe. Als einzige Tätigkeit ist uns die als Gehilfe in dem Atelier des Bildhauers Wilhelm Brüssow bekannt.

Ab Mitte 1894 ist er in Berlin ansässig. Seit 1896 betreibt er ein eigenes Atelier, das bereits genannte in Friedenau. Von 1897 – 1902 liefert er Entwürfe für die Königliche Porzellanmanufaktur in Berlin.

Das Filigrane, das seinen kunstgewerblichen Objekten eigen ist, hat er sich hier angeeignet. Er gehörte zu einer Gruppe von jungen Mitarbeitern, die den Anschluß an den internationalen Jugendstil herstellte und diese traditionsreiche Institution auf der Pariser Weltausstellung 1900 repräsentierte. Hier gelang ihm der entscheidende Durchbruch. Er gestaltete „Ausstellungsobjekte", nicht „Gebrauchsgegenstände", überwiegend Vasen und Schalen von beträchtlichen Ausmaßen. Die technischen Errungenschaften der Manufaktur machten es möglich, die Porzellanmasse weich zu modellieren und zugleich einen extrem dünnen Scherben zu brennen. Statt mit Pflanzenmotiven dekoriert er von den Sterbenden Krieger Schlüters im Zeughaus inspirierte Masken. Vasen tragen gespenstige Fratzen. Erlesene Glasur macht die Objekte kostbar, die Modellierung ist virtuos. Er bleibt selbst in den kunstgewerblichen Arbeiten immer der Bildhauer.

Eine der „Kopfvasen" Metzners, im September 1898 entstanden, ist schon eine skurrile Randerscheinung des Symbolismus. In der Gesamtform ist sie von Fernard Khnopff angeregt, nimmt aber die Gestalt einer Sphinx-Herme an, vor der ein zusammengekauerter männlicher Akt sitzt. Der forcierte Symbolgehalt dieser Vase zeigt die Grenzen der Persönlichkeit Metzners, an denen nicht selten sein Künstlertum zu zerbrechen droht; die fehlende Distanz zu aufgenommenen Impulsen und die damit zusammenhängende Neigung zu Maßlosigkeit in der Gestaltung. In der lebhaften Reaktion Metzners auf den Symbolismus spielte sicherlich das Milieu der sog. „Neuen Gemeinschaft" eine wesentliche Rolle, zu deren Mitgliedern auch Metzner zählte. Sie war im Jahre 1900 von den Gebrüdern Hart als eine Erneuerungsbewegung gegründet worden und hatte in der Anfangszeit ihren Versammlungsort in einer großen Mietwohung in der Berliner Uhlandstraße[44] *. Nach den Erinnerungen von Erich Mühsam waren die Räume mit Werken von Fidus und Metzner ausgeschmückt.*[45] Julius Hart war Trauzeuge bei Metzners Hochzeit, er besaß ein Relief aus dieser Zeit.

Die erwähnte Vase „Sphinx des Lebens", im Berliner Bröhan Museum vorhanden, zeigt bereits das freie bildhauerische Schaffen Metzners. Zunächst noch, in seiner Münchner Zeit, an dem Bildhauer des späten 19. Jahrhunderts, Rudolf Maison, orientiert, wendet er sich bald den aufkommenden Bestrebungen um eine neue Stilkunst zu. Seit der Pariser Weltausstellung 1900 ist er eine gefeierte Künstlerpersönlichkeit. Behilflich dabei ist Alexander Koch, Mitinitiator der Darmstädter Künstlerkolonie und Herausgeber der Zeitschrift „Deutsche Kunst und Dekoration", der ihn quasi entdeckt hat. Bis zu seinem frühen Tod 1919 werden seinem Schaffen immer wieder Rezensionen gewidmet werden.[46]

1903 erhält er einen Ruf an die Wiener Kunstgewerbeschule, an der bis 1906 als Professor lehrt. Er wird Mitglied der Wiener Secession, gehört zu den „Stilisten" um Gustav Klimt und tritt wie dieser 1905 wieder aus.

Metzner hat seine plastischen und räumlichen Vorstellungen bereits 1904 auf der XX. Ausstellung der Wiener Secession in einem eigenem Ausstellungsraum verwirklichen können, in dessen Mitte die Figur der „Erde" auf einem Sockel kauert, eine streng gegliederte Rotunde, die Decke getragen von kraftvollen, aber stilisierten Atlanten. Aufbau und Tektonik erinnern auch hier bereits an die Krypta des Völkerschlachtdenkmals in Leipzig. Metzner gelingt es, Architektur und Skulptur als eine Einheit zu sehen.

Schmitz / Metzner Völkerschlachtdenkmal Leipzig 2013 Foto Schon

In den Jahren vor dem 1. Weltkrieg entstehen alle wesentlichen Richtungen der klassischen Moderne. Franz Metzner versucht zunächst, die Stilisierung des Jugendstils weiterzuentwickeln, wobei die fernöstliche Kunst ebenso zitiert wird wie die archaisch vordorische. Metzner war – wie viele seiner Zeitgenossen um 1900 – bemüht, den Historismus des 19. Jhd. zu überwinden. Vom Expressionismus, der in seinen Bauwerken neogotische Momente aufweist, zeigt er sich weitgehend unbeeindruckt.

Während des Ersten Weltkrieges versiegen die offiziellen Aufträge. Metzners Kunst wird privat. Skulpturen wie „Der Leidtragende“ und „Werdende Mutter“ zeigen seine Wandlungen. Seine Maxime „reine Plastik, reine Form“ hätte zur Findung abstrakter Bildwerke führen können. Im seinem Atelier findet man die letzte unvollendete Arbeit „Der Zusammenbruch". Wie eine Paraphrase seiner männlichen Figur „Erde" aus der Wiener Zeit, scheint er noch mal seinen Lebensweg zurückgegangen zu sein.

Als er 1919 stirbt, ist er eine anerkannte Persönlichkeit, einige seiner Werke haben Weltgeltung erreicht. Er ist Mitglied des Deutschen Werkbunds und anderer bedeutender Institutionen, 1917 stellvertretender Vorsitzender der Berliner Secession, die von weltberühmten Malern wie Max Liebermann und anderen gegründet worden ist. Kurz vor seinem Tod erlebt er noch die Aufnahme in die Preußische Akademie der Künste.

1920 wird zu seinem Gedenken in der Tschechoslowakischen Republik der Metznerbund gegründet, dem viele deutsche Künstler beitreten. Er existiert bis zur Ausweisung der deutschen Bevölkerung im Jahre 1946.

Der Vorrang der Abstraktion in der Nachkriegskunst tat sein Übriges, Metzners Werk zu vergessen.[47]

Vom Aupatal in die Welt

Emil Schwantner zum 125. Geburtstag
1890 – 2015

Vorwort

Am Anfang war eine Geschichte. Kaum soll ich die mittlerweile grünen Augen passend zu den plötzlich sprießenden roten Haaren (ich bin die einzige Rothaarige in der großen Familie) in die kleine Welt von Trautenau geöffnet haben, begannen mich die Verwandten in den Stadtpark zu tragen. Auf der Parkbank wage ich die ersten Schrittchen. Darüber gibt es Fotos. Im Hintergrund soll das Kriegerdenkmal gestanden haben. Das ist leider nicht auf den Fotos zu sehen. Das Denkmal ist von einem Onkel. Der Onkel hat den gleichen Namen wie Mutti, als sie noch nicht verheiratet war. Schwantner, den Vornamen wissen wir nicht.

Das war die Geschichte. Alle anderen Geschichten sind mit der Vertreibung verschwunden. Als ich 1975 das erste Mal als Erwachsene Trautenau und die dort noch lebenden Verwandten aus der großmütterlichen Familie Kosek besuchte, war die Stadt grau, der Marktplatz öde, als ich nach dem Denkmal fahndete, fand ich es nicht.

Wir fuhren auf die Schneekoppe, blieben im Gewitter mit der Gondel stecken. Nach der Rettung kauerte ich mich auf die glitschige Erde unter Büsche. Auch davon gibt es Fotos. Mehr nicht.

Ich ließ ab von der Gegend, in der ich geboren wurde und Ahnen besaß, die ich nicht kannte, die scheinbar kaum Spuren hinterlassen haben.

Ganz frei von der Ahnensuche war ich dennoch nicht, zufällig stieß ich auf eine Zeitungsnotiz, daß jemand den Pulitzerpreis für Composing erhalten habe. Na wenn schon, dachte ich, ich las den Namen: Joseph Schwantner.

Als ich meiner Mutter davon erzählte, meinte sie: „Dein Patenonkel Heinrich Schwantner war doch auch Musiker, Kammersänger, ich höre noch immer sein „Figaro, Figaro..."! Das war doch der Sohn von dem Onkel aus der Mohorn-Mühle, wo er Zahlkellner war. Der ist dann später als Pensionär nach Gablonz."

Nun begann ich zu forschen.

Joseph Schwantner war der Enkel des in den zwanziger Jahren nach Amerika ausgewanderten Bruders meines Opas Schwantner. Nun hatte ich schon eine ganze Menge Schwantner in der Familie, die wie ich Künstler waren oder wie die amerikanische Cousine Carol, die Schwester von Joseph, schrieb: „Arts run with the family..."

Ich hatte Sinologie und Kunstgeschichte studiert und war bereits in den siebziger Jahren in die Volksrepublik China gereist. Ich hatte darüber mehrfach geschrieben. Fünftausend Jahre chinesische Geschichte schüttelte ich so aus dem Ärmel, die Geschichte meiner Geburtsheimat aber kannte ich überhaupt nicht. Nach der Wende begann ich mich auch damit zu beschäftigen, ich suchte in den Kirchenbüchern nach den Ahnen. Alle Schwantner entstammen dem Aupatal bei Marschendorf, wo sie bereits um Sechzehnhundert als Bauern gesiedelt haben. Dort gibt es den Schwantnergraben und das Schwantnertal. Auch der Bildhauer Emil Schwantner entstammt diesen Ahnen. Da die Schwantner in die Familien Kahl, Baudisch, Kühnel, Lamer, Eitner, Winter, Fries, um nur einige zu nennen, eingeheiratet haben, sind wir mit dem halben Aupatal verwandt und mehr oder minder freiwillig in alle Winde verweht.

Später fand ich noch mehr: Zwei Schwantner-Brüder aus Tirol waren um 1550 in das unbewohnte Riesengebirge als Kappen ausgewandert, als man sie brauchte, um das Riesengebirge urbar zu machen. Sie hatten zudem den passenden Namen: Schwantner bedeutet, wo der Wald schwand. Von diesen beiden stammen alle ab, von denen ich Spuren gefunden habe.

Wie sie gekommen sind, seinerzeit, so sind sie alle wieder gegangen, nicht immer freiwillig!

Auch Emil Schwantner ist 1946 fortgegangen, obwohl er hätte bleiben können, ihm wurde sogar noch ein zweites Mal eine Professur an der Kunstakademie in Prag angeboten, diesmal vom tschechischen Kultusministerium. Ich kann seinen Schritt verstehen: Er konnte nur wenig Tschechisch, er hatte nicht wie meine Mutter, die in der Ersten Tschechischen Republik geboren wurde, Tschechisch in der Schule gelernt. Ein Künstler muß kommunizieren, und, da Schwantner auch noch gedichtet hat in dem Dialekt der Berge, der heute fast verschwunden ist, sich sprachlich ausdrücken können.

I.

Die Schwantner-Linie von Emil siedelte zwischen Albendorf und Schatzlar-Königshan, wo der Vater Augustin Schwantner, der uneheliche Sohn von Anna Fries geb. Schwantner, die in Marschendorf ein von ihrem Enkel Emil gestaltetes Grab hat, Zimmermeister und Gastwirt war. Er soll nach alter Sitte den Brautführer / Hochzeitsbitter (Druschma / Druschmann) gemacht haben. Augustin wird als humorvoll geschildert. Er ist mit 63 Jahren am 28.4.1923 gestorben.

Der arbeitende Mensch ist ein Schwerpunkt in dem OEuvre Schwantners. Als Student hatte er in der zweiten und dritten Klasse jeweils den ersten Preis erhalten, was ihn dazu berechtigte, als Vorzugsschüler an den Exkursionen nach Belgien und Holland teilzunehmen. Hier muß der belgische Bildhauer Constantin Meunier (1831 – 1905) den jungen Künstler besonders beeindruckt haben. Das „Monument der Arbeit" hatte Meunier nicht fertigstellen können, weil er darüber verstarb. Er war der erste Bildhauer, der den arbeitenden Menschen in die Kunst einbrachte. „Die antike Plastik stellte den menschlichen Körper im Zustand harmonischer Ruhe dar, die Plastik der Renaissance beherrschte die Kunst der Bewegung. Aber Michelangelo diente die Bewegung als Mittel, die Harmonie des Körpers deutlicher auszudrücken, Rodin hat die Bewegung an sich zum Thema der Plastik erhoben. Wenn aber bei Michelangelo der Körper seine eigene, das heißt die ihm gemäße Bewegung erzeugt, so findet sie bei Rodin umgekehrt den ihr gemäßen Körper. Damit hat

Rodin aber den Schaffensbereich der Plastik nicht erweitert. Das hat erst Meunier getan, der den Arbeiter bei der Arbeit in den Bereich der Plastik einführte.“[48]

Vom Kohlenstaub eingeschwärzte und vom Schweiß ihrer schweren Arbeit glänzende Bergarbeiter und Industriearbeiter ebenso wie kornschneidende Bauern und Bäuerinnen in der Bewegung ihrer aktiven Tätigkeit sind bevorzugte Modelle des belgischen Bildhauers Meunier.

In Schwantners Stilauffassung liegt daher nichts Volkstümelndes. Er schließt sich den Vorgaben Meuniers an und schafft es, ohne sich politisch vereinnahmen zu lassen, den arbeitenden Menschen in die böhmische Plastik einzuführen. „Im Sinne Rodins huldigte er dem Lebensvollen, im Sinne Meuniers neigte er zu Mitempfinden mit dem Arbeiter und einfachen Menschen.“[49]

Und aus dem Werk Meuniers lernt Schwantner auch: „Alle Kunst ist Form. Aber starke und große Form entwickelt sich immer nur da, wo der Künstler – bewußt oder unbewusst – aus dem Zentrum zeitgenössischen Lebens heraus arbeitet.“[50]

Der Wille zur Formgestaltung muß schon früh für den Buben Emil Schwantner zwingend gewesen sein. In den wenigen schriftlich überlieferten Äußerungen gesteht er: „...ich formte aus nassem Straßendreck Figuren, schnitzte mit einem Taschenmesser Figuren aus Holz, schnitt mit der Schere Figuren aus Papier.“[51]

Und während er schnitzt und formt, beobachtet der Junge die Welt um sich herum, die geprägt ist von schwer arbeitenden Menschen. Der Modelleur der Schatzlarer Porzellanfabrik, Herr Hartmann, erkennt den Kunstsinn des Knaben. Es entstehen

„...Schwantners erste Heiligenfiguren, Tiere verschiedener Art, Köpfe und anderes mehr. Hartmann war ein Mann mit gutem Geschmack und großem Weitblick.“ [52]

Hartmann nimmt den Vierzehnjährigen zwei Jahre in die Lehre als Modelleur. Hätte Schwantner nur handwerkliches Talent besessen, hätte er es bei der Keramik-Fachschule in Teplitz belassen, die er im Anschluß an die Lehre ebenfalls zwei Jahre besucht. Er wäre möglicherweise in Passau geblieben, wo er seine erste Anstellung als Modelleur findet oder nach Schatzlar zurückgegangen, eventuell den alternden Hartmann abzulösen.

Aber Schwantners Drang zur Form paßt nicht in die Massenproduktion einer Fabrik. Seine handwerkliche Geschicklichkeit ist nur der äußere Rahmen für ein Lebensbild, das ihn beseelt, das ihn künstlerisch zu gestalten und zu formen drängt. „Fehlt es am Inhalt, der Idee...bleibt...der Stein immer Stein, als Zierart ein Gebilde, das in das Gebiet des Kunstgewerbes gehört; mangelt es an der Form, der formalen Gestaltung, ist überhaupt nicht viel Sichtbares wahrzunehmen. Ein Kunstwerk wird daher dann immer höher zu bewerten sein, wenn der Idee die ihr entsprechende Form gegeben wurde und so ein gewisses Gleichmaß empfunden wird. Es gibt nun Künstler, die in ihrem Schaffen vom Inhaltlichen ausgehen und solche, die mehr Wert auf die Formgebung legen. Zu den ersteren gehört Schwantner.“ [53]

Die Formgebung hat Schwantner bei Václav Myslbek (1848 – 1922) gelernt. Dieser hat sich für die Aufnahme des Neunzehnjährigen in die Prager Kunstakademie eingesetzt. „Wir hatten einen älteren Männerkopf zu machen, und es gelang mir, diesen in einem einzigen Vormittag fix und fertig zu machen. Trotzdem stimmte das gesamte Professorenkollegium bis auf die

Stimme des Professor Myslbeck gegen meine Aufnahme, denn es fehlte mir ein Jahr Mittelschule. Aber Professor Myslbeck wußte sich zu helfen; er rief den österreichischen Kultusminister in Wien an und legte den Fall vor. Dieser sagte: Herr Professor pfeifen Sie auf die akademischen Vorschriften und nehmen Sie den Schwantner auf. So kam ich auf die Kunstakademie nach Prag, wo ich von 1909 bis 1912 verblieb."[54]

Myslbek zählt mit seinen früheren Werken zu den lyrisch empfindenden Spätromantikern, wird dann jedoch eher realistisch. Bleibt aber im großen und ganzen dem historisierenden Stil des 19. Jahrhunderts treu. Sein Hauptwerk ist das Reiterdenkmal des Hl. Wenzel auf dem Wenzelsplatz in Prag, dessen erster Entwurf 1888 entstand, vollendet wurde es 1922.

Waren in Böhmen, eingebunden in das erzkatholische Österreich-Ungarn, die Themen der Kunst stark religiös-christlich nachempfunden, so stieß Schwantner in dem Jahr seiner Mitarbeit 1913 bei Franz Metzner (1870 – 1919) in Berlin auf den zitierfreudigen Historismus der preußisch-nationalistisch geprägten Berliner Bildhauerschule. „Inzwischen haben wir so viel Distanz gewonnen, daß neue Ansätze möglich wurden, um diese uns zeitlich so nahe, in ihrem Denken und Fühlen zuweilen ferne Epoche aus ihren eigenen Voraussetzungen zu begreifen und die dezimierten Bestände so weit aufzuarbeiten, daß Kategorien einer Wertung möglich werden." [55]

Jedoch hat Schwantner auch bei Metzner gesehen, wie dieser versuchte, durch überstrenge plastische Formung aus der Überladenheit des 19. Jahrhunderts herauszukommen und einen Weg in die Moderne zu finden.

Schwantner – ein von der Neigung her barocker Mensch – stellt sich in Berlin den Anforderungen einer Kunst, die doch anders ist, nervöser als im lyrisch beseelten Prag, wo er studiert hat. Was er in Berlin kennenlernt wird immer wieder Thema eines Ringens sein, sein Stilempfinden zu befriedigen.

Franz Metzner, ebenfalls gebürtiger Böhme, hatte den Auftrag erhalten -nach dem plötzlichen Tode von Christian Behrens 1905 – die Figuren am Völkerschlachtdenkmal in Leipzig zu vollenden bzw. neu zu gestalten. Die Zeit drängte. 1913 würde sich der Gedenktag der Schlacht gegen Napoleon zum hundertsten Mal jähren. Am 18. Oktober 1913 sollte das Denkmal feierlich eingeweiht werden. Erst 1912 wurde der Beschluß gefaßt, „...die großen Torbögen der Ruhmeshalle zu schließen, (was dazu führte), die hierfür erforderlichen zwei Hauptpfeiler jedes Bogens mit insgesamt circa ein Meter hohen Figuren in Hochrelief zu versehen. Diese sind in der Art der Straßburger Engelspfeiler übereinander angebracht, wobei der Baldachin der unteren Figur als Postament der darüberliegenden dient.“[56]

Metzner hatte sich bei den übrigen Figuren aus der Fülle der kunstgeschichtlichen Motive und Typen bedient, aber stets versucht, Vorbilder und Abhängigkeiten zu verfremden. Dennoch wurde ihm nahegelegt, die Steine unbehauen zu lassen, aus der Bosse geschlagen wie nordische Hünengräber, rustiziert wie frühe ägyptische und altamerikanische Gräber. In vielen Teilen Europas herrschten ähnliche Vorstellungen über den Monumentalbau. Das Völkerschlachtdenkmal ist kunsthistorisch eins der interessantesten Werke seiner Zeit in Europa, weil viele Elemente, z. B. die straffe unverschnörkelte Tektonik von Architektur und Bildwerk, in die zwanziger Jahre, in die Moderne weisen.

In drängender Zeitnot holt sich Metzner den frisch examinierten Bildhauer Emil Schwantner aus Prag, der dort eine Professur ablehnt und das Angebot Metzners annimmt. Und auf einmal finden wir einen Stilwandel in den 96 Figuren an den Steinrippen des Völkerschlachtdenkmals. Sicherlich hat sich Metzner in den acht Jahren seiner Beschäftigung mit dem Werk stilistisch verändert, Zeitströmungen aufgenommen. Die Abstraktion war mittlerweile in die Kunst eingeführt. Jedoch sind die Steinrippenfiguren von ihm nur vormodelliert: „Der Stil dieser von Metzner nur vormodellierten Skulpturen entspricht weder dem der Kryptafiguren noch dem der „Tugenden", was auf einen Stilwandel Metzners gegen Ende der Bauarbeiten hindeutet. Die Figuren greifen zwar ebenfalls nicht in den Raum aus und bewahren so eine gewisse Geschlossenheit, wirken jedoch durch ein vorgeschobenes Bein oder eine angedeutete Drehung des Körpers bewegter. Ihre Formen sind abgerundet und weich, Grate und scharfe Kanten vermieden..." [57]

Das jedoch ist der Stil Schwantners, wie wir ihn an den Kriegerdenkmälern und Sepulkralplastiken finden werden, die er in den zwanziger und dreißiger Jahren im Riesengebirgsumland schaffen wird. Die Pfeilerfiguren am Völkerschlachtdenkmal sind Schwantners erster großer Auftrag für ein öffentliches Denkmal. „Nicht die Darstellung der menschlichen Individualität, sondern die unveränderten Grundkonstanten der menschlichen Existenz war Metzners Ziel bei der Gestaltung dieser Pfeilerfiguren."[58] Diese Position, die von Metzner vorgegeben ist, wird Schwantner später jedoch in seinen eigenen Werken verlassen, indem er auf die Typisierung der menschlichen Spezies zugunsten einer Individualisierung verzichtet.

II.

Auf dem 1921 von der Gemeinde Königshan eingeweihten Kriegerdenkmal finden wir die trauernden Hinterbliebenen nicht als Archetypus, sondern individuell gestaltetet: alter Vater und junge Frau mit zwei kleinen Kindern in den Armen. Sie verkörpern das über das Volk „...gebrachte Elend in seinen verschiedenen Abarten...und (stellen) invalide Krieger, verwaiste Kinder, der Söhne beraubte Eltern, des Ernährers verlustig gegangene Familien und ähnliche Motive dar...“[59] Die junge Frau, die Schwantner Vorbild für Königshan war, ist die gleiche, die auch für die Grabanlage Scholz, in Klein-Aupa, abgebildet wurde. Leider ist gerade für Schwantners frühestes Denkmal in Königshan am Grenzübergang zu Polen zu konstatieren, wie vernichtend sich der vermehrte Verkehr auf den porösen Sandstein auswirkt.

Ein weiteres Denkmal gestaltet Schwantner in Jungbuch, das sich in der Tektonik an Metzners Entwurf für das Grabmal der Familie Wolle in Leipzig anlehnt. In Jungbuch sind rustizierte Quader verwendet worden. Im Gegensatz zu Metzner stehen Schwantners männliche Figuren jedoch im klassischen Kontrapost, während sie bei Metzner mitunter – dem gleichzeitigen Werk Barlachs nicht unähnlich – gummiartig überdehnt erscheinen. In dem Kollegen Richard Scheibe (1879 – 1964) findet Schwantner einen Gleichgesinnten: „Eine Figur darf nicht vom Sockel laufen“[60], meint er, und ein weiterer Kollege, Waldemar Grzimek (1918 – 1984), bestätigt diese Meinung: “Ein Grundsatz Scheibes ist es, ein Bein nie in einer äußersten Bewegungsmöglichkeit darzustellen. Das Standbein soll nicht ganz nach hinten durchgedrückt werden, sondern immer etwas abgeknickt bleiben. Der Beschauer, so meint er, empfindet diese unentschiedene Haltung, die scheinbar noch nach vorn oder hinten verändert werden kann, als lebendige Spannung."[61] Wenn auch Schwantner auf späteren Denkmälern das Thema ändert, in der Frage des Kontrapost bleibt er der klassischen Interpretation treu. Überhaupt scheint Schwantner stilistisch wenig experimentell. In seinen letzten Lebensjahren in der DDR gesteht er einem dortigen Schüler, daß er nach seinem „Steinbrucharbeiter" (den das Hohenelber Museum besitzt) die stilistisch-reduzierte Formensprache von Ernst Barlach (1870 – 1938) deshalb nicht weiterverfolgt habe, weil sie in die Abstraktion führe.

Auch zeigt sich bei den Schwantnerschen Bildwerken der männliche Part häufig in antikischer Nacktheit [62] und mitunter weist der tektonische Aufbau der Körper verschränkte Gliedmaßen auf, was Wilhelm Hausenstein, ein zeitgenössischer Kunsthistoriker, 1914 „knotige Athletik"[63] nennt. „Ihnen allen gemeinsam ist eine spezielle Auffassung der Reliefgestaltung. Ein wesentliches Merkmal dieser Reliefauffassung ist die Betonung des festgefügten plastischen Raumes durch eine allzu enge Einfügung der Figuren in ein Format, das ein reales Größenverhältnis zwischen Figur und Raum negiert. Die Figuren scheinen in den vorgegebenen Reliefgrund eingezwängt, ihn aber gleichzeitig sprengen zu wollen. Häufig sind die Oberkörper durch gewaltsames Abwickeln der Arme und Schultern überbetont."[64]

Metzner ist in der Denkmal- und Sepulkralplastik Vorbild für Schwantner, obwohl die Zusammenarbeit beider nicht einmal ein Jahr dauert. Die antikisch nackte männliche Figur, die Metzner zur Typisierung von „Leid" in dem Relief für den Nibelungen-

Emil Schwantner · Friesgruft Marschendorf *Foto Schon*

Kriegerdenkmal Radowenz, Anfang der 20iger Jahre *Foto Schon*

brunnen in Wien (1904) verwendete, ebenso im Rotundenrelief des Nibelungenbrunnens (1912), heute in Neugablonz / Bayern, ist von Schwantner für die Friesgruft in Marschendorf zitiert.

Das Profil der Schwantnerschen männlichen Figur auf der Schröttergruft in Freiheit ähnelt jenem Metznerschen „Kopf eines sterbenden Kriegers", der motivisch auf Andreas Schlüters (1660 – 1714) Skulptur gleichen Titels (1696) verweist.[65] Der gleichen Schule entstammt die männliche Figur von Schwantners Kriegerdenkmal in Radowenz.

Als Schwantner 1920 in Trautenau sein Haus und Atelier in der Kantstraße Nr. 5 bezieht, ist er ein reifer Mann, der vier Jahre Soldat gewesen war. Er hatte sich wie viele seiner Künstlerkollegen 1914 freiwillig in die Armee begeben. „Ich stand als Frontoffizier in Galizien, Wolhynien, Rumänien und am Isonzo für das Vaterland vor dem Feind. Ich habe die 7. und 10. Isonzoschlacht mitgemacht. 1918 wurde ich aus dem österreichischen Heer entlassen."[66] Das sind wenig Worte für so viel Grauen. Und es wird aus späterer Sicht unbegreiflich bleiben, wieso die Jugend begeistert und freiwillig in den Krieg ziehen konnte. Die meisten seiner Künstlerkollegen (Franz Marc, August Macke) sind gefallen. Dieses Unaussprechliche der Grausamkeit des Menschen, aber auch seines Leidens finden wir in Schwantners Bildwerken wieder.

Alles Artifizielle ist verschwunden in der um 1930 entstandenen Holzplastik „Wachablösung – Nacht und Grauen". „Man vermeine förmlich die Läuse zu sehen", schreibt Henri Barbusse in der Zeitung „Humanique", nachdem er die Schwantner-Arbeit auf der Reichenberger Kunstausstellung gesehen hatte. Er hat sie als beste und ausdruckvollste Arbeit beurteilt.[67] Diese Arbeit ist von der Prager National Galerie aufgekauft worden.

III.

Während seines Studiums in Prag war Schwantner von Jan Štrusa (1880 – 1925), der ebenfalls zu seinen Lehrern zählt, mit Auguste Rodin (1840 – 1917) bekanntgemacht worden. Wie bei Rodin ist die Oberfläche der Schwantner-Skulpturen bewegt und zerklüftet, ein reiches Spiel von Licht und Schatten wird dadurch ermöglicht. Auch arbeitet er wie dieser aus der Bosse heraus, was dem Werk Authentizität verleiht. In seiner Skulptur „Der Tod regiert" zitiert Schwantner die Tektonik von Rodins zweitem Entwurf für ein „Denkmal für Victor Hugo" (1890). Hier wie dort winden sich nackte Leiber um einen aufgeworfenen Haufen, der aus weiteren Leibern bestehen könnte. Während bei Rodin auch nackte Frauenleiber mit dem Rücken an den Haufen gebannt, sind es bei Schwantner ausschließlich Männer in antikischer Nacktheit mit torsierten Oberkörpern, die sich dem Tod entgegenwerfen: „...der Tod auf schäumenden Pferden, sein gewaltiges Schwert schwingend, wie sich ihm ein Knäuel Menschen entgegenwirft, um das Unheil aufzuhalten..."[68] Die den Tod berührende und abdrängende Figur zitiert wiederum die Züge des „Sterbenden Kriegers". Der Tod trägt als einziger einen Stahlhelm und versinnbildlicht den Krieg.

Ebenfalls an Rodin erinnert eines der Hauptwerke Schwantners, das „Grabmonument für Wilhelm Kiesewetter", das 1929 auf dem Trautenauer Friedhof für den 1925 verstorbenen sozialdemokratischen Parlamentarier errichtet wurde. Zwar stehen die zehn Männer und Frauen und ein sechs- bis achtjähriger Bub in andächtiger Trauer still, im Gegensatz zu Rodins „Bürger von Calais", die im Schreiten erstarrt zu sein scheinen, dennoch ist die Verwandtschaft nicht zu übersehen. Die Kiesewetter-Bürger stehen auf einem niederen Sockel, sind also dem Verstorbenen näher als Rodins Bürger dem Betrachter. Die Geschichte des Sockels, auf dem „Die Bürger von Calais“ stehen, zeigt exemplarisch den Wandel von einer autoritätsgläubigen zu einer demokratischen Gesellschaft. Die Maquette von 1884 exponierte die Gruppe auf einen pyramidalen Aufbau, dem Geschmack der Zeit und den Vorstellungen des Stadtrats entsprechend. Aber im Laufe der Jahre wurde der Sockel immer niedriger, so daß der Dichter Rainer Maria Rilke 1893 feststellen konnte: „...die Gruppe wirke so ‘vertrauter’ und lasse den ‘Betrachter besser des Leides, des Opfers und des Dramas gewahr werden’, damit er ‘das Innerste der Geschichte durchdringe wie bei den kirchlichen Grablegungen’. Dieser Bezug zum Mittelalter rechtfertigt die bodennahe Stellung und einen kubischen anstelle eines pyramidalen Aufbaus – ganz anders als bei den distanzierten Helden klassischer Denkmäler.“[69] Durch Rodins kraftvolle und demokratische Modernität zählen die „Bürger von Calais“ zum Weltkulturerbe. Auch Schwantners Bürger, ausgewählt aus der Bevölkerung Trautenaus und des Umlandes, unter ihnen Kiesewetter selbst und Schwantners Stiefmutter, arbeitende Menschen in Trauer um ihren Abgeordneten, sind Protagonisten der jungen tschechischen Demokratie, in der auch eine Minderheit, die Deutschen, einen Abgesandten haben.

Dieses Denkmal ist 1993, zu Beginn der zweiten demokratischen Periode der tschechischen Gesellschaft, aus Geldgier zerstört und an Altmetallhändler verkauft worden. Das Trautenauer Museum konnte nur noch Bruchstücke dieses Meisterwerkes retten.

Bei Metzner hat Schwantner in der Denkmalplastik viel gelernt, aber „...in dessen Kunst (blieb) der Wille stets stärker als die Empfindung...Und so sehen wir Schwantner in richtiger Erkenntnis des ihm Mangelnden zeitweise sich neu um die Stilgesetzlichkeit des Plastischen bemühen, die im Konstruktiven und Tektonischen liegt. Es mag sogar vorkommen, daß er sich dabei ganz ins Architektonische begibt, das dann bei manchem seiner Kriegerdenkmäler eine recht geschlossene Leistung hervorbringen läßt. Aber selbst da bricht sein barocker Formüberschwang durch, und manche große Form verkräuselt schließlich im Ornamentalen."[70]

Wie präzise Schwantner jedoch arbeiten kann, zeigt seine Grabstätte für den Marschendorfer Schuldirektor Wagner.

In der Auseinandersetzung mit dem Thema Tod geht Schwantner bis an die Grenzen seiner psychischen und physischen Belastbarkeit. Bei der Bewältigung seiner Kriegserlebnisse überwindet er die Sprachlosigkeit, die das Grauen in die Gesellschaft gebracht hat. Schwantners Stil wird literarisch, seine Bildwerke werden erzählerisch. Er wird zum Plauderer mit dem Tod. 1923 erwähnt Mühlberger Schwantners „...neues, gewaltiges Werk, die Darstellung des erhabenen mittelalterlichen Totentanzspieles in 13 Gruppen."[71] Im Museum in Hohenelbe befinden sich neun Modelle dieser Gruppen.

Der aus Felssteinen herausgearbeitete Skulpturenwald in Bethlehem bei Kukus an der Elbe hat Schwantner zu seinen Totentanz-Gruppen inspiriert. Geschaffen wurde er von dem Barockbildhauer Mathias Bernhard Braun, der auch die im gegenüberliegenden Schloß auf der Balustrade stehenden allegorischen Bildwerke schuf (1719). Von weitem wirken sie wie Attika-Figuren. Sie versinnbildlichen „Tugend“ und „Laster“.

„Das Motiv des Totentanzes hat Schwantner dann viele Jahre beschäftigt. Angeregt durch die Spiele der Jugend, deren Bewegung er sich begeistert angeschlossen, aber auch durch die barocken Skulpturen in Kukus, hat er eine ganze Reihe von Totentanzgruppen geschaffen. Leider blieben sie wie fast alle Entwürfe Schwantners nur Modelle.“ [72]

Trotz gestelzter Attitüden kommt der Tod in diesen Bildwerken als Vertrauter in das Geschehen, er ist nicht der Schrecken, wie wir ihn z. B. von Albrecht Dürers (1471 – 1528) „Ritter, Tod und Teufel“ (1513) kennen. Sicherlich wehrt sich auch bei Schwantner der Trunkenbold, wenn der Tod sich ihm nähert, oder die Kupplerin, auch der Landsknecht, aber schließlich gehen sie auf sein Anerbieten ein und reichen ihm die Hand, sich in das Unausweichliche zu finden, tanzen mit ihm.

Auch in Kukus waren die Schloß-Anlagen wie überall in Europa in erster Linie für die Aristokratie gedacht. Der Flaneur in den Parks und zwischen den Skulpturen war adelig. Die Stadt war zum Arbeiten und Handeln geschaffen. Sie hatte vielleicht gerade mal eine Marienstatue bzw. Pestsäule. Der bürgerliche Spaziergänger ist ein neuartiger Betrachter-Typus, der erst im 19. Jahrhundert Fuß faßt, als sich die Schloßanlagen öffnen und Stadtparks geschaffen werden. „Man stelle sich eine Stadt vor, deren öffentliche Plätze, deren Spaziergänge in den nächsten Gegenden um die Stadt herum, mit solchen Denkmälern besetzt wären, auf denen das Andenken jedes verdienstvollen Bürgers des Staates für die Nachwelt aufbehalten würde...Was wäre leichter, als alle Spaziergänge durch Denkmäler...zu verschönern.“[73]

Auch Trautenau erhielt gegen Ende des 19. Jahrhunderts einen Stadtpark in etwa auf dem 1866 von preußischen und österreichischen Truppen verwüsteten Gelände um Kapellen- und Gablenz-Berg. Für diesen Park waren Schwantners Totentanz-Skulpturen gedacht. „Befreite Ruhe und tiefe Erkenntnis lassen den 'Totentanz' reifen; Gruppe an Gruppe reiht sich – es fehlen die Mittel dieses gewaltige Werk in Stein im Stadtpark zu einem zweiten Kukus werden zu lassen."[74]

Von dieser Konzeption übriggeblieben ist am 11.9.1932 die Aufstellung einer einzigen bronzenen „Totentanz"-Plastik im Stadtpark zum Gedenken an die im Ersten Weltkrieg Gefallenen, obwohl Trautenau auf dem Friedhof bereits ein Krieger-Denkmal von Schwantner aus früheren Jahren besitzt. 334 gefallene Trautenauer Bürger, Tschechen und Deutsche,[75] sind auf den vier Tafeln, die das „Totentanz"-Denkmal flankierten, genannt. Sie sind 1948 in Hamburg gerettet worden und heute in Würzburg, der Patenstadt Trautenaus, aufgestellt. Das Denkmal selber fiel dem Nazi-Terror zum Opfer. „Seine hervorragendste Schöpfung dieser Art fand im Trautenauer Stadtpark Aufstellung: drei Soldaten um den Geige spielenden Tod. Schwantners ausgemergelte Krieger paßten freilich nicht zu dem Heldenmythos Goebbelsscher Prägung. Darum sollte das Trautenauer Kriegerdenkmal auch eingeschmolzen werden. Den Braunhemden, die ihn zu der Abtragung einluden, schleuderte der Empörte das Zitat des Götz von Berlichingen entgegen. Als er hernach vor dem leeren Sockel stand, traten ihm die Tränen in die Augen."[76]

Ich konnte es also, als ich das Denkmal 1975 suchte, gar nicht finden!

In seiner Abneigung gegen den Nationalsozialismus ist es für Emil Schwantner selbstverständlich, auch unter Lebensgefahr, anderen zu helfen. Wenn die jüdischen Frauen und Mädchen, die aus dem Parschnitzer Lager in die Fabriken nach Ober-Altstadt getrieben werden, seinen Weg kreuzen, steckt er ihnen schon mal heimlich ein Stück Brot zu.[77]

IV.

Doch noch zeigt sich Trautenau zivil. Das zeitgenössische Leben findet für Emil Schwantner in Trautenau und seinem Umland statt. In den zwanziger und dreißiger Jahren existiert eine „musische Tafelrunde", die Josef Mühlberger, der Dichter und Wissenschaftler, dessen hundertjähriger Geburtstag soeben gefeiert wurde, lebendig beschreibt.[78] Er trifft in den vielen Schwemmen und Cafés rund um den Ringplatz Kollegen, wie Ernst Redlich und Gertie Hampel-Faltis. „In Gertie Hampel-Faltis erwuchs der Landschaft eine leidenschaftliche Lyrikerin von großer Formgewandtheit, auch Ernst Redlich ist in erster Linie Lyriker."[79] Gertie Hampel-Faltis ist die letzte Überlebende der bedeutendsten Industriellenfamilie der Stadt. Ihr Gedichtband „Das große Rauschen" hat in der Runde lebhafte Aufmerksamkeit erregt. „Die Gedichte wurden vorgelesen und für gut, einzelne für ausgezeichnet befunden. Ernst Redlich, der sie neben die Hermann Hesses stellte, bewunderte neidlos, was er in seinem Leben nie erreichen sollte, ein gedrucktes Gedichtbuch."[80]

Der junge Mühlberger bewundert den Zeichner Wenzel Labus ebenso wie die Maler Josef Seifert[81] und Josef Polz, der ein Dachatelier in der Nähe von Schwantners Haus hat. Und eben Schwantner selbst. „Wir, die wir noch nach österreichischer Tradition im Café – allerdings auch bei reichlich Wein – tagten, durchaus bewegt von all den Dingen der nach dem Kriege so heftig bewegten Kunst, sahen eines Tages einen neuen Gast. Der Krieg, zuletzt an der italienischen Front, hatte ihn gezeichnet; er sah aus wie ein Baudner aus dem hohen Gebirge, unscheinbar, derb, ja verwahrlost, aber ein früher Ruhm ging ihm voraus...all diese Nachrichten wurden für uns durch die Modelle übertroffen, die er Aug' in Auge mit den Schrecken des Krieges geschaffen: die Handgranatenwerfer, die Patrouille-Ablösung. Die Figurengruppen kamen unter schmutzigen feuchten Tüchern zum Vorschein, aber auch Gruppen geschmeidiger Panther und schreitender Eisbären."[82]

Auch der Bürgermeister jener Jahre, Hieronymus Siegel, gehört in diese Runde. Er versucht sich als Dichter, schreibt Stücke, die im Theater im Augarten aufgeführt werden. Er hat bei Schwantner eine Büste in Auftrag gegeben. „Nun hatte Schwantner eine Portraitbüste in Marmor von ihm in Auftrag bekommen und arbeitete schon am 2. Block, als ihm unversehens durch einen vielleicht etwas zu derben Schlag, genau wie das erste Mal, wegen der etwas reichlich tief vorhandenen Unterführung an der Flügelpartie der Nase, diese plötzlich absprang. Kaum war dies geschehen – Schwantner kochte noch vor Zorn-, trat Bgm. Siegel ins Atelier mit der Frage: 'Na, wie weit ist meine Büste?' 'Mit Ihrer verfluchta Korke hou ich schon a zweeta Block beim Teifel!'"[83]

Diese Begebenheit zeigt das unbestechliche Temperament des Künstlers, das vor einem deutsch-nationalen Bürgermeister nicht zurückschreckt. Zudem bleibt Schwantners Ruf als Außenseiter: „...der noch Jahre nach dem Krieg Stiefel, die er aus dem Krieg heimgebracht hatte, und einen aus einer Decke geschneiderten Mantel trug...“[84], und der auch schon mal aus Schusseligkeit in den Potschen (Hausschuhen) in die Stadt geht und seinen einzigen Teelöffel eingipst. Trotzdem verkehrt in seinem Atelier die Welt des Geistes. So soll ihn der indische Dichter und Nobelpreisträger Rabindranath Tagore besucht haben.[85] Im Trautenauer Riesengebirgsvorland-Museum lagern mehrere Dutzend Büsten von Persönlichkeiten des Riesengebirgsumlandes, die Schwantner zwischen 1920 und 1946 geschaffen hat. Unter ihnen der Flugpionier Igo Etrich, der die weltberühmte Etrich-Taube entwickelt hat.

Besonders originär wird Schwantner in seinen Tierplastiken. Man sieht es seinen Tieren an, daß Schwantner die Seele in ihnen erkannt hat, ihre Persönlichkeit. „Die Voranstellung des seelischen Ausdruckes, als dessen Träger der Mensch oder das Tier zu gelten hat, vereinigte er auf das glücklichste mit seiner Begabung.“[86]

Schon das „Erblindete Grubenpferd“, mit dem Schwantner 1912 den 1. Preis der Bildhauerklasse in Prag errang, zeigt den Ausdruck seelischer Befindlichkeit nach einem arbeitsreichen Leben unter Tage.

Daß dem Tier in der Plastik eine eigene Stellung zugewiesen wird, ist wiederum erst eine Errungenschaft des 19. Jahrhunderts. Auch daß der Mensch in ein persönliches Verhältnis zu dem Tier treten kann, daß das Tier also kein Attribut für etwas ist, z.B. Prestige- oder Wappentier, ist eine neuere Entwicklung.

Archiv Schon

In Deutschland ist es August Gaul (1869 – 1921), „...der das Tier als Einzelwesen gleichberechtigt neben die traditionellen Themen der Plastik stellt. Die Entstehungsgeschichte dieser 'autonomen Tierplastik' steht nicht nur in engem Zusammenhang mit der allgemeinen Entwicklung der Denkmalskunst, sondern spiegelt vor allem die grundlegenden Veränderungen, die sich im Verhältnis zwischen Menschen und Natur durch das 19. Jhd. hindurch vollzogen haben."[87]

Schwantner war schon in Prag durch seine Tierdarstellung aufgefallen. Er kann Gaul in Berlin kennengelernt haben. Vielleicht hat er die witzige Geschichte gehört, daß Gaul eine Dauereintrittskarte in den Berliner Zoo gewonnen hatte, was dazu beitrug, daß er der Tierbildhauer wurde.

Jedenfalls, nach dem Ersten Weltkrieg wieder in Trautenau, läßt sich Schwantner gleich zu Beginn der zwanziger Jahre im Breslauer Zoo, dem nächstgelegenen, ein Gerüst bauen, um die Tiere, vorzugsweise die Großkatzen, zu studieren und zu skizzieren.[88] Was dabei herauskommt, ist für die damalige Kunstwelt einmalig. Ging es Gaul am Übergang zum 20. Jahrhundert um die Darstellung einer allgemeingültigen Form, die der Natur als eigene Realität gegenübertritt, also gegen eine nur zufällige Naturerscheinung in der Tierskulptur, so schafft es Schwantner, Inhalt und Form zu verbinden. „Wenn er auch seine Empfindung oft hemmungslos ausströmen läßt, so daß alle Form darunter zerschmilzt, und dann wiederum einmal Bildwerke schafft, die wie in statuarischer Ruhe erstarrt scheinen, so gibt es doch auch von ihm Werke, in denen seine Empfindung Inhalt und Form zu harmonischer Einheit verbindet. Das ist der Fall in seinen Tierplastiken, die deshalb wohl das Beste sind,

Emil Schwantner · Bozetto Europa wird vom Stier entführt

Archiv Schon

was Schwantner uns bisher gegeben. Man erkennt also in Schwantner ein starkes Temperament in stetem Kampfe um seine formale Bändigung."[89]

Welch geballte Kraft und Dynamik in der Tierplastik darzustellen Schwantner in der Lage ist, zeigt sein rasender Stier, wie er Europa entführt. Dieses Bozzetto ist im Museum Hohenelbe zu sehen.

Form war bisher für Schwantner hinter den Inhalt zurückgetreten. Doch indem er die Bewegung in die Tierplastik einführt wie seinerzeit Rodin in die menschliche Skulptur, befreit er die Form. Er kann sie jetzt vereinfachen, ohne Gefahr zu laufen, wie August Gaul in die Nähe der Abstraktion zu gelangen. Es geht „...Gaul hier nicht mehr um eine reine Nachahmung der Natur, sondern um die Darstellung einer allgemeingültigen Form, die der Natur als eigene Realität gegenübertritt. Mit der Betonung der Eigengesetzlichkeit der Form gegenüber dem Naturvorbild steht Gaul bereits an der Schwelle zur Abstraktion."[90]

Die Form geglättet hat Schwantner bei Plastiken, die in die Porzellanproduktion gingen. Doch auch hier zieht er kraftvolle Linien. „Besonders in seinen wunderbaren Panthern kommt das zum Ausdruck. Wie da der bis auf die wenigen entscheidenden Kraftlinien großflächig geschaute ruhende Körper die gefährlich gestaute Raubtiergewalt eindringlich wiedergibt. Solche Leistungen reichen schon an die Meisterwerke des kürzlich verstorbenen August Gaul (Berliner Kunstakademie) heran..."[91]

Schwantner – in seinem Atelier stets von Katzen umgeben, mitunter auch von der Ziege seiner Stiefmutter – findet in der Dynamik der Kreatur die Überwindung der Materie.

Nach dem Krieg hat er immer wieder versucht, aus der Erinnerung heraus,

gerade die Tierplastiken, die er in Böhmen geschaffen hatte, nachzuformen.

Er schreibt aus Salzelmen/Schönebeck/DDR am 13.10.1949 an Freunde in die Bundesrepublik Deutschland:

„...Ich bin seit dem 1. August 1949 ....selbständig. Ich habe jedoch keine Aufträge. Schon den 3ten Monat noch gar nichts umgesetzt. So lebe ich von meinen Ersparnissen, und muß mich aufs äußerste einschränken. Habe schon einige neue Modelle modelliert und in Gips gegossen. Jetzt mache ich das Abendläuten noch einmal. Es ist mir noch viel besser gelungen, als das was ich in Trautenau zurückgelassen habe. So bin ich voller Sorgen und Kümmernissen. Es ist das erste Mal in meinem Leben, wo mich mein Können nicht ernähren will."[92]

Die Leichtigkeit seiner böhmischen Schaffenszeit haben diese späten Werke jedoch nicht wieder erreicht. Emil Schwantner stirbt verarmt am 18.12. 1956 in Schönebeck/Elbe, DDR. Er ist dort begraben, ebenso wie seine zweite Frau, Anna geb. Renner aus Jungbuch, die 2001 verschied.

Emil Schwantner mit Bozetto
„Der Tod regiert", 1920er Jahre *Foto Archiv Schon*

Emil Schwantner

Riesengebirgs-Gedicht

Die stolzen Riesabarche
sein gor ofte menner Sehnsucht Ziel.
Wu dr ale Berggeest mit sen Zwercha
noch immer treiwa tut sei neckschés Spiel.
Wu Habmichlieb on Enzia
a Wandrer freindlich grüßa,
on selwerklore Wassalan rou eis Toul tun schießa.

Refrain:
O, ich koun se nei vergassa,
de Barche on de Hiehn.
Hür sugor eim Tram de Appe rauscha
on a Puschwend giehn.

Wenn üwer Barch on Kämme
dr Puschwend bleest on gieht,
on eim tiefa Toule
de Nawelwolke zieht,
wenn dann de Barche lechta
wieder eim schiensta Sonnaschein:
Sort ock, Ihr liew Leitlan
kouns denn wu schiener sein?

Refrain:
O, ich koun se nei vergassa,
de Barche on de Hiehn.
Hür sugor eim Tram de Appe rauscha
on a Puschwend giehn.

Wenn dorch Barche on Hohla
dr Dunner gieht on grollt,
on da drbuste Berggeest
a Menscha droht on grollt.
Wenn de Barche stiehn
ei ruter Feierschglut,
dann, Wanderschmann, ich sor drs,
bist du of dener Hut!
Refrain:
O, ich koun se nei vergassa
die Barche un de Hiehn.
Hür sugor eim Tram de Appe rauscha
on a Puschwend giehn.

Wandrer, biste müde,
kehr' ei a Baude ein.
Beim Senga on beim Tanza
werschte zofrieda sein.
Eim Kreese fruher Menscha
do fendst de die Glecke,
on ziehst de dann dervone
denkst secher Du zorecke.

Refrain:
Denn konnst a Du se nei vergassa,
de Barche on de Lahn,
on kemmst ganz secher wieder,
weil se noch amol wellst sahn![93]

Persönliche Erinnerungen an *EMIL SCHWANTNER*, den Bildhauer aus dem Riesengebirge

Eine Jugenfreundin aus der alten Heimat schrieb mir vor längerer Zeit folgenden Brief:

(. . .) Heute habe ich einen besonderen Grund, der mich zu diesen Zeilen bewegt: Ich habe den letzten Heimatbrief (gemeint ist HB-94/I, S. 15) gelesen, und immer wieder nehme ich ihn zur Hand, um das ergreifende Gedicht von Emil Schwantner zu lesen. Ein reines, inbrünstiges Bekenntnis zur Heimatliebe, wie nur selten jemand dessen fähig ist. Er konnte es! Er war ja Künstler! Einer der Großen, die mit allen Fasern ihres Denkens und Fühlens mit der Heimat verwurzelt sind. Ich hatte sogar das Glück, ihn persönlich kennenzulernen, und davon will ich berichten.

Es war, glaube ich, Ende März 1945, als ich auf Vorspruch von Prof. Stonner, der in Trautenau einen Malerzirkel leitete, dem ich angehörte - auch Lothar Kammel - bei Herrn Schwantner an seiner schönen Villa läutete. Man hatte mir vorher gesagt, daß er so leicht niemanden zu sich lasse - besonders Frauen nicht gerne - aber zu mir war er freundlich. Der Grund: Ich wohnte bei der Pohlfabrik, in der er einstmals arbeitete. Ich kannte auch Herrn Krause, der ihn Geige spielen gelehrt hatte. Schwantner selber war in Königshan gebürtig. Also genug Gesprächsstoff für den Anfang, und dann führte er mich in sein Atelier, seine Wohnräume, zeigte mir seine Werke und zuletzt endeten wir in der Küche. Katzen hatte er gerne, die liefen zwischen uns herum, und als die Tür von der Küche ins Schlafzimmer aufging, sah ich gerade, wie ein Kätzchen aus dem Wäscheschrank purzelte; es hatte wohl sein Nest darin. Auf dem Fußboden war Getreide aufgeschüttet; das störte mich nicht, gab nur eher einen Eindruck von Naturverbundenheit, und es war ja Krieg, ich sah so etwas nicht das erstemal.

Da stand er vor mir, der schlichte, große Mann, in einfachem Hemd und Hose, blätterte in seinen Papieren, bis er ein besonderes Gedicht hervorzog. Und das ist es, weshalb ich schreibe.

Herr Schwantner war nicht nur Bildhauer, sondern auch Dichter! Er mußte zu mir ein besonderes Vertrauen gefunden haben, denn sonst hätte er sich doch nicht mit mir so befaßt. Ich sehe ihn noch heute vor mir, wie er seine Gedichte vortrug - und dieses eine gefiel mir besonders. Es erzählt von einem Regentropfen, der auf die Schneekoppe fällt, voller Freude über Steine und Wiesen in die Aupa purzelt, dann in die Elbe kommt, mit Neugierde ein Stück Welt verfolgt, bis er sogar Schiffe sieht, und sich dem großen Meere nähert. Aber da kam das unstillbare Heimweh. Der Regentropfen will zurück ins schöne Riesengebirge!

Heute sage ich: Meister Schwantner beschwor in diesem Gedicht sein eigenes Schicksal, das ihn aus der geliebten Heimat vertrieb und für immer unglücklich machte. Mir tut der arme Mann noch heute aufrichtig leid und denke oft an den unvergeßlichen Nachmittag mit ihm.

Ich stehe in Verbindung mit dem Trautenauer Museum, verfolge die Ausstellungen von Emil Schwantner und Prof Stonner und interessiere mich besonders dafür, ob nicht noch mehr von den Gedichten von Schwantner erhalten sind. Ob dieses Regentropfen-Gedicht vielleicht in seinem Nachlaß gefunden wurde? Herr Schwantner las es damals nicht nur vor, sondern sang es auch und begleitete sich dabei auf der Geige. Er wollte jemanden finden, der die "Pünkterln", wie er die Noten nannte, aufschreiben könnte.

In Gedanken sehe ich ihn heute noch vor mir. Er war einer jener Großen, die gar nicht "groß" erscheinen wollen, der keinen gesteigerten Wert auf Äußerlichkeiten legte, er hatte den Reichtum in sich. (...)

(Das Gedicht vom Regentropfen wird nachgereicht.)

Hilde Kašparová, geb. Langer (Schatzlar 326)

94)

Der Trompeter von Säckingen in Wekelsdorf

Eine interessante Geschichte bietet das am 30.6.1935 errichtete Denkmal in Wekelsdorf / Teplice n.M. mit dem Titel *Der Trompeter von Säckingen* von Emil Schwantner, akademischer Bildhauer in Trautenau.

In der Originalgeschichte des Trompeters erscheint zunächst wenig Bezug zum 1. Weltkrieg zu sein. Der Autor Victor von Scheffel (1826 – 1886) hat mehr an eine Liebesgeschichte gedacht. Doch im Hintergrund wütet der 30jährige Krieg, die Liebe wird als vergeblich besungen: „Es ist im Leben dassich eingerichtet, dass bei den Rosen gleich die Dornen stehn. Und was das arme Herz auch sehnt und dichtet, zum Schluß kommt das Voneinandergehn. In deinen Augen hab ich einst gelesen, es blitzte drin von Lieb und Glück ein Schein: Behüt dich Gott! Es wär so schön gewesen, behüt dich Gott, es hat nicht sollen sein!"

Diese Sentenz „Es wär so schön gewesen, es hat nicht sollen sein!" ist berühmt geworden. Möglicherweise hat dies Schwantner zu seinem Thema inspiriert. 1935, als dieses Werk aufgestellt wurde, war der Nationalitätenkonflikt im Sudentenland bereits dramatisch zugespitzt und die Henlein-Partei lockte mit ihrem „Heim ins Reich"-Spruch Wählerstimmen.

Das Versepos „Der Trompeter von Säckingen" hatte im Wilhelminischen Reich als Unterhaltungslektüre der Bildungsschichten großen Zuspruch. Bronzefiguren des Trompeters hingen in vielen Wohnstuben. Auch diese Verse daraus waren allseits bekannt:

„Römisch Recht, gedenk ich deiner,
liegt's wie Alpdruck auf dem Herzen,
liegt's wie Mühlstein mir im Magen,
ist der Kopf wie brettvernagelt!...
Sind verdammt wir immerdar, den
Großen Knochen zu benagen,
den als Abfall ihres Mahles
uns die Römer hingeworfen?
Soll nicht aus der deutschen Erde
Eignen Rechtes Blum entsprossen...“

Möglicherweise wollten die Wekelsdorfer Auftragggeber ihre Verbundenheit mit dem Deutschen Reich zeigen. Eine andere Version besagt, dass das Blasen der Feldtrompete ein deutliches Omen dafür sein könne, dass ein neuer Krieg bevorsteht. Der Trompeter ist 1945 zerstört worden, seine Teile verschwunden, die Ummauerung des Denkmalareals steht bis heute an exponierter Stelle in dem Städtchen.

Doch wie so häufig beginnen nach der Wende einheimische oder vertriebene Bewohner nach den alten Spuren zu suchen. Zudem sind Sammelstücke aus deutscher Zeit begehrt, auch und besonders unter Tschechen.

Der Historiensammler Petr H. aus Wekelsdorf wurde fündig. Er fand bei seinen Recherchen den in drei Teile zertrümmerten Trompeter in einer Scheune. Noch nach dem Fund wurden die Füße beschädigt. Die Teile sind in der Schule untergebracht. Es besteht die Absicht, das Denkmal wieder zu errichten...die Geschichte des Trompeters wird aber für immer in den Zeitläuften verschwunden sein.

2.
Von einem fernen Land, das sie Heimat nannten

Böhmische Polka

Oh dieses Raunen
Oh diese unersättliche
Einsamkeit an den
Hängen des Herbstes
Dieses Glückfinden
Im Gespräch mit dem
Specht der meinen
Gipfelweg begleitet
Eine Hymne den Beeren die
Mich laben den
Pilzen die mit mir vor Glück
Hüpfen einsamer
Wanderer
Immer wirst du dich
Finden bei dem
Frohlocken der
Letzten Krüppelfichten

Dem Sternenregen
Bei der sturmerprobten
Hütte rasten und
Höher noch dem
Himmel ganz nahe sein
Und nur zurückkehren
Für ein gutes
Gespräch[95]

Wie es dampft und braust und sprühet[96]

Goethe in Böhmen

Amtspflichten führen ihn 1790 nach Schlesien. Der Dienstherr Carl August, Herzog von Sachsen-Weimar, hatte Johann Wolfgang von Goethe[97] im Sommer gebeten , ihn zu begleiten.

Im Frühjahr war Goethe von seiner zweiten Italienreise zurückgekehrt. Im Dezember des Vorjahres hatte seine Geliebte, Christiane Vulpius, ihm den Sohn August geboren[98].

Goethe besucht in dem genannten Sommer, an seinem 41. Geburtstag, das Heuscheuer Plateau (Fort Carlsberg). Er bewundert die prächtige Aussicht über das böhmische Gelände. Er dichtet:

Emil Schwantner, Goethe in Adersbach, Bronze 1932 *Foto Schon*

Grün ist der Boden der Wohnung,
die Sonne scheint durch die Wände,
Und das Vögelchen singt über dem leineren Dach;
Kriegerisch reiten wir aus, besteigen Schlesiens Höhen,
Schauen mit mutigem Blick vorwärts nach Böhmen hinein.[99]

Dieser Blick nach Böhmen von Nordosten her ist für ihn neu. Zwar war Goethe bereits 1785, 45 Tage, und 1786, 39 Tage in Karlsbad in Westböhmen zur Kur[100], doch dieser *mutige Blick vorwärts nach Böhmen* entfacht über die medizinische Begründbarkeit eines Aufenthalts in dem fremden Land hinaus die Neugier des Wissenschaftlers Goethe.

Er hatte vernommen, daß erst kürzlich die Felsenstädte von Adersbach und Wekelsdorf zugänglich gemacht worden sind, die auf böhmischer Seite, im sogenannten *Politzer Becken* liegen.

Das angrenzende Riesen- und Adlergebirge war infolge der Erdfaltung des jüngeren Paläozoikums entstanden. Einbrüche wurden zu einem Sedimentbecken der damaligen Urmeere und -flüsse. Weitere klimatische Prozesse hoben und falteten die Erdmassen, bis die Gegend im jüngeren Mesozoikum, der sogenannten Kreidezeit, erneut überflutet wird. Als das letzte Meer zurückging, wurde das Gebiet endgültig zum Festland. Es bildete sich langsam die heutige Gestalt heraus.

Das *Politzer Becken* wurde gewaltig gefaltet. Das ursprüngliche Sandsteinmassiv verwandelte sich in den folgenden Jahrmillionen durch Erosion und andere Prozesse. Bei der Modellierung der Oberfläche spielte die Tätigkeit des fließenden Wassers eine sehr große Rolle. Es kommen Pseudokarsthöhlen und -klüfte vor. Der *Felsendom* in Wekelsdorf ist mehr als 60 m hoch, die *Fledermausschlucht* ist 38 m tief. Die Höhle *Teplicka* ist mit ihren 1065 Metern die längste Pseudokarsthöhle Tschechiens.[101]

Goethe wird diese Fakten nicht en detail gewußt haben. Zu jener Zeit stritten die Wissenschaftler, auch er darunter, über den Ursprung von Basaltgestein. Ist es vulkanischer Herkunft oder hatte es sich aus der wäßrigen Lösung eines Urmeeres durch Kristallisation herausgebildet? Goethe ist über viele Jahre Neptunist und erst im fortgeschrittenem Alter hat er sich durch die Forschungen Alexander von Humboldts zu einem Vulkanisten gewandelt.[102]

Goethes Besuch in den Felsen war der Gemeinde Adersbach 1932 wert, zu seinem 100. Todestag, bei dem Trautenauer Bildhauer Emil Schwantner eine Goethe-Büste in Auftrag zu geben, die heute noch dort in einer Felsnische steht und für mich Anlaß war, auf seinen Spuren in Böhmen zu wandeln. Goethe reitet nach dem Besuch der Felsenstädte mit dem Herzog nach Galizien. Auf der Rückreise kann er es einrichten, den Aufstieg auf die Schneekoppe vorzunehmen. Es wird Vollmond sein.[103]

In Begleitung seines Dieners Götze rastet er auf duftendem Heu in der Koppenbaude (später Hampelbaude) und erklimmt in der Früh um 5 Uhr den höchsten Grad (1603 Meter).[104]

In den Strahlen der aufgehenden Sonne überkommt ihn die Sehnsucht nach der Geliebten.

Er dichtet:

In der Dämmrung des Morgens den höchsten Gipfel erklimmen,
Frühe den Boten des Tags grüßen, dich, freundlichen Stern!
Ungeduldig die Blicke der Himmelsfürstin erwarten,
Wonne des Jünglings, wie oft locktest du nachts mich heraus!
Nun erscheint ihr mir, Boten des Tags, ihr himmlichen Augen
Meiner Geliebten, und stets kommt mir die Sonne zu früh.[105]

Es ist das *94. Venezianische Epigramm* und Christiane Vulpius zugeeignet.

Goethe bringt auch von hier Steinproben mit, etliche Gneisstufen und Stücke in Gneis gebetteten Veilchenstein. Er pflückt Gentianenzweige[106]; Enzian, der außer in den Alpen nur noch im Riesengebirge zu finden ist. Auch die Botanik interessiert Goethe sehr. Erst zu seinen Lebzeiten hatte der Schwede Karl von Linné eine Systematik in das Fachgebiet gebracht und eine Klassifizierung vorgenommen. Goethe hat sich in seiner *Metamorphose der Pflanzen* an die Linnésche Auffassung angenähert.[107]

17mal wird Goethe in Böhmen weilen, das sind eintausendeinhundertundvierzehn Tage, gut drei Jahre seines Lebens. [108]

Warum fährt also ein Mann 17 mal dorthin.

Neben seinen wissenschaftlichen Ambitionen sind es gesellschaftliche.

Als Goethe Karlsbad 1785 das 1. Mal besucht hatte, war es bereits ein europäisches Modebad. Gegründet um 1350 von Karl IV am Zusammenfluß von Eger und Tepl.[109]

Goethe kurt dreizehnmal in Karlsbad. In seinem Vorspruch zu dem Aufsatz *Carlsbad* schreibt er:

Was ich dort gelebt, genossen,
Was mir all dorther entsprossen,
Welche Freude, welche Kenntnis,
Wär ein allzulang Geständnis.
Mög es jeden so erfreuen,
Die Erfahrenen, die Neuen![110]

Karlsbad ist für ihn jahrelang eine angenehme Fluchtburg. Er schreibt am 16. Juli 1807 an Christiane:

Ich wüßte mir keinen angenehmeren und bequemeren Aufenthalt und werde wohl noch einige Zeit hier bleiben. Was sonst Jena für mich war, soll künftighin Karlsbad für mich werden. Man kann hier in großer Gesellschaft und ganz allein sein, wie man will. Und alles, was mich interesiert und mir Freude macht, kann ich hier finden und treiben.[111]

Er hatte ihr 1795 auch von den *Äugelchen* geschrieben und daß ihre Gesellschaft ihm angenehm sei und sie ihm Spaß machen.[112]

Nicht zu den *Äugelchen,* sondern zu der ganz großen Gesellschaft, die er in Karlsbad trifft, gehört Maria Ludovica Beatrice, geborene Prinzessin von Este, dreiundzwanzig Jahre alt und seit zwei Jahren die dritte Gemahlin des mehr als zwanzig Jahre älteren Kaisers Franz.[113] Dadurch ist sie Stiefmutter der Gattin Napoleons, der ebenfalls dreiundzwanzigjährigen Tochter des Kaisers aus der Ehe mit Maria Theresia von Neapel.

Goethe begrüßt am 6. Juni 1810 die Kaiserin mit dem Gedicht *Der Kaiserin Ankunft.*[114] Sie läßt sich von dem Kreishauptmann über den Dichter informieren. Goethe ist von der Kaiserin so fasziniert, daß er weitere drei Gedichte schreibt und sie auf eigene Kosten drucken läßt. Die Kaiserin zeigt sich erkenntlich und vermacht ihm eine goldene Dose mit ihrem Namenszug in Brillanten.

In der Folge, im Februar 1812, ernennt die *Kaiserliche Akademie der Künste* Goethe zum Ehrenmitglied. Verschiedenen Einladungen nach Wien weicht Goethe aus. Der Kontakt zur Kaiserin bleibt jedoch erhalten. Am 14. Juli 1812 trifft Goethe die Kaiserin in Teplitz. Sie hatte Karlsbad wider Erwarten aus ihrem Programm gestrichen. Zur gleichen Zeit weilt Beethoven dort. [115]

Maria Ludovica und Goethe treffen sich fast täglich. In kaum vier Wochen ist er elfmal bei der Tafel. Er liest ihr aus *Tasso* vor, aus *Iphigenie* und *Pandora*. Er schreibt an Christiane, daß sie sich keinen Begriff von ihren Vorzügen machen kann.[116]

Am 10. August 1812 reist die Kaiserin von Teplitz ab. Goethe fährt nach Karlsbad zurück. Diese räumliche Trennung macht die Begegnung bereits zu einer Vision. Er schreibt drei Tage danach an Reinhard [117]: *Eine solche Erscheinung gegen das Ende seiner Tage zu erleben, gibt die angenehme Empfindung, als wenn man bei Sonnenaufgang stürbe und sich noch recht mit inneren und äußeren Sinnen überzeugte, daß die Natur ewig produktiv, bis ins Inerste göttlich, lebendig, ihren Typen getreu und keinem Alter unterworfen ist.*[118]

Viele *Äugelchen* sind durch Goethe weltberühmt geworden: Rahel Levin spätere Varnhagen, Friederike Brun geborene Münther, selbst eine begabte Dichterin, Marianne Meyer, spätere von Eybenberg, Silvie von Ziegesar, die sogar etwas mehr als zu einer *kleinen Liebschaft,* die Goethe als Hauptingrediens eines jeden Kuraufenthaltes betrachtete, wurde[119], und als Höhepunkt seiner böhmischen Frauen-Beziehungen: Ulrike von Levetzow.

Ulrikes Mutter Amalie war die Tochter des Freiherrn Johann Leberecht von Brösigke, dem Goethe während seiner Studienzeit in Leipzig begegnet war. 1806 lernte er sie in Karlsbad kennen. Nicht ohne Empfindung für ihre Anmut. An ihrer Hand hatte sie das zweijährige Töchterchen Ulrike. 1810 trifft er sie wieder, da sind noch die Töchter Amalie und Berta dazugekommen.

Weitere elf Jahre und die Welt sieht anders aus. Von Napoleon spricht kaum jemand mehr. Die Bäder Karlsbad, Franzensbad und Teplitz erinnern Goethe an schmerzliche Verluste. Christiane Vulpius, seit 1806 seine Ehefrau, war 1816 gestorben, Marianne von Eybenberg, Maria Ludovica. Frauen, die er geliebt und geachtet hatte.

Er selbst gilt seit langem als Senior in den Kurorten. 1808 nannte Caroline Schelling in einem Brief an Gotterchen, einem der *Äugelchen,* ihn den *alten Herrn.*[120]

1820 hatte Goethe die Großbaustelle Marienbad besucht. Das neue anspruchsvoll projektierte Kurbad war bereits zu erkennen.

1821 weilt er in dem neu eröffneten Bad und Umgebung 49 Tage. Das Haus, in dem er absteigt, beherbergt auch Amalie von Levetzow, deren Eltern Brösigke und die drei Töchter Ulrike, siebzehn Jahre, Amalie, fünfzehn Jahre, und Berta, dreizehn Jahre:[121] Eine weltliterarische Konstellation. Die meisten literarischen Werke Goethes sind aus einer seiner Schicksalsgemeinschaften entwickelt worden.

Ulrike, die älteste Tochter, begleitet Goethe trotz des schlechten Wetters bei seinen Morgenspaziergängen, abends sitzen sie auf einer Bank vor dem Haus. Sie spricht Elsässer Dialekt. Goethe wird an die eigene Jugend erinnert. Straßburg, Sesenheim.

Er schenkt ihr Schokolade, ganz artig, wie es damals heißt.

Die Mädchen beteiligen ihn an Gesellschafts- und Pfänderspielen. Da muß jeder alte Mensch noch mal jung werden. Nächstes Jahr trifft man sich wieder in Marienbad und Umgebung. Diesmal 70 Tage. Natürlich hat ihm auch diesmal der Aufenthalt in Böhmen sehr wohlgetan, wie er dem Gelehrten Schubarth[122] schreibt.[123]

Im Winter darauf hat der Dreiundsiebzigjährige trotzdem eine Herzbeutelentzündung zu überwinden. Nicht nur die Hoffnung auf die Wirkung der Heilquellen läßt ihn 1823 wieder nach Marienbad fahren. Sein letzter Sommer in Böhmen wird ganz im Zeichen der Liebe zu Ulrike stehen.

Seine Umgebung merkt, wie er *ganz weg* ist. Wie er *die ganze Liebe unter Qualen der Jugend im Leibe* trägt.

Für die Familie von Levetzow bedeutet sein schriftlicher Heiratsantrag ein Abwägen, das übliche Für und Wider bei einer heiratsfähigen Tochter, Goethe jedoch erlebt sein lebenslanges Verzehren nach Mignon *Nur wer die Sehnsucht kennt, Weiß, was ich leide!*[124]

Amalie von Levetzow war mit den Ihren nach Karlsbad ab, ohne ein Ja oder Nein zu hinterlassen. Er reist nach, feiert bei ihnen seinen vierundsiebzigsten Geburtstag, erhält von der Levetzow eine mit Efeuornamenten geschmückte Tasse und von den Töchtern ein fein geschliffenes böhmisches Glas.

Später wird ihn Eckermann mitunter in die Betrachtung dieses Glases versunken finden.[125]

Die letzten Tage mit den Levetzows sind für Goethe eine Qual. Ulrike ist für ihn schon als menschliches Wesen entrückt. Sie beginnt mit der *Marienbader-Elegie* zu verschmelzen. Als Motto verwendet er den *Tasso*-Vers *Gab mir ein Gott zu sagen, was ich leide.* Am 11. September verläßt er Eger. *In der rumpelnden Reisekutsche schwebt er dahin auf den Jamben der Elegie.*[126]

Ulrike von Levetzow stirbt als Stiftsdame zum Heiligen Grabe, 95jährig, auf ihrem Schloß in Trieblitz. Sie hat nie geheiratet.[127]

Im folgenden Jahr, noch immer einen Rest der Leidenschaft im Herzen [128], dichtet Goethe *An Werther – Noch einmal wagst du, vielbeweinter Schatten, Hervor dich an das Tageslicht....* Dieses Gedicht fügt er ebenso in die *Triologie der Leidenschaft,* wie die Strophen, die er der polnischen Pianistin Marie Szymanowska in Marienbad gewidmet hatte *Die Leidenschaft bringt Leiden! – Wer beschwichtigt, Beklommnes Herz, dich, das zu viel verloren?...*und als Höhepunkt der *Triologie* die *Marienbader Elegie – Was soll ich nun vom Wiedersehen hoffen, von dieses Tages noch geschloßner Blüte?....*

Jetzt erst können wir erfassen, wie sehr es den alten Goethe drängte, noch einmal den Zusammenklang von höchstem Empfinden und dichterischem Gestaltungswillen zu „erleiden".

Am 2[illegible]ar 1824 gesteht er Eckermann: *Man hat mich immer als e[illegible]m Glück besonders Begünstigten gepriesen; auch will ich nic[illegible] beklagen und den Gang meines Lebens nicht schelten. Allein [illegible] Grunde ist es nichts als Mühe und Arbeit gewesen, und ich ka[illegible]wohl sagen, daß ich in meinen fünfundsiebzig Jahren keine [illegible] Wochen eigentliches Behagen gehabt.*[129]

[illegible]st jetzt beginnt für Goethe das eigentliche Alter und er wird sich nur noch einer Passion widmen: seiner Faustdichtung.[130] Und wiederum vertraut er Eckermann an: *Mein ferneres Leben kann ich nunmehr als reines Geschenk ansehen, und es ist im Grunde jetzt ganz einerlei, ob und was ich noch etwa tue.*[131]

Sein Leben taucht immer wieder in den Gesprächen mit Eckermann vor ihm auf. Unbescheiden, wie es seine Art ist, hat er 1828 bekannt: *Geniale Naturen erleben eine wiederholte Pubertät, während andere Leute nur einmal jung sind.* [132]

In dem letzten Sommer seines Lebens, er war jetzt acht Jahre nicht mehr in Böhmen, erinnert sich Goethe daran, daß *eine kleine Liebschaft, das einzige (ist), was uns einen Badeaufenthalt erträglich machen kann; sonst stirbt man vor langer Weile. Auch war ich fast jedesmal so glücklich, dort irgendeine kleine Wahlverwandtschaft zu finden, die mir während der wenigen Wochen einige Unterhaltung gab. Besonders erinnere ich mich eines Falles, der mir noch jetzt Vergnügen macht.*[133]

Und er erzählt, wie er Ulrike von Levetzow kennengelernt und welche neckischen Spielchen sie getrieben haben. Die Menschen dieser Beziehung tauchen nur noch als heitere Erinnerungsschnitzel auf:...*ich erlebte mit dieser Familie so glückliche Tage, daß sie mir noch jetzt eine höchst angenehme Erinnerung sind.*[134]

Abschließend möchte ich noch erwähnen, daß Goethe nach seinem letzten Aufenthalt in Böhmen von Weimar aus begann, sich mit der Geschichte und den Menschen dieses Landes zu beschäftigen.

Er wird Ehrenmitglied des Prager Vaterländischen Museums. Graf Sternberg, der große Mentor Böhmens, sendet ihm Literatur und Volkslieder. Goethe kannte die tschechische Fürstin Libussa bereits aus Herders Volksliedersammlung und den Volksmärchen des Musäus.

Von 1827 an erhält Goethe die deutsche Ausgabe der Monatsschrift der vaterländischen Museumsgesellschaft, die von Frantisek Palacký, dem Vater der tschechischen Geschichtsschreibung redigiert wird. Aus ihr schöpft Goethe viele neue Kenntnisse über Böhmen.

Goethe verfaßt 1829 die Skizze *Amazonen in Böhmen.*[135] Sie behandelt die Gynäkokratie in Böhmen und nimmt damit bereits spätere Erkenntnisse aus den mutterrechtlichen Forschungen des Schweizer Rechtshistorikers Johann Jakob Bachofen vorweg.

Als Abschluß seiner Böhmen-Forschungen kann man Goethes Aufsatz *Monatsschrift der Gesellschaft des vaterländischen Museums in Böhmen* betrachten, der 1830 in Hegels und Varnhagens *Jahrbücher für wissenschaftliche Kritik* erschienen ist. Goethe schreibt: *Diese Zeitschrift hat einen großen Vorzug vor manchen andern, daß sie von einer wohlgeordneten Gesellschaft ausgeht, welche wieder auf einer nationalen Anstalt beruht...Alles, was sie mitteilt, ist einheimisch und zu einheimischen Zwecken. Dadurch gewinnen wir den wichtigen Vorteil, in ein höchst bedeutendes Land und dessen Zustände hineinzusehen.*[136]

In einem Altersgedicht hat Johann Wolfgang von Goethe geschrieben *Gedichte sind gemalte Fensterscheiben!*[137]

Auf diese Fensterscheiben schauen wir.

Die drei Božena

Zum 80. Geburtstag von Peter Härtling

Jahrelang war der slavische Namen *Božena* für mich das Synonym für Marie Ebner-Eschenbach. Ich hatte ihre gleichnamige Erzählung gelesen, die 1876 das erste Mal erschienen war.

Die schöne Božena hätte sich an Größe und Stärke kühnlich mit einem Flügelmanne des Garderegiments Friedrich Wilhelms I. messen können. Dabei besaß sie ein ausdrucksvolles und gescheites Gesicht, in dem ein Paar rabenschwarze Augen funkelten, die auch der mutigste Mann nicht ohne leises Grauen in Ungnaden auf sich gerichtet sah.

Friedrich Wilhelm I. war der sogenannte Soldatenkönig der Preußen und berühmt durch seine Armee der *Langen Kerls.* Die Beschreibung der Dichterin läßt frühe emanzipatorische Tendenzen ahnen. Eine Frau des 19. Jahrhunderts hat nicht so zu sein, daß Männer, gar Soldaten, vor ihr Furcht haben.

Die Komtesse Dubsky wird am 13. September 1830 auf Schloß Zdislawitz bei Kremsier (Kromeríz) in Mähren geboren und heiratet mit achtzehn Jahren ihren Vetter, den österrreichischen Feldmarschall und Physiker Leutnant Moritz Freiherrn von Ebner-Eschenbach. Sie leben in Wien oder sommers auf ihrem mährischen Gut. Die Ehe ist glücklich, aber kinderlos. Marie versucht sich als Lyrikerin und Dramatikerin, findet in reiferen Jahren in den Erzählungen ihre optimale Ausdrucksform.

Božena zählt zu ihren ersten Erzählungen und wird gleich ein großer Wurf. *Božena* könnte die Enkelin der *Babička* sein. Die

Erzählung *Großmütterchen*, die 1855 in Prag erschienen ist, ist das Meisterwerk meiner zweiten *Božena*, die ich ins Herz geschlossen habe, die tschechische Dichterin Božena Nemcova. Während Nemcova tschechisch schreibt, hat Marie von Ebner-Eschenbach auf Deutsch geschrieben, obwohl auch ihre Figuren vielfach tschechisch / mährischer Herkunft sind.

Božena Nemcova, im Aupatal großgeworden, stirbt viel zu früh mit zweiundvierzig Jahren. Ihre Erzählung ist der Beginn einer modernen Epik in der tschechischen Sprache.

Marie von Ebner-Eschenbach wird die *Babička* gekannt haben. Zu sehr ähneln die Charaktere der beiden Frauen, *Großmutter* und *Božena* einander. Beide haben die ungebändigte Kraft der tschechischen Landfrauen, beide kommen aus der untersten Klasse. Bei beiden Erzählungen spielen Adlige eine Rolle, aber eben nur eine Nebenrolle. Sie werden von der Klarsicht der bäuerlichen Akteurinnen gelenkt. Der Adel beginnt seine Führungsrolle abzugeben.

Eine weitere Božena ist mir viele Jahre später begegnet. Merkwürdig, auch der in Mähren aufgewachsene deutsche Schriftsteller Peter Härtling hat seine 1994 erschienene Novelle *Božena* genannt. Welchen Geist wollte der Schriftsteller mit der Namensgebung herbeizaubern. Für mich ganz naheliegend, den der beiden vorgenannten.

Auch seine Božena hat ein Durchsetzungsvermögen, das am besten mit Dickschädel zu beschreiben wäre, wäre da nicht die subtile Ebene, dieses Zwischendenzeilenstehende, das uns neben dem äußeren Geschehen ganz tief die Seele der Božena offenlegt. Zunächst scheint sie eine Versagerin, eine die sich mit einem Deutschen eingelassen hat und ein Leben lang büßen muß. Härtling beginnt die Novelle mit dem Ende der Handlung:

Sie tritt an die Tür und wartet auf den Hund, dem sie einen deutschen Namen gab, Moritz, wie seinen vier Vorgängern auch. Es könnte ihr letztes Hündchen sein. Das hat sie vor ein paar Tagen zu Václav gesagt, ohne groß nachzudenken, und er hat sich wie immer mit einem raschen Trost davongemacht: sie werde mindestens auf ein Dutzend Hunde kommen...

Ob sie das Dutzend schaffen wird, läßt der Autor offen.

Alle drei Božena sind starke Frauen und ich verstehe sie als eine Liebeserklärung an die böhmische Frau.[13]

Das Mädchen und der Dichter – *Theodor Fontane in Böhmen* [139]

Trautenau, am sogenannten *Trautenauer Steig*, einer uralten Handelsstraße von Prag nach Schlesien, ist eine Stadt, deren urkundliche Erwähnung im Jahrhundert Berlins und eben wie diese einen historischen Kern, Upa, der auf eine ursprünglich slawische Besiedlung schließen läßt.

Nur eine preußische Meile, sieben Kilometer, von Preußen entfernt, was erst ein neuerer Fakt ist, in alten Zeiten war das Herzogtum Schlesien der Nachbar, ebenfalls wie Böhmen im

Verbunde mit Österreich, der „Alte Fritz" hatte Maria Theresia den größten Teil Schlesiens abgezwackt.

Im neunzehnten Jahrhundert erlangte das Städtchen am südlichen Fuße des Riesengebirges europäische Bedeutung im Leinenhandel und es beherbergte den größten und reichsten Leinenindustriellen der Welt, Herrn Johann Faltis. Dieser führte die Mechanisierung der Flachsbereitung ein und entwickelte und verbesserte Flachsspinnmaschinen nach englischem Vorbild. Im Jahre seines Todes, 1874, hatte er in der Trautenauer Gegend 45.000 Flachsspindeln in Betrieb und gab 3.200 Arbeitern und Arbeiterinnen ihr tägliches Brot. Und bis heute ist seine Familiengruft auf dem Trautenauer Friedhof die schönste auf dem Areal, bewacht von einem zum Schutzengel gewandelten Chronos.

Nicht aber diesen Herrn zu besuchen – obwohl eine Begegnung zweier alter eigensinniger Männer der Weltliteratur mit Sicherheit wundersame Anekdoten geliefert hätte – war ein siebenundvierzigjähriger Apotheker in Böhmen unterwegs, der seinen Beruf an den Nagel gehängt und Dichter und Kriegsberichterstatter geworden war, sondern um eben diese Tätigkeit auszuüben, über reüssierte Schlachten zu berichten.

Über eine dieser Schlachten wehte eine bittere Wermutsfahne, die für Preußen zum Himmel stank. Dieser Tatbestand sollte in die Geschichte eingehen als *Der Verrat von Trautenau.* Da es der Berichterstatter mit der Begegnung der Niederlage nicht so eilig hatte, fuhr er nächstens mit der neu eingerichteten Eisenbahn von Dresden nach Prag, immer schön die Elbe entlang, wie wir das mehr als hundert Jahre später auch noch anstellen werden.

Als er daselbst der Enttäuschungen über das Aussehen der viel gepriesenen Stadt überdrüssig war, schlug er das Halbchaise zurück, um Land und Leute auf der Chaussee zu beobachten, denn wegen der Kriegsgeschehen war der Eisenbahnverkehr infolge einer Brückensprengung unterbrochen.

Er wird sich trösten. *In fremden Ländern*, meint er, *in denen man nicht reist, um nur fortzukommen, in denen man vielmehr Eindrücke wünscht, statt blos rascher Beförderung, wird man immer gut thun, das Coupé so viel wie möglich zu vermeiden.* Das machen ihm die heutigen Rucksack-Touristen nach.

An der Grenze in Bodenbach hatte er schon eine Lektion in österreichischer Kreuzer-Rechnung erhalten und er fand der Gelegenheiten genug, diese an Bettler zu verteilen. *Zahlreiche*", findet er, *als die Heiligen-Bilder stehen die Bettler am Wege und was die Bettler nicht erbitten, das giebt man den Kindern, die überall aus der Erde wachsen und dabei etwas Einschmeichelndes haben, freiwillig.*

Eigentlich muß man sich wundern, daß es überhaupt Bettler gibt, denn die Obstbäume werden immer zahlreicher, je tiefer der Herr sich nach Böhmen hinein begibt. Jedoch bemängelt er die sorglose Bestellung der Felder, die nicht nach preußischem Muster schachbrettartig angelegt, sondern hingeworfen wirken wie Flecken auf einem modernen Gemälde.

Das liegt nicht unwesentlich am wellenförmigen Terrain, das aus dem böhmischen Becken, in das Prag gebettet, nach außen sich zur Landesgrenze hin bis zu Tausendern erhebt. Er findet malerisch gelegene Städte, hier einen Hügel erklimmend, dort am Ufer eines Flusses sich hinziehend, eines Wassers, das über breite Wehre fällt und Mühlen treibt und dazu Schlösser und Ruinen.

Voller Sehnsucht nach dem Alten seufzt er: *Und über dem Ganzen ein Ziehen und Wehen, ein Himmel und ein Luftton, die einem sagen: das ist historisches Land!*

Dieses historische Land hatte sich Preußen angeschickt in einem letzten Krieg, anno 1866, zu zerstören. Folgt man den späteren Berichten dieses Herrn, werden sich einige Schlachten für die Nachwelt und späteren Generationen wie das Hornberger Schießen ausmachen, denn außer einigen beachtlichen Löchern in dem Gemäuer von Mühlen oder anderen Gebäuden, ist nicht viel zu berichten.

Mal schiebt sich ein Armeecorps von rechts, dann eins von links durch die sommerliche Landschaft. Unterwegs läßt der Dichter halten und sieht sich kopfschüttelnd ein ehemaliges Schlachtfeld an. Es stinkt zum Himmel, denkt er. Noch nicht einmal die Blutspuren sind in den sechs Wochen seit dem Schlachtgetümmel spurlos verschwunden. Da es ein heißer Sommer ist, tummeln sich Abertausende von Fliegen über dem Gestank vergossenen Lebens.

Österreichisches und preußisches Heer haben sich auf einem Boden getummelt, der ihnen nicht gehört. Der Reisende findet ein Volk vor, daß eine leise sprechende, leise auftretende Artigkeit besitzt. Kein Kriegsvolk also. Ihm macht eher alles der Eindruck, als ob man sich auf Socken bewege, während das preußische Auftreten ihn an Stulpstiefel und Pfundsporen erinnert.

Bitteschön, also was haben sie hier zu suchen bei den Böhmaken, wie er einmal schreiben wird, diese strammen langen Kerls!

Immer wieder werden sie aufkreuzen, bei diesem feingebauten, glatten Volk, wie er selber feststellt. Das muß er zugeben, daß die Czechen Formen haben.

Und diesen Formen gegenüber, findet er, *wird der mehr oder weniger formlose Norddeutsche immer eine Neigung haben, von Falschheit und Tücke zu sprechen. Schon der Sachse muß sich, um seiner Artigkeit willen, beständig diese Anklage gefallen lassen.* Der Artige wird immer den Spott der Lauten ertragen müssen. Lassen wir es dabei bewenden.

Unser Reisender hat also gar nicht mal so einen schlechten Eindruck von dem Land und den Leuten, die er als Angehöriger der Siegernation bereist und beäugt. Die böhmischen Dörfer sind nicht so undurchsichtig, wie es ihm zu Ohren gekommen, die Gasthöfe nicht mehr verlaust als anderswo und die böhmischen Städtchen eher klein aber keineswegs unbedeutend. „Sie sehen alle nach etwas aus!" stellt er jovial fest. *Und der 'Ring' macht in der Regel einen großstädtischen Eindruck. Hier stehen Kirche und Rathaus, in der Mitte erhebt sich eine Mariensäule, und Arkaden oder 'Lauben' (nach Art unserer ehemaligen Stechbahn) umziehen den Platz, dadurch den stattlichen Eindruck des Ganzen steigernd. Man empfindet etwas von einer alten Kultur; alte Zusammenhänge mit dem Süden, mit Italien werden sichtbar.*

Da legt sich der Herr aber sehr ins Zeug, wie er auch unsere kleine Stadt beschreibt, denn alles was so allgemein gefunden, findet er hier im Besonderen wieder vor. An diesem Ring, an der Ecke zu einem Seitengäßchen, gelegen der Hostinec. Der Reisende tritt ein. Das Gasthaus ist geräumig, stellt er, schon positiv dem Ganzen gegenüber eingestellt, fest. *Ein breiter Flur scheidet links das Gastzimmer von der rechts gelegenen Küche, deren Herdfeuer beständig brennt und deren Dampf und Fettwrasen das Haus durchzieht. Küchengeheimnisse kennt der Hostinec nicht; wer nicht dem Brodem abmerkt, was es giebt, dem sagt es das Auge, denn das Backen und Braten, selbst der mißliche Prozeß des Wurststopfens, alles vollzieht sich vor dem Auge des Gastes und zwar mit einer gewissen Ostentation, die besagen will: 'hier bin ich; ich habe das Licht des Tages nicht zu scheuen.*

Er hat sich sein Mahl ausgesucht und macht es sich in dem Gastzimmer bequem, das nach vorn hin sonnig und nach hinten dunkel ist, je nach Belieben. Der Reisende setzt sich nach den Strapazen des Tages bequem auf die an den Wänden entlanglaufende Lederbank und stützt seine Arme auf den mit einer nicht genau untersuchten Patina versehenen Holztisch. Er atmet tief durch, wie man durchatmet, wenn man zufrieden ist, obwohl einige anwesende Pfeifenraucher die Luft undurchdringlich machen.

Auf dieses Behagen kommt Alles an! sagt er mehr zu sich selbst als zu den Anwesenden. *Unseren großstädtischen Gasthäusern fehlt alles das, was wohltut, auf die beklagenswertheste Weise; sie geben uns Flitter, dürftige Brokken, hohe Rechnungen und bieten uns eigentlich nichts, als die 'Ehre', bei ihnen zu Gast gewesen zu sein. Wer nicht auf den Höhen der Menschheit wandelt, bringt es über das Gefühl eines bloßen Geduldetseins nicht hinaus; er mag von Glück sagen, wenn er Artigkeit findet, Behagen findet er sicher nicht. Von 'Eleganz', diesem Schreckensartikel, keine Rede; es fehlen die gestickten Gardinen, es fehlen die Goldleisten, es fehlen die Anstands- und Repräsentationsbilder. Statt dessen hängen die schlecht kolorierten Nachbildungen französischer Soubretten (schlimmerer Worte zu geschweigen) an den Wänden und wenn auf dem Bilde:*

'die Schlummernde' die Kostumfrage nach oben zu so gut wie völlig erledigt ist, so giebt auf dem Bilde Le tourbillon der sich in den Kleidern verfangende Wind eben dieser Frage eine fast noch bedrohlichere Bedeutung.

Aber! der Herr, wir sind in einem katholischen Lande. Haben Sie etwa dem Ungarnweine, der gerade kredenzt wird, zu sehr zugesprochen oder schon von der dampfenden Glühwein-Bowle genascht, die die kompakte Wirtin soeben auftischt!

Unser reisender Herr aus dem fernen Berlin schlägt sich auf den voll befriedigten Bauch und denkt nicht ohne Behagen daran, was wäre, wenn er einfach bliebe...?

Er erlaubt sich noch ein Abendspaziergängchen durch die Lauben, einmal um den Marktplatz herum, als in der Ferne ein Gewitterleuchten ihm den Abendgruß Rübezahls zuträgt.

Grolle nur, du tumber Berggeist! Hättest du, wie meine Person, von dem Feurigen gekostet, dann wärest du sicher befriedigter! Welch ein wahres Wort, denn Rübezahl hat gerade mal wieder Liebeskummer. Unser Reisender läßt sich nach seinem Korsogang, den er Punkt Mitternacht beendet, in sein Bett fallen, ohne nicht noch die Notiz zu hinterlassen, daß es um die Bettfrage schlimm gestellt sei.

Aber, so stöhnt er, *wo stünd es besser? Wo sind die Betten, angesichts deren das 'gute Nacht' des sich zurückziehenden Hausknechts nicht zu einer blos schabernackschen Bemerkung würde, wo sind die Ruhekissen, die wirklich Ruhe verheißen, wenn nicht das 'persische Pulver' bereits seine Zauberkreise gezogen hat. Der kleine norddeutsche Gasthof und der böhmische Hostinec, sie sind Geschwisterkind, und Anverwandte sollen nichts übles von einander reden.*

Der Schreibstift fällt aus seinen Fingern und von seinem In-die-Federnplumpsen löscht sich das Kerzenlicht von alleine aus. Gute Nacht, der Herr, knistert es beim Verlöschen.

Am nächsten Morgen tritt er auf den Marktplatz und muß sich wundern, daß hier der *Verrat von Trautenau* stattgefunden habe. Offiziere der 2. Division seines Landes stolzieren über den Platz, als wären sie hier zuhause, so wohl scheinen sie sich zu fühlen. Sie werden auch noch anwesend sein, wenn unser Reisender schon über Königgrätz auf dem Wege in seine Heimat ist, denn sie halten den Bürgermeister, Herrn Dr. Hieronymus Roth und siebzehn weitere Honoratioren der Stadt gefangen und werden sie erst am 13. September nach langwierigen Verhandlungen wieder freilassen, nachdem sie 77 Tage eingesessen waren.

Unser Reisender tut so, als wüßte er nichts davon. Er geht ganz den militärischen Operationen nach, die zu dem Ehrenverlust der preußischen Armee geführt haben, denn wo -bitteschön- hatte sie in den letzten Jahrhunderten verloren?

Ausgerechnet in diesem kleinen, von keinerlei geographischen Besonderheiten gekennzeichneten Kaff. Das durfte nicht wahr sein! Er wandert zu den Hängen am Südrand der Stadt, wo die Brigade Mondel des 10. österreichischen Armeekorps, verstärkt durch die Windischgrätzer Dragoner, seine Mannen unter Beschuß genommen und ihren Infanterieangriff zunichte gemacht hatten. Dieser unerwartete Mißerfolg konnte keinen militärischen Grund haben. Das Gerücht, woher immer es auch gestreut wurde, von siedendem Öl vergießenden und aus den Fenstern ihrer Häuser hinterhältig schießenden Trautenauer Bürgern kam nur zu gelegen.

Der Reiseschriftsteller schüttelt den Kopf, als er auf den Feldern steht, auf denen die entscheidende Schlacht stattgefunden und die Österreicher 191 Offiziere und 4596 Mann kostete, während die auf preußischer Seite Kämpfenden nur 56 Offiziere und 1282 Mann zu beklagen hatten, darunter 86 Vermißte. Nur ein Teil der Gefallenen wird in ihre Heimat überführt werden können.

Der Boden, auf dem unser Chronist augenblicklich steht, wird einen Soldatenfriedhof rund um die Johanniskapelle beherbergen, der auch hundert Jahre später in den Zeiten des Kalten Krieges noch gepflegt sein wird. Auf dem Hügel nebenan wird dem siegreichen österreichischen Heerführer von Gablenz ein Obelisk errichtet werden, der ebenfalls alle politischen Wirrnisse der Neuzeit überstehen wird.

Unser Herr geht unbefriedigt die Hügel, die einem Stadtpark Heimat sein, mit Plastiken namhafter Künstler bestückt und ab 1890 von einer evangelischen Kirche flankiert sein werden, was den protestantischen Schriftsteller entzückt haben würde, hätte er es im katholischen Böhmen erleben dürfen, wieder hinunter zur Stadt.

Der Verrat stank in Preußen zum Himmel, aber hier kann er – verdammt noch mal! – nichts finden. Und er notiert: *Von einem 'Verrath von Trautenau' kann wohl nicht die Rede sein. Von einem solchen ließe sich sprechen, wenn die Bürger oder der Vorstand der Stadt unsre Truppen nach Trautenau hineingelockt hätten, um sie später zu überfallen, mit anderen Worten, wenn ein Plan, ein Complott vorhanden gewesen wäre. Von einem solchen hat aber weder die später geführte Untersuchung das Geringste ergeben, noch deuten die Vorgänge in der Stadt daraufhin. Wir plaidiren, was die Gesammthaltung der Stadt und ihrer Vertretung angeht, unbedingt für Nichtschuldig.*

Bravo, der Herr! Wir haben dich also nicht umsonst zu unserem Lieblingsschriftsteller auserkoren. Trotz allem Engagement, Fairness!

Er ist ja wie unsereiner ein Zugereister, Hugenotte er und norddeutsch. Böhmen wir und oberdeutsch. Vielleicht deshalb die Verwandtschaft in der Reiselust und überhaupt? Während wir ihn loben und er sich trotz der Niederlage wieder aufrechten Schrittes dem Platze nähert, sieht er daselbst ein Mädchen mit einem Ball spielen, das mit seinen blonden Löckchen ihm nur zu allerliebst erscheint und von seinen militärischen Überlegungen ganz und gar ablenkt. Da er – entgegen seinen Landsleuten – selber feststellen konnte, daß Trautenau kein *fanatisirtes Czechennes*t sondern eine rein deutsche Stadt ist, spricht er es deutsch an mit seinem norddeutschen Akzent:

Nun, Demoiselle, hier hast du einen Kreuzer, wenn du mir sagst, wie du heißt?

Und er fühlt sich auf einmal jugendlich, so als wage er einen ersten Schritt zu einem Flirt.

Ich darf nicht mit einem fremden Onkel sprechen und einen Kreuzer nehme ich schon gar nicht, erwidert das Kind in einem feinen Hochdeutsch mit wienerischem Tonfall, weil seine Mutter eine Wienerin ist. Aber der Herr will sich so gar nicht als Onkel fühlen.

Ich bin kein fremder Onkel, protestiert er.

Wer bist du denn?

Ein Reiseschriftsteller, vielleicht schreibe ich auch einmal über dich. Und er überlegt, was ein Kind in seinem Kriegsbericht zu suchen habe.

Ich kann meinen Namen auch schon schreiben, sagt das Kind und es sieht ein Hölzchen auf dem Pflaster liegen, geht zu dem unbepflasterten Teil des Platzes gleich nebenan und schreibt kaum leserlich auf die Erde, doch der Herr entziffert es: *Maria*.

Du heißt also wie die Mutter von Jesus?

Ja, wie die Muttergottes, entgegnet es und erinnert den Herrn, daß er sich in katholischen Landen befindet. Indessen das Kind hat einen Zugang zu ihm gefunden.

Aus Oberaltstadt kommt es, erzählt es, wo sein Vater Bauer war, aber jetzt mit dem Onkel hier auf dem Marktplatz einen Leinenhandel treibe.

Und der Dichter bedauert, daß er montags nicht im Orte sein kann, weil dann von überall her die Garn- und Tuchhändler kommen und der Markt einem Basar orientalischen Ausmaßes gleiche.

Jedoch in diesen Nachkriegszeiten sind die Händler eher zurückhaltend, obwohl gerade ihre Spezies dafür berühmt ist, als erste Zunft nach Kriegen und Naturkatastrophen eine gewisse Normalität wiederherzustellen.

Der Reisende muß sich dies also versagen, wie er dem Wunsch nicht nachgeben kann, das Mädchen auf den Arm zu nehmen und an sich zu drücken wie er seine innig geliebte Mete, die jetzt sechs Jahre alt ist, drücken würde. Das fremde Mädchen ist ein wenig kleiner als seine Tochter, aber beinahe genau so entzückend.

So beläßt er es bei seinem durch seinen Schnauzbart kaum wahrnehmbaren Lächeln, als er weiter fragt: Und was willst du mal werden, wenn du groß bist?

Was du bist! entgegnet das Kind.

Und was bin ich?

Ein Mann, weiß das Kind zu antworten.

So, ein Mann willst du werden, dann müßtest du auch Soldat werden und du hast mir doch erzählt, daß die Soldaten durch Oberaltstadt gezogen sind und sie dich sehr erschreckt haben.

Das Kind ändert daraufhin seine Meinung. Das ist wahr! Aber du bist doch auch kein Soldat. Was bist du denn?“

Romancier und Correspondent! antwortet er genüßlich.

Oh weh, aber ich will das auch werden. Ich will groß und stark sein wie du und in die weite weite Welt hinein…

Der Romancier hat diese Begebenheit vielleicht bei seinen weiteren großen und kleinen Reisen vergessen können, das Mädchen aber wird einmal an den Sohn nach Amerika schreiben: *In meinen frühen Jahren bin ich einmal einem Dichter begegnet und ich wollte wie er in die weite Welt hinaus. Nun bist du, Joseph und dein Bruder Wenzel, statt meiner nach Amerika. Ich bin schon zu alt dazu...*

Diese Maria haben wir uns als Urgroßmutter ausgesucht und ihre Briefe nach Amerika in treuem Gewahrsam. Sie hat noch einen Sohn, unseren Großvater, der als Kind nicht nur in Wien dem letzten österreichischen Kaiser zujubelte, sondern als alter Mann am Bonner Hauptbahnhof Herrn Adenauer die Abendpost feilbot. Und so ist Maria zwar selbst nicht in die weite Welt und Correspondent geworden, aber ihr Sohn verkauft die Gazetten einer neuen Zeit…doch das ist schon eine Geschichte, in der auch ich vorkomme.

Rübezahl geht nach Amerika[140]

Die Angst ist der Schwindel der freien Seele, hat Kierkegaard geschrieben.

Angst hat die Natur zum Schutz gegen Übermut erfunden. Wo aber die Natur außer Kraft gesetzt ist, ist auch keine Angst. Das zwanzigste Jahrhundert spielt sich als ein angstfreies Jahrhundert auf. Es werden Massenvernichtungswaffen erfunden und die Schwerkraft überwunden. Der freie Fall findet nur noch in den Köpfen von Abiturienten statt.

Angst ist ein Atavismus und existiert nur noch in Form von Härchensträuben. Das Größte ist, der Größte ist, wer keine Angst hat.

Ich hatte keine Angst, als ich aufs Eis ging, wie der berühmte Esel; ich fand mich das erste Mal in meinem Leben im Krankenhaus wieder, wo mir das Grausen wuchs, ob der Erkenntnis: „Mein Gott, du bist verletzbar und im gleichen Alter, in dem dein Vater sich das erste Mal die Knochen brach." Ich wollte nicht so werden wie mein Vater.

Mein Vater war an seiner Verletzbarkeit zerbrochen und jung gestorben. Er war zwar Soldat, hatte jedoch nie an Kampfhandlungen teilgehabt, weil er auf dem Flugplatz in Hradec Kralove zum Bodenpersonal gehörte. Außerdem war er in friedliebenden Absichten ins Land gekommen, er wollte eine Frau, eine von weit her, bloß keine Rheinländerin, wo er herkam. Er war verletzt deshalb, weil er es nicht geschafft hatte, das Haus in Trautenau, das er begonnen hatte zu bauen, zu Ende zu bringen. Er landete als Kriegsgefangener der Amerikaner in Pilsen in den Höhlen, in denen das Bier gekühlt worden war. Er sah dort den ersten Schwarzen, und das war ein Amerikaner, der Schokolade an die Kriegsgefangenen verteilte. Der Sarotti-Mohr hatte seine Inkarnation erfahren.

Das waren die ersten Geschichten über Amerikaner, die ich hörte, als ich mit meiner Trautenauer Mutter als Vertriebene im Rheinland ankam. Mein Vater hatte nie wieder den Versuch unternommen, ein Haus zu bauen.

Meine zweite Begegnung mit Amerikanern hängt mit meinem Unfall zusammen. Ich hatte anderthalb Jahre ein Gipsbein und langweilte mich. Ich las alles, was mir auf den Tisch gelegt wurde. Selbst unbedeutende Notizen fraßen sich in meinem gelangweilten Auge fest:

„Pulitzerpreis für Komposition vergeben." Was interessiert mich dieser Preis? In Amerika. Überhaupt Amerika! Seit dem Vietnamkrieg und in seiner Folge ist es vorbei mit der Lust am Gaugummikauen und an Sarottimohren. Außerdem war Twiggy und ihre Kinder und Kindeskinder angesagt, also vorne platt und hinten `ne Bohnenstange.

Pulitzerpreis für Komposition. Literatur hätte mich interessiert, vielleicht, Pulitzer ist ja nicht Nobel. Was steht da?

Pulitzerpreis für Komposition wurde vergeben an Joseph Schwantner. Nicht gerade ein amerikanischer Name.

Wie Joseph Schwantner? Die Mutti, die aus Trautenau, meine einzige Mutti, ist eine geborene Schwantner. Und hat der Opa, mein einziger, eben auch aus Trautenau, nicht von seinen Brüdern in Amerika erzählt: Joseph und Wenzel und wie sie alle heißen und sind nicht alle diese altmodischen Namen noch aus

Maria Theresias Zeiten, als die alten Dragoner ritten, und die Rittmeister poussierten und die feschen Dirndl...herrjemine! Joseph Schwantner, ich muß nach Amerika.

Ich wollte aufspringen. Ich hatte vergessen, daß ich ein Gipsbein hatte.

Hat nicht ein anderer Schwantner, Heinrich, immer gezwitschert: "Figaro, Figaro, Figaro..." In Johannisbad, wo sein Vater Zahlkellner war? Heini, haben sie ihn genannt, Kammersänger wollte er werden, mein Patenonkel, der Zweite Weltkrieg hat ihn geholt und verschlungen. Schon der Erste Weltkrieg und die folgende Not haben zwei Schwantner verschluckt. Die ältesten Brüder meines Opas sind ausgewandert.

Alle sind sie Böhmen und wie man sagt, ist der Böhme mit der Fiedel auf die Welt gekommen, auch meine Mutter! Sie hat Geige gelernt, aber das Geld hatte nicht gereicht, der Unterricht mußte unterbrochen werden. Dann hat sie nur noch gesungen, so einfach vor sich hin. Ich hab sie manchmal ertappt, dann hat sie sich geschämt, weil sie keine ausgebildete Stimme hatte, aber eine schöne.

Ich habe von all dem nichts. Zur Blockflöte hat es gereicht, „Alle Vögel sind schon da". Ich wollte nicht vorspielen und nicht vorsingen, meine Berufsschullehrerin meinte, als ich fünfzehn war, ich solle mit dieser Stimme zum Arzt gehn, da wär was mit. Danach hab ich erst mal gar nichts mehr gesagt. Zum Glück wechselte die Lehrerin in eine andere Schule.

Ich wollte ja sowieso nicht auf die Berufsschule, ich wollte aufs Gymnasium, doch das gab es im katholischen Rheinland für ein evangelisches Mädchen aus Trautenau nicht. Ich hab mich aufs Schreiben verlegt, alles hineingeschrieben in mein Tagebuch, was die Welt mir vorenthielt. Später hab ich noch gemalt, aber nie hat es für einen Preis gelangt. Wie kommen also die Amerikaner mit meinem Mutternamen auf den Pulitzerpreis!

Hoppla, Amerikaner mit meinem Mutternamen. Das Gipsbein hat mir das Gehirn verkleistert.

Joseph Schwantner.

Ich greife zum Telefon. Amerikahaus. Der Pulitzerpreis wird vergeben von der Columbia University, New York. Danke. Ich notiere die Adresse und schreibe. Ja, was schreibe ich denn? Ich möchte, daß das Komitee den beiliegenden Brief an den Preisträger weitergibt, da ich den starken Verdacht hege, wir sind verwandt.

Da kann sich ja jeder dran hängen, an so einen Preisträger wie irgendeine an die Zarenfamilie oder an verstorbene Millionäre, besonders in Amerika. Nein, Angst habe ich keine! Was kann schon sein? Ich muß ja nur schreiben, und das kann ich...

„Dear Mr. Joseph Schwantner", schreibe ich. Immerhin ist das doch schon was. Der eine Bruder ist nach Chicago. Hatte ein Hotel. Haben das die Alten nicht mal erwähnt. Was interessierte mich als hungerndes Nachkriegskind ein Hotel in Amerika, wenn mal ein Päckchen gekommen wäre, aber so.

Der hieß Joseph, und ein anderer Wenzel...Ach, die hießen doch alle Wenzel. Wegen des Zweiten Weltkrieges und Nazi-Deutschland war der Kontakt abgebrochen. Das hatte Opa erzählt, unter Tränen, die Briefe seien zurückgekommen. Dann sei Opa ins KZ der Tschechen und dann abgeschoben und dann...kein Kontakt.

Dieser „Dear Mr. Joseph Schwantner" müßte ein Sohn sein oder ein Enkel...? Er will auch keinen Kontakt, was kann ich ihm schon bieten.

„Excuse me", fahre ich fort, „please", ist das nächste Wort.

Wenn das so weiter geht, habe ich alle englischen Höflichkeitsfloskeln durch. Doch dann meine ich immerhin sehr schnell, daß das ein „unconventional way" ist, Kontakt miteinander aufzunehmen wegen eines Namens gelesen in einer Zeitung.

Und jetzt sprudelt all mein Wissen über die Schwantner aus Trautenau raus und innerhalb einer Woche kommt aus Amerika das dicke Ende in Form eines braunen prall gefüllten Umschlages.

Er ist es und zum Beweis hat er sie beigefügt.

Hier in den Händen halte ich sie, von Trautenau über Amerika nach Berlin, mehr als ein halbes Jahrhundert später: Briefe von Maria, unserer gemeinsamen Urgroßmutter, und von ihren an den amerikanischen Bruder Joseph schreibenden Söhnen.

Maria hat gelebt und lebt in uns, den Urenkeln, über die Welt verstreut fort! Ich mußte unbeweglich sein, um sie alle wieder zu finden.

Maria ist keine Reiseschriftstellerin geworden. Einmal ist sie nach Reichenberg gefahren. Da mußte sie sehr früh aufstehen, doch das war sie ja gewohnt, aber daß sie erst spät am Abend, als es schon dunkel, obwohl sommers, war, nach Hause gekommen ist, hat sie vor weiteren Reisen Abstand nehmen lassen.

Da war sie zwanzig Jahre alt, schon mit Wenzel Schwantner, einem Bauern aus Marschendorf, der den Hof erben würde, verlobt. Der Schwiegervater war zudem Bürgermeister in Marschendorf, er besaß auch eine Kiesgrube. Was das für sie, deren väterlicher Teil auch aus einer Bauernfamilie abstammte, bedeutete, war klar. Sie heiratete den Erbbauernsohn.

Das Aufgebot wurde in der Kirche zu Oberaltstadt bekanntgeben, die Trauung fand im Kreise der großen Kahlschen und Schwantnerschen Familie statt. Es war bitterlich kalt, Schneeflocken umschwirrten das schöne Brautkleid statt der üblichen Blumen. Der Grund der winterlichen Hochzeit wird bald als Halbkugel unter der leichteren Frühlingskleidung zu sehen sein. An Nikolaus haben sie das fabriziert. Der erste Bub wird im Frühherbst mit dem Leben ringen. Joseph wird er heißen. Er wird kein Jahr alt werden. Später wird Maria noch einmal einen Bub auf den Namen Joseph taufen lassen, weil sie einen Joseph in der Familie hatte haben wollen, denn über den Sohn von Maria Theresia, deren Verehrerin sie war und auch nach ihr benannt wurde, hatte sie nur Gutes gehört. Bauernreformen, religiöse Reformen... im tiefsten ihrer Seele war sie eine reformierte Konservative, aber diesen Begriff kannte man damals noch nicht.

Bis zu ihrem vierzigsten Geburtstag wird sie noch weiteren sechs Buben und einem Mädel das Irdendasein geben und noch zwei Fehlgeburten haben. Aber sie ist zäh. Alle bis auf den zweitjüngsten, der in jungen Jahren schwer verunglückt, aber ihre Zähigkeit geerbt hat, werden sie es zu etwas bringen.

Als Marias Schwiegertochter noch lebte, die mit dem jüngsten Sohn Alois, der noch vor meinem Großvater verstarb, verheiratet war, schickte sie mir ein Photo, aufgenommen 1917.

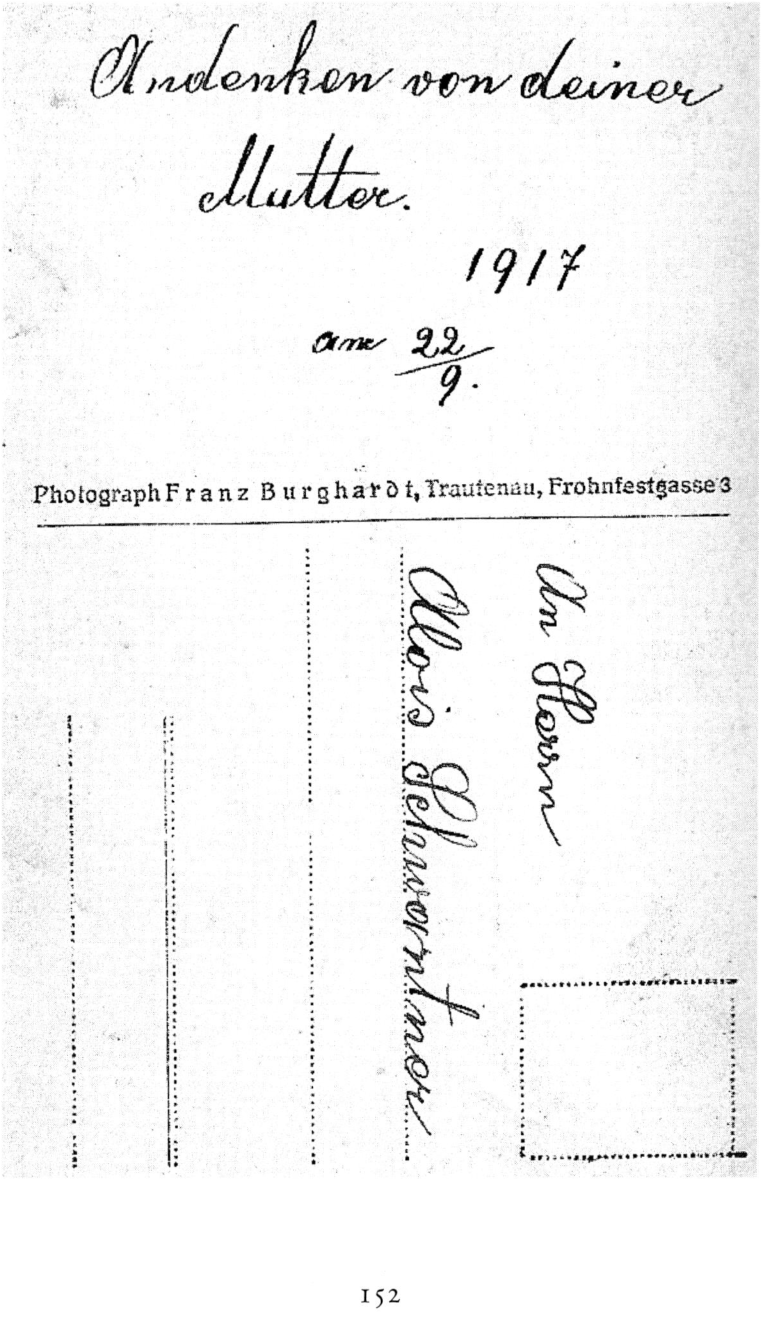
Andenken von deiner Mutter.

1917

am 22/9.

Photograph Franz Burghardt, Trautenau, Frohnfestgasse 3

An Herrn

Alois Schwertner

Maria im geschnitzten Sessel sitzend, die Hände über dem Bäuchlein verschränkt, in dem fast ein Dutzend Menschen ausgebrütet wurden, mit der linken die Handtasche umfassend, im weißen Satinkleid. Vor ihren Füßen, die verdeckt, ein weißes Fell ausgebreitet. Sie schaut in die Kamera, selbstbewußt, die ausladende Unterlippe vorschiebend, darüber die schlesische Knollennase, in ihrer länglichen Variante, deren Gewicht rechts und links tiefe Furchen gezogen haben... und meine mongolischen Ohren! Meine Gene haben plötzlich ein Gesicht. Die großen Augen und den voluminösen Körper habe ich aus der Erbmasse meines Vaters.

Dafür, daß Marias Mann erst ein Jahr tot ist, sieht sie ganz schön verwegen aus. War sie froh, daß er gestorben ist? Wie ich zunächst froh war, daß mein Vater tot ist. Mausetot lag er tief in der rheinischen Erde, wo er gar nicht hinwollte, wenn dieser verquere Krieg nicht so zuende gegangen und die Allierten nicht so ein Gewese gemacht hätten.

Ich hätte vielleicht sein Grab in Hradec Kralové suchen müssen, eine Stadt, die er allerdings Königgrätz genannt und sehr geliebt hatte, weil er da wer war und ein verflixter Akt ihn zu meinem Vater gemacht hatte.

Aber Maria mußte kein Grab suchen. Wenzel, ihr Mann, liegt auf dem Trautenauer Friedhof, vis-à-vis von Faltis' Großfamilie, seinerzeit die größten Leinenproduzenten des Kontinents.

Vielleicht verfluchte Wenzel jene, weil er im Jahre 1900 für einen Appel und ein Ei seinen Marschendorfer Hof an einen anderen Großindustriellenclan, den Papierfabrikanten von Marschendorf / Freiheit, einer Notlage entsprechend hatte herge-

geben und zur Bahn gegangen war, wie später auch sein zweitjüngster Sohn. Die Notlage war entstanden, weil 1896 die Aupa, an deren Gestaden der meiste Grundbesitz der Schwantner und die Gebäude lagen, in der Jahrhundertflut alles weggeschwemmt hatte, was ihr im Wege stand. Übrig blieb nur ein Teil des Hauses, der weiter oben lag, mehr oder minder eine Baracke, in der Rudolph Schwantner, mein Opa, 1898, geboren wurde. Alois, der jüngste, kam 1900 schon in Trautenau auf die Welt.

Obwohl also mein Opa kurz nach diesem Trauma auf die Welt kam, hatte er ihre Güte geerbt und war der freundlichste Mensch, dem ich im Leben begegnet bin. Am Ende des 1. Weltkriegs, siebzehnjährig, weil er zu schwächlich war, nicht eingezogen, musste er das Schienennetz der k.k. Staatsbahn reparieren und blieb nach dem Krieg bei dieser. Er verunglückte als junger Mann und humpelte weiterhin durchs Leben. Nie habe ich ihn klagen gehört.

Er hatte als einziger der Söhne nicht den Wunsch nach Amerika zu gehen, auch hielt er nicht wie diese bei dem amerikanischen Bruder, der eine Polin geheiratet und sich gerade ein Haus gebaut hatte, um Geld an, weshalb von ihm keine Briefe existieren.

Maria hatte sich nicht unterkriegen lassen, sie betrieb einen Südfrüchte/Kolonialwarenladen, der gab ihr ein gewisses Ansehen. Nun war es im Krieg mit den Südfrüchten vorbei gewesen und danach erst recht, denn das große geliebte Österreichische Reich existierte nicht mehr, sein Mittelmeer war versiegt, die Orangen und Pomeranzen blühten nur noch für die Dichter.

Maria klagt ihrem Sohn nach Amerika. Warum er so schweigsam sei? Ob er das Deutsche, in dem die Dichter sangen, verlernt?

Nun, seine Frau spreche nur polnisch und die Kinder nur englisch...sie würden noch nicht einmal miteinander reden können. Großmutter und amerikanische Enkel.

Von einer Reise jedoch nach Chicago nimmt sie Abstand, das würde ihre Kräfte überfordern, mehrere Wochen auf dem Schiff. Schon die zwei Tage nach Württemberg, wo ihr ältester Sohn Augustin wegen der Arbeitslosigkeit für deutsche Fachkräfte in Böhmen hingezogen ist, haben ihre Gesundheit angegriffen. Eine Lungenentzündung habe sie sich zugezogen, aber schön sei es doch das Reisen!

Zu ihrem Sohn Wenzel nach Berlin, der hier ein Restaurant besitzt, schafft sie es nicht, weil er Pleite geht während der Inflation in den Zwanziger Jahren. Wenzel war während des Ersten Weltkrieges schon mehrmals in Amerika, als Kellner auf einem Dampfer. Er wird als einziger Mitte der Zwanziger, zehn Jahre nach dem Bruder, diesem nach Chicago folgen, aber kinderlos bleiben.

Marias' Sohn Franz hat sich trotz der ungünstigen Situation für die Deutschen in der jungen Tschechischen Republik zu einem Fuhrhändler in Johannisbad hochgearbeitet. Erst befördert er mit zwei Pferden alles, was nicht am Platze bleiben soll, späterhin auch Touristen und Kurgäste, betuchte, die endlich wieder kommen. Dann kann er sich ein Auto leisten. Seine Frau hat einen Delikatessenladen, wo meine Mutter die Schulferien verbringt und sich sattessen kann. Als ich Anfang der neunziger

Jahre in Johannisbad war, gab es noch ganz alte Leute, die sich an die Aufschrift auf dem Taxi am Bahnhof Freiheit erinnern können: Taxi Franz Schwantner – Tel. Freiheit…

Der Sohn Heinrich, der teilweise in englisch mit seinem Bruder verkehrt und sich bereits in Hoffnung auf ein amerikanisches Dasein Henry nennt, ist ein großer Jammerlappen und bittet am intensivsten beim Bruder um Geld. Vielleicht weil er ihm an Jahren am nächsten? Aber Heinrich wird es auch ohne Hilfe schaffen, er wird Zahlkellner in der historischen Mohornmühle und später in Johannisbad, wo seine Frau eine Milchhalle haben wird neben der Ende der zwanziger Jahre errichteten Seilbahn.

Maria sieht sich veranlaßt, sich bei dem amerikanischen Sohn für seine bettelnden Geschwister zu entschuldigen, die allerdings nichts erhalten, weil die Dollar nur für Josephs Familie und ein paar für Maria reichen und damit sicher auch der Familie meiner Großeltern zugutekommen, bei der sie wohnt. Maria lebt, wie das häufig ist, daß die Ärmsten ihr Brot auch noch zu teilen bereit sind, bei dem schwächsten ihrer Söhne, der eine Tochter von einundeinhalb Jahren, meine Mutter, und eine von fünf Monaten, Mia, hat. Das teilt sie mit in ihrem letzten Brief nach Amerika. Jetzt, wo sie sich alt und verbraucht fühlt, reicht ihre Kraft nur noch für die beiden Enkelinnen, denen neunzehnhundertvierundzwanzig noch ein Enkel folgt. Ihre Tätigkeit als Bedienung bei den Herrschaften hat sie einstellen müssen.

Neunzehnhundertsechsundzwanzig wird sie in den Armen meiner Großeltern und bei ihren drei Enkeln, die den Zweiten Weltkrieg in Europa überleben werden, sterben und in Trautenau, ebenfalls vis-à-vis der Faltischen Industriellen, denen sie im Gegensatz zu ihrem Mann nicht zürnt, weil sie als Bedienstete korrekt behandelt wurde, begraben werden.

Die Gräber sind heutzutage eingefallen und nur noch als Nummern in den Friedhofsakten existent.

Ihre europäischen Urenkel werden andere Namen tragen und nur noch in Amerika lebt aus diesem Stamm der oberdeutsche Name fort.

Marias Streben nach Höherem...hat es sich erfüllt? Die amerikanische Cousine Carol, die wie ich einen anderen Namen hat, Biologin ist und eine Farm betreibt, wird schreiben: „Artistic talent seems to run in the family."

Erst nach der Samtenen Revolution habe ich Spuren meiner Schwantner-Vorfahren im Aupatal gesucht.

Der Bildhauer Emil Schwantner ist dort der bekannteste. Bereits in der kommunistischen Zeit war im Trautenauer Museum eine Ausstellung seiner Werke. Im Laufe der Jahre habe ich mir einen umfassenden Überblick über sein Werk verschaffen können. Ich lernte seine Witwe, die aus Freiheit stammt, in Schönebeck/Elbe kennen, wohin Emil Schwantner vertrieben wurde. Erst im Alter von sechzig Jahren heiratete er. Die Ehe währte nur sechs Jahre. Er verstarb 1956, sie 2001.

In Marschendorf, wo die Ländereien der Schwantner-Familie entlang der Aupa nach dem 30jährigen Krieg verbürgt sind, es aber bereits im 16. Jahrhundert dort schon einen Georg Schwantner gab, existiert noch der Schwantner-Graben bzw. das Schwantner-Tal. Wie es früher üblich war, erbte nur der älteste Sohn den Hof, die Töchter heirateten in andere Familien, die jüngeren Brüder zogen die Hänge hinauf oder in die weite Welt. So kamen der Vater von Emil Schwantner und weitere Schwantner nach Albendorf, wo es einen Schwantner-Wald gibt.

Obwohl ich im Kinderwagen saß, als meine Mutter vertrieben wurde, habe ich eine Art magische Gabe der Gebirgsmenschen geerbt. Schon als Kind trieb ich mich lieber in den Wäldern herum als auf dem Boulevard. „Aber Kind, du bist doch ein Mädchen und was willst du immer nur mit dem alten Kram", war oft die Klage meiner Mutter, die schon in Trautenau als städtisch orientiert galt. Eine Cousine, die noch in Gabersdorf lebte, meinte: „Deine Mutti war schon immer schick und eine Städtische."

Mein Opa ging mit mir in Bonn, wohin er vertrieben wurde, und wo heute das Verteidigungsministerium auf der Hardthöhe ist, in die Blaubeeren und in die Pfifferlinge. Das prägt.

Im Frühjahr des letzten Jahres wollte ich unbedingt den Weg nach Albendorf hinaufwandern. Ich war seit fünfzehn Jahren nicht mehr dort und hatte eine schöne Aussicht in Erinnerung. Auch hatte es damals eine Erschütterung gegeben, es hieß, daß sei eine Sprengung im Kalksteinbruch.

Ich schaffte es nur bis zum Steinbruch, dann sah ich schon die Bescherung. Rübezahl hatte mal wieder Grund zu toben. Ich eilte hinab. Alle Gaststätten waren geschlossen, es war ein Wochentag und keine Saison. In der Pension „Iris" stand eine junge Frau, die nachdenklich den Himmel betrachtete. Ich bat um Einlaß und einen Kaffee. Kaum war ich im rettenden Gastraum, donnerte es von oben und Regenstrippen peitschten unser Dach.

Im Herbst 2006 hatte ich Lesungen aus meinen Büchern in Trautenau und Umgebung und eine Veranstaltung zu Emil Schwantners 50. Todestag. Es hatte sich ein Johann Schwantner angemeldet, den ich nicht kannte.

Nach der Lesung lud er mich zu sich zum Abendbrot ein. Er wohnte im „Iris". In der Pension sagte er mit Tränen in den Augen, sein Vater sei hier geboren, sein Opa, ein Bruder meines Uropas, habe das Haus gebaut. Das Land und den Schwantner-Wald habe dieser wiederum von seinem Vater geerbt.

Auch Johann ist ein Waldschrat wie ich, wie Carol, mein Opa und in gewisser Weise auch Emil Schwantner, dem Josef Mühlberger kauzige Eigenarten bescheinigte. Johann ist Forstangestellter in Thüringen gewesen, wohin der Zweig seiner Schwantner-Familie vertrieben wurde.

Schallendes Gelächter im Aupatal – *Igo Etrich zum Gedenken*

Als sich vor 100 Jahren im Riesengebirge Igo Etrich in die Lüfte erhob, ahnte er schon, dass dem Himmel nahe sein auch mit dem Tod zu tun hat. In seinem Bekenntnis und geistigen Vermächtnis, das er im Eigenverlag 1964 in Salzburg herausgab, beschwört er die Unsterblichkeit, die Reinkarnation. Das bedeutete für ihn jedoch nicht, übermütig zu sein. Dank seiner früh empfundenen ganzheitlichen Auffassung vom Leben ist ihm das Schicksal Otto Lilienthals erspart geblieben.

Im Jahre 1910 erhielt Igo Etrich einen Brief aus Amerika mit der Adresse Aviatiker in Europa.

Der Brief kam ohne große Probleme in Oberaltstadt (Horní Staré Město) bei Trautenau (Trutnov) an, wo die Familie Etrich mehrere Spinnereien betrieb.

Igo Etrich ist der Erfinder der Etrich-Taube und war zur damaligen Zeit in Fliegerkreisen weltberühmt. Er wurde am 25.12.1879 in Oberaltstadt/Riesengebirge geboren. Schon der Vater Ignaz Etrich (1839 – 1927) war Erfinder. Er hatte Pläne für Flachsspinnereien entworfen, obwohl er nur die Unterrealschule in Trautenau besucht hatte. Über die rege Tätigkeit der böhmischen Tuchmacher hatte bereits 1866 Theodor Fontane, der märkische Dichter berichtet: „Trautenau, eine Meile von der preußischen Grenze entfernt, gilt neben Reichenberg als die bedeutendste Fabrikstadt Böhmens. Es ist Mittelpunkt und Hauptmarkt für die Flachsspinnerei in ganz Österreich und der Reichtum einzelner Firmen, wie die Betriebsamkeit seiner Bevölkerung geben ihm ein geordnetes und lachendes Ansehn. Es hat den Charakter einer aufblühenden englischen Fabrikstadt."

1896 hatte Ignaz Etrich, der sich für alle technischen Probleme interessierte, von dem Todessturz Otto Lilienthals erfahren. Zwei Jahre später sandte er seinen achtzehnjährigen Sohn Ignaz, der sich später zur Unterscheidung vom Vater Igo nannte, nach Berlin. Anna Lillienthal erinnert sich: „Er kam nach Berlin, um studienhalber ein Lilienthal-Gleitflugzeug zu erwerben, womöglich das, mit dem Otto gestürzt war. Wir mussten ihm leider mitteilen, dass der in der Fabrik Köpenickerstraße 113 aufgehängte, allerdings schwerverletzte Unglücksvogel eines Tages dort wegen Platzmangel verbrannt worden war. Dem lebhaften Österreicher war dies unbegreiflich. Er rannte aufgeregt im Zimmer herum. „ Jeden Fetzen hätten wir Ihnen mit Gold aufgewogen“ rief er uns zu. – Es gelang ihm bei einem Patentanwalt in Berlin noch einen Lilienthal-Gleitflieger aufzutreiben, den er für 100 Mark erhielt. Igo Etrich schenkte ihn später dem Wiener Technischen Museum, in welchem er neben der Etrich-Taube hängt.

So begann die Fliegerei im Riesengebirge. Kaum war das Flugzeug in Oberaltstadt, begann Ignaz Etrich selbst einen Gleitflieger zu entwickeln, den er auf ein Fahrrad montierte. Als Pilot fungierte der junge Igo. Das war vor 100 Jahren. Der Gleitflieger wurde von einer Schräge im Garten der Etrich-Villa gestartet.

Die ungünstige aerodynamische Form der Flügel ließ den Sohn ein ähnliches Schicksal wie Lilienthal befürchten, weshalb er sich weigerte, weitere Flugversuche zu starten. Er begann die einschlägige Literatur zu studieren, beobachtete natürliche Vorbilder wie fliegende Hunde (Fledermäuse), die er in einem Gewächshaus lebend hielt. Dann fiel sein Augenmerk auf die Forschungen des Professors Ahlborn aus Hamburg, der den Schwebeflug der Zanonia macrocarpa, einer javanischen Palmenart, untersucht hatte. Diese von der Natur geschaffenen Gleitflieger dienten nun als Vorbild. Die Etrich-Modelle bekamen bis zu sechs Metern Spannweite, hatten 25 kg Sandbelastung an Bord und wurden als Drachen bei Wind gestartet.

Die Bemühungen Igo Etrichs und seines Mitarbeiters Franz Wels erweckten in der Nachbarschaft Heiterkeit. „ Den Naturgesetzen zuwiderhandeln!“ spotteten die Einheimischen. Doch

Etrich ließ sich nicht beirren, er konstruierte einen Gleitflieger, der einen Menschen tragen würde. Tatsächlich gelang Franz Wels der Flug von einem Hügel bei Neuhof. Unter Anwesenheit einer großen Zuschauermenge wurden die Gleitflüge am 6. Oktober 1906 wiederholt. Es waren die ersten in Österreich.

Nunmehr interessierte Igo Etrich, den schrägen Gleitflug in einen horizontalen zu verwandeln. Dazu bedurfte es eines leichten Motors. Doch die Auffassung, dass ein Fluggerät, das schwerer ist als die Luft, keine Zukunft habe, behinderte seine Arbeit. Er benötigte nicht nur brauchbare Motoren, sondern auch Propeller. In der Gegend von Trautenau sah er keine Möglichkeiten, diese Probleme zu lösen. Er verlagerte sein Arbeitsfeld nach Wien, wo ihm vom österreichischen Handelsministerium ein geeigneter Raum im ehemaligen Ausstellungsgebäude „ Rotunde" im Prater zur Verfügung gestellt wurde. 1909 errichtete Igo Etrich einen Hangar auf dem Steinfeld der Gemeinde Wiener Neustadt, wo ihm nach dem Einbau eines 40-PS-Clerget-Motors am 20. Juli 1909 die ersten Hupfer von einigen 100 Metern gelangen. Er ist auch der Erfinder der Knüppelsteuerung mit Volant, die in den späteren Verkehrsflugzeugen eingebaut wurde.

Mittlerweile hatte Igo Etrich als Werkmeister den sehr befähigten Karl Illner gewonnen. Beiden gelang es, das Steinfeld mehrmals in geringer Höhe zu überfliegen. Dennoch war Etrich mit dem alten Gleitflieger unzufrieden. Er entwarf einen neuen Eindecker, dessen Flügelenden nach wie vor dem Zanoniasamen ähnelten. Die Spannweite betrug zwölf Meter. Die Maschine war mit einem taubenschwanzförmigen Höhensteuer versehen. Aus Paris besorgte er sich einen neuen 4-Zylinder-Clerget-Motor von 40 PS und von Chauviere einen neuen Holzpropeller.

Da der Apparat nunmehr einem Vogel in Gleitflugstellung glich, bekam er im Volksmund den Namen Etrich-Taube.

Karl Illner gelang am 17. Mai 1910 der erste österreichische Überlandflug der 45 km langen Strecke von Wiener Neustadt nach Wien in nur 32 Minuten. Der Rückflug am gleichen Tag dauerte 30 Minuten. Er schreibt: „ Es war ein wunderbares Gefühl für mich, endlich einmal frei dahinfliegen zu können, ohne Bedacht darauf über dem Flugfeld bleiben zu müssen. Und alles ging so prächtig. Kein Wind regte sich, der Motor arbeitete rhythmisch, die leiseste Bewegung der Steuerung teilte sich dem Apparate mit wie eine Zügelbewegung bei einem wohldressierten Pferde."

In der Folge entstanden mehrere Tauben-Varianten mit größeren, nunmehr Daimler-Motoren, die Flügel wurden schmaler und der Volksmund tauft den Apparat „Möwe". 1912 kam die „Schwalbe" hinzu, die viel schneller fliegt als die Möwe. Obwohl die Etrich-Flugzeuge viele Preise gewannen, blieben die großen Aufträge aus. Vater Etrich riet aus kaufmännischer Sicht ab, dass Igo Etrich eine eigene Flugzeugfabrik baute. So ging die Lizenz zur Herstellung der später auch kaufmännisch erfolgreichen Etrich-Flugzeuge und die „Motor-Luftfahrzeuggesellschaft" nach Wien. In Deutschland übernahm Edmund Rumpler die Lizenz, der in Berlin-Lichtenberg eine Werkstatt für Schweißarbeiten besaß. Den für Rumpler gelieferten Prototyp flog Karl Illner außer Konkurrenz im Oktober 1910 auf der internationalen Flugwoche in Johannisthal bei Berlin – in Anwesenheit des Kronprinzenpaares.

Auf Betreiben des Kapitäns zur See a.D. Eduard von Pustau war der Johannisthaler Flugplatz gegründet und 1909 die erste internationale Johannisthaler Flugwoche gestartet worden. In Deutschland wurde die Etrich-Taube zur Rumpler-Taube.

1911 war für Igo Etrich die vierjährige Beurlaubung von der Leitung der väterlichen Textilindustrie abgelaufen. Aber Igo Etrich konnte von der Fliegerei nicht mehr lassen. Er entwickelte 1912 ein Flugzeug, das als Vorbild für künftige Verkehrsmaschinen dienen sollte, ein Flugzeug, in dem die Insassen in einem geschlossenen Raum saßen: die erste Flug-Limousine der Welt.

Nachdem der Lizenzvertrag mit Rumpler annulliert worden war, gründete Etrich in Liebau / Schlesien, 20 km von Trautenau entfernt, seine eigene Flugfabrik, um neben seiner Tätigkeit in der Textilindustrie auch den Bau seiner Flugzeuge in Deutschland überwachen zu können. Für die Mitarbeit gewann er den jungen Ingenieur Ernst Heinkel, dem er 1912 die technische Leitung seiner in Briest bei Brandenburg / Havel gegründeten „Brandenburgischen Flugzeugwerke" übergab. Hier wurden überwiegend militärische Flugapparate hergestellt, auch Wasserflugzeuge nach den Plänen von Heinkel. Dieser Sektor interessierte Etrich wenig.

Obwohl während des Ersten Weltkrieges die Produktion in Brandenburg boomte, verkaufte Etrich seine Anteile an Camillo Castiglioni, den Leiter der Wiener Luftfahrzeuggesellschaft, die die Etrich-Trauben in Lizenz baute. Nach dem Ersten Weltkrieg verlor die Firma Etrich aufgrund von Inflation und Enteignung in Rußland große Teile ihres Vermögens. Etrich zog sich aus der Fliegerei zurück und leitete nur noch die Flachsspinnereien im Kreis Trautenau, nachdem der Bruder 1920 und der Vater 1927 gestorben waren. Nach dem Zweiten Weltkrieg verlor er auch diese Fabriken. Über Niederbayern kam er nach Salzburg, wo er am 4. Februar 1967 im Alter von 88 Jahren starb.

Mitunter hat man den Eindruck, das es in der damaligen Textil- und Flugindustrie wenig gab, was Igo Etrich nicht erfunden hat oder woran er beteiligt war, so Bastfasermaschinen von Weltrang und Schnellstrecken für die Jute- und Wollindustrie. Henry Ford erwähnte, dass er das Wergsystem von Etrich nachgebaut habe.

Der Tod Lilienthals am Anfang von Igo Etrichs technischer Karriere hat ihn stets der Sicherheit den Vorrang geben lassen. Kein einziger Todessturz aus der Luft ist mit Etrich-Tauben erfolgt. Mit Bedauern stellte er fest, „dass die heutige Technik des Flugzeugbaues die einstmals von der Natur übernommenen Sicherheitsvorrichtungen immer mehr und mehr aufgibt zugunsten des unaufhaltsamen Strebens nach immer größeren Geschwindigkeiten zur Überbrückung von Raum und Zeit“.

Neben vielen Ehrungen und Preisen, die seine Arbeit auszeichneten, erhielt er auch vom Deutschen Erfinderverband die Dieselmedaille in Gold verliehen. Die Etrich-Taube ist in Fürstenwalde bei Berlin nachgebaut worden. Knapp 90 Jahre nach ihrem ersten Berlin-Flug hatte sie auf der ILA in Berlin-Schönefeld ihren erneuten Jungfernflug bestanden. – „Was wir Sterben nennen, ist eine Geburt zu neuem Leben“, diese Erkenntnis des italienischen Philosophen Giordano Bruno war der Lieblingssatz von Igo Etrich.

Verlorene Geschichten – wieder entdeckt

Zum 70. Todestag der Dichterin Gertie Hampel-Faltis 1897 – 1944

Wer in Trautenau, einem hübschen Städtchen am Fuße des Riesengebirges, auf den Städtischen Friedhof geht, wird von den künstlerisch gestalteten und restaurierten Grabstätten gleich im Eingangsbereich angezogen. Marmorengel von bedeutenden Künstlern ihrer Zeit gegen Ende des 19. Jahrhunderts begleiten die Verstorbenen ins Jenseits.

Uns Heutigen sind die Namen der dort Geehrten nicht geläufig. Und doch waren es einmal bedeutende Industrielle, besonders der Textil- und Leinenindustrie, die im Aupatal eine der fortschrittlichsten Produktionen in ganz Österreich geschaffen hatten.

Theodor Fontane (1819 – 1898), der Berliner Schriftsteller, der 1866 die Nachwirkungen des Preußisch-Österreichischen Krieges vor Ort besichtigte, schreibt dazu:

„Trautenau, eine Meile von der preußischen Grenze entfernt, gilt, neben Reichenberg, als die bedeutendste Fabrikstadt Böhmens. Es ist Mittelpunkt und Hauptmarkt für die Flachsspinnerei in ganz Oestreich und der Reichtum einzelner Firmen, wie die Betriebsamkeit seiner Bevölkerung geben ihm ein geordnetes und lachendes Ansehn. Im Uebrigen bildet, wie bei allen böhmischen Städten, der Ringplatz den Mittelpunkt…“[141]

Bei Fontane habe ich das erste Mal bestätigt gefunden, was meine Mutter und ihre Trautenauer Familie mitunter bei Familientreffen in einer fernen neuen Heimat erzählten: Der unbeschreibliche Reichtum der Fabrikanten, die aber ihnen, den mittlerweile landlosen ehemaligen Gebirgsbauern, Arbeit und Brot gaben, unter anderem in den Fabriken von Johann Faltis (1796 – 1874), der in Trautenau große Leinentuchfabriken besaß und Begründer der mechanischen Flachsspinnerei in Österreich war, vor dessen Familiengrab ich in den letzten Jahren oftmals stand, um auf dem teils verwahrlosten Friedhof Spuren meiner Vorfahren zu finden.

Eine weitere Quelle meiner Recherchen sind die Werke von Josef Mühlberger (1903 – 1985), ein Trautenauer Schriftsteller, der, wie sich später herausstellen wird, in unmittelbarer Nähe unseres Hauses wohnte.

In seiner bemerkenswerten Erzählung *Die Tafelrunde,*[142] berichtet er von berühmten und mitunter sonderlichen zeitgenössischen Künstlern Trautenaus und Umgebung, unter anderem auch über den Bildhauer Emil Schwantner (1890 – 1956), der ein Verwandter der Familie meiner Mutter ist, dessen Witwe ich noch kennenlernen durfte. Im Laufe der Jahre habe ich das Lebenswerk dieses Bildhauers erkundet und einige Artikel über ihn geschrieben.

Wer mir von den bei Mühlberger Genannten bis vor kurzem unbekannt geblieben ist, obwohl sie mich als Dichterin natürlich besonders interessiert hat, ist Gertie Faltis, aus der großen Fabrikantenfamilie, weil von ihrem einzigen Werk einfach keine Spur mehr zu finden war.

Mühlberger schreibt:

„...ein anderer Klang meldete sich eines Abends in unserer Tafelrunde. Er kam von einem Gedichtband, der den Titel „Das große Rauschen" trug. Er erregte auch deswegen unsere Aufmerksamkeit, weil er von einer jungen Dame, der letzten Überlebenden der bedeutenden Industriefamilie unserer Stadt, Faltis, stammte. Die Dame lebte, für uns sagenhaft, in einem barocken Schloß unweit unserer Stadt. Die Gedichte wurden vorgelesen und für gut, einzelne für ausgezeichnet befunden. Ernst Redlich, der sie neben die Hermann Hesses stellte, bewunderte neidlos, was er in seinem Leben nie erreichen sollte, ein gedrucktes Gedichtbuch. Zuweilen zitierte er ehrfurchtsvoll einen Vers aus dem „Großen Rauschen": Der Wintersonne karge Gnade / Hat mich berührt."[143]

Eines Tages werde ich in einem Antiquariat fündig und kaufe ihr Buch.[144] Das Gedicht heißt:

Erweckung

Der gelben Wintersonne karge Gnade
hat mich berührt. O mein Herz!
Winterstilles Herz. Frorst du? Starbst du?
Ach nein, du begannst zu zittern, zu atmen
im schrägen Lichte. Die Baumgebilde warfen Schatten
auf deinen erblindeten Spiegel
und der blaue, klare Himmel beschwor deinen Atem,
schlug deine Eisflächen durch.
Nun blinken die lebendigen Wasser,
nun öffnen sich wieder die erstarrten Ohren,
ahnen Vögel und Laub, Regen und Wind –
nun flattern wieder die eingefalteten Schwingen,
weiten sich, o so weit und groß!
und wollen mich wieder tragen
über die Erde hinauf in den Himmel!

Der gelben Wintersonne Gnade
Hat mich berührt.

Das ist gute Dichtung, klare, einprägende Bilder, mit großen Gefühlen eingebettet in eine expressive Naturbeschreibung, aber noch konservativer Wortwahl. Auch Josef Mühlberger ist fasziniert:

„Ihre Lyrik (Das große Rauschen, 1931) ist stark und tief im Erleben und einfach in der Form, ihr Herz schlägt mit der

Natur und den Jahreszeiten."[145] Es ist der einzige Gedichtband von Gertie Faltis. Wer etwas über sie erfahren will, tappt im Dunklen und erhält widersprüchliche Angaben. Mühlberger[146] erwähnt, dass sie 1895 in Trautenau geboren und 1944 in Wekelsdorf verstorben sei und daß sie „...auf ihrem Schloß in der Wald- und Felsenlandschaft von Adersbach-Wekelsdorf, woher Sidonie Nadherný stammte", lebte. Das ist nur halb richtig.

Es gibt mehrere Schlösser, eins in Adersbach, das hatte der Vorfahr von Sidonie Nadherný (1885 – 1950), Johann Nadherný (1772 – 1860), der 1838 geadelt wurde, erworben. Die Familie war in der Eisenproduktion reichgeworden. Sidonie war die Tochter von Carl von Nadherný (1849 – 1895), einem Sohn von Johann. Adersbach fiel aber an einen weiteren Sohn, Othmar (1840 – 1925) bzw. dessen Sohn Constantin (1877 – 1952), dem es aber 1945, manche Quellen schreiben 1948 (kommunistischer Putsch 1948 unter Klement Gottwald (1896-1953), beides ist möglich), enteignet wurde. Sidonie zählt zu den großen Frauen der böhmischen Literatur als Muse von Rainer Maria Rilke (1875 – 1926) und Geliebte von Karl Kraus (1874 – 1936), der große Teile seines Dramas *Die letzten Tage der Menschheit* auf Schloß Janowitz bei Prag schrieb, das ihrer Familie gehörte. Auch dieses Schloß wurde 1948 von den Kommunisten enteignet. 1950 starb sie verarmt im englischen Exil. Daß sie bei ihren Verwandten in Adersbach zu Besuch war, ist zu vermuten.

Hier war Goethe – Schloß Niederes Adersbach

Bei den Vorbesitzern des Schlosses von Adersbach, das auch mitunter als Schloß am Schwanenteich bezeichnet wird, hatte Johann Wolfgang von Goethe (1749 – 1832) im September 1790 auf seiner Schlesienreise Halt gemacht. Er hatte auch die soeben in ihrer Bedeutung bekanntgewordenen Adersbacher Felsen besichtigt, wo die Mettau entspringt und ihre Wasserläufe die Felsenstadt prägen.

Im Jahr 1932, dem hundertsten Todestag von Goethe, wurde Emil Schwantner, über den Mühlberger ebenfalls geschrieben hatte, beauftragt, eine Bronzebüste Goethes zu schaffen. Er hat das Goethe Portrait des Berliner Bildhauers Christian Daniel Rauch (1777 – 1857) zugrundegelegt. Die Büste hat wie ein Wunder alle politischen Wirrnisse des 20. Jahrhunderts überstanden und ist heute eine Touristenattraktion in Adersbach.

Noch nicht mal zehn Kilometer weiter östlich finden wir das Städtchen Wekelsdorf, ebenfalls von interessanten Felsformationen umlagert und an dem Flüßchen Mettau gelegen. Die Schlössergeschichte wird hier nur noch verwirrender, denn – wer die Gegend kennt – kann sich kaum vorstellen, dass in dem kleinen Tal der Mettau, drei Herrschaften ansässig gewesen sein sollen, sind es aber:

Das am Marktplatz gelegene sogenannte Niederschloss, das dem Besitzer der Domäne Unter Wekelsdorf gehörte, wurde 1694 von Ferdinand Wenzel Schmiedel Freiherr von Schmieden erbaut. Das reiche Barockportal zeigt das Wappen des Erbauers.

Der Vater von Gertie, Fritz Faltis, ein Sohn von Johann Faltis, kaufte 1891 den Großgrundbesitz Unter Wekelsdorf. Diesen Familienbesitz schenkt Faltis seiner Tochter Gertie, als sie 1927 Kurt Hampel (wahrscheinlich Schneidermeister) heiratet.

Auch das Städtchen Wekelsdorf, wie viele böhmische Kleinstädte, hatte sich durch die Flachs- und Leinenproduktion entwickelt, mit der die Familie Faltis reich geworden war. Immerhin waren die Parkanlagen des Faltisschen Schlosses der Öffentlichkeit zugänglich. Aber oft wird nicht unterschieden, dass in Wekelsdorf noch ein zweites Schloß, an der Straße nach Trautenau unweit der Kirche gelegen (Oberschloss), existierte.

Es wurde im Jahre 1927 unter dem Bürgermeister Heinrich Purmann zusammen mit der dazugehörigen Herrschaft für die Gemeinde angekauft. Der Besitz umfasste das Wekelsdorfer Felsengebiet und einen Meierhof und hatte ein Gesamtausmaß von etwa 1.450 ha. Im Schloss waren unter anderem die Gemeindeverwaltung und das Forstamt untergebracht. Nach einer über dem Eingang angebrachten Inschrift wurde dieses Schloss im Jahre 1599 von dem damaligen Besitzer der Herrschaft Ober Wekelsdorf, Ritter Wenzel Bohdanetzky, erbaut. Ein Grabstein mit seinem Bild ist in der alten Totenkapelle am Friedhof eingemauert. An der alten Schmiede unmittelbar beim Hotel „Astoria" erinnerte eine Tafel daran, dass in dieser Werkstatt Johann Wolfgang v. Goethe auf seiner Reise ins Riesengebirge (1790) die Pferde seines Gespannes beschlagen ließ.

An der zentralen Stelle in der Nähe des Bahnhofs war 1935 das Ehrenmal für die Gefallenen des 1. Weltkrieges aufgestellt worden mit dem Titel „Der Trompeter von Säckingen". Auch dies ist ein Werk des Trautenauer Bildhauers Emil Schwantner. Das Denkmal ist 1945 zerstört worden.

Emil Schwantner (Mitte, sitzend ohne Hut) mit Steinmetzen im Steinbruch Liebenau mit dem Kriegerdenkmal Trautenau, ca. 1930

Foto Archiv Schon

Schwantner hat auch in dem Nachbarort Liebenau ein Kriegerdenkmal geschaffen, ebenfalls 1945 zerstört, und in Merkelsdorf auf dem Friedhof einen Christus, der heute noch vorhanden ist. Seine erst in jüngster Zeit auf dem Steinbruchgelände gefundenen Musikanten stehen auf dem Marktplatz von Merkelsdorf. Schwantner hat viele Arbeiten auf dem Liebenauer Sandsteinbruchgelände vorgefertigt. Das ist gut dokumentiert und es existieren Fotos, wie er dort mit den Steinmetzen an dem noch heute auf dem Trautenauer Friedhof existierenden Kriegerdenkmal, über das ich mehrfach berichtet habe, arbeitet. Schwantner war mit der Familie des Steinbruchbesitzers und Bürgermeisters von Liebenau, August Ringel, befreundet. Die Orte Merkelsdorf und Liebenau liegen quasi zwischen Adersbach und Wekelsdorf, in einem Radius von wenigen Kilometern zwischen dem Flüsschen Mettau und der Schlesischen Grenze.

Im Trautenauer Riesengebirgsmuseum existieren aus dem Nachlaß[147] mehrere Dutzend Gipsbüsten und Bozzetti von Persönlichkeiten des Riesengebirgsvorlandes, die Schwantner in den zwanziger/dreißiger Jahren portraitiert hatte. Einige, wie die von Josef Mühlberger und dem Trautenauer Bürgermeister Hieronymus Siegel, der auch auf dem Trautenauer Friedhof beerdigt ist, sind in Marmor ausgeführt worden. Ich habe zu Beginn meiner Recherche alle Büsten fotografiert und zu Anfang der neunziger Jahre des 20. Jahrhunderts noch lebende Trautenauer nach den Dargestellten befragt. Auch damals war das Wissen um diese Persönlichkeiten sehr gering. Das Gros der deutschen Bevölkerung ist 1945, 1946 ausgewiesen worden. Heute lebt von den Zeitzeugen keiner mehr. Eine ganze Gesellschaft ist –

ohne daß die Spuren gedeutet werden können – verschwunden. Ich habe ein Foto der Gertie Faltis gefunden, das sie von der Seite zeigt, zudem trägt sie einen Hut oder ein Haarband, und mit den weiblichen Büsten verglichen. Es ließe sich bei einigen Dargestellten eine Ähnlichkeit rekonstruieren, zu beweisen ist es nicht.

Das ist im Großen und Ganzen das Umfeld, das wir aufgrund der spärlichen Informationen über Gertie Faltis herausbekommen haben.

Mühlberger hat als ihre Lebensdaten 1895 – 1944 genannt. Andere Quellen, wie das Lexikon Österreichischer Schriftstellerinnen in Wien, den 5.10.1898 als Geburtsdatum, 1944 als Todesdatum. Das Trautenauer Archiv mailte mir 1897 – 1944, wieder andere, wie der Wekelsdorfer Chronist Josef Karpf schreibt: Geboren am 05.10.1898 in Trautenau, gestorben am 21.10.1946 in Wekelsdorf, was kaum stimmen kann, denn zu diesem Zeitpunkt ist die deutsche Bevölkerung zum größten Teil aufgrund der Beneš-Dekrete enterbt und vertrieben. Sudhof[148] übernimmt die Daten offensichtlich von Mühlberger.

Endlich meldet sich die Enkelin[149] aufgrund eines kleinen Artikels von mir in der Wekelsdorfer Heimatzeitung und wir können wenigstens diesen Wirrwarr klären, warum er entstanden ist, bleibt rätselhaft.

Die Dichterin Gertie Hampel-Faltis ist am 05.10.1897 in Trautenau geboren und am 21.10.1944 in Wekelsdorf gestorben. Sie ist auf dem Friedhof in Wekelsdorf beigesetzt, die Grabstätte ist jedoch im Laufe der Jahrzehnte unkenntlich geworden.

Der vollständige Abschnitt in der „Geschichte der deutschen Literatur in Böhmen“ von Mühlberger lautet: „Ihre Lyrik (Das große Rauschen, 1931) ist stark und tief im Erleben und einfach in der Form, ihr Herz schlägt mit der Natur und den Jahreszeiten. Das Gedicht >Ich lese ein Buch, das dir gehört< ist ein Beispiel dafür, wie ein Liebesgedicht das allgemeine Klischee überragen kann:

Auf diesen Seiten ruhte deine Hand
Und wandte Blatt um Blatt
Aus diesen schwarzen Zeichen kommt dein Blick
In meine Augen, warm und lebensvoll.
Dein Atem rührte diese Blätter an,
Ich fühle ihn, als wärst du neben mir.
Und Menschenschicksal, eingepresst in kurze Zeilen,
Das mich nun anrührt,
Ging an dein Herz, das mir so nahe war.“[150]

Es gibt Gedichte in dem Band, in denen Gertie Faltis zeigt, dass sie die Versformen beherrscht. Wenn man sich jedoch in der deutschsprachigen Lyrik der zwanziger Jahre umschaut, da nimmt sich ihr Stil doch noch recht konservativ aus. Wie ein Liebesgedicht in neue Bilder gebettet werden kann, zeigt Else Lasker-Schüler.

Weltende

Es ist ein Weinen in der Welt,
Als ob der liebe Gott gestorben wär,
Und der bleierne Schatten, der niederfällt,
Lastet grabesschwer.

Komm, wir wollen uns näher verbergen...
Das Leben liegt in aller Herzen
Wie in Särgen.

Du! Wir wollen uns tief küssen –
Es pocht eine Sehnsucht an die Welt,
An der wir sterben müssen.[151]

Gertie Hampel-Faltis, eine Dichterin im deutschsprachigen Böhmen, ist noch beheimatet in den Bildern von der Stille der Wälder, den Nebelschwaden über Moore, die eher an das 19. Jahrhundert erinnern, in ihrem behüteten Bürgertum, bei ihr herrscht eine die Existenz sichernde Kontinuität vor. Die laute Stadt Berlin, die seelenzerreißenden Konflikte der ständig verliebten Else Lasker-Schüler, eine der größten deutschen Dichterinnen des 20. Jahrhunderts, die sich brechenden Bilder, die ihre Lyrik so hinreißend schön, aber den Leser auch verstört zurücklassen, das alles ist fern den Ausdrucksmöglichkeiten der Gertie Hampel-Faltis.

Ende der zwanziger Jahre bis 1938 erscheinen weitere Gedichte von ihr, oft aber auch nur aus dem veröffentlichten Gedichtband, in der „Heimat", einer Beilage der Trautenauer Zeitschrift

„Volksbote“, der vom Katholischen Preßverein für Ostböhmen herausgegeben und nur bis 1938, bis zur Nr. 40 erscheinen konnte, da danach die Nazis im Sudetenland einmarschiert waren. Der Herausgeber der Zeitschrift war der am 07.10.1892 in Oberprausnitz geborene Anton Blaschka, ein bedeutender Historiker und Bohemist.

Obwohl Gertie seit 1927 verheiratet ist, hat sie – besonders in den Zeitschriften – oftmals noch mit ihrem Mädchennamen Faltis gezeichnet.

Spuren über Spuren

Ich hatte über ein Antiquariat eine Ausgabe des Gedichtbandes „Das große Rauschen“ erworben, die aus dem Umkreis des Klosters St. Ottilien in Eresing in Bayern kommt. Die handschriftliche Widmung ist möglicherweise höchst interessant. In für meine Begriffe weiblicher Sütterlin-Schrift heißt es:

„Für Fritz Rieger!
„die Sterne wichen aus der alten Bahn –
Im November 1931.“

Die Enkelin meinte, dass es eine Widmung von Gertie Hampel-Faltis sein muß, da es auch ein Zitat eines in dem Band vorhandenen Gedichts ist.

Nun könnte es sein, dass es der 1910 in Oberaltstadt/Trautenau geborene Fritz Rieger ist, der zu dem Zeitpunkt der Widmung 21 Jahre alt ist, also in einem für Lyrik besonders empfänglichen Alter. Es könnte sein, dass Gertie Hampel-Faltis, die 1931 ihr Lyrik-Buch „Das große Rauschen" herausgebracht hat, ihm dies mit auf den Weg nach Prag gegeben hat.

Das Gedicht heißt:

Einweihung

Wie wenig braucht die Liebe um zu leben!
Ein Blick der Augen, kurzer Druck der Hand –
Sonst nichts als deines Herzens leisen Beben.

Ein jäh' Erschauern, das du nie gekannt,
das dich befällt in Angst und Glück zugleich,
und deine Kräfte übermächtig bannt,

lässt dich erkennen: jenes ew'ge Reich
hat seine Pforten nun dir aufgetan.
Du gehst auf Blumenrasen, sanft und weich,

die Sterne wichen aus der alten Bahn,
die Himmel glühen blau und gold und rot –
und du begreifst: es wäre irrer Wahn,

dies Reich zu lassen anders als im Tod!

Die Terzinen enden hier in einem alleinstehenden Vers mit dem Reimwort „Tod“, das sinnbildlich an das erste Reimwort des Gedichtes „leben“ anknüpft. Das ist ein Wort- und Bildspiel, mit dem Gertie Faltis sehr schön ihr Können zeigt.

Fritz Rieger studierte in Prag an der Deutschen Akademie der Musik, dem Konservatorium. 1931 wurde Rieger Solorepetitor am deutschen Landestheater Prag. Es könnte sein, dass sich die Widmung darauf bezieht, dass der junge Rieger jetzt ein neues Reich aufgetan hat, das der Musik und des Theaters. Dass vielleicht Rieger bei ihr im Schloss zu Gast war oder sie sich gar bei Mühlbergers „Tafelrunde“ kennengelernt haben.

Ab 1947 wurde Fritz Rieger als Pianist und Dirigent musikalischer Leiter des Orchesters des Nationaltheaters in Mannheim, im Jahre 1949 übernahm er die Leitung der Münchner Philharmoniker. Seine Zeit als Generalmusikdirektor in München erstreckte sich bis 1966. Bei Gastspielen an der Münchner Staatsoper und zahlreichen weltweiten Konzerten der Münchner Philharmoniker arbeitete Rieger mit bedeutenden Solisten und Sängern, wie David Oistrach und Hermann Prey, zusammen. In den Jahren 1971 bis 1972 war er in Australien Chefdirigent des Melbourne Symphony Orchestra. Er verstarb 1978 und wurde auf dem Friedhof Neuhausen in München beigesetzt.

Es könnte durchaus möglich sein, dass das mir vorliegende Bändchen mit der Widmung für Fritz Rieger, das in Eresing einem Antiquariat übereignet wurde, aus seinem Umfeld stammen könnte.

An den Dirigenten Fritz Rieger kann sich die Tochter Renate nicht erinnern, da war sie noch zu klein. Woran sie sich allerdings gut erinnert, ist eine andere Berühmtheit der Familie, an die:

Pianistin, Komponistin, Korrepetitorin Evelyn Faltis, geboren am 20. Februar 1887 in Trautenau, Böhmen, gestorben am 13. Mai 1937 in Wien, Österreich.

Evelyn Faltis war die Tochter des Carl Johann Faltis, des Bruders von Renates Vater Fritz.

Sie begann ihre musikalische Ausbildung im Kloster Assomption in Paris, studierte ab 1905 in Wien an der Musik Akademie mit Robert Fuchs und Eusebius Mandyczewski, 1909 in Dresden am Konservatorium bei Felix Draeseke und Eduard Reus und in München bei der Pianistin und Komponistin Sophie Menter, die 1918 starb.

Im Jahr 1918 ließ sich Evelyn Faltis in Berlin in der Paderborner Str. 9 nieder. Von 1914 bis 1933 war sie Solo-Korrepetitorin bei den Bayreuther Festspielen, arbeitete am Stadttheater Nürnberg am „Ring", am Hoftheater Darmstadt und ab 1924 auch an der Städtischen Oper Berlin, womit die Oper in Berlin-Charlottenburg gemeint ist.

1934 zog sie zurück nach Wien, wo sie 1937 an einer Lungenentzündung starb. Ihrem Testament entsprechend wurde sie 1937 in Bayreuth beigesetzt.

Als ich vor zwanzig Jahren begann auf Spurensuche zu gehen und das erste Mal den Trautenauer Friedhof betrat, hatte ich keine Ahnung davon, welch eine Vielfalt der Kultur zu Füßen des Riesengebirges und damit im Antlitz von Rübezahl, ebenfalls einer Kultur-, wenn nicht gar Kultfigur des Riesengebirges, vorhanden war und unwiederbringlich verlorengegangen ist. Ich habe mittlerweile die Enkelgeneration der Erfinder- und Ingenieur-Familie Etrich und des Porzellanfabrikanten Pohl, bei

Das zweite Schloß in Wekelsdorf

dessen Großvater der Bildhauer Emil Schwantner in die Lehre ging, eine weitere Trautenauer Dichterin und viele andere kennengelernt, deren Vorfahren eine Kulturlandschaft geprägt haben – wo es gewiß noch viel für weitere Generationen zu entdecken gibt.[152]

Kafka

Was soll mir Kafka
Die welt
ist schlimmer noch
als in Samsas zimmer
sie wird nicht mehr gekehrt

die käfer sind eingekehrt
in sich auf der seite
liegen sie verkehrt
nach der traumreise
ins eis
was will ich von Kafka

ich friere
nach jeden behördengang
dort kennt keiner
Kafka was woll'n Sie
von ihm

ich war bei seinem grab
die rose ist zerstäubt
die Ingeborg ihm brachte
Prag im jänner 1964
was erhoffte sie von ihm

in berlin kuschelte
er mit Dora sie brieten
spiegeleier auf haushaltskerzen
es war kalt in berlin
auch ich friere hier

was soll ich Dora
bedauern wenn die welt
ihn lagert in
bücherregalen verstaubt
wirklich

was soll er mir
in dieser welt
die untergegangen ist
auch meine lebensversicherung
versichert

kein ewiges leben

2. Preis für Lyrik der Künstlergilde Esslingen, 2015

Wie auf einem anderen Planeten

Walter Trier
zum 125. Geburtstag
(1890 – 1951)

Max Brod, Prager Schriftsteller und Biograph von Franz Kafka, war begeistert über die Erziehungsmethoden in der Familie Trier, die in der Langen Gasse in der Josefstadt in Prag in einem großräumigen Patrizierhaus wohnte. Er war mit den Trier Kindern befreundet, es war ein Paradies im Gegensatz zu seinem strengen kleinkarierten Elternhaus.

Im Stempelhaus der Langen Gasse wohnte die Familie Orlik. Der 1870 geborene Sohn Emil war 1891 zum Kunststudium nach München gegangen und ab 1904 am Königlichen Gewerbe-Museum in Berlin Professor, der auch wie später Walter Trier böhmisches Spielzeug sammelte. Franz Kafka wohnte von 1915 – 1917 im Haus zum Goldenen Hecht, auch in der Langen Gasse.

Dieses total andere Umfeld faszinierte Max Brod. In seinen 1969 veröffentlichten Memoiren beschreibt er die Zustände im Trierschen Haus. Wenn sie vom Fußballspiel nach Hause kamen, ging die Tollerei dort weiter. Bis auf zwei Zimmer, Eltern- und Schwesterschlafzimmer, konnten sie alle Räume benutzen, in denen es vor Unordnung starrte. Sie jagten wie wilde Tartaren durchs Haus oder spielten Theater, wozu die Möbel verrückt und noch weitere Kinder eingeladen wurden. Alles Neue wurde ausprobiert, ob aus der Technik oder dem Sport.

„Dies geschah“, schreibt Brod, „ohne jede Prätention, ohne Ehrgeiz und Pedanterie. Es ging wie alles, was in diesem Hause stattfand, im Sturmwind, im Lachen vor sich.“

Besonders auffällig für die Zeit um 1900 war, dass die Trier-Kinder ihre Eltern beim Vornamen riefen. Eine Umgangsform, die Max Brod vorher noch nie kennengelernt hatte, die viele Jahrzehnte später in der antiautoritären Erziehung der Achtundsechziger Bewegung, wie vieles der Trierschen Erziehungsmethoden, ihre Entsprechung fand. Für Max Brod war das alles „wie auf einem anderen Planeten!“

Walter Trier ist das jüngste von sieben Kindern des Handschuhmachers und Fabrikbesitzers Heinrich Trier und seiner Ehefrau Luzie geb. Schack.

Da er den Adel belieferte, war er begütert und verkehrte in der illustren Gesellschaft Prags, die aber gegen Ende des 19. Jahrhunderts auch schon moderne, aufklärerische Züge trug. Ohne diese unbeschwerte Kindheit wird man die Leichtigkeit und auch den Spott in den späteren Zeichnungen von Walter Trier nicht verstehen können.

Walter Trier studiert zunächst in Prag Kunst, doch der akademische Naturalismus, der an der Prager Kunstakademie gelehrt wird, liegt ihm nicht, er geht wie Orlik nach München. Um sich jedoch überhaupt in der Münchner Akademie zu immatrikulieren, wo pro Semester ca. vierhundert Bewerber auf Zulassung warteten, musste er eine Mappe anfertigen, für die er ein Jahr auf Privatschulen ging, um dann mit Erfolg am 14. Oktober 1908 in der begehrten Klasse von Franz von Stuck aufgenommen zu werden. Schon während des Studiums fielen seine „höllisch scharf gesehen Charakterköpfe“ auf. Er hatte – 1909 kaum das Studium abgeschlossen – schon Aufträge für die in München erscheinende führende deutsche Satire-Zeitschrift „Simplicissimus“. Ab 1910 veröffentlichte auch Deutschlands wichtigste Kunstzeitschrift „Jugend“, nach der die ganze Epoche „Jugendstil“ benannt ist, Zeichnungen von Walter Trier.

Hermann Ullstein, der Großverleger aus Berlin, wurde auf Trier aufmerksam und wollte ihn abwerben. Er versprach ihm einen Fünfjahresvertrag mit einem doppelt so hohen Anfangsgehalt wie in München. Darauf kabelte Trier zurück, dreimal so hoch. Doch Dr. Otto Eysler, der Herausgeber der „Lustigen Blätter“ legte noch was drauf, so dass der zwanzig Jahre junge Zeichner bei ihm ein damals unglaublich tausend Mark hohes Monatsgehalt als Pressezeichner verdiente.

Seit April 1910 lebt und arbeitet Walter Trier in Berlin. 1912 heiratet er Helene Mathews, eine aus Polen stammende Jüdin. Ihre erste Wohnung nehmen sie in Friedenau, in der Elsastraße 2, wo sie von 1912 bis 1916 wohnen. Friedenau ist zu dieser Zeit noch eine eigene Gemeinde im Landkreis Teltow, ist aber durch die S-Bahn mit Berlin verbunden.

Die Ehefrau, Lene genannt, dient fortan als Modell, die er mit oder ohne Gretchenfrisur karikiert. Auch die 1914 geborene Tochter Margarete, Gretl genannt, wird in den zwanziger Jahren als Modell allerdings eines modernen Großstadtmädchens dienen, mit frecher Ponyfriseur. Gerne hätte er weitere Kinder gehabt, was dem Paar aber versagt bleibt. Trier beginnt Spielzeug zu sammeln.

Die Familie zieht in die Denkstraße 5 in der Nähe von Südende in Steglitz, wo sie bis Sommer 1925 bleiben wird. Trier verdient gut, er kommt aus wohlhabendem Haus und macht wahrscheinlich eine Erbschaft, denn am 30. September 1925 findet sich im Baupolizeiamt Steglitz die Eintragung:

Landhaus Oboussier, jetzt im Besitz des Herrn Walter Tier, Kunstmaler.

Der Komponist und Musikschriftsteller Robert Oboussier hatte das Haus in der Herwarthstraße 10 in Berlin-Lichterfelde von dem Architekten Otto Rudolf Salvisberg, der ein Freund von Trier ist, 1922 entwerfen lassen. Da er jedoch in Florenz Karriere macht, veräußert er das Haus. Die zehn Jahre, die die Familie bis zu ihrer Flucht vor den Nazis hier leben werden, sind die glücklichsten im Leben der Triers.

In den zwanziger Jahren ist Berlin die Hochburg des Kabaretts. Trier karikiert für das Kabarett der Komiker am Kurfürstendamm, eins der führenden Kabaretts Deutschlands der zwanziger, dreißiger Jahre, wo von Karl Valentin bis Claire Waldorf alle auftreten, die bis in die fünfziger Jahre deutsche Kabarettgeschichte geschrieben haben. Nebenan ist das Cafe Leon, quasi das Wohnzimmer von Erich Kästner, der gegenüber in der Roscherstraße bis zur Bombardierung im 2. Weltkrieg wohnt, der auch für das Kabarett der Komiker arbeitet.

Hier beginnt eine Jahrhundertbeziehung für die deutsche Literatur: Walter Trier illustriert „Emil und die Detektive". Das Erstlingswerk der beiden wird ein Verkaufsschlager und schließlich ein Welterfolg. Es ist der Beginn einer Beziehung über die Zeit des Exils von Trier hinaus. Ende 1936 flieht er mit seiner

Familie über Paris nach London. 1947 wandert er nach Kanada aus, wo seine Tochter Gretl mit Familie lebt.

Kästner schreibt anlässlich des plötzliches Todes von Walter Trier 1951: „Walter Trier ist unersetzlich... Ich empfand es während des Vierteljahrhunderts unserer Zusammenarbeit stets von neuem und in steigendem Maße." 1933 erscheint das letzte von Trier und Kästner gemeinsam hergestellte Buch „Das fliegende Klassenzimmer".

Während in Deutschland seit 1933 die Nazis Triers Arbeit immer mehr einschränken, veröffentlicht er von 1934 bis 1938 Zeichnungen im „Prager Tageblatt". Im November 1934 organisiert er eine Ausstellung in der Prager Galerie André, nimmt an der 1. Internationalen Karikaturisten-Ausstellung in Prag teil. 1935 folgt die Eröffnung der Ausstellung „Humor in der Malerei und Keramik: Walter Trier" in Brünn. 1936 illustriert er tschechische Kinderbücher. 1938, vor Einmarsch der Nazis auch in Tschechien, veröffentlicht das „Prager Tagblatt" die letzten Illustrationen von Walter Trier. Emils, Pünktchen und Antons und anderer Kinder Ziehvater hatte fliehen müssen...

3.
Von einem Krieg, der unser Leben änderte

Die alten Männer

Dem tschechischen Jagdflieger Jan Horal gewidmet,
den ich im Zug Prag-Berlin kennenlernte

Die Unduldsamkeit
Der alten Männer
Macht die Zeit
Sie läuft ihnen fort
Wie ihr Einfluß
Ihre Worte
Nennen sie Wahrheit
Und lassen keine
Andere zu
Schaun Sie das ist
So und nicht anders
Ist ihre Weisheit
Die Bomben auf
Dresden o.k.

Und die Kinder
Frage ich die Frauen
Und Alten und
Die Flüchtlinge
Unzählig
Ich bitte Sie
Wie hätte der Krieg
beendet
Werden sollen
Wir haben daraus
Gelernt sage ich
Und welche Möglichkeiten
Gibt es für den Irak
Gar keine
Saddam ist wie
Hitler
Und die Kinder
Frage ich die Frauen
Und Alten und
Die Flüchtlinge
Unzählig

Der alte Mann
Nimmt ein Buch
Über Jagdflieger
Im Zweiten Weltkrieg
Er muß seinen
Vortrag vorbereiten
Bald wird er
Keine Zeit mehr haben
Vorträge zu halten...
Ich aber frage
Weiter nach den
Kindern, den Frauen
Und Alten
Den Flüchtlingen
unzählig

Vor 75 Jahren – Plattfüße

Zuhause wurde nicht viel von Krieg und Vertreibung geredet. Meine Eltern waren jung, sie sind im Rheinland gelandet, woher Vati kam, obwohl beide in Trautenau in Böhmen geheiratet hatten, woher Mutti stammt und ich geboren wurde.

Doch...an eine Geschichte erinnere mich, wie Vati erzählte, dass er in Pilsen in amerikanischer Gefangenschaft war und er den ersten Schwarzen sah und der schenkte den Gefangenen, die in den Bierfässerlagerhallen vom Pilsener Bräu untergebracht waren, Schokolade. Damals dachte ich, dass uns die Schwarzen Schokolade, eine Rarität nach dem Krieg, bringen zu Weihnachten, weil auch im besetzten Rheinland hin und wieder schwarzhäutige Soldaten umhermarschierten.

Mit achtzehn Jahren ging ich nach Westberlin, um zu arbeiten, weil nach dem Mauerbau Arbeitskräfte fehlten. Um mein Abitur nachzumachen, besuchte ich dort die Abendschule. 1969 hatte ich das Abitur, fuhr mit einer Freundin in die Lüneburger Heide, um quasi die Paukerei fürs Abi auszuwandern, die dort einen Cousin hatte, wo wir wohnen konnten. Es waren schöne Herbsttage, die Heide blühte und hin und wieder donnerten Kanonenschüsse über das stille Land. Anschließend fuhr ich ins Rheinland, um auch mit meinen Eltern das Abitur zu feiern.

Wie Unterlüß? Faßberg? entgeisterte sich mein Vater, *die Kanonenschüsse waren sicher von Rheinmetall, die haben ja schon gedonnert, als ich da war und die Polenfrauen hatten alle weiße Haare vom Schießpulver*!

Da hatte ich nun eine Erinnerung losgetreten. Mein Vater war beim Fliegerhorst in Faßberg in der Grundausbildung, in Unterlüß war die Bahnstation, der Cousin bestätigte die Angaben meines Vater: Rheinmetall war ein Rüstungsbetrieb, in dem Fremdarbeiterinnen hauptsächlich aus Polen arbeiteten.

Nach der Wende, mein Vater war schon tot, brach ich auf, meine Geburtsheimat zu erkunden. Ich fotografierte die Orte, wovon Mutti erzählt hatte. *Vieles ist ja noch genau so, wie wir es verlassen haben.*

Sie zeigte Fotos von früher zum Vergleich. Erst jetzt erfuhr ich, dass wir bei der Wilden Vertreibung Juli 1945 im 2. Transport waren.

Besonders fällt mir bei ihren Fotos auf, die ja mitten im Krieg gemacht wurden, wie glücklich Mutti und Vati ausschauen, wie zivil und normal das Leben scheint, das da abgebildet ist.

Sie verriet mir ein Geheimnis: Vati sollte in Köln seine Lehrlingsprüfung als Elektriker ablegen, aber wegen Prüfungsangst floh er und meldete sich bei der Wehrmacht.

Ich habe von der Deutschen Dienststelle für Wehrmachtsangehörige mir die Papiere kommen lassen. Der Obergefreite Oskar Schon, 6.6.1920 geboren in Brühl, *ist seit 1.10 1938 Soldat und war bisher immer kv beurteilt.*

Bei der heutigen Untersuchung an den inneren Organen kein krankhafter Befund. Es besteht lediglich Plattfussbildung bds. mässigen Grades. Obgefr. Oskar Schon ist wehrfliegertauglich und untauglich als Fallschirmschütze gem. Merkblatt… Königgrätz 27.5.1943.

Außer einer Mandelentzündung und anschließender Operation hatte er keine Krankheiten, alle Befunde sind normal, seine Muskeln kräftig, seine Haut durchblutet, er war ja auch ein hübscher junger Mann…

Seine Plattfüsse haben ihm quasi das Leben gerettet, denn er blieb die ganze Zeit in Königgrätz, wo er am 20.9.1939 in die 1. Fliegerkompanie Luftflotten-Nachrichten-Schule 2 aufgenommen worden war.

Auf die Frage, ob der Untersuchte bereits geflogen ist, schreibt er in Sütterlinschrift: *Werkstattflüge, ohne Beschwerden.* Also gehörte er zum Bodenpersonal auf dem Flugplatz, er war ja Elektroinstallateur, wenn auch ohne Abschlußprüfung.

Während die Luftwaffe sich in Königgrätz etablierte, wurde meine Mutter arbeitslos. Sie war bei einem tschechischen Schuhhändler in der Lehre. Dieser musste aber mit der Besetzung der Sudetengebiete ins Protektorat umsiedeln. Also war Mutti von der Ankunft der Deutschen ab 1.10.1938 gar nicht so begeistert, ihrer Schwester erging es bei einem tschechischen Putzmacher genauso. Beide Mädels kamen zunächst in den Arbeitsdienst. Später bekommt meine Mutter eine Stelle beim Postamt in Trautenau, nachdem sie eine Ausbildung als Mörserin in Glatz bzw. Oppeln gemacht hatte.

Weil in Königgrätz die meisten Mädchen tschechisch sprechen, fährt Vati an freien Wochenenden mit der Bahn nach Trautenau, sich zu amüsieren, zu tanzen, das lassen seine Plattfüsse zu, im Gasthaus Klein, im Augarten. Er lernt meine Mutter kennen. Sie verloben sich, heiraten.

Wenn Vati nicht nach Trautenau kommen kann, fährt sie mit der Bahn nach Königgrätz und nimmt ein Hotel in der Nähe des Bahnhofs. Dort bin ich an ihrem 20. Geburtstag gezeugt worden.

Mutti wird später sagen, e*s war die schönste Zeit in meinem Leben.* Vati konnte ich nicht mehr fragen, aber auf den Fotos sieht er sehr verliebt und glücklich aus.

Anni Schwantner und Oskar Schon –
verliebt und verlobt in Parschnitz 1941

Erinnerungskultur –
Vor 70 Jahren

In diesen Frühjahrstagen kommt sie wieder – die Erinnerung an das Ende des Krieges 1945. 70 Jahre ist es her. Am 27. April 1945 befreiten sowjetische Truppen das Zuchthaus in der Stadt Brandenburg, das zu diesem Zeitpunkt mit ca. 3600 Häftlingen belegt war. Aus den Todeszellen konnten rund 180 Häftlinge befreit werden. Dieser Befreiung wurde feierlich gedacht.

In der Zeit des Nationalsozialismus waren im Zuchthaus Brandenburg neben Kriminellen vor allem politische Häftlinge, die langjährige oder lebenslängliche Zuchthausstrafen verbüßten, zum Tode Verurteilte, Sicherungsverwahrte, Untersuchungsgefangene und Kriegsgefangene inhaftiert. In der 1940 eingerichteten Hinrichtungsstätte wurden durch die NS-Justiz rund 2.040 Menschen hingerichtet, unter ihnen Angehörige des Widerstandes aus vielen europäischen Ländern.

In den deutschen Landen sind an vielen Orten Gedenkstätten für die Opfer der Nazi-Gräuel, aber auch gegen die kommunistische Terrorherrschaft entstanden, ein eindrucksvolles Beispiel ist der Marienberg in der Stadt Brandenburg. Neben Gedenktafeln verschiedener Nationen war für die 157 Tschechen, die im Zuchthaus Brandenburg während der Herrschaft der Nationalsozialisten hingerichtet wurden, auch eine Tafel in deutscher und tschechischer Sprache aufgestellt worden.

In diesen Tagen wird an das Ende des 2. Weltkrieges gedacht. Die Menschen in Europa konnten endlich wieder frei atmen.

Für die von den Nazis geschundenen Menschen war der Terror vorbei. Für die Deutschen, besonders für die Frauen, Kinder und Alten in den Ostgebieten, im Sudetenland, begann der Terror. Millionen wurden in die Flucht gejagt, vertrieben, von den Siegern erschlagen.

Die Tschechen hatten nicht umsonst in Anlehnung an die Praktiken der Nazis den Deutschen die Armbinden mit dem „N" (Nemec-Deutscher) aufgezwungen unter Strafandrohungen und Schlägen, demjenigen, der sie nicht umbinden wollte. Das weiß heute kaum einer in Deutschland, nach dem 8. Mai 1945 sind im heutigen Tschechien und der Slowakei 3 Millionen Deutsche mit weißen Armbinden herumgelaufen und da spricht man seit 1985 dank Weizsäcker davon, dass der 8. Mai eine Befreiung war! Es müßte zumindest heißen, nicht für alle! Mein alter, durch einen Unfall bei der tschechoslowakischen Bahn humpelnder Opa, als Nachtwächter beim Finanzamt ein Zubrot verdienend, wurde mißhandelt und bis 1948 im tschechischen KZ kaserniert. Die Familie einer Bekannten sind ins Tschechische verschleppt worden, mußten bei tschechischen Bauern Zwangsarbeit leisten. Sie war 6, sie ging in die 1. Klasse, mußte aber die Schule aussetzen, als sie im Tschechischen beim Bauern war. Andere, auch Schüler, mussten Zwangsarbeit leisten im Bergwerk oder anderswo. Diese Menschen haben nie Entschädigung bekommen.

In Tschechien steht kein nationales Denkmal für die ermordeten Deutschen. Dass die Juden systematisch ermordet wurden in den Gaskammern durch die Nazis, ist für die Nachfahren der Deutschen eine historische Schuld, die auch nicht durch das Holocaust-Denkmal getilgt werden kann. Das ist den nachfolgenden Generationen im Bewusstsein.

Es sollte aber auch im Bewusstsein der Tschechen und der Slowaken sein, dass schon vor den Benesch-Dekreten, die ja erst kürzlich noch mal vom Prager Parlament bestätigt worden sind, ihre Vorfahren nach dem 8. Mai 1945 an unschuldigen Deutschen, Alten, Frauen und Kindern Unrecht und Massaker verübt haben, bei denen Abertausende umgekommen sind.

Zumindest die Kinder der Vertriebenen leben noch. Sie sind es, die die Bilder im Kopf haben ein Leben lang und die sie sich nie nicht erklären können. Für diese Opfer fehlen die Gedenkstätten. In den betreffenden Ländern beginnt erst langsam die Aufarbeitung und Trauerarbeit.

Eine Initiative der St. Nikolaikirche in Brandenburg/Havel versucht allen Opfern ungerechter Gewalt zu gedenken.

Die bedeutende mittelalterliche noch im romanischen Stil erbaute Backsteinkirche in Brandenburg, die nach der Wende wieder aufgebaut wurde, dient nicht nur der katholischen Dreifaltigkeitsgemeinde, sondern ist auch eine Gebets- und Gedenkstätte. Sie ruft einmal im Monat zum ökumenischen Friedensgebet.

Auf einer Gedenktafel wird der „Opfer ungerechter Gewalt" gedacht:

Christen, Kommunisten, Juden, Intellektuelle, Debile, Andersdenkende, Priester, Ausländer, Homosexuelle, Soldaten, Beamte, Lehrer, Arbeiter, Sinti, Roma, Unbeteiligte, Kinder

verhört, angeschrien, verspottet, gefoltert, vergast, eingesperrt, abgespritzt, erschlagen, erhängt, zu Tode gequält, enthauptet, erschossen, erwürgt, verhungert, verbrannt

schreiend, verzweifelt, ehrlos, umnachtet, mutig, haßerfüllt, ahnungslos, jammervoll, hoffend, unschuldig, ergeben, schweigend, ungebrochen, tröstend, betend

damals, gestern, heute, morgen, immer
immer?

Wachet und betet! (Mk. 14,38)

Zwei Wörter fehlen allerdings in der Aufzählung auf der Tafel für die „Opfer ungerechter Gewalt“:

verjagt und vertrieben.

Gleich hinter dem Haus werden die Wolken geboren[153]

Wortfetzen haben meine frühe Kindheit begleitet. An mehr erinnere ich mich nicht. Heimat, Winter im Riesengebirge, Blaubeeren und Pfifferlinge. Die gab es auch auf der Hardthöhe in Bonn, wohin Opa und Oma vertrieben wurden und heute die Bundeswehr über neue Kriege nachdenken muß.

Rübezahl, der Herr der Berge, war schon konkreter, weil Opa mir ein Buch schenkte. Aber der Herr der Berge im flachen Rheinland, wo große Schiffe über den Strom zogen und die Schiffer aus aller Herren Länder von einer Sehnsucht sangen, die Loreley ihnen entlockt.

Ich höre Worte, Hochmoor zum Beispiel, worunter ich mir nichts vorstellen konnte. Genauso wie Tide, Priel, Ebbe und Flut. Ich war ärgerlich, wenn die Lehrerin so einen Quatsch erzählte, wo doch Erdkunde mein Lieblingsfach war. Wasser kommt und verschwindet, wenn der Mond scheint. Märchen konnte ich alleine lesen, da brauchte ich keine Schule. Innerlich war ich mit der Lehrerin sehr streng, auch mit meiner Mutter, wenn sie vom Hochmoor erzählte, wie kann ein Moor hoch sein, wenn es Matsch ist, wo jeder weiß, der schon mal im Matsch gespielt hat, dass Matsch zusammenklatscht und niemals hochsteht, also kein Hochmatsch sein kann!

Sehr früh lernte ich also den Erwachsenen zu misstrauen. Mutti hatte eine Schublade im Tisch, die gehörte nur ihr allein, darüber war eine Tischdecke ausgefaltet. Wenn wir beide alleine waren und der Herd summte und Vati noch nicht im Anmarsch war, das konnte man hören, weil er ein Töfftöff[i] hatte, und mein Brüderchen noch nicht geboren, dann schlug sie die Tischdecke zurück, öffnete die Schublade und zeigte mir ihre Schätze.

Auch die kleine schwarze Handtasche lag in der Schublade, in der sie die Fotos von mir und Verwandten und Freunden aus Trautenau aufbewahrte.

Sie hat sie mir erst kürzlich geschenkt und ich hüte sie wie meinen Augapfel, eine kleine schwarze Unterarmtasche mit Umschlag aus Leder, für den Theaterbesuch, in Trautenau gab es ein Theater anders als in Brühl, wohin wir nach dem Krieg gezogen sind. Sie hatte auch eine Mappe mit Papieren, darin ein Zeitungsartikel, den liebte ich sehr. Da waren Häuser auf einem Hügel zu sehen und ein wunderschöner Blick auf das Riesengebirge.

Das ist deine Heimat gewesen, sagte meine Mutti, so ein Haus wollten wir auch bauen. Wir haben schon darauf gespart. Aber jetzt hast du ja eine neue Heimat.

Bauen wir denn hier auch ein Haus? fragte ich eifrig, ja, ein Haus wär schön!

Schau mal, Kind. Wir haben den Krieg verloren, wir haben jetzt erst ein bisschen Lastenausgleich bekommen, davon kaufen wir ein Schlafzimmer und du kriegst dann unser Bett und das Kinderbettchen, in dem du bis jetzt geschlafen hast, dazu bist ja schon zu groß, da kommt dein Brüderchen rein. Wir haben kein Geld für ein Haus.

Sie sah glücklich aus, aber irgendwas stimmte nicht, unsere Idylle war entfremdet.

In den nächsten Tagen kam Schaffraths Marlene, die Tochter von der Wirtschaft nebenan, und rannte zum Schlafzimmer, in dem nun die neue Bettengarnitur stand. So, Tante Anni, sagte sie zu meiner Mutter, hier hab ich den Zucker mitgebracht, ich streue ihn jetzt auf das Fensterbrett, dann kommt der Storch und bringt dir das Kind, und an mich gewandt: Und du kriegst ein Brüderchen. Und wenn das klappt, dann kommste zu mir und machst es auch so und dann kriege ich auch ein Brüderchen.

Alle haben immer nur vom Brüderchen geredet nicht vom Schwesterchen, als dann das Brüderchen tatsächlich kam, war alles so aufregend, dass wir das alles erst mal vergessen haben. Später hat dann Marlene auch nicht mehr davon geredet. Wir waren ja schon zehn Jahre alt und groß, wie sie meinte. Und sie hat schon gewußt, dass Kinder nicht vom Zucker, der dem Klapperstorch gestreut wird, in die Welt kommen, sondern von ganz anderen Verlockungen, denn sie war eine Gastwirtstochter und durfte auch viel länger aufbleiben als ich. Doch ich glaubte noch mit vierzehn, dass ein Kind vom Küssen entsteht.

Als nun mein Bruder schon herumhampelte und gefüttert wurde und nicht so richtig sein Breichen essen wollte, und meine Mutter ihn beschäftigen mußte, um ihm den Löffel in den Mund stopfen zu können, da öffnete sie die Schublade und zeigte ihm die Bildchen und all das andere, was mir so am Herzen gelegen hatte aus Trautenau. Der aber fetzte alles über den Tisch und Mutti mußte es wieder einsammeln.

Wenn der jetzt seinen Brei auf mein Häuschen klatscht, klatsche ich ihm eine...ich war zornesrot, sagte aber nichts, wie ich auch nichts wegen dem Hochmoor und wegen Ebbe und Flut gesagt hatte.

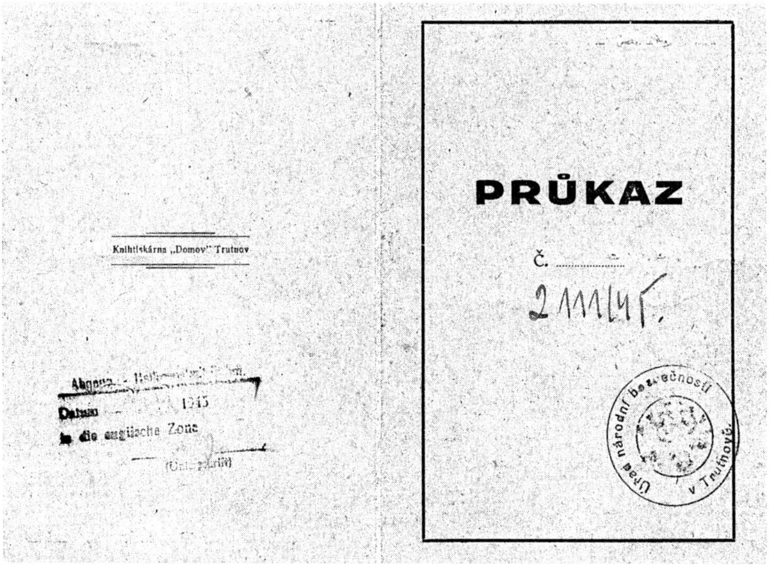
Knihtiskárna „Domov" Trutnov

PRŮKAZ

č. 2111/45.

Abgang … 1945
Datum
in die englische Zone
(Unterschrift)

Úřad národní bezpečnosti v Trutnově

Úřad národní bezpečnosti v Trutnově

Jméno (rodné): Schonová

Příjmení: Anna, roz. Schwantnerová

Povolání: pošt. zaměst.

Datum narození: 4. 4. 1922

Místo narození: Trutnov

Národnost: německá

Bydliště: Trutnov, Pařížské nám. 1.

Trutnov dne 17. 7. 1945

Podpis

Vlastnoruční podpis

Postava:

Tvar obličeje:

Oči: Vlasy:

Zvláštní znamení:

Die Ausweisung von Trautenau in die englische Zone (Rheinland) [154]

Aus diesen Schubladengeschichten, die ja nun zuende waren, hatte ich diese Bruchstücke, diese Wortfetzen ganz tief in mein Herz, in meine Erinnerung gepflanzt, da würden sie in Ruhe ihren ewigen Schlaf haben. Fortan wurde nicht mehr von früher erzählt, es war ja ein Jetzt vorhanden, jemand, der in Brühl geboren war und eine Brühler Geschichte haben würde. Und auch ich mußte eine Brühler Geschichte bekommen.

Als eines Tages viele Jahrzehnte später die Elbe verheerende Schäden anrichtete, die kleinen Flüsschen, die meist als Bäche herumsprudelten, gar den Dresdner Bahnhof bedrohten, weil die Natur eine bessere Erinnerung hat als Menschen, und in uralten Zeiten der Dresdner Bahnhof im Mündungsgebiet eines Nebenflüsschens lag, als also von Dresden bis Prag Landunter angesagt war...kamen sie wieder die Worte vom Hochmoor, vom Riesengebirge, von den Pfifferlingen, den Blaubeeren.

Hatte es 1945, als wir dort ankamen, nicht auch so ausgesehen, verwüstet, zerstört, die Menschen auf der Flucht? Ich machte mich auf.

Ich fuhr nach Zinnwald, direkt an die Grenze, wo die Tschechen uns rausgejagt hatten: *Verreckt ihr Deutschen*. Mit einem Schubs waren wir in einer neuen Wirklichkeit, in einer fremden, kargen Welt. Ich im Kinderwagen, auf unserer ganzen Habe sitzend. Mit dem Kinderwagen habe ich später meine Puppen spazierengefahren und das Kopfkissen besitze ich noch heute. Ich kuschele mich in mein Nachmittagsnickerchen.

Meine Mutter mußte gleich zum Gesundheitsamt wegen Geschlechtskrankheiten unter den Frauen, das hat sie mir erst jetzt erzählt, als ich sie fragte, wie war es denn in Sachsen, damals. Denn bevor wir Brühler wurden, wurden wir Sachsen.

Um mehr kümmerte man sich nicht, Sachsen war überfüllt von Flüchtlingen und Vertriebenen und eigenen Bombenopfern im Sommer 1945.

Außer der Odsun-Ausweisung vom 29.7.1945 waren wir ohne Papiere, ohne Essensmarken und wir mussten sehen, wie wir zurechtkamen.

An das Wie – daran erinnere ich mich nicht. Ich habe seitdem die halbe Welt bereist, was sollte mich also ein Hochmoor interessieren.

Und doch: dieses Hochmoor hat mich nie ganz losgelassen und ich habe es gefunden; ein Achtel in Sachsen, kultiviert, auf Holzstegen begehbar, sieben Achtel in Tschechien, Urwald. Vorbeirauschend der Verkehr von Sachsen nach Tschechien und umgekehrt, Zinnwald Grenzübergang mit all den Problemen der modernen Zeit.

Auch heute noch versuchen Menschen, über die Grenze zu kommen. Erst vor einiger Zeit hat eine tschetschenische Familie im Wald gelagert und auf Asyl gehofft. Auch meine Mutter hatte, nachdem wir 1945 eine Unterkunft in einem Ferienhaus am Waldrand im benachbarten Georgenfeld gefunden hatten, uns mit illegalen Grenzüberschreitungen am Leben gehalten, sie wurde nächtliche Führerin im Moor, zeigte Flüchtlingen den Weg über den Knüppeldamm, ständig in Gefahr, im Moor zu versinken oder den Grenzwächtern vor das Gewehr zu laufen.

Und ich war alleine in dem fremden Bettchen. Damals muß ich meine Liebe zu dem nächtlichen Himmel gefunden haben, denn nirgendwo sonst hab ich so nahe bei ihm gewohnt. In Georgenfeld, gleich hinter unserem Haus, in fast tausend Metern Höhe, war das Moor und dort wurden die Wolken geboren, davon habe ich mich jetzt noch einmal überzeugen können. Ein Firmament zum Greifen nahe, Wolken, weiß und zum Kuscheln aufgeplustert wie ein Plumeau oder vom Abendlicht angelächelt wie Weihnachtsäpfel.

Ich hatte alles schon besorgt, erzählt Mutti, jetzt nachdem ich da war und die Fotos vom Ferienhaus der Kölner Firma Maddaus zeigte. *Ja, das gibt es ja nicht, wie 1945, als wir es verließen. Sieh dieses Fenster, da haben wir gewohnt.*

Aus dem Fenster habe ich geschaut, nachts, ich spüre die Frische, den Wind um die Nase, der vom Wald herunterpurzelt und gleich über den dunklen Tannen der Himmel, angestrahlt vom Mond, ja aus diesem Fenster habe ich geschaut. Ob Mutti bald kommt? Sie hat es doch versprochen, dass ich nicht lange allein bleiben muß. Sie muß für uns sorgen, wir sind ganz alleine auf uns gestellt, sagt sie. Ich habe auch versprochen, dass ich brav bin. Wo bleibt sie denn nur? Und ich schaue in den Himmel, zähle die Sterne, bis ich müde werde und mich wieder ins Bettchen lege. Und dann spüre ich was Warmes, einen Hauch, einen Kuß: *Mutti.* Und ich kuschele mich an sie und wir schlafen zusammen in einem Bett, denn mehr haben wir nicht.

Nie mehr in meinem Leben war ich einem Menschen so nahe wie hier in diesem Bett bei den Wolken, die gleich hinter unserem Haus geboren wurden…

Und hätte nicht Monate später, am 9. November 1945, der Bruder meiner Mutter uns gefunden und uns ins ferne Rheinland geholt, so würde ich vielleicht noch heute dort oben bei den Wolken wohnen. Mutti hatte schon Holz aus dem Wald im Keller gelagert und Kartoffeln erhamstert. *Wir haben es dort gelassen, das hat Nachkommenden geholfen, den Winter zu überstehen, hoffe ich*, sagt Mutti noch heute.

Mutter verlieren

Das fing damit an, dass ich geboren werden sollte. Das ging aber nicht, weil die Papiere fehlten. Ich mußte noch drinnen bleiben. Ich strampelte heftig. Als die Papiere da waren – immerhin war Vati Ausländer oder Mutti, jeder ist ja Ausländer irgendwo, und damals war es noch schwieriger als heute, nicht so richtig zur Volksgemeinschaft zu gehören – mußte ein Übersetzer her, dann ging es zügig. Hochzeitskleid, plissiert, damit der dicke Bauch versteckt ist, Uropa kauft weiße Rosen, wird der Mutti in den Arm gelegt, Krönchen auf den Kopf, fertig ist die Prinzessin, die jetzt deutsche Königin wird. Ein Foto beweist es.

Ich habe das Glück des Lebens gemacht mit diesem Mann. Leider hat sie in einem Anfall die Liebesbriefe dieses Mannes zerrissen, ritsch-ratsch in den Kohleofen. Später ging das nicht mehr, da hatte sie eine Heizung.

Ritsch-ratsch war wegen einem neuen Mann, Schäng Schmitz, noch rheinischer als mein Vater, der gestorben war mit 62, und das ist lange her, wie alles lange her ist – auch Schäng Schmitz ist tot. Meine Mutter lebt noch…

Aber der Reihe nach. Sechs Wochen nach der Heirat kam ich auf die Welt, vierzehn Tage zu spät. Dat wird ne Jung, strahlte mein Vater. Jungens brauchen länger im Bauch wegen dem Pimmelchen, Mädchen haben ja nichts und sind ein Leben lang neidisch. Du sullst nit äsu neidisch sin up dinge Bruder, du Luder, schimpfte er mit mir, als dann das Brüderchen da war, viel später, schon wieder in einem Ausland.

Ich wurde gestillt, sechs Wochen lang, dann ging Mutti arbeiten bei der Post, wie vor der Geburt. Übers Telefon hatte sie ja Vati kennengelernt.

Fräulein von der Post, wo kann ich in Ihrem Trautenau tanzen gehen, hatte er mit angenehmer Stimme gefragt.

Tanzengehen, hier? Ins Klein oder im Augarten, am Samstag ist Tanz.

Darf ich Sie einladen? Fragte er weiter. Auch ihm gefiel ihre Stimme.

So tanzten sie im Augarten, beim Klein, unter den Laubengängen der anmutig wirkenden Stadt am Fuße des Riesengebirges. Er ist ein Deutscher, er ist evangelisch, den laß ich nicht mehr laufen, frohlockte Lenchen, die zur tschechischen Zeit Lenka genannt wurde.

Irgendwann war ich bei ihren Tänzen dabei, es schaukelte sich schön in ihrem weichen warmen Bauch. Immerhin war ich verlobt, an meinem zwanzigsten Geburtstag ist es passiert, da hab ich Vati besucht in Königgrätz, wo er bei der Luftwaffe am Flughafen diente, rechtfertigte sich Lenchen.

Sie entwöhnte mich, ging wieder tanzen, ging wieder zur Arbeit. Frauen waren wichtig. Lenchen hatte auch Morsen gelernt, das war aber noch vor meiner Zeit und in meiner Zeit war ich die meiste Zeit bei Oma und Opa, ein paar Ecken weiter.

Dann war Oma und Opa weg, Vati kam nicht mehr am Wochenende von Königgrätz zu uns. Keiner kam mehr zu uns. Doch, die Miliz, zerrte uns ins Haus, Schüsse krachten, wir wollten raus, weg, man schmiß uns ins Treppenhaus zurück, den Leichnam, der stark blutete, hinter uns her. Wir kannten ihn nicht. Jahrelang verfolgte mich die schmerzverzerrte blutende Fratze des Mannes in Zivil. Älter war er, aber nicht so alt wie Opa, größer war er als Opa. Jetzt lag er wie ein Sack im Treppenhaus, das Blut klebte noch Wochen an der Wand. Es war mein erster Toter, andere folgten.

Ein letztes Mal an den Blutspuren vorbei. Wir müssen raus, schrie Mutti. Warum? Wohin? Ich war erschrocken. Sie hatte ein Bündel gepackt und den Kinderwagen aus der Waschküche geholt, auf dessen Dach sie vor ein paar Wochen sich vor den Mongolen versteckt hatte. Die Mongolen kommen, tuschelten die Frauen besorgt. Sie flüchteten in die Keller und wurden geschnappt. Nur Mutti nicht auf dem Waschküchendach, da waren sie nicht drauf gekommen, daß eine Frau so flach sein kann, daß sie wie Dachpappe aussieht. Wir hatten ja kaum was zu essen in der letzten Zeit.

Also in den Kinderwagen, herrscht sie mich an. Ich will nicht, ich bin schon groß, protestiere ich. Ich werde hineingeschubst.

Weiter, ihr Nazischweine, drängelt der Tscheche mit seinem Gewehr. Wir werden nach Oberaltstadt getrieben, in Reih und Glied, Kinderwagen um Kinderwagen. Wir schlafen tagelang im quietschenden Drahtgestell im Männerlager, alte Männer, das

Frauenlager ist überfüllt. Die meisten Männer sind umgebracht worden, die anderen in Gefangenschaft, von Vati keine Spur.

Die Wanzen lassen sich von der Decke fallen. Hüpfende frohlockende Wanzen. Daran kann sich meine Mutter ein Leben lang erinnern.

Alle halten den Atem an und lauschen, weil alle zehn Minuten draußen die marschierenden Männerschritte auf den Kieselsteinen knirschen. Es ist kochend heiß in dem Lager, das vorher eine Fabrikhalle war.

Dann in den Viehwagen. Zum Glück hat er Gatter. Ich stecke meinen Kopf durch. Die Landschaft fliegt, der Staub wirbelt hoch, die Felder sind trocken, es hat lange nicht geregnet. Wir hecheln wie Hunde. Durst, schreie ich, Wasser schallt es von innen.

Bei Teplitz werden wir aus dem Zug gescheucht. Nazischweine, rufen sie, die Uniformierten. Ich habe Hunger, wimmere ich. Komm, komm! Mutti zerrt an mir. Steckt mich in den Kinderwagen, wir kommen schneller voran. Mit einem Tritt sind wir in Sachsen. Wir sind in Sicherheit, Kind, hier können sie uns nichts mehr tun. Vergiss alles, was war!

In einem Ferienheim der Firma Madaus werden wir einquartiert, ein kleines Zimmer für uns beide allein. Wir richten uns ein in Georgental im Erzgebirge. Der nächste Winter kommt bestimmt. Im Wald sammeln wir Holz, trocknen Pilze und machen aus Beeren Marmelade. Wir gehen hamstern zu den Bauern, weiter rein ins Land, die Grenzregion ist übervoll von hungernden hamsternden Menschen. Wir sind unzertrennlich. Ich bin bei ihr, als ein Grenzer sie grapscht und zu Boden schmeißt. Sie schreit nicht, es ist aussichtslos.

Wir sind allein. Versteck dich im Gebüsch, sie schubst mich. Ich husche unter Hollerbüsche. Noch heute spüre ich dem Duft nach. Schweißstinkender Mann, angstschwitzende Frau, duftende Früchte…

Sie steht auf, schüttelt sich die Nadeln aus den Kleidern, fährt mit einem Kamm durch ihre Haare. Wenigstens war er hübsch, murmelt sie. Komm, Kind, komm. Wir haben genug gesammelt.

Die ganze übrige Zeit bleiben wir alleine. Mein Glück beginnt. Ich habe das erste Mal und einzige Mal in meinem Leben meine Mutti ganz für mich. Wir schlafen in einem Bett. Wir zählen die Sterne in der Nacht, wenn wir nicht schlafen können und Sehnsucht haben. Ich weiß nicht, was es ist Sehnsucht, aber Mutti sagt, sie hat es. Und dann streichele ich sie.

Wir stehen zusammen auf, dann sammeln wir wieder Holz im Wald, weil das, was wir im Keller haben, noch nicht reicht für den Winter, der hier sehr hart ist, weil wir in tausend Meter Höhe sind, sagt sie.

Ach, Mutti, sieh mal, gleich hinter dem Haus werden die Wolken geboren. Und wir schauen hinauf und die Wolken sehen aus wie flauschige Plumeaus und ich breite meine Arme aus und ich will nie wieder weg.

Ach, wenn Vati hier wäre. Sie denkt sehnsüchtig an ihren Mann. Ich aber habe ihn ganz vergessen, ich habe alles vergessen. Ich will hier sein, mit ihr sein, ganz allein, Mutter und Kind wie am Anfang von allem Sein.

Ein halbes Jahr hatte ich eine Mutter, dann fanden wir Vati im Rheinland, mein Bruder wurde geboren, ich war nicht mehr wichtig.

Mit achtzehn ging ich von Zuhause weg – hinter den Eisernen Vorhang, nach Westberlin; wenn ich nach Westeuropa unterwegs war, fuhr ich immer über die Elbe, an der ich gezeugt wurde in Hradec Kralove, das sie damals Königgrätz nannten, noch ahnungslos daß ich eines Tages das Haus, hinter dem die Wolken geboren wurden, suchen, mein kleines Glück der Kindheit, und ich die Bilder von damals wieder finden würde.

Meine Mutter ist dement, mich erkennt sie kaum, wenn ich komme, auch die Geschichten von früher hat sie vergessen, aber wenn ich von dem Ferienhaus von Madaus erzähle, strahlen ihre Augen.

Ja, ich hatte ein kleines Mädchen, haucht sie mit brüchiger Stimme. Es sah Ihnen ähnlich. Ich weiß gar nicht, wo ich es gelassen habe. Ich glaube, ich habe es bei der Vertreibung verloren…[155]

Aus einer Fremden wird eine Einheimische

Meine mutter kann nicht in ruhe gehen…
Die schemen von
Neunzehnhundertfünfundvierzig quälen sie
Sie verkabelte im postamt
Trautenau mit der welt
Was war daran falsch
Sie flirtete mit einem soldaten
Der sie schwängerte auch das ist noch
Kein verbrechen er war leider nicht
Katholisch aber oma und opa liebten ihn
Wenn er kam vom flughafen Königgrätz
Wo er dienst tat auch das ist kein verbrechen
Er hatte noch nicht mal eine schußwaffe
Und war wegen Plattfüßen flugunfähig

Meine mutter kann nicht in ruhe sterben…
Sie schmissen sie raus jene die früher ihre
Nachbarn waren und jetzt die neuen herren
Wegen diesem mann aus Deutschland
Den opa quälten sie und sperrten ihn ins KZ
Er war ein kleiner nachtwächter vielleicht
Hat er nachts zu viel gesehen das ist
Mitunter ein verbrechen gewiß
Überhaupt zu sehen…

Diese bilder quälen meine mutter
Auf ihrem totenbett auch dass
Die verwandten im fernen Rheinland
Sie nicht wollten ihr obdach verwehrten
Eine fremde wollte keiner in
Seinen reihen in seinen zerbombten
Mauern da wollte man zusammenhalten
Unter sich sein fremde sind immer
Eine gefahr ein enkelkind unterschieben
Kann jede die daher gelaufen kommt

Meine mutter hat gekämpft
Rheinisch gelernt und karneval gefeiert
Hat ihnen die trümmer weggeräumt und
Ihren dreck weggekehrt es war schwer sagt sie
Und hat lange gedauert…
Nun liegt sie mit diesen bildern auf dem sterbebett
Ich habe ihre hand gehalten und die bilder mitgenommen
Jetzt kann sie gehen bald
Hoffe ich…In frieden

Vor 70 Jahren

Wanzen ließen sich auf uns fallen

Das mit den Wanzen war ihr am ekligsten. Meine Mutter, dreiundzwanzig, und ich, knapp drei Jahre alt, kamen am 29.7.1945 ins Lager Oberaltstadt, das, wie Pfarrer Hermann Schubert aus Trautenau in seinem Tagebuch schreibt, für 500 Menschen eingerichtet war, aber es hausten 2000 Deutsche dort. *Die Hitze und Wanzenplage sind furchtbar*, schreibt er.

Von einer Stunde zur anderen hatte Mutti das Nötigste in den Kinderwagen gepackt. Ein letztes Mal musste ich an den Blutflecken im Treppenhaus vorbei, die vor sechs Wochen noch frisch waren, weil die vor dem Haus auf dem Adalbert-Stifter-Platz, wie die Straße damals hieß, von der Miliz erschlagenen drei Männer in den Hausflur geschmissen wurden. Meine Mutter hatte mich mit Entsetzen in die Wohnung gezogen, *das ist nichts für Kinder,* schrie sie, *schau weg!*

Am 9. Mai 1945 rollen die ersten russischen Panzer in Trautenau ein. Es fällt kein Schuß, aber in den folgenden Tagen kommt es zu Plünderungen und Vergewaltigungen. Mutti hat fast mit Stolz erzählt, dass ihre Tschechischkenntnisse und ich uns das Leben gerettet haben. Der russische Offizier soll mich auf den Arm genommen und gesagt haben: *Wir Russen lieben Kinder.*

Trautenau kommt unter tschechische Verwaltung. Mutti arbeitet beim Postamt seit dem 23.3.1943, da bin 3 Monate alt, als Klingelfee. Sie verband bisher Trautenau mit der Welt, am meisten, erzählte sie, nach Breslau, wo sie eine Klingelfeefreundin hatte und nach Berlin. Das wird jetzt anders. Bis zum 23. Mai 1945 arbeitet sie noch unter tschechischer Aufsicht, dann kommt dieser Tag als Beendigung der Beschäftigung in das Arbeitsbuch und der Stempel: Poštovní úřad Trutnov.

Sie lebt von ihren Ersparnissen und mit der Angst, denn bereits am 17.5.1945 waren die Reichsdeutschen, besonders viele

(Bomben-)Flüchtlinge aus dem Rheinland darunter, aufgefordert worden, binnen 48 Stunden Trautenau zu verlassen, ihnen war fast alles weggenommen worden. Mein Vater war Rheinländer und auf dem Flugplatz Königgrätz bei der Luftwaffe tätig. Aber wir hatten schon seit Wochen keinen Kontakt mehr. Es hieß, die Soldaten seien in Richtung Westen und dort in amerikanische Gefangenschaft gekommen.

Opa war Invalide der tschechischen Bahn, als solcher lebte er in der Beamtensiedlung in der Sonnengasse. Oma war dort Hauswartsfrau. Als die Deutschen kamen, bekam er eine Nachtwächterstelle im Finanzamt, weil die Pension nicht reichte bei drei Kindern. Die Siedlung wurde schon in den ersten Tagen nach Kriegsende durch die tschechische Miliz systematisch geräumt, Opa in seiner Nachwächteruniform, wie sich später herausstellen wird, ins Lager nach Eipel (11 Kilometer von Trautenau, aber schon im Protektorat bzw. im Tschechischen gelegen) verschleppt, wo er fast drei Jahre Zwangsarbeit leisten muß. Auch Oma und die bei ihr wohnende Tante Mia mit der einjährigen Tochter Renate werden ebenfalls zu Zwangsarbeit bei tschechischen Bauern verschleppt, kommen aber bei den sog. Benesch-Deportationen ab 1946 nach Delitzsch in die Ostzone.

Ab 8. Juni 1945 mußte jeder Deutsche eine weiße Binde um den Arm tragen mit N, Němec. Auch Mutti erinnert sich der Armbinde, erzählt aber, es wäre ein D, weil sie wusste, dass das tschechische N für Deutsche steht.

Am 29. Juli 1945 ist es soweit. Die Ausweisung in die Britische Zone, wie es in ihrem (tschechischen) Prukaz / Ausweis steht, wird amtlich.

Ein Bewaffneter hatte Tage zuvor in der Wohnungstür gestanden: *Los, Nazischweine raus. Nur was du tragen kannst, mehr nicht. Mach schnell, Frau.* Mutti wollte das umrahmte Hochzeitsfoto von der Wand nehmen. *Nichts Frau, gehört alles mir.*

Sie räumte in den Kinderwagen das Allernotwendigste, Kopfkissen, Decken, den Nachttopf, er sollte uns große Hilfe leisten in dem mit mehr als 1000 Deutschen vollgestopften Zug, der am 30. Juli an die sächsische Grenze gebracht wird, in dem es keine sanitären Anlagen gibt. Drei Tage lang gingen die mit uns Vertriebenen auf meinen Nachttopf. Sie bedankten sich. Auch wenn wir alle verschämt wegguckten.

Schon in der Lagerhalle in Oberaltstadt, wo wir für den Transport gesammelt worden waren, leistete er seine guten Dienste, denn wir kamen in die Abteilung, wo meist alte Männer schliefen, weil die Frauenabteilung voll war. Nachts ließen sich die

Wanzen von dem Etagenbett fallen, das wir miteinander teilten, erzählte meine Mutter, das war ihr eins der schlimmsten Erlebnisse, und das Quietschen der drahtigen Bettgestelle und das Knirschen der Stiefelabsätze auf dem Sand draußen, jedes Geräusch war eine Bedrohung, und die Enge und Hitze in dem Saal ließen uns kaum schlafen. Wir lauerten.

Mit dem Zug kamen wir in Teplitz an, bis zur Grenze nach Sachsen wurden wir in einem Fußmarsch getrieben. Ich saß im Kinderwagen, es war dunkel geworden, ich schlief ein. Beim Grenzübergang in Zinnwald, das in ein böhmisches und ein sächsisches Dorf aufgeteilt war, hatte sich ein tschechischer Soldat auf meine Mutter geworfen. Von ihrem Schrei war ich wachgeworden und schrie auch. Erst jetzt in ihren späten Jahren erzählte sie, was der Soldat mit ihr gemacht hatte. Zum Glück war er hübsch, tröstete sie sich, so war der Ekel nicht so schrecklich. Alle Frauen, erinnerte sie sich, mussten zum Gynäkologen, um auf Geschlechtskrankheiten untersucht zu werden, weil es vielen so ergangen ist wie meiner Mutter.

In Georgental bei Zinnwald fanden wir eine Bleibe im Ferienhaus von Madaus, obwohl die Gegend um Dresden voller Flüchtlinge war. Als ich vor 15 Jahren dort war, schienen die Häuser noch wie im Dornröschenschlaf unangerührt vorhanden. Auch das Hochmoor ist noch da, von dem sie sprach. Hier kannte sie sich aus, hier half sie Flüchtlingen gegen einen Obolus durch das Moor.

Wir blieben vorerst in Sachsen, weil meine Mutter nicht die Traute hatte, allein mit mir weiterzureisen durch die Ostzone. Sie bekam keine Lebensmittelmarken, weil wir Illegale waren (wir hatten ja nur die Berechtigung für die Britische Zone). Wir sammelten Beeren, gingen hamstern und schafften Holz in den Keller, um den Winter zu überleben, ganz oben beim Wald, hinter dem die Wolken geboren wurden, so schien es mir, weil wir in fast 1000 Meter Höhe wohnten. Nie mehr war ich Mutti so nahe, wie in den Monaten dort oben, nur wir zwei – auf uns gestellt.

Meine Mutter hatte versucht, der rheinischen Verwandtschaft zu schreiben, wo wir sind, in der Hoffnung, dass Vati uns holen kommt. Aber wir warteten vergebens. Eines Tages im November 1945 kam Muttis jüngerer Bruder, Rudolph Schwantner, der uns holte. Wir ließen das Holz zurück im Keller, in der Hoffnung, Nachkommende könnten sich daran wärmen. Der mit der Bahn aufgegebene erhamsterte Kartoffelsack kam nie an, den hatten, wie das üblich war, wenn der Zug anhalten musste, andere Hungernde vom Waggon geklaut.

Die Verwandtschaft im Rheinland war nicht erfreut, dass wir überlebt hatten. Zusätzliche Esser waren äußerst unbeliebt bei den Einheimischen -fast überall in Deutschland.

Bevor meine Mutti neulich starb, war ich jeden Abend im Krankenhaus und hielt ihre Hand. Sie erzählte von früher mit klarem Verstand. Es war sehr sehr schwer, sagte sie immer wieder, die ersten Jahre. Aber ich habe es geschafft. Gellok, das habe ich doch gut gemacht? Ich bin eine Rheinländerin geworden.

Ich lächelte sie an. Ja, sagte ich. Bei mir dachte ich: Du ja, ich nicht. Ich lebe seit über 50 Jahren in Berlin, wovon ich aber nicht sagen würde, es ist meine Heimat. Wir Kinder und Kindeskinder haben dieses Gefühl der Heimatlosigkeit in uns, dieses nur Geduldetsein. Wir sind die erste Generation, die raus ist in die Welt. Ich war in China und habe Sinologie studiert, sicherlich auch aus dem Gefühl heraus, wenn ich schon keine Heimat habe, dann ist die ganze Welt meine Heimat.

Übriggeblieben von damals und der Stiftung Flucht Vertreibung Versöhnung Berlin für die Dauerausstellung zur Verfügung gestellt, sind das Kopfkissen aus meinem Kinderwagen, ein kleines schwarzes Lederhandtäschchen, in dem der Ausweisungspaß, das Familienstammbuch, einige Fotos und ein besticktes Ziertaschentuch waren.

Emil Schwantner –

Ein kleines Glück in Schönebeck

Emil Schwantner war Absolvent an der Kunstakademie Prag, er war drei Jahre gefördert worden durch die Fürsprache seines Mentors und Lehrers

Vaclav Myselbeck, der das Wenzeldenkmal in Prag geschaffen hatte.

Daß er gefördert wurde, sagt nicht nur, dass er aus armen Hause kam, sondern dass er auch besonders begabt war. Er bekam im Anschluß an sein Studium 1912 noch einmal 300 Kronen, um sich nach einer Aufnahme in ein großes Bildhaueratelier umzusehen.

Das gelang ihm umgehend, und zwar in eins der größten seiner Zeit: Franz Metzner, ebenso Böhme wie Schwantner, benötigte dringend in der Endphase des Baus des Völkerschlachtdenkmals in Leipzig Unterstützung. Zum 1. März 1913 wird Emil Schwantner eingestellt, am 18. Oktober 1913, dem hundersten Jahrestag der Völkerschlacht, soll das Denkmal eingeweiht werden, es ist also höchste Eisenbahn. Er bekommt 30 Kronen die Woche. So viel ist bekannt. Welche Teile er an dem Denkmal gemacht hat, lässt sich durch einen Stilvergleich erahnen.

Nach dem 1. Weltkrieg, in den Schwantner wie die meisten jungen Männer eingezogen und verletzt wird, geht er in seine Heimatstadt Trautenau am Fuße des Riesengebirges zurück. Er baut mit seinen Eltern ein Haus nebst Atelier, das heute noch unverändert ist und vom Tschechischen Staat nach dem 2. Weltkrieg, als Schwantner wie seine deutschen Landsleute des Landes verwiesen wird, an Tschechen verkauft wurde, deren Sohn heute noch dort wohnt.

Nach dem 1. Weltkrieg ordern die meisten Gemeinden der am Krieg beteiligten Länder Kriegerdenkmäler für ihre Gefallenen. Noch heute verteilt sich wie ein Teppich über Europa eine Erinnerungskultur an einen Krieg, ohne den der 2. Weltkrieg nicht zu denken ist.

Noch war die skulpturale Plastik nicht verpönt, wie nach dem 2. Weltkrieg und nur noch ungegenständliche Kunst angesagt war, zumindest im westlichen Teil Europas. So symbolisieren die Figuren, die Schwantner für die Denkmäler schafft, in der Regel Sterbende Krieger, meist antik gewandet, mit nacktem Oberkörper.

Schwantner bezahlt sein Haus in den zwanziger Jahren vor allem von diesen Denkmälern im Osten Böhmens, die teilweise heute auch noch stehen oder in den letzten Jahren restauriert oder wiedererrichtet wurden, da die Gedenkkultur der Zwanziger Jahre, auch der dort lebenden Deutschen, wieder erlaubt und gefördert wird. Bei diesen Denkmälern, auch in der Sepulkralplastik auf den Friedhöfen, sieht der Betrachter, dass Schwantner bei Metzner im Atelier arbeitete.

Grabplatte für die Schröttegruft in Freiheit *Archiv Schon*

Seine originären künstlerischen Qualitäten zeigt Schwantner jedoch bei seinen Tierplastiken, er gilt als der Gaul Böhmens. August Gaul war in Berlin der berühmteste Tierplastiker der Kaiserzeit, befreundet mit Käthe Kollwitz. Er hatte eine Eintrittskarte für den Berliner Zoo gewonnen, und so sein Thema gefunden.

Schwantner hat im Breslauer Zoo ein Gerüst bauen lassen, um die Großkatzen zu studieren und zu skizzieren. In der Sekunde des Sprungs modelliert er den Panther, eins seiner Lieblingstiere. Oder die berstende Kraft des rasenden Stiers – unvergleichbar gelingt Schwantner der Augenblick, bevor das tonnenschwere Tier losdonnert. Auch heute noch werden besonders die Tierplastiken im Internet zu steigenden Preisen meist von Tschechen ersteigert.

Verlorengegangen ist die Kenntnis von den Menschen, die er portraitiert hat und deren Büsten im Fundus des Trautenauer Museums sind. Die Menschen, die ehemals Modell standen, wurden vertrieben, sind verstorben. So sind ihre Geschichten und damit auch die Gesellschaftsgeschichte der im Mittelalter nach Magdeburger Stadtrecht gegründeten Stadt Trautenau, heute Trutnov, verlorengegangen.

Schwantner ist 1946 in dem Transport, der für Salzelmen / Schöneberg vorgesehen ist. Mit ihm auch eine entfernte Cousine von mir, die mir seine Briefe an ihre Mutter nach Süddeutschland überlassen hat.

Schwantner beklagt sich darin über seine Arbeitsbedingungen im Nachkriegs-Schönebeck. Er hat keine Aufträge, er muß monatelang in einer Werkstatt auf einer Werkbank übernachten, seine Ersparnisse sind aufgebraucht, Lebensmittel kaum zu beschaffen, so schlecht sei es ihm noch nie im Leben gegangen.

***

Nachfolgend der Brief von Emil Schwantner an Frau Scholze aus Trautenau vom 13. Oktober 1949 aus Salzelmen / Schönebeck, die 1946 im gleichen Transport wie er war, aber bereits 1948 aus der Ostzone illilegal über die Grenze nach Westdeutschland mit ihren beiden Töchtern gegangen ist, oder wie es einheimisch hieß, rüber gemacht ist, darunter Eva Scholze, die ich noch kennengelernt habe.

Salzgitter am 13. Oktober 1949. Schwantner

Liebe Frau Schulze!

Vorgestern traf ich das Fräulein aus dem Kinderheim. Sie hat mir Ihre Grüße ausgerichtet
und Ihre Anfrage [illegible] ich [illegible] [illegible] lassen.
Nur auf Ihren Brief datiert vom 13. XII. 48 habe ich geantwortet. Der Brief kam in der Woche vor Weihnachten.
Den Brief von [illegible] datiert vom 9. III. 1949 habe ich auch erhalten, und mich gewundert, daß sie [illegible] keine [illegible]
meiner Briefe zu [illegible] war. [illegible] Briefes Brief
habe ich auch nicht geantwortet. Und das [illegible] [illegible]
Mir geht es sehr schlecht. Ich bin seit 1. Aug. 1949 nicht
mehr bei [illegible] [illegible] selbständig. Ich habe jetzt
keinen Auftrag. Schon den 3ten Monat [illegible]
[illegible]. So lebe ich von meinen Ersparnissen, und
muß mich aufs äußerste einschränken. Habe schon
einige neue Modelle modelliert und in Gips gegossen.
Jetzt mache ich den [illegible] [illegible] [illegible]. Es ist
mir [illegible] [illegible] [illegible] [illegible] [illegible] [illegible] in
[illegible] zurückgelassen habe. So bin ich voller Sorgen
und Kummer [illegible]. Es ist das erste mal in meinem
Leben, wo mich mein Kummer nicht [illegible] will.
Meine Absicht ist, noch einige Modelle herzustellen,
und mich an den Präsidenten der Deutschen Wirtschafts-
Kommission Herrn Rau zu wenden, und versuchen
auf diese [illegible] Wege wieder heraus zu kommen.
Was dann, wenn mir das nicht [illegible] gelingen sollte

und meinen Ersparnissen nicht so lange auszukommen.
Herrn Dipl. Ing. Hans Fuchs der ehemalige Leiter der Maschinen-
bauschule befindet sich im Allgäu. Er hält wieder eine
neue Bude eingerichtet, und zwar (Kahlen-Bergalpe
bei [illegible] Post Sonthofen im Allgäu. Ich stehe mit
Ihm in brieflicher Verbindung. Ich soll für Ihn einen
Vertreter, das Abendkleid [illegible] über den Gesell Demmer aus
Holz schnitzen. Aber wie bringe ich die Sachen hinüber?
Jetzt muss ich doch unterlassen können. Hier ist
es nicht viel besser geworden. Obst und Gemüse sind sehr
frei aber im Preise ziemlich hoch. Die meisten werden ...
Kartoffeln sind auf Marken. Wir [illegible] alles Zuteilung
[illegible] 30 Kg. pro Person erhalten. Trotz der guten
Ernte bleibt alles beim alten. Die Stimmung ist sehr
eine schlechte. Und wie geht es Ihnen noch immer?
Das Fräulein [illegible] mit [illegible] Wohnung [illegible]
jedoch noch keine eigene Wohnung habe. Ich hätte es
auch so machen sollen und über die Grenze gehen. Nun
ist es viel schwieriger. Und was wird das nächste Jahr
noch bringen? Wenn es zu etwas kommen sollte, so
sitzen wir schön in der Pfanne. Außerdem [illegible] an
den alten nichts, wenn nicht alles so [illegible]
[illegible] kommen wird. So schließe ich mit herzlichen
Grüßen an Sie und Eva und Ulla

In alter Freundschaft

Ernst [illegible]

Er war weder bei Hitler noch hier geneigt, irgendeiner Partei beizutreten, um Aufträge zu erlangen. So hatte er zwar den 1. Preis bei der Ausschreibung für das Denkmal der Opfer des Faschismus in Schönebek gewonnen, aber seine prämierte Arbeit kam nicht zur Ausführung. Bis heute steht hier das Werk des Künstlers Richard Horn.

Verbürgt sind weiterhin eine Büste Wilhelm Piecks, die Büste Johann Wolfgang Goethes für die Provinzialregierung in Magdeburg (verschollen), sowie die Büste Robert Kochs für die Poliklinik in Premnitz / Westhavelland, die ich mittlerweile besitze.

Lediglich Landsleute, die nach Westdeutschland vertrieben worden waren, baten um Repliken von in ihrer Heimat zurückgelassenen Kunstwerken, so daß Schwantner in den zehn Jahren in Sachsen-Anhalt kaum namhafte Werke schaffen konnte, zumal die Materialnot an Bronze und Marmor ein Modellieren lediglich in Ton und Holz zuließen. Auch die beiden einzigen fotografisch dokumentierten Werke Emil Schwantners in den Zeiten der DDR sind mit patiniertem Gips hergestellt worden.

In diesem Tiefpunkt in seinem Leben begegnet Emil Schwantner Anna Renner, aus Freiheit in der Nähe Trautenaus, die auch in dem Transport gewesen war und seine Arbeiten schon von dort kannte. Sie heiraten 1951 und werden bis zu seinem Tod am 18.12.1956 noch ein kleines Glück in Schönebeck haben. Anna Schwantner ist 2001, taub und sehr gebrechlich, gestorben und liegt namenlos bei ihm im Grab in Schönebeck-Bad Salzelmen.

Schwantner und Frau · 1951 in Schönebeck / Elbe · Foto Archiv Schon

Veselý výlet –
Ein lustiger Ausflug

Auf den Spuren Fontanes zu wandern, ist, seit dem Ereignis, das sich Wende nennt, eine liebe Lust geworden. Selda, eine Nachbarin, die die gleichen Interessen hat, wie sich herausstellte, schloß sich mir an. Über Fontane und Preußen war eine neue Freundschaft gewachsen.

Wir beschließen, Brandenburg zu besuchen – eine Stadt in einer Entfernung, die unseren bisherigen Horizont überschreitet, weil wir ohne Auto sind. Über die Region Potsdam, wohin man bequem mit der S-Bahn gelangt, sind wir gemeinsam noch nicht hinausgekommen.

In diesen späten Apriltagen ist der Frühling über die Ahnung hinausgetrieben, aber wegen der niedrigen Celsiusgrade noch nicht ganz da, obwohl die Birnbaumsilhouette weißblühend das Blau des Himmels sprengt und die Mandel- und Pfirsichbäumchen in ihrem zerbrechlichen Rosa den Mutterinstinkt in mir wecken. Doch leider benötige ich den Mantel, sie einzuhüllen –und das unterscheidet mich wohl von einer Mutter- selber, um mein Frösteln erträglich zu halten. Die Frühlingsfarben wirken kalt im kaiserblauen Himmel der Mark, die Schatten kontrastieren scharf. Kein Purpurtanz des Frühlings, der mich trunken macht. Kein Erlöschen der Sterne, weil die Blütenkristalle alles andere Glänzen ertränken.

Brandenburg ist eine mittelalterliche Stadt. Für hiesige Verhältnisse alt, backsteinfarben, mit Kopfsteinpflaster. Wir holpern durch die alten Gassen, riechen das Wasser der Havel, die im eigentlichen Sinne kein Fluß ist. Sie ergießt sich aus dem mecklenburgischen Dambecker See, nördlich von Berlin, wie ein gemächlich dahintrödelndes und sich ausuferndes Rinnsal aus einer Wanne; zieht über die Hauptstadt nach Süden. Von Potsdam fließt sie weiter in westlicher Richtung nach Brandenburg, und nach einem nordwärts geschwungenen Bogen vereinigt sie sich bei Havelberg mit der Elbe.

Mein Geburtsfluß Aupa speist auch die Elbe – in Böhmen. Ich spüre den Wind, der von der Schneekoppe in das Aupatal herunterstürzt und ziehe meinen Mantel enger. Die tausendjährige Linde vor dem alten Rathaus Brandenburgs, das damals Brennabor hieß, zittert in ihrem dünnen Kleidchen.

Die Linde – der heilige Baum der Slawen. Hier hat vielleicht Pribislaw, der letzte Hevellerfürst, seiner Liebsten ein Ständchen gebracht. War Pribislaw der Vorfahr meines tschechischen Urgroßvaters? Der eine ist untergegangen mit seinem Stamm in der Germanisierung, der zweite in den Namen der männlichen Deszendenz. Hier vor dem Rathaus umarme ich die Linde. Sag was, Großväterchen! Urgroßväterchen Václav ist verstummt.

Selda und ich haben lange Zeit im Dom zugebracht, der auf Trümmern der Hevellerfeste errichtet wurde. Immer wachsen auf zerstörten Heiligtümern die Symbole der neuen Zeit. Ein Nebeneinander ass die Geschichte nicht zu!

Wir waren unterkühlt in den feuchten Gemäuern. Waren es mephitische Dünste, die die Wandmalerei beschlugen? Unter der Krypta die Gebeine der slawischen Aufständischen gegen die christlichen Eroberer ihres Brennabor? Spürte ich die Nähe meines Ahnherrn? Was will das lautlose Summen in meinen Adern?

Der Tag neigt sich in den weinroten Abendhimmel. Dieses Rot würde ich verwenden, sollte ich Tränen malen. Es zieht sich in die Furchen am Horizont. Der Zenit verliert sich im tiefen Blau des Universums.

Mir ist kalt. Ich ziehe Selda fort von hier. Habe Angst, ich könnte unseren Zug verpassen. Mir ist so, als läge Brandenburg auf einem anderen Kontinent. Selda erinnert daran, ass wir in der Nähe von Berlin sind und noch eine Stunde Zeit haben.

Ich aber bin unruhig. Der schöne Ort hat plötzlich eine Fratze. Aus dem bröckligen Gemäuer greifen Schlangen nach mir.

Selda bewundert derweil die hübschen Mauerblümchen, die sie an ihre Kindheit auf einem Schloß erinnern, wohin sie nach den Bombenangriffen evakuiert wurden. Ich sehe die eingefallene Mauer am Gehöft meiner Urgroßeltern am Fuße des Riesengebirges. Schweiß tritt auf meine Stirn, obwohl mir eiskalt ist. Ich renne voraus. Meine Freundin kommt gemächlich hinter mir her.

Ich stehe auf den Schienen der Straßenbahn, umgeben von tobenden Autos, deren Reifengeräusche auf den Pflastersteinen meine Ohren malträtieren.

Das ist Folter! Schreie ich und stürze in den Waggon einer Straßenbahn.

Selda zerrt mich wieder heraus, weil es die falsche ist.

Meine Knie wabern. Mein Herz rast. Wir verpassen den Zug, Mutti, sage ich wortlos.

Die nächste Straßenbahn ist unsere. Noch eine Viertel Stunde bis zur Abfahrt des Zuges. Selda gackert. Sie hat im Havelstrandrestaurant zwei Gläschen Wein getrunken. Ich setze mich von ihr weg nach vorn. Ihr Hexenkreischen ist mir unerträglich.

Am Bahnhof. Noch fünf Minuten Zeit. Eine Baustelle behindert den Zugang.

Ich finde den Eingang nicht. Kopflos schlage ich mich an die brennende Brust, in der mein Herz wild gegen die Rippen schlägt. Alte Leute brechen sich die Rippen, wenn sie stark husten, hat mein Arzt gesagt, als ich über Schmerzen in der Herzgegend geklagt habe, und er nichts finden konnte. Ich fühle mich steinalt. Der Baustellenzugang zum Bahnsteig wird immer enger, die Bretter versperren die Sicht.

Mutti, komm! Rufe ich.

Ich berühre einen fremden Mann, ob er mir den Zug nach Berlin nennen könne.

Er stößt mich zurück. Der stehe dort.

Der Mann ist hinter dir her, Mutti, schreie ich. Das dreijährige Kind stürzt die Treppe hinunter, dann wieder hinauf auf Bahnsteig zwei. Es schlägt gegen das Gepäck der dahinströmenden Menschen.

Seine Knie sind wie Gummibärchen, pappig, der Puls überstürzt sich. Wir schaffen es nicht! Mutti, liebe Mutti…

Die Schaffnerin befiehlt: Einsteigen! Ich reiße ihr die Kelle aus der Hand. Meine Mutter sei noch nicht da. Tränen stürzen auf mein Seidentuch. Der zweite Schaffner rennt die Treppe hinunter.

Eben sei sie noch dagewesen, brülle ich ihm hinterher.

Ich stehe auf dem Trittbrett. Meine Mutter müsse gestürzt sein, sie sei verfolgt worden. Die Schaffnerin schaut mich mitleidig an.

Ihr Kollege kommt außer Atem wieder die Treppe hoch.

Meine Mutter sei nirgends zu sehen. Er müsse jetzt das Abfahrtssignal geben. Wir haben schon zwei Minuten Verspätung.

Er schiebt mich in den Wagen, pfeift und schließt die Tür.

Der Zug setzt sich in Bewegung. Fassungslos presse ich meine Nase an die Fensterscheibe. Die Landschaft zieht vorbei. Zartes märkisches Grün, in den Pfützen auf den Feldern spiegeln sich rosa Wolken.

Erst als jemand die Hand auf meine Schulter legt, wende ich meinen Blick in den Gang. Es ist die Schaffnerin. Sie sieht in mein nasses Gesicht.

Meine Freundin stehe jetzt auf dem Bahnsteig und ich habe die Karten, sage ich zu ihr. Ich hätte doch von meiner Mutter gesprochen, welche Freundin ich denn meine. Die Schaffnerin ist irritiert. Ich gehe in ein Abteil. Ich habe Durst und esse einen Apfel.

Habe ich Mutti gerufen? Warum sollte ich Mutti gerufen haben? Verwirrt und von Schuldgefühlen zerfressen starre ich vor mich hin.

Zu Hause lege ich mich aufs Sofa. Schwere Gedanken stieben durch meinen Erschöpfungsschlaf. Ich bin in einem fremden Land. Ich höre fremde Stimmen, eine Sprache, die ich nicht verstehe. Geschrei. Ein fremder Mann greift nach meiner Mutter. Sie stürzt.

Mutti! Stammele ich mit brechender Stimme. Von meinem Röcheln werde ich wach. Ich springe auf. Ich habe das Gefühl, als blute ich inwendig, aber ich spüre auch, ass das Blut meine Wunde wäscht. Woher stammt die Wunde, die heute aufgebrochen ist?

Ich greife das Telefon. Höre Seldas frische Stimme.

Was denn mit mir los gewesen sei. Das war doch gar nicht unser Zug. Wir hatten doch nur Fahrkarten für den Regionalzug, der vom ersten Bahnsteig abfährt. Ich sei in den Fernzug gestiegen. Hat der Schaffner keinen Zuschlag verlangt?

Der Schaffner sei fix und fertig gewesen, antworte ich, weil er meine Mutter gesucht habe.

Mutter? Zischt Selda durchs Telefon.

Die frische Luft in Brandenburg sei mir nicht bekommen, das habe zu einem Schock geführt. Selda war mit einem Arzt verheiratet. Wer einen Schock habe, wolle fliehen, könne aber nicht.

Ich war aber auf der Flucht! Entgegne ich.

Die Flucht sei ein lustiger Ausflug gewesen oder etwa nicht! Seldas Stimme ist wieder heiter.

Ich antworte ihr mit ungeübter Zunge. Ano, veselý výlet. In diesem Augenblick weiß ich, es ist die fremde Sprache, in der ich als Kind manchmal zu träumen pflegte, die ich jedoch nie gelernt habe und deren Sinn ich nicht verstand. Aber ich weiß, es ist die Sprache von Urgroßväterchen Václav und deshalb ist sie mir nicht mehr fremd.[156]

Streckenführung

Seit Bahnhof Zoo stiere ich auf die mich spiegelnden Fensterscheiben. Wen sehe ich?

Die Frau scheint in sich zu schauen. Kein klarer Blick, der zu den Sternen führt, eher nachtverhangen, obwohl es helllichter Tag ist. Der Regionalzug, einer, der im Osten früher Sputnik genannt wurde, und doppelstöckig und selbstverständlich rot ist, fährt nach Magdeburg. Sie wird erwartet werden von Menschen aus ihrer Geburtsheimat im Klostercafe mit Aussicht auf den romanischen Kreuzgang.

In Richtung Magdeburg fahren war vor der Wende immer auch in Richtung Westen fahren, in die Freiheit fahren, wurde gesagt, weil zunächst mal von Westberlin aus gesehen, alle Richtungen nach Osten führten. Die meiste Zeit des Jahres jedoch hockte sie in dem Inselgefängnis Westberlin wie die Glucke in ihrem eigenen Ei und fühlte sich wohl, an die Grenze und an die Mauer dachte sie nicht. Die Probleme waren einbetoniert, die Vergangenheit zugeschüttet. War Westberlin nicht der sicherste Ort der Welt?

Westberlin war ein Zustand, eine Heimat war es nicht. Was sollte das also In-den-Westen-fahren-in-die-Freiheit-fahren? Das hatte doch für sie nie gegolten. Sie freute mich wie Bolle, als auf der Avus der Funkturm erstrahlt erschien. Oh, langer Lulatsch, ick liebe dir.

Und jetzt soll sie herumfahren durch ein ehemals fremdes Land, das nach Uno-Recht Ausland war, und nach Grundstücken Ausschau halten wie jene, die für einen Appel und ein Ei hektarweise Land schlucken, das anderen gehört hat, weil es jetzt einen Markt dafür gibt. Oder einfach nur zum Kaffeetrinken in irgendeinem verweltlichten Kloster, das von Abgewickelten profan betreut wird, vorbeischaun, weil es jetzt richtigen Bohnenkaffe gibt. Sie wird sich in Magdeburg zum Kaffee zu treffen.

Welche Verwandten aus welcher Geburtsheimat sollen denn da auf sie warten. Sie war in China am Gelben Fluß, was soll sie an der Elbe?

Wurde nicht früher von einem Gebirge erzählt, irgendwas vom Riesen. So ein Blödsinn. Sie ist Yeti im Himalaya begegnet, da wird sie gerade jetzt dem Märchen von Rübezahl lauschen.

Rübezahl...ein alter Mann humpelt die Bahngleise ab. Gleise, die enden in einem Ort am Fuße der Berge. Der Name dieses Ortes klang schön, der Name duftete: Freiheit. Hier kam der Großvater her, hieß es. Und du, klenns Madla, jauchzte die Oma, dass ihr Kopftuch flatterte, du bist a net weit davohne gebora, klenns Madla, du. Und die Oma stupste ihre schlesische Kartoffelnase an dem Näschen des Kindes. Und mit Elbwasser bist getauft, fuhr sie fort, das ass's dir merka, gellok.

Elbwasser. Fährt sie deshalb nach Magdeburg. Ihr Profil verschattet die gläserne Trennwand zum Fahrradabteil. Wie eine Glucke sitzt sie hier. Dabei wollte sie in die Freiheit wie die Gänsegeier, die über dem Tal ihrer Kindheit glitten, in dem ein assen von erzenem Stein zu Stein springt.

Die kleine weiße Elbe... Aber die Geier waren bereits ausgestorben in dem Gebirgsvorland, das ein Jahrhundert intensiver Leinenproduktion und hierin eine europäische Spitzenrolle hinter sich hatte, bevor die Menschen verrückt spielten und ein

Krieg den anderen jagte, die florierende Wirtschaft zerbrach und ganze Landstriche entvölkert wurden.

Und weil die Geier wie die Menschen dort ausgestorben waren, hatte sie nur eine Vorstellung von dem was Heimat ist, wie die Alten den Landstrich nannten.

Aber irgendein Irrsinn hatte sie gepackt und sie war dorthin gefahren, wo nun eine fremde Sprache gesprochen wird, Freiheit Svoboda heißt und die Elbe Labe. Sie war mit dem Zug gekommen, schon Großvater zuliebe. Ihrem Bruder hatte sie eine elektrische Eisenbahn geschenkt und selber damit gespielt, weil sie als Mädchen niemals eine geschenkt bekommen hätte. So sehr hatte sie den Großvater, der Eisenbahner war, geliebt. Dann verlor sich seine Spur. Auch ihre Spuren verloren sich im Schnee vom Himalaya, in der Wüste Gobi, auf dem chinesischen Meer und in den Mega-Städten. Jetzt, nachdem sie die Welt gesehen, kam die Wende und es gab Verwandte von Opa, die vielleicht sein Grab kannten, in Magdeburg.

Und nun sollte auf einmal alles nicht mehr so sein wie vorher, nur weil sie noch einmal diese Strecke nach Freiheit gefahren war? Ein innerer Arm hielt sie nunmehr fest, wenn sie verreisen wollte. Stemmte sich gegen ihr Herz, ass es raste, schlug ihr gegen die Schläfen, wenn sich die Türen des Zugs mit einem Signalton schlossen. Würde sie jemals wieder verreisen, Zugfahren können, ohne diese schmerzenden, lähmenden Gefühle?

Großväterchen! Ruft sie, komm in die Berge!

Und Großvater, der pensionierte Streckenläufer, nimmt das kleine Mädchen an die Hand und geht mit ihm ein Stück der Strecke ab, die er gegangen ist, bevor er den Unfall hatte, weshalb sein linkes Bein verkürzt ist und ihn gehen ass, als klettere er immerfort einen Berg hinan.

Erzähl, Großväterchen, drängt das Kind, wie war es früher in den Bergen, als du so klein warst wie ich!

Und Großvater erzählt von blauen und roten Beeren, die so süß waren, ass er frisches Quellwasser trinken ass, um die Süße ein wenig abzumildern.

Ich muß Pippi, unterbricht das Kind Großvaters Erzählung, weil es immer Pippi muß, wenn von Wasser die Rede ist, und es hockt sich auf die Gleise. Ein kleines Rinnsal tröpfelt zwischen den Schwellen.

Und das Mädchen ruft: Wie süß waren die Früchte, Opapa? Und Großvater hebt das Mädchen mit dem heruntergelassenen Höschen auf den Arm und wischt mit seinem Taschentuch einen Tropfen Urin weg.

So süß wie dein Pfläumchen! Antwortet er. Und er beißt das juchzende Kind in den nackten Po und zieht es wieder an.

Wir verlassen Wannsee. Zwischen Wannsee und Griebnitzsee war die Ostwestgrenze. Die Trasse führte an einer weißen Betonmauer entlang. Grenzer mit scharfen Schäferhunden stiegen in Griebnitzsee ein, wo der Zug einen längeren Halt hatte. Sie rissen die Abteiltür auf.

Rein, Frau, in den Zug! Solche wie du nix wie weg von hier! Das ist unser Land! Hinter der Grenze kannst du wieder Maul aufreißen! Nazischwein. Los, los…! Der tschechische Soldat pufft sein Gewehr in die Rippen der jungen Mutter. Sie ist vor Angst ganz zittrig und vermag nur mit großer Anstrengung, den Kinderwagen mit einem Köfferchen und einem kreischenden dreijährigen Mädchen in den Viehwagen zu heben.

Ein Dutzend dieser Waggons steht unter gleißender Sommerhitze auf den flirrenden Gleisen. Der letzte Blick auf die blauen Berge ist verbarrikadiert.

Der jungen Frau wird nicht geholfen, weil jeder etwas zu heben hat.

Ich will nicht weg! Schreit das Kind. Seine Stimme ist heiser. Es hat schon viel geschrien seit dem Augenblick, als es die vertraute Wohnung verlassen ass. Ich will zu Opa und Oma und zu Rübezahl...

Sei still! Befiehlt die Mutter. Dann korrigiert sie ihren scharfen Ton. Sie bittet ihre Tochter leise zu sein, bis sie hinter der Grenze sind, sonst würde der Soldat sie strafen.

Er sei Offizier! Schreit der Uniformierte. Weiter, weiter... Er stupst die Menschen in den Waggon. Weitere Uniformierte marschieren vorbei.

Vati ist auch Offizier, meint das Mädchen, der tut nichts! Es lächelt den Mann an, weil es an seinen Vater denkt. Sein Lächeln wird nicht erwidert.

Bist du jetzt endlich ruhig! Du bringst uns noch ins Gefängnis mit deinem Gerede. Warum muß dieses Kind so viel reden, klagt die Mutter.

Sie hat den Kinderwagen in eine Ecke des Waggons geschoben. Um sie herum ist Gedränge. Jeder versucht, für sich und seine Kleinodien einen günstigen Platz zu erkämpfen. Auch wenn in diesen Waggon Leidensgenossen gepfercht werden, macht die Not noch lange nicht rücksichtsvoll.

Die Lok pfeift und stöhnt und setzt sich mit ihrer übervollen Last in Bewegung.

Das Kind ist aus dem Kinderwagen geklettert. Es habe Durst! Jammert es.

Hält die Hand zwischen die Beinchen: Ich muß Pippi!

Der Mutter läuft Schweiß von der Stirn. Nicht oft genug kann sie ihn mit dem Blusenärmel wegstreichen. Die Hitze in dem Abteil ist unerträglich.

Der Schweiß tropft auf das Kindergesicht.

Salzig, findet das Mädchen, als es daran leckt.

Immer wieder jammert es. Die Mutter kramt aus dem Kinderwagen eine Thermosflasche und setzt sie an den Mund des Kindes.

Es solle nichts verschütten, ganz kostbar sei das Getränk. Ja, sagt das Kind und danke.

Die junge Frau holt einen weißen Emaillenachttopf aus dem Flechtkorbkinderwagen, auf den sie einmal so stolz gewesen war – wie eine Ewigkeit scheint ihr das her zu sein! Sie schiebt den Topf verstohlen in die Ecke, zieht dem Kind das Höschen herunter und setzt es darauf.

Mach schnell, flüstert sie. Das Kind drückt, plustert die Bäckchen und wird rot.

Jesches Maria, kreischt eine Nachbarin, das röche ja ordentlich. Wo denn das hin soll? Die Mutter ist hilflos. Sie schiebt sich durch das Gemenge. Den Topf trägt sie hoch über den Köpfen der anderen, dazu muß sie sich strecken, ass ihr die Schultern auszukugeln drohen.

Der Topf ass nicht durch die Gitterstäbe, zum Weitausholen ist kein Platz. Sie entlädt den Inhalt auf die Bodenkante und schiebt mit ihren Sandalen den Haufen auf die vorbeihuschende ausgetrocknete Erde. Als sie sich wieder aufrichtet ist ihr Gesicht nicht nur vom salzigen Schweiß naß.

Die Zustände drücken ihren Blick auf ihre verschmierten Schuhe, die von den Tränen nicht gereinigt werden.

Wir halten in Potsdam. Welche Frau sehe ich im trüben Spiegel?

Ist es meine Mutter oder bin ich es? Was ist in Erinnerung geblieben von damals, was ängstigt mich so stark, ass ich zittere. Der Zug setzt sich in Bewegung. Das Abteil ist voll geworden. Auch Kinder sind zugestiegen.

Die Pupillen in der Irislandschaft der Augen der Frau, die ich sehe, sind winzig, weil das große Licht der märkischen Landmasse in sie dringt. Der blaue Himmel mit seinen weißen Kumuluswolken spiegelt sich auf dem ruhigen unbewegten See, über den unsere Trasse führt. Eine Frauenstimme im Lautsprecher teilt mit: Nächster Halt ist Brandenburg / Havel.

Die Frau reißt die Augen auf. Sie starrt durch die Scheibe, durch mich – es ist verdammt eng im Abteil. Die Luft ist stickig. Es stinkt. Brandenburg ist hinter der Grenze. Ist Ausland!

Ich springe auf und stürze zur Toilette. Im Spiegel sehe ich eine graue Fratze.

Das Kind hat mit nacktem Po bei einem Greis gesessen, der an ihm herumfingert. Es hat stillgehalten, weil es bei Opa auch immer stillgehalten hatte. Die Mutter peinigt das Wohlgefallen ihrer Tochter. Sie schmettert ihre Anstrengung, ihre Empörung, ihren Ekel auf die Pausbacken des Kindes nieder. Noch nie hat die Mutter das Kind geschlagen!

Die Frau vor dem Toilettenspiegel wehrt sich heftig. Sie versteht die Mutter nicht. Opa hat doch auch immer den Popo und die Muschi gesäubert.

Die Mutter möchte unter die Holzdielen kriechen, sich in Luft auflösen, weg sein. Dennoch hebt sie das Kind, dessen Po noch verschmiert ist, auf den Arm.

Wenn wir hinter der Grenze sind, werde alles besser, murmelt sie. Es ist als Entschuldigung gemeint.

Aber das Kind nimmt die Entschuldigung nicht an, strampelt mit den Beinen, tritt sie und wird immer wieder jammern, ass es nicht hinter die Grenze, sondern zurück will zu Oma und Opa und Rübezahl. Und Rübezahl wird schimpfen, weil die Mama böse ist!

Die Frau vor dem Spiegel zittert am ganzen Körper, ihre Augenlider flackern. Ich lege meine Hand auf ihre Schulter. Ich spüre meine Wärme und wie ich mich beruhige. Gemeinsam fahren wir zurück nach Berlin. Für die eine Strecke habe ich Frieden mit mir geschlossen. Doch dann bricht es wieder los, als ich andern tags einen Zug sehe. Ich zögere, das Treppchen zu betreten. Springe zurück, als der Signalton schrillt.

Auch die S-Bahn nähert sich feindlich und den U-Bahn-Schacht betrete ich erst gar nicht. Und Fahrstühle sind mir zu eng…

Berlin war – bis auf einige therapeutische Ausflüge ins Umland – neun Jahre lang ein Ort, den ich nicht verlassen habe, nicht konnte, obwohl die äußere Grenze gefallen war. Die Therapeutin hatte mich auf die Reise ins Innere geschickt. Im neuen Jahrtausend kam ich wieder zum Vorschein. Nun war Berlin Hauptstadt.

Wie es sich jetzt hier für mich lebt? Ich kann wieder Eisenbahnfahren, weiter Spuren suchen…[157]

Stillleben

Ich habe meine Mutter im Rheinland besucht, sie schluchzte mit den Opfern der Flutkatastrophe, ihre eigene Katastrophe 1945 wieder und wieder erlebend, alles verloren, die armen Menschen, die armen Menschen, jammerte sie.

Als ich wieder zurück nach Berlin will, ist im Bahnhof in Köln heilloser Wirrwarr, auf dem Berlin Gleis, normalerweise stündlich, kein ICE. Es wird gebeten, die Fahrt zu verschieben. Verschieben? Den Kinderwagen hab ich geschoben, du bist immer rausgehopst, hatte sie mir erzählt. Mehr hatten wir nicht und du wolltest alleine laufen. Ich bin groß, hast du gekreischt, nein, ich will laufen!

Sie ist ganz in sich versunken, wenn sie von früher erzählt, sie erzählt nicht oft, nur wie jetzt, wenn Katastrophen sind. Der Kölner Bahnhof lag in Trümmern, die Brücken waren gesprengt.

Wir konnten nicht rüber. Wir sind von Deutz zu Fuß am Rhein entlang, überall Trümmer, bis wir eine Fähre nach dem Linksrheinischen fanden.

In Sürth war ein Onkel vom Opa. Orte und Menschen, die Mutti kannte von ihren Besuchen, als die Bomben noch nicht das Rheinland zerstört hatten. Die wollten uns aber nicht, als wir ankamen, mit dem Kinderwagen, mehr hatten wir nicht, wie die Menschen an der Elbe, denen das Hochwasser das Haus zerstört hat. Mutti weint.

Ich bin auch dem Weinen nahe. Ich schiebe meinen Rollerkoffer in einen Zug nach Hamm, viele Wege führen nach Rom. In Hamm habe ich Anschluß nach Hannover, der ICE nach Berlin steht abfahrbereit, er fährt aber über Magdeburg wird angezeigt. Warum nicht Magdeburg, hoffend das Elbehochwasser irgendwie zu überwinden, hoffend, es zu überleben. Große Skepsis, dass ich es schaffe, Umleitung, auch in Sürth war eine Umleitung zu anderen Verwandten nach Brühl, weiterer Fußmarsch, die wollten uns aber auch nicht, wir sind ausgebombt, wehrten sie ab, bis die Mühlenoma, die Schwester vom Opa, wie er, den ich nur von Fotos kannte, ein Pückelchen, uns aufnahm.

Wenigstens schien die alte Magdeburger Brücke dem Wasserdruck standgehalten zu haben, darüber wir ratterten all die Jahre mit den Interzonenzug Paris – Moskau, die Grepos an

Bord, die Kontrolle meist sächsisch, Gänsefleisch de Goffer öffnen. Hamse Waffen, Bornographie? Grapschen in die Unterwäsche, den Goffer gönnse wieder schließen.

Die Brücke, die Elbe überquerend, aus der Eisenzeit Preußens, als sie ins Rheinland griffen, seit 1822 als Rheinprovinz zugesprochen, Uropa und Uroma heißen wieder Schäng und Bärbel, Jean und Babette nannte sie das Napoleonische Reich... Viele Gedanken begleiten mich immer wieder auf dieser Reise, Berlin – Brühl, Brühl – Berlin.

Im Zug sitzt links von mir eine kleine Frau, wie die Mühlenoma und Opa ein Pückelchen, selbstbewußt auf dem Behindertenplatz, wohin ich mich nach 50 Jahren Berlin auch setzen darf, weil das Leben in der ehemals geteilten und immer wieder größenwahnsinnig gemachten Stadt mich gefleddert hat, auch ich bin ein Pückelchen, seelisch, nicht so selbstbewußt, wie die junge Frau da, ihre kleinen Beinchen auf den Polstern bettend, den Rollstuhl daneben stehend, schläft ein. Als sie aufwacht, schaut sie auf den Laptop, verstöpselt sich, sieht einen Film, hört mit Kopfhörern, lächelt, hat ein hübsches Gesicht. Total modern das Pückelchen, kein wenig kleinmütig wie die früher gejagten, zum Betteln verdonnerten, auf den Jahrmärkten sich feilbietenden Krüppel, schaut in den Spiegel, als der Film zuende, schminkt sich.

Ich war gejagt, Fremdling, Pimmock beschimpft, nicht vor Ort geboren, Fusselumpzigarrenstump, weil rothaarig, Luftballon mit Ohren, weil dickbäckig wie die Brühler Oma, die sich ein Pückelchen nahm.

Wat willste? Berta, den hieraten, brüllte der Bruder sie an, in Köln-Bickendorf, wohin ihn der erste Krieg verpflanzte, da gab es schon das Bickendorfer Büdchen, da kaufte sie ein Hütchen, die dicke Oma aus Thüringen, die ihrem Bruder gefolgt, weil hinter ihrem dicken Bäuchelchen nicht nur die Thüringer Klöße kullerten, sondern bald schon ein Bübchen, Alfredo genannt, vielleicht von einem Italiener, der Opa hat ihn adoptiert, da wurde ein deutscher Alfred draus. Sie schob den Kinderwagen, legte ihr Thüringisch ab wie einen langen Vorkriegsmantel, jetzt wurde kurz getragen, sie wurde einheimisch, wie meine Mutter auch eine Einheimische geworden war, ging zum Standesamt und sagte: Ja. Ich will dat Pückelchen aus Sürth. Sie, Straßenbahnschaffnerin, er beim KBE-Betriebshof, versetzt zum Güterbahnhof Brühl-Vochem, also muß sie weg vom Bruder in Bickendorf, von der Kölner Straßenbahn und er von seinem Häusgen in Sürth am Rhein, wo die alten Eltern leben. Sein Schwager, der Hein, ist auch aus Brühl, der hat die Schwester Anna geheiratet, Opas Zwilling. Sie hatten nicht genug Platz bei der Mam im Bauch, hieß es, da konnten sich die Beinchen nicht so richtig ausstrecken, also wurde der Buckel krumm.

Dat Pückelchen wurde mein Opa, er starb, bevor ich nach Brühl kam, an den Folgen der Lungenentzündung und Unterernährung im zweiten Krieg, alte Leute hatten noch weniger als die jungen, aber die dicke Oma hatte die Vorräte am Körper bei sich, wogender Bauchladen, rollende Seitenparteien, der Opa hat sicher gerne reingebissen. Hat ihm aber nichts geholfen.

Iß, Kind, iß, damit du überlebst, iß heute, was morgen ist, wissen wir nicht, wurde immer gesagt, dicke Kinder sterben nicht so schnell, dat siehste an der Oma, egal wie wenig es gab, die war dick und gesund, ich sollte nach ihr kommen, deshalb war einer der Namen: Helga, die Gesunde.

Aber nicht nur das, die Oma hieß Berta. Und weil ich ja ein Kind ihrer Familie, evangelisch wie sie sein sollte, obwohl kein anderer der Familie evangelisch war, wurde ich auch noch Berta getauft. Die dicke Berta…

Dem Opa war das alles eigentlich egal. Er hatte eine große, gesunde Frau und Mutter für seine großen gesunden Kinder, zwei eigene sollten überleben. Opa starb, im Sommer 1945 unter der Schloßtreppe,

darüber das Rokokoparterre, heute Weltkulturerbe und für viele Millionen jahrelang restauriert, wo ein provisorisches Krankenhaus untergebracht war, weil das Marienhospital bei den letzten Bombenangriffen vor Kriegsende zerstört wurde. Ich kam erst im November 1945, ich habe ihn nicht kennenlernen dürfen. Ich habe aber meinem Vater, der Dachdecker war, auf dem Schloßdach den Henkelmann mit dampfendem Essen bringen dürfen, denn auch das Schloß war im Nordflügel von den Bomben getroffen.

Der Zug verlangsamt sich, ich sehe die Türme des Magdeburger Domes. Wir halten an, unvorhergesehen, sagt die Zugführerstimme im Lautsprecher.

Langsam bewegt sie sich wieder, die Lok, zieht eine schweigende Fracht. Rechts neben mir der junge Mann auf dem Behindertenplatz betippt sein Smartphone, er schaut hoch in Richtung der Lautsprecherstimme. Tippt und zeigt mir sein Getipptes.

Kommen wir in Berlin Spandau an? Die Anzeigetafeln nennen dies als nächsten Halt. Nein, nein, ich schüttele den Kopf, weil ich nun mitgekriegt habe, dass er nichts oder wenig hört.

Hier ist Magdeburg, ich zeige auf das Schild, schreibe auf die Zeitung, die vor mir liegt. Nächster Halt Berlin Hbf.

Ich sitze zwischen Menschen mit Handicap, ihre Gelassenheit beruhigt mich. Lautlos schauen die Leute im vollen Großraumwagen aus dem Fenster. Kein Handy plärrt, selbst das Kleinkind hinter mir wird angesteckt zu schweigen. Offene Münder, geräuschlos, atemlos, gleiten über die Wasserflächen, die den Himmel spiegeln, schmuddelig, Sträucher verhaken sich im Wurzelwerk der Bäume, Mutter Erde hat keine Rolle in dem Spiel des Wassers, das stärker als sie scheint. Selbst die Schienen scheinen geölt, so leise rollt der Zug voran, um keine Erschütterung auszulösen, kein Wegschwemmen der Brückenteile. Der taubstumme Mann neben mir springt auf. Er zeigt auf sein Bein, schüttelt es, massiert es. Krampf sage ich, ich forme meinen Mund zu einem Aua, er nickt.

Elbe, Schicksalsfluß meines Lebens, immer wieder, eingreifend in mein Geschick, an der Elbe gezeugt in Hradec Kralove, in Dresden das erste Mal den Horror der Bombenabwürfe in meine kleine Erinnerung gekerbt...

Und immer wieder über die Elbe zwischen Brühl Berlin hin und her, den Rhein noch mit Leichtigkeit überwindend beim Dom, die Elbe immer mit gemischten Gefühlen passierend. Als ich nach Berlin ging, nach Ostelbigen, sagte mein Vater, da kannste gleich nach Sibirien gehen.

Was will das Wasser mir sagen, das in der Nähe meiner Geburtstätte unter Rübezahls Grollen aus einer kleinen Quelle sich ergießt, sein Kinderbett verlassend, unsensationell, wie Millionen sich der Kindheit entwinden, einbetoniert, mit Touristenmassen drumrum, auch sie können es nicht halten, das kleine Kind Labe, wie es tschechisch heißt.

Kleine Labe, du willst eine Femme fatal sein, in die große Welt ziehn, du willst in einem Lotterbett suhlen, und zwischen Aussig und Hamburg zwängt man dich in eins von Ikea.

Land wird sichtbar, der Zug beschleunigt.

Das zarte Mädchen telefoniert. Es will nicht meine Hilfe, es zieht sich alleine die Schuhe an, rutscht von den Sitzen auf den Rollstuhl, auch ein junger Mann blitzt bei ihr ab, als er ihr helfen will, sie zieht die Tasche an sich, stopft den PC hinein, ordnet, räumt, verläßt den Platz aufgeräumt, der vorher so herrlich gemütlich chaotisch aussah wie ein heimeliges heimisches Sofa, als der Zug im Berlin eintrifft.

Nein, sie brauche keine Hilfe, sagt sie auch zum Schaffner. Ihr Freund käme sie abholen. Er rollt sie aus dem Zug, Hand in Hand kommen sie lächelnd über den Bahnsteig zum Fahrstuhl, er geht, hält ihre Hand, sie rollt…es sieht sehr glücklich aus, dies Stillleben…

4.
Kinderlandverschickung

Horst Schulze
Ein Berliner Junge in Böhmen

Kinderlandverschickung –
Ein Ende mit Schrecken im Frühsommer 1945

In der Zeit vom Januar bis zum Juli 1943 nahmen die Briten gemeinsam mit den Amerikanern den Luftkrieg nach mehr als einjähriger Unterbrechung schrittweise mit zunehmender Häufigkeit der Angriffe in immer größer werdenden Bomberschwärmen und mit steigender Heftigkeit wieder auf. Anfangs liefen wir Kinder in Altglienicke noch vor das Haus, wenn Fliegeralarm gegeben wurde, und lauschten, ob wir etwas von dem Geräusch der herannahenden viermotorigen Flugzeuge hören und davon vielleicht das hellere Surren der Motoren deutscher Jagdflugzeuge unterscheiden konnten. Gewöhnlich hörten wir aber nicht viel bis zum Donnern der nicht weit entfernten Fliegerabwehrkanonen, das uns das Zeichen gab, sich in den Keller zurückzuziehen. Denn vor den herunterkommenden Granatsplittern warnte vor allem der zivile Luftschutzbund, dessen Aufgabe es unter anderem auch war, Etagenbetten für die Keller zu verleihen und Wiederholungskurse über Brandbombenbekämpfung mit Sand und Wasser in der Siedlung durchzuführen.

Am Sonntag, dem 9. Mai traf Onkel Johannes zu einem Urlaub in der Heimat ein. Sobald er die Wohnung in der Schillerpromenade betreten hatte, drehte er mit einem ersten Griff das noch vor Zeiten dort von seinem Vater aufgehängte Hitlerbild mit der Vorderseite zur Wand und brummte zur Verblüffung seiner Mutter „Massenmörder". Das war die Begrüßung. Am nächsten Morgen fuhr er zu seinem Bruder nach Altglienicke, stellte den Karabiner oben in die Waschecke und zog die aus Neukölln mitgebrachte Zivilkleidung an. Zuerst besichtigte er die Veränderungen im Haus, dann genoss er die Ruhe auf dem Sitzplatz hinter dem Haus im Sonnenschein mit dem Blick auf die in der schönsten Maiblüte stehenden jungen Obstbäume im Garten und berichtete vom vielen Schnee im vergangenen russischen Winter. Im Januar 1943 war seine Infanteriedivision in den Großraum Shisdra zur 2. Panzerarmee versetzt worden, wo bei Suchinitschi-Dubrowka nordöstlich von Orel Stellungskämpfe ausgefochten wurden. Dann schilderte er den Handel, mit dem er ein kleines Pferd mit angeschirrtem kleinen Wagen für sich privat erworben hatte, und auf neugierige Fragen von uns Kindern skizzierte er den Hergang, der zu seiner Auszeichnung mit dem Eisernen Kreuz geführt hatte. Statt auf zwei bewaffnete Russen zu schießen, die sich eingegraben hatten, war er hingegangen und hatte sie aus ihrem Loch herausgezogen.[158] Nur den Erwachsenen erzählte er, mitten im Winter habe es einen Befehl gegeben, ein Dorf, das der Artillerie das Schussfeld versperrte, abzubrennen, ohne dass Vorkehrungen für die Unterbringung der aus ihren Häusern getriebenen Bewohner getroffen wurden, und er habe deshalb den gegen die Kriegsregeln verstoßenden Befehl nicht ausgeführt.[159] Zuletzt vergewisserte er sich, dass wir Kinder seinen Karabiner beim Spielen nicht beschädigt hatten, zog wieder die Uniform an und verabschiedete sich.

In der Schule wurden Altstoffe gesammelt: Lumpen, Flaschen, Knochen und Papier, Kupfer, Zink, überhaupt „Buntmetalle" und Eisen. Neben der Schulbaracke in der Rosestraße befand sich in einem Schuppen eine Sammelstelle. Ich bekam den Auftrag, nach einer Liste eine mit gemalten Symbolen eigener Wahl ausgestattete plakatartige Tabelle anzufertigen, von der man ablesen konnte, mit welcher Anzahl dick aufgemalter Punkte der Sammler je Mengeneinheit in seinem Gutschriftheft rechnen konnte. Unter anderem wurden auch Granatsplitter zusammengetragen, die von den Flakbatterien in Falkenhorst stammten.[160]

Am Mittwoch, dem 14. Juli war der letzte Schultag vor den Sommerferien, und die Roggenernte begann, bei der wir zusahen, bis wir unsere Spiele auf die Stoppelfelder ausdehnen konnten. Zehn Tage später griffen die alliierten Bomberverbände der Briten und der Amerikaner einander abwechselnd pausenlos Hamburg an und ließen nicht ab, bis die Innenstadt zerstört war. Unterdessen waren die westlichen Alliierten am 10. Juli auf Sizilien gelandet, und am 25. wurde der italienische Regierungschef Mussolini, Hitlers faschistischer Partner, vom König abgesetzt. Bereits am 28. Juli flogen die Amerikaner mit 120 viermotorigen Bombern ausnahmsweise nicht nach Hamburg, sondern nach Berlin und warfen unter anderem zwischen Spindlersfeld und Köpenick Flugblätter ab. Darauf war das Bild Mussolinis durchgestrichen, und das Bild Hitlers war begleitet von dem Vers aus „Max und Moritz": „Dieses war der erste Streich, doch der zweite folgt sogleich." Mit dieser Propagandaaktion lieferten sie den offenkundigen Beweis, dass sie mit ihren schweren Langstreckenbombern bis Berlin vordringen und ihre Flugblätter abwerfen konnten.[161] Am 29. erfolgte der besonders schwere dritte Angriff der Engländer auf Hamburg, und der deutschen Führung wurde anscheinend klar, dass dieses witzelnde Flugblatt, das die Amerikaner über Berlin abgeworfen hatten, als ernst zu nehmende Ankündigung eines ähnlich verheerenden Angriffs auf die Hauptstadt zu verstehen war. Seine Schlussfolgerung aus der am 3. August zum grauenhaften Ende gelangten Brandkatastrophe in Hamburg verkündete Goebbels, der Propagandaminister und Gauleiter sowie Verteidigungskommissar von Berlin war, am Freitag, dem 6. August. Er vermied es, von einer „Evakuierung" Berlins oder gar von Flucht zu sprechen, aber er gab detaillierte Ratschläge und Weisungen, wie die Zivilbevölkerung sich nach Osten begeben und in Sicherheit vor dem feindlichen Luftterror bringen sollte. Die Fortsetzung des Unterrichts im bevorstehenden Schuljahr wurde in Berlin abgesagt. In Altglienicke waren 1.000 Schulkinder davon betroffen.[162] Die Oberschule in Adlershof bereitete ihre geschlossene Verlegung vor. Eine befreundete frühere Kollegin meiner Mutter schrieb aus einem bedeutungslosen Ort Pinne westlich von Posen in der Grenzmark und lud uns Kinder rührend besorgt zu sich ein. Man musste sich entscheiden. Mein Vater blieb aus beruflichen Rücksichten auf alle Fälle in Berlin. Altglienicke lag weit außerhalb des Stadtzentrums und war nicht in Gefahr, einem solchen Feuersturm ausgesetzt zu werden wie Hamburg. Meine Mutter blieb auch. Meinen kleinen Bruder konnte sie selber unterrichten, er musste nicht mit Rücksicht auf den Schulbesuch weggeschickt werden. Für die beiden größeren Kinder schien es das geringste Übel zu sein, dem Angebot der Schule zu folgen und sie in die Tschechei mitfahren zu lassen, die damals von der deutschen Regierung als Protektorat behandelt wurde. Meine Mutter bedankte sich also bei ihrer Freundin und schrieb, wie sie sich entschieden hatte. Die Vorbereitungen zur

Abreise nahmen ihren Lauf. Wäschestücke mussten gekennzeichnet werden, und einige Besprechungen mit der Schule und mit anderen Eltern fanden statt. Dr. Baeske erklärte, er werde wegen Krankheit nicht gleich mitreisen, aber später nachkommen. Von meinen bisherigen Mitschülern wollte kein einziger künftiger Oberschüler mitfahren. Dagegen konnte mein Bruder Hans-Joachim damit rechnen, dass aus der Nachbarschaft wenigstens Ingo Mante mitkommen wollte. Als sich herumsprach, dass unsere Mutter unterrichten konnte, meldeten sich noch weitere Interessenten, zunächst aus der Nachbarschaft die Jungen von Ziplinski, zu dem bis dahin kaum Kontakt vorhanden war, später auch meine Tante Magda in Weißensee, die ihre Tochter Anneliese ebenfalls nicht wegschicken wollte. In der Nacht vom 23. zum 24. August erfolgte eine halbe Stunde vor Mitternacht der erwartete schwere Angriff der Royal Air Force auf Berlin.[163] Am nächsten Morgen lief ein Haufen Kinder vom Falkenberg leicht bekleidet über die Felder in Richtung auf Waltersdorf, wo auf dem abgeernteten Acker das ohne größeren Brandschaden abgestürzte Wrack eines britischen viermotorigen Lancaster-Bombers lag.[164] Ein dritter schwerer Luftangriff auf Berlin folgte in der Nacht vom 31. August zum 1. September.[165]

Am 3. September 1943 brachte meine Mutter ihre Kinder Hans-Joachim und mich mit allem Reisegepäck zum Görlitzer Bahnhof. Dort stand ein Sonderzug bereit zur Abfahrt der Kinder mit ihrer Schule in Richtung auf Prag. Jedes Kind hatte an einer Schnur eine Karte mit seinem Namen und seiner Heimatanschrift umgehängt. Beim Einsteigen suchte jeder einen Platz bei den Mitschülern. Hans-Joachim bekam vor Aufregung Fieber. Endlich fuhr der Zug ab.

Der Zug, in dem Hans-Joachim und ich am Freitag, dem 3. September 1943 abfuhren[166], nahm seinen Weg zuerst an den uns wohlbekannten Ortsteilen Berlin-Adlershof und Grünau vorbei. Dann wurde der Zug gewechselt, die Kinder nahmen das Gepäck mit.[167] Aber danach verloren die Kinder die Orientierung. Kein Anzeichen deutete mehr darauf, dass die von jetzt an ununterbrochene Fahrt nach Prag ging. Zweifellos war man aber in Böhmen, diesen Eindruck vermittelten die Haltesignale, an denen der Zug vorbeifuhr, sie sahen fremd aus.[168] Es wurde Nacht. Alle schliefen, bis der Zug um Mitternacht hielt und alle Kinder, die zur Oberschule in Adlershof gehörten, ausstiegen und im Fußmarsch zu einem Schloss geführt wurden, hinter dem sie mit ihren Lehrern in der Gartenanlage warteten, bis das Schlosstor von innen geöffnet wurde. Es war nichts vorbereitet für die im Halbschlaf und hungrig eintreffenden Jungen. Das Schloss war bereits bis unter das Dach belegt mit schon vorher eingetroffenen Schülern der Diesterweg- und der Lessing-Schule aus dem Wedding, einem anderen Stadtteil von Berlin. Die Ankömmlinge[169] sollten sich auf den Korridoren eine Stelle suchen, ihre Sachen abstellen und woanders im Haus Stroh abholen, das sie dann ausbreiten oder in Säcke stopfen konnten, um darauf zu schlafen. Es dauerte noch einige Zeit, bis endlich Ruhe einkehrte, und es wurde danach ein kurzer Schlaf, der ein jähes Ende fand durch ein misstönendes, entsetzlich lautes Fanfarengeschmetter im nahen Treppenhaus, dem der Schrei folgte: „Raustreten zum Waschen!“ Für die schon früher einquartierten Schüler war offenbar ein absurd zackiger Ablauf des täglichen Lebens eingeführt worden. Die Verlegung des Unterrichts in Gebiete, die vom Bombenkrieg nicht bedroht waren, gehörte in den Rahmen der so genannten Erweiterten

Kinderlandverschickung mit Lagerbetrieb unter Führung der Hitlerjugend.[170] Wir neu eingetroffenen Kinder erfuhren im Laufe dieses Vormittags, dass das Schloss ebenso wie der Ort Napajedl hieß.[171] Uns wurde die Anschrift von unseren Lehrern gesagt, und alle bereiteten Briefe nach Hause vor.

An sich war das im barocken Stil errichtete dreiflügelige und mit einem hervorgehobenen mittleren Treppenhaus ausgestattete Schloss sehr schön. Es hatte über seinen drei Stockwerken mit vielen Fenstern ein Walmdach und zur Begrenzung des zentralen Balkons eine hübsche Balustrade aus Sandstein, und im Schlossgarten hatte ein Teich eine aus Sandstein gefertigte Einfassung und war umgeben von Beeten mit blühenden Astern und Studentenblumen. Weiter hinten befand sich ein nicht zu kleiner gepflegter englischer Park. Aber Dr. Baeske war nicht mitgekommen, es fehlte eine Hand, die umgehend dafür sorgen konnte, dass die Lage für seine Oberschüler einigermaßen erträglich wurde. Im oberen Foyer der großen symmetrischen Freitreppe, das auch als Kinosaal gedient hatte, wurden zwar nach fast drei Wochen eiserne Feldbetten aufgestellt. Aber regelmäßig krachten Bettgestelle zusammen, und niemand gab dem aufgebrachten Lagermannschaftsführer gegenüber zu, dass einer nachgeholfen hatte, denn die jugendlichen Führer mit ihren barschen Aufforderungen genossen nicht das Ansehen, auf das sie Anspruch erhoben.[172] Auf den unteren Treppenstufen desselben Treppenhauses versuchten einzelne Lehrer, nach dem Fahnenappell, der anscheinend besonders wichtig war, und der anschließenden Postausgabe etwas Unterricht zu erteilen, der wohl für besonders unwichtig gehalten wurde. Den Lehrern wurde auch zu wenig Respekt entgegengebracht; jemand schaltete dem angeblich nervenleidenden fremden Lagerleiter den Fahrstuhl zwischen zwei Stockwerken aus, auch das Licht darin erlosch. Für die notdürftig untergebrachten Schüler der Oberschule aus Adlershof waren gar keine Räume vorhanden, in denen man auch nur seine Briefe hätte schreiben können, von Klassenräumen ganz zu schweigen. Unser Lehrer Liebrecht erläuterte uns auf der Treppe ausführlich die uns doch längst bekannten römischen Zahlzeichen. Dazu kam, dass die Verpflegung, die nach Aufruf der einzelnen Gruppen ausgeteilt wurde, nicht zureichte. Eine rücksichtslose Abhilfe bestand darin, dass die Jungen bei der Tomatenernte auf einer nahen Plantage halfen, aber danach litten im Schloß die seidenen Wandtapeten unter den wechselseitigen nächtlichen Attacken einiger Jungen mit Tomaten. Auch mit Kastanien wurde geworfen. Ich schrieb nach Hause, ich halte es keine zwei Wochen länger hier aus, und wollte abgeholt werden. Unter anderen Grüßen aus der Heimat traf ein Brief von Onkel Gerhard ein, der versuchte zu trösten, indem er die Unzuträglichkeiten mit den Strapazen der Soldaten in Russland verglich und die Brüder lobte, dass sie als Kinder schon so tapfer seien. Das war merkwürdig, hob aber nicht die Stimmung. In einem anderen Brief wurde von den Eltern gemeldet, Tante Magda und Onkel Bernhard, beide verwitwet, wollten heiraten. Das gab Anlass zur gemeinsamen Anfertigung gemalter Glückwünsche; ein zu Rate gezogener Lehrer empfahl ein Blumenornament mit den Initialen M. K. und B. S. Einmal besichtigten Hans-Joachim und ich das Städtchen Napajedl. Die mährische Bezirksstadt, wir würden Kreisstadt sagen, hatte damals 3.600 Einwohner. Interessant sah der Turm der Stadtkirche aus. An der hohen breiten Treppe davor standen Kastanienbäume, unten waren Sitzbänke. Der kleine Ausflug hatte eigentlich den Zweck, uns dabei 6-Pfennig-Briefmarken zu 60 Hellern für Postkarten zu besorgen. Sonst gab es in den allmählich kürzer werdenden Tagen nur zwei erfreulichere Erlebnisse durch die Abwesenheit vom Lager: Hans-Joachim machte mit seiner Klasse einen Ausflug zu den Bata-Werken in Zlin, und einmal nahmen wir gemeinsam an einem Ausflug zum Kloster Velehrad teil, wo es unter anderem ein gruseliges Beinhaus zu besichtigen gab.

Fünf Wochen lang waren wir Kinder behelfsmäßig in Napajedl untergebracht, als am Sonntag, dem 10. Oktober nach einer Wanderung im letzten Sonnenschein auf die andere Seite der March die erlösende Nachricht kam, wir sollten eine bessere Unterkunft in den Beskiden bekommen. Am 15. Oktober 1943 morgens marschierten wir Jungen mit unseren Lehrern aufgeregt ab. Im Zug ging die Fahrt mit Hallo über Hullein, Meseritz, Frankstadt und Friedland nach Friedek-Mistek. Die übermütige Stimmung verflog beim Umsteigen in Omnibusse in Friedek. Der Himmel war trüb. Es hatte sogar angefangen zu schneien. Im Nebel konnten wir während unserer 12 bis 14 Kilometer weiten Fahrt nach Praschmo die angekündigten Berge nicht erkennen.[173]

Empfangen wurden wir von dem neuen Lagerleiter, der aus Pustevna seinen Spitznamen „Macker“ mitbrachte.[174] Den älteren Schülern wurden Zimmer im Hotel Picha vor der damaligen Ortsgrenze von Praschmo zugewiesen. Dort nahm auch die Hälfte der Lehrer Quartier. Die Schüler der Klassen 3 und 4, zu denen Hans-Joachim gehörte, wurden in Praschmo im Hotel Travny in Vier-Mann-Stuben mit Waschbecken, Doppelstockbetten und für jeden Schüler einem Schrankabteil untergebracht.

Hier quartierten sich auch weitere Lehrer ein. Eine Neuerung war im Obergeschoß die Krankenschwester im „Krankenrevier". Darüber, wie weit die Unterkünfte gemietet oder beschlagnahmtes fremdes Eigentum waren, verlor niemand ein Wort. Den jüngsten Schülern wies man etwas abseits in Praschmo das höher gelegene Erholungsheim zu, ein früheres privat gestiftetes Waisenhaus, in dem es im oberen Stockwerk allerdings nur einen gemeinsamen Schlafraum gab. Dahin gehörte ich; es änderte sich aber bald, und Hans-Joachim und ich kamen zusammen im Hotel Travny unter. Wir teilten uns ein Zimmer mit Ingo Mante aus unserer Altglienicker Nachbarschaft und mit einem zweiten Mitschüler von Hans-Joachim. Mit beiden „Stubenkameraden" vertrugen wir uns gut.[175]

Die knapp 100 Jungen in Praschmo verteilten sich auf sechs Klassen, und endlich wurde der Erwartung entsprechend unterrichtet.[176] Für Hans-Joachim und mich hatten unsere Eltern eine Bücherkiste mitgegeben, darin befand sich zum Beispiel der Leitfaden der Zoologie von Schmeil. Im Gebrauch waren neuere Lehrbücher, für Biologie zum Beispiel „Das Leben".[177] In der Praxis blieben die Lehrer ohne Rücksicht auf alte oder neue Bücher einfach sachlich.[178] Der Unterricht begann um 9 Uhr, vormittags waren 5 Schulstunden bis 13 Uhr auf dem Tagesplan. Von 16 Uhr 30 bis 18 Uhr wurden die üblichen Schularbeiten gemacht, wie man sie früher zu Hause angefertigt hatte. Aufzuholen waren etwa 6 Wochen Unterrichtsausfall.[179]

Vom jüngsten Bruder unseres Vaters, Onkel Johannes, der im Juni 1943 im Vorfeld der 2. Panzerarmee in Richtung Kursk eingesetzt war und im Juli erste schwere Abwehrkämpfe nördlich Bolchow erlebt hatte, waren seit längerer Zeit keine Nachrichten mehr eingetroffen. Erst in der ersten Novemberwoche bekamen Hans-Joachim und ich in Praschmo einen Brief aus Altglienicke: Johannes war gefallen. Am 5. September war er bei Burin 44 Bahnkilometer östlich von Konotop während eines Abwehrgefechts und Gegenangriffs von einem russischen Geschoß durch die Lunge verwundet worden.[180] Kameraden hatten ihn zuerst getragen, dann mit einem Sanitätskraftwagen zum Hauptverbandsplatz eines Grenadierregiments gefahren, er hatte bei hohem Blutverlust kaum geklagt, am nächsten Tag war er gestorben und in einem Schulgarten begraben worden. Der Brief des zuständigen Hauptmanns Fechner hatte das viel spätere Datum vom 18. Oktober.[181] Die Todesnachricht und das persönliche Eigentum des Gefallenen hatten seine Mutter erst am 29. Oktober erreicht. Sie hatte aufgeschrien.[182]

Am 2. November 1943 eröffneten die Briten eine neue Serie ihrer Luftangriffe mit Flächenbombardements auf Berlin, die sie „Battle of Berlin“ nannten.[183] Seit den ersten Novembertagen wurde nun unser Vater, der tagsüber wie gewöhnlich in der Bank tätig war, außerdem zur Abwehr der nächtlichen Fliegerangriffe etwa ein Jahr lang als Richtkanonier bei den Scheinwerfern und Horchgeräten eingesetzt.[184] Man ließ ihn dazu eine Luftwaffenuniform anziehen. Natürlich litt er unter der Überbeanspruchung.

Alle Kinder in Praschmo wurden ärztlich betreut. Ein Zahnarzt zog kurzerhand meine im Kommen begriffenen oberen Eckzähne, für die der Kiefer zu eng war. Am 1. Dezember fuhr ich mit dem Arm durch die Glasscheibe einer Windfangtür, eine große Fleischwunde wurde von der Krankenschwester im Hotel Travny sofort verbunden, aber das genügte nicht, die Wunde musste im etwa 12 Kilometer entfernten Krankenhaus in Friedek operiert werden.[185] Man behielt mich dort, zunächst in der tschechischen Kinderabteilung, wo ich spontan mit offenbar allgemein bekannten deutschen Kinderliedern begrüßt wurde, dann bei den Deutschen, wo ich am 6. Dezember einen Geschenke austeilenden katholischen Nikolaus mit Bischofsmütze und Krummstab in Begleitung eines unter leichten Schlägen Grimassen schneidenden roten Teufels in rasselnden Ketten und eines ihn ärgernden pappflügeligen weißen Engels erlebte; Hans-Joachim kam an diesem Tag zu Besuch. Danach wurde ich in ein deutsches „Großrevier" in Friedek gebracht, wo man mich bis zum 20. Dezember festhielt.

In der Zwischenzeit hatte sich Dr. Baeske vorübergehend in dem Zimmer einquartiert, in dem die Brüder sonst untergebracht waren. Aufregender war, dass die Jungen allerlei Bastelarbeiten vollendet hatten, die zu Weihnachten in der Regel den Eltern geschenkt werden sollten; Hans-Joachim hatte in einer aufwendig hergestellten kleinen Glasvitrine ein exaktes Modell des Hotels Travny angefertigt, wo er untergebracht war.[186] Am heiligen Abend gab es im angebauten Speisesaal dieses Hotels eine Weihnachtsbescherung; unter den Geschenken waren Strohpantoffeln und anderthalb Stearinkerzen, ich freute mich am meisten über ein Buch mit den Märchen von Hauff.[187] Das Beste in den Weihnachtsfeiertagen war aber eine Wanderung, die ich mit einem größeren Schüler heimlich nach dem Mittagessen zur Praschivahütte jenseits des Flüsschens Moravka

700 Meter hoch im Gebirge unternahm. Die Sonne schien; es hatte aber überall so stark geschneit, dass bei der Durchquerung einer Fichtenschonung die anderthalb Meter hohen Bäumchen nur als Wellenbuckel in der Schneedecke zu erkennen waren. Beim Abstieg fanden wir beide unsere Spuren vom Aufstieg nicht wieder, hatten aber das uns bekannte Tal vor Augen und verirrten uns nicht.[188]

Dr. Baeske hatte in Berlin für die Eltern einen Besuch bei den Kindern in Praschmo organisiert. Sie trafen am letzten Tage des Jahres nach einer Bahnfahrt mit Bussen ein und nahmen am 2. Januar wieder Abschied. Was sie zu erzählen hatten, weckte zwiespältige Gefühle. In der Nacht vom 23. zum 24. Dezember war Altglienicke bombardiert worden. Als man am entfernten Ende der Straße, näher beim östlichen Ende der Preußenstraße, morgens endlich die Löscharbeiten beenden konnte, war es bereits Zeit, Kaffee zu kochen, denn die Berufstätigen mussten zur Arbeit aufbrechen. Von unserem Elternhaus war das Dach zum Teil, bei den Nachbarn ganz abgedeckt. Onkel Bernhard kam an den Feiertagen aus Neukölln nach Altglienicke und half decken. Er verwendete die heil gebliebenen Ziegel. Die Nachbarn bekamen alle Ziegel ersetzt. Es war ein kümmerlicher Trost, hier in den Beskiden vor den Bomben in Sicherheit zu sein, wenn die Eltern doch wieder nach Berlin den Luftangriffen entgegen fuhren. Zum Abschied am Bahnhof Friedek sangen wir Kinder ein Lied auf einen alten Text, das der Musiklehrer mit uns eingeübt hatte: „All' mein' Gedanken, die ich hab', die sind bei dir".

Am 9. Januar fuhr ich nachmittags in Begleitung eines älteren Schülers mit der Bahn von Friedek nach Bad Podiebrad zu einer Kur.[189]

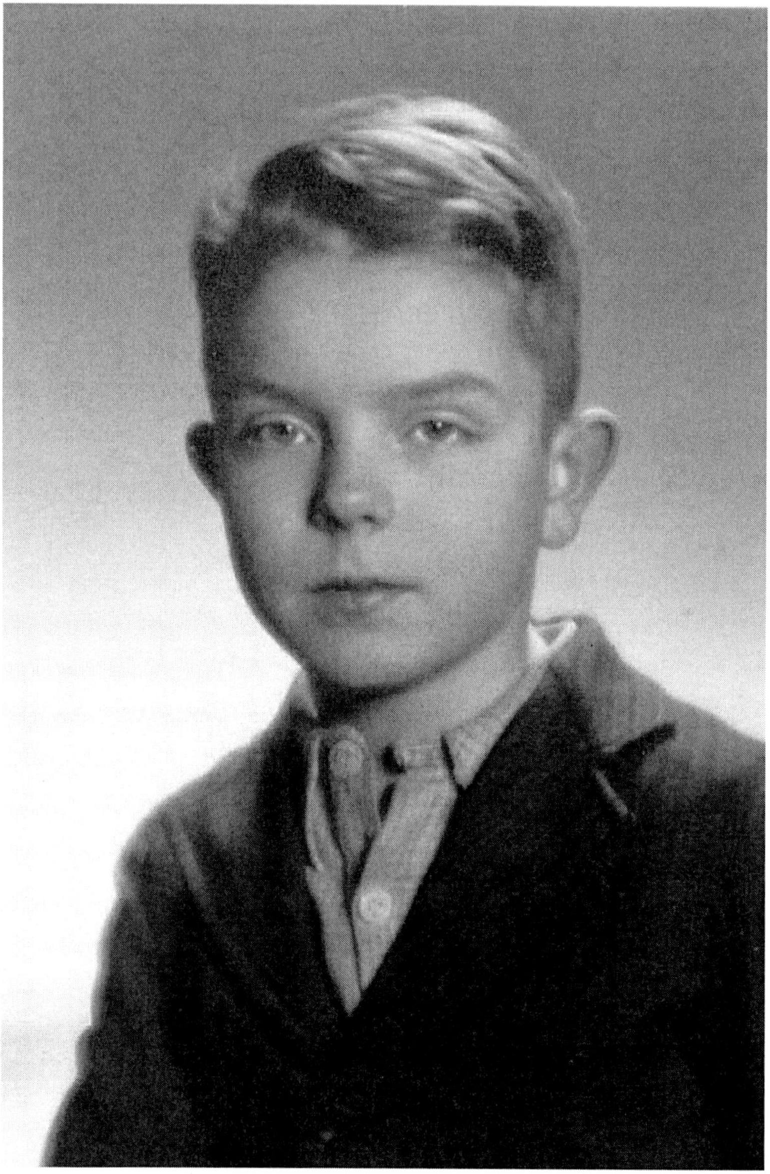

Der zehnjährige Horst Schulze in Podiebrad *Foto: Archiv Schulze*

Dort kam ich im großen Hotel „Luxor“ in einem Lager unter, dessen zusammengewürfelte Mannschaft überwiegend aus Gelsenkirchen und vom Niederrhein kam und nur notdürftigen Unterricht vom Lagerleiter für alle gemeinsam erhielt.

Gleich am ersten Tag, einem Montag, suchte ich im Ort, bis ich in einem anderen Lager eine erste Oberschulklasse fand. Im Englischunterricht wurde mir sofort klar, dass ich im Rückstand war; der Unterrichtsausfall während der sechs Wochen in Napajedl war noch nicht ausgeglichen.[190]

In Podiebrad waren nun ungewohnte Töne zu hören, anders als im verhältnismäßig ruhigen Praschmo.[191] Die Jungen aus den verschiedenen Lagern in diesem schönen Kurort, die sich witzelnd zur „Rotfront“ verbanden, waren oft in der Überzahl, und es gab bis an die Grenze ernsthafter Verletzungen gehende abendliche Überraschungsbesuche zwischen den Häusern.[192] Der Lagerleiter konnte mit seinen täglichen Strafaktionen nichts ausrichten.[193] Ich geriet einmal auf den Stufen der Eingangstreppe zum Hotel „Luxor“ beim Schuheputzen in ein „Rollkommando“ eines benachbarten Lagers und hörte noch den Zuruf: „Den lass in Ruhe, der gehört nicht dazu.“ Da krümmte ich mich aber bereits nach einem Schlag auf den Magen; so etwas hatte ich noch nicht erlebt.[194] Großer Aufwand wurde anlässlich eines Besuchs Himmlers in Podiebrad getrieben. Alle in dieser Stadt sich aufhaltenden deutschen Kinder marschierten trotz des nasskalten und windigen Wetters an ihm vorbei und hörten sich dann stehend eine Ansprache an. Spaß hatte ich dagegen an so genannten bunten Abenden in den „Spinnstuben“ in der Schmiede beim Schloß, die von den Schülern selbst veranstaltet wurden, und besonders gefiel es mir, mich mit gleichaltrigen Kindern hinter dem stattlichen Schloß, dessen runder Turm mit seinem charakteristischen Haubendach immer eine Augenweide war, auf der Elbe herumzutreiben, wo Eisschollen trieben, und unter dem trüben Winterhimmel von Kahn zu Kahn zu klettern.

Die Küche und der Speisesaal befanden sich im Krankenhaus. Das war besonders wegen des Schneematsches auf den Straßen lästig, aber während des Marsches dorthin gab es Gelegenheit, mit der besorgten Mutter eines Schülers aus Buer ein längeres Gespräch zu führen. Sie dachte nicht entfernt daran, sich nach den Lagervorschriften zu richten, war auf eigene Faust angereist und sammelte Auskünfte, offensichtlich zu dem Zweck, den Grad der Verwahrlosung festzustellen, und erzählte daneben von Schäden im Ruhrgebiet durch die vielen Luftangriffe. Einmal im Februar erinnerte mich der Lagerleiter während des Mittagessens daran, dass ich meinen Eltern öfter schreiben müsse. Von meinen ganz verschiedenen Eindrücken zu schreiben wäre mir wohl ziemlich schwer gefallen; statt eines Berichtes schickte ich ein Passfoto mit vielen Grüßen. Am 19. März fuhr ich wieder in Begleitung eines mir entgegen geschickten älteren Schülers nach Praschmo zurück.

In der Zwischenzeit war zu Hause in Altglienicke am 27. Januar 10 Meter vor dem Haus eine schwere Bombe heruntergekommen.[195] Viele weitere Bomben waren auf die Bahngleise niedergegangen, und hinter der Siedlung hatte es Stabbrandbomben geregnet. Die Haustür war in Teilchen zerlegt, der schon um die 80 Jahre alte pensionierte Tischler Jelinek, ein gebürtiger Tscheche, der in der oberen Rosestraße hinter den Wiesen wohnte, setzte und schraubte die Trümmer in Puzzlearbeit zusammen, dass man das Haus zumachen konnte. Die Temperaturen lagen um 10 Grad, die Forsythien blühten in der Vase. Sie wurden von meinem Vater zum Begräbnis seiner Cousinen Luise Thiele und Lena Bichler getragen, die in dieser Nacht in der Werrastraße in Neukölln im Keller umgekommen waren. Das Dach unseres Hauses wurde, für die Bewohner kostenfrei, von deutschen Handwerkern zuerst mit Brettern verschalt, dann neu gedeckt. Dabei halfen übrigens zwei russische Gefangene, die nachher die leere Kaffeetasse statt des Abwaschs über dem Teppich umkehrten. Die heruntergekommenen Decken im Obergeschoß mussten ebenfalls ersetzt werden. Für sie wurde die doppelte Fläche berechnet, denn die 3 Zentimeter dicken „Sauerkraut"-Platten wurden doppelt genagelt.

Als ich aus Podiebrad wieder nach Praschmo kam, war die Frau des Englischlehrers, die mit zwei kleinen Töchtern bei uns im Hotel Travny gewohnt hatte, gerade gestorben; der Speisesaal wurde zur Trauerfeier geschmückt, und am 21. März wurde sie auf dem kleinen evangelischen Teil des Dorffriedhofes begraben. In der Zwischenzeit hatte es einen kleinen Wechsel in der Schülerschaft gegeben, einige ältere Schüler waren am 15. Februar einberufen worden, ein paar andere, meist unsympathische Jungen kamen für die schwach besetzt gewesene 2. Klasse aus Pustevna dazu. Sobald das Wetter es erlaubte, gab es wieder einige Geländespiele und eine Bergwanderung auf den über 870 Meter hohen Tschupel, den man vom Hotel Travny aus immer vor Augen hatte. Nach einer gewaltigen Schneeschmelze wurde im Lager viel „Leibesertüchtigung" getrieben.[196] Zunächst trainierten alle für einen Frühjahrsgeländelauf. Danach hatte der Sport meistens den Charakter von Wettkämpfen. Der

Mathematiklehrer malte ein großes Wappen mit dem mährischen rot-weiß gewürfelten Adler auf Holz.[197] Darauf wurden die Namen der Sieger in den verschiedenen Disziplinen und Altersgruppen bekanntgegeben. Hans-Joachims Name erschien auch einmal auf dieser Tafel, als er über 4 Meter weit gesprungen war. Irgendwie bemängelte jemand,[198] dass Hans-Joachim beim Keulenschwingen die aus einem Holzkloben gefertigte Imitation einer Stielhandgranate nicht weit genug warf, da trainierte er auf der nahen Wiese hinter dem Hotel, ich assistierte, indem ich die Keule zurück warf. Der Hundertmeterlauf spielte eine überragende Rolle.[199] Wenn andere trainierten, spielte ich mit den Kindern des Englischlehrers Gudrun und Eveline, denen ich Stabpuppen aus Sperrholz zu einem kleinen Theater bastelte und kleine Spiele mit Kasper und seiner Großmutter und mit Teufel und Krokodil erfand, mit den Mädchen Papier vollmalte und faltete und Abzählreime aufsagte. Den Himmelfahrtstag am 18. Mai erklärte der Lagerleiter zum „Tag des freien Jungen". Nach leider exzessiven Schmierereien mit Schuhcreme an diesem Tag verkündete er gleich darauf einen „Tag der Härte" und befahl, den Karpfenteich zu säubern, in dem die Frösche ihr ungeniertes Leben trieben und laichten. Das wurde zum herrlichen nassen und schmutzigen Spektakel gemacht. Einer schloß eine Wette ab und verschluckte eine lebende Kaulquappe. Anschließend fand eine Waschorgie statt. Der gesäuberte Teich wurde dann zum Baden freigegeben. In der freien Zeit machten die Jungen in kleinen Grüppchen Ausflüge in die umliegenden kleinen Ortschaften, und sehr beliebt waren in der Nähe Gänge in kleinen Grüppchen oder auch alleine an das Flüsschen

Moravka, um in dem klaren reißenden Wasser an einer Steilwand über die großen rundgeschliffenen Steine zu waten und die Füße zu baden, oder auch nur in das nahe Nachbartal der schmalen Mohelnitz, an deren grünen Ufern Massen von Sumpfdotterblumen blühten. In Praschmo selbst lag in Sichtweite vom Hotel Travny das ständig arbeitende Sägewerk der Firma Rehak. Die dort liegenden runden Baumstämme und rauen Bretterstapel luden zum Balancieren ein.

Aus Berlin kam ein Brief, in dem die Neuigkeit stand, dass das große Hydrierwerk in Ober-Leutensdorf bei Brüx im damaligen Sudetengau, eigentlich im Norden von Böhmen, wo der Bruder meiner Mutter arbeitete und die ganze Familie wohnte und wo man vor den Luftflotten der Briten sicher zu sein geglaubt hatte, am 12. Mai von einem Bombenangriff schwer verwüstet, aber gleich wieder repariert worden war.[200]

Am 31. Mai 1944 starb unser Physik- und Chemielehrer für die oberen Klassen Dr. Gollmann, Träger des Verdienstkreuzes Pour le mérite aus dem ersten Weltkrieg. Erst jetzt gab der Lagerleiter „Macker" bekannt, dass der Verstorbene ein hochdekorierter Jude war, der als Patriot nicht behelligt werden sollte.[201]

Im Juli wurde es so heiß, dass die nackten Füße auf der geteerten Straßendecke kleben blieben. Ein fliegender Eisverkäufer, der vor dem Hotel Picha für die Kugel eine tschechische Krone nahm, das waren 10 Pfennig, hatte großen Zulauf. Der ansässige Krämer und Lebensmittelkaufmann in Praschmo, Antonin Chalupa, hatte solche Luxusware nicht. Wenn man ihn fragte, antwortete er gewöhnlich: „Hab´ schon keine mehr. Nächste Woche!"

Die Nachricht vom Sprengstoffattentat der Militäropposition auf Hitler in seinem Führerhauptquartier führte in Praschmo unter den Jugendlichen zu einer merkwürdigen Reaktion. Der übereifrige Hannes Aust provozierte den Ältesten vom Hotel Picha mit dieser für seine Begriffe schändlichen Mitteilung, aber der ließ sich in seinem ganz anderen Gespräch nicht stören. Aust hob die Stimme und sagte gereizt: „Du, ich habe etwas zu dir gesagt!“ Die knappe Antwort über die Schulter war: „Das habe ich gemerkt.“ Er drehte sich nicht einmal um.

Das Schuljahr wurde diesmal etwas verlängert, die Unterrichtspause auf 14 Tage im August verkürzt, weil ausgefallener Unterricht vom September und Oktober des Vorjahres noch immer nicht aufgeholt war. Damit hatten meine Eltern nicht gerechnet, die mich am 29. Juli zu meinem 11. Geburtstag in Praschmo mit ihrem Besuch überraschen wollten. Sie hatten sich schon lange vorher darauf vorbereitet, zuletzt aber noch zusätzlich ganz eigene Gedanken gemacht, nachdem Hans-Joachim zum Geburtstag unseres Vaters am 18. Juli mehrdeutig geschrieben hatte: „Je länger wir auf KLV sind, desto schöner wird das Wiedersehn“. Beschwichtigend hatte er dieser Äußerung des Heimwehs die etwas allgemeine Versicherung hinzugefügt: „Wir werden dann bestimmt gerne an die KLV-Zeit zurück denken.“ Unser Vater hatte sich für diese Reise den größeren Teil seines Jahresurlaubs genehmigen lassen. Es schien auch alles einen guten Verlauf nehmen zu wollen. Aber „Macker“ machte auf seine überhebliche Art Theater, als die Eltern zur Freude ihrer beiden Kinder eintrafen, und wollte sie als nicht eingeladene Besucher unverrichteter Dinge wieder wegschicken, lenkte aber ein, als er hörte, dass der Gaubeauftragte für die Kinderlandverschickung in Berlin, ein gewisser Herr Bartens, unser Nachbar in Altglienicke war.[202] Natürlich nahmen die

Brüder für sich in Anspruch, zum Unterricht nur sporadisch zu erscheinen. Meine Eltern nahmen Privatquartier in der Nähe am Bach Mohelnitz bei einem Ehepaar, das nicht nur deutsch war, sondern betonte, „reichsdeutsch“ zu sein. „Wenn es anders kommt“, sagte die Frau, „dürfen wir uns vielleicht nur noch den Baum im Garten aussuchen, an dem sie uns aufhängen.“ Unsere Mutter erzählte uns von einigen Merkwürdigkeiten auf der Anreise mit der Bahn. Der Zug nahm einen Umweg um Prag. Im Abteil saß in Hemdsärmeln ein oberschlesischer Fronturlauber, der frei daherredete: „Wenn die Russen kommen: ich bleibe. Ich bin Oberschlesier, wir haben uns immer mit allen vertragen.“ Als aber ein jüngerer Offizier, der sich durch das fast undurchdringliche Gewühl im Zug quetschte, vorbei kam und beanstandete, dass der Urlauber den Uniformrock ausgezogen hatte, sagte der Soldat kein Wort und zog die Jacke trotz der Julihitze sofort an.

Noch blühten allerlei Blumen am Bach, und an den Berghängen gab es bereits Beeren. Beim Wandern weichten allerdings bei meiner Mutter die Brandsohlen auf, die offenbar aus Pappe bestanden, und die Schuhe sperrten ihre Mäuler auf. Sie wusste kaum, wie sie mit provisorisch außen herum gebundenen Schnüren wieder nach Hause kommen sollte. Aber trotzdem wurde es eine sehr schöne Woche, in der sich unsere Mutter auch um die verschlissene Wäsche kümmerte und beide Eltern die schöne Gebirgslandschaft lobten. Erst am 5. August traten sie wieder die Heimreise an.[203]

In den nun beginnenden kurzen „großen“ Ferien brachen alle Schüler und alle Lehrer eines Vormittags zu einer Wanderung auf den 1.200 Meter hohen Berg Travny auf, der, von Praschmo aus gesehen, auf der dem Tschupel entgegengesetzten Seite mit seinen sanften Zwillingsgipfeln in der Landschaft thronte, und sammelten Blaubeeren, die dann nach der Rückkehr am Nachmittag verspeist wurden. Aufgefallen war, dass sich einer der Lehrer beim Sammeln nicht beteiligt, sondern pausenlos Gespräche geführt hatte. Dass er nun beim Blaubeerenessen kräftig zulangte und auch seiner Frau reichlich auftischte, machte ihn nicht beliebter.

An manchen Vormittagen zogen tschechische Trauerzüge mit Blasmusik durch das Dorf zum Friedhof. Die schwermütigen ernsten Klänge mit ihrer böhmischen Eigenart waren von eindringlicher Kraft und schienen noch tagelang im Ohr nachzutönen. Als das Wetter nicht dazu einlud, das Haus zu verlassen, kam aus Prag ein deutsches Streichquartett Degenhardt und gab im Speisesaal ein Kammerkonzert. Das war zwar schön, wurde aber ziemlich förmlich und steif an- und abgekündigt. Ganz anders fiel eine andere Ferienveranstaltung aus: Einer unserer Lehrer, früherer Rittmeister bei den Ulanen, blieb eines Tages nach dem Mittagessen im Speisesaal und geriet ins Erzählen, das sprach sich schnell herum, und nach kurzer Zeit war der Saal wieder voll. Er berichtete, lässig auf einer Tischkante sitzend, von Lanzenkämpfen mit Kosaken und meinte, das sei schon eine unangenehme Vorstellung, dass der Wimpel an der Lanzenspitze des Gegners einem durch den Leib fahre und plötzlich hinter dem Rücken flattere, und ähnliche grobe Scherze. Er erläuterte auch die Bedeutung der aneinandergereihten Kerben, die immer einen durchbohrten Feind anzeigen sollten. Ob alles der Wahrheit entsprach, blieb gleichgültig, was zählte, war die Art, wie er es vorbrachte.[204]

Im August gab es einige schwere Gewitter in den Bergen. „Ive“ und ich rückten einmal den Tisch an das geöffnete Fenster unseres im ersten Stock nach Süden gerichteten Zimmers, legten uns auf dem Bauch darauf und waren fasziniert von den pausenlosen Blitzen, in deren Licht die Silhouette der Berge aufleuchtete und der rauschende Regen aus der allgemeinen Dunkelheit auftauchte und sichtbar wurde; sogar die Luft roch anders als sonst.

Bei Wiederbeginn des Unterrichts gab es nur eine kleine neue erste Oberschulklasse, denn zuvor hatte es in Berlin keine vierte Volksschulklasse gegeben.[205] Schwierigkeiten ergaben sich trotzdem mit der Nutzung des kleinen Schulgebäudes im Dorf oberhalb des Hotels Travny. Umschichtig waren auch die Kinder der ansässigen tschechischen Bevölkerung darin untergebracht. Aber mehrere Wochen lang wurde dann das ganze Gebäude unter Quarantäne gestellt, und der Unterricht für uns Jungen im Lager fand so lange auf beengtem Raum statt.[206]

In den ersten Septembertagen traf ein humpelnder abgesandter Wehrmachtsoffizier mit einem Ritterkreuz im Lager ein und bot sich an, mit den Schülern den Umgang mit dem Gewehr zu proben. Neben dem Hotel Travny am Teich warb er ohne Erfolg um Interessierte. Er hatte sich noch die Genehmigung des Lagerleiters geholt. Aber gleich darauf wurden offiziell in einem Zeltlager in Ostravitza, das sich „Wehrertüchtigungslager“ nannte, für die Schüler bis herunter zu dem Jahrgang, dem Hans-Joachim angehörte, vierzehntägige Übungen im Kleinkaliberschießen angeordnet.[207] Gerüchteweise hörte man, von Osten her drohe Unheil. In der benachbarten Slowakei, hieß es, seien Unruhen ausgebrochen, es werde geschossen. Ein paar Jungen machten sich auf den Weg auf die ostwärts gelegenen nächsten Berggipfel, um zu lauschen, ob man schon etwas von der nahen Grenze aus hören könne. Nachrichten gab es in Praschmo nicht, oder wenn es sie gab, wurden sie verschwiegen. Schließlich war davon die Rede, Praschmo sei als Standort für ein Lazarett hinter der Front in Betracht gezogen worden.[208] Obwohl im September das für die jüngeren Schüler genutzte Erholungsheim wegen eines grassierenden Impetigo-Hautausschlags gerade unter Quarantäne stand, hieß es, das Lager werde verlegt. Das mit Essenresten aus der Küche in einem Stall neben dem Hotel Travny fast ein Jahr lang gemästete Schwein wurde dilettantisch geschlachtet und schrie jämmerlich, ehe es starb, und auf einmal musste alles ganz schnell gehen. Hans-Joachim war ausgerechnet jetzt mit Impetigo ins Großrevier in Friedek gekommen. Ich hatte zwar keine Mühe, die Habseligkeiten beider Brüder zu packen. Aber erst bei der Abfahrt des überfüllten Eisenbahnzugs von Friedek entdeckte ich Hans-Joachim endlich, und beruhigt schlief ich, einer der Jüngsten im Lager, auf dem Schoß der jungen Sportlehrerin ein.[209]

Bad Sadska *Zeichnung: Horst Schulze*

In Bad Sadska hinter Kolin, wo der Zug nach der nächtlichen Fahrt hielt,[210] standen wieder drei Gebäude bereit, aber sie lagen außerhalb des Ortes, und es gab keine Fahrverbindung, sondern alle marschierten zu den Unterkünften, die zuvor, wie uns gesagt wurde, ein Erholungsheim der Post gewesen waren. Zwei freistehende Häuser begrenzten im rechten Winkel einen unbebauten Platz, noch weiter entfernt und bereits im Wald vor den Elbwiesen stand das dritte, kleinere Badehaus; es sah netter aus und fiel durch viel Holz am Steinbau auf. Aber dahin kamen Hans-Joachim und ich nur einmal später anlässlich einer nacheinander in den drei Häusern durchgeführten Räucheraktion gegen Ungeziefer. Genauer lernten wir zuerst das dem Ort nähere Hauptgebäude kennen, vor dessen Fenstern die Straße nordwärts zum Wald führte. Im Speisesaal wurden nachmittags die Schularbeiten gemacht, und man konnte dabei die melancholischen Sonnenuntergänge beobachten, ehe man im oberen Stock sein Zimmer aufsuchte. Hier wurden in der ersten Zeit Hans-Joachim und ich bei den größeren Schülern einquartiert. Die Bettgestelle waren in diesem Haus aus Eisen. Sie eigneten sich vorzüglich als Antenne für ein paar gewitzte Bastler unter den Schülern, die mit winzigen Kristalldetektoren in Streichholzschachteln und Kopfhörern, die aus Standard-Telefonhörern umgebaut waren, Radiosendungen zu empfangen verstanden.[211] Nach der Ausräucherung des Ungeziefers wohnten Hans-Joachim und ich in einem nach Süden gerichteten Zimmer des anderen Gebäudes. Durch die Fenster auf der entgegengesetzten Seite schallte hier Vogelgezwitscher vom Waldrand herein.

Am 18. Oktober wurden die ältesten Schüler zu Schanzarbeiten nach Preßburg eingezogen. Das Lager bekam andererseits Zuwachs sowohl an Schülern etwa in Hans-Joachims Alter als auch an drei Lehrern. Einer, ein schwarz uniformierter Kahlkopf, redete immer über zerlumpte sowjetische „Untermenschen", die außer dem Wort „nitschewo" kaum etwas zu sagen wagten. Einer der anderen hatte eine Vorliebe für Schaftstiefel, war nicht sympathischer, hielt sich aber wohl mehr zurück. Der ordentliche Unterricht fand in der Regel im alten Schulgebäude im Ort statt.[212] Die Straße dahin war auf anderthalb Kilometer Länge ungepflastert und bei Regenwetter voller Schlamm und Pfützen. Wegen des Anmarsches musste man sich morgens mit dem Frühstücken beeilen, und von den Schulstunden wurde etwas Zeit eingespart, damit die Schüler wieder pünktlich zum Essen im Lager waren; die Verpflegung war übrigens besser als in Praschmo, und es gab mehr Freizeit.

Im November waren wir Schüler Zaungäste oder Treiber bei einer großen Hasenjagd, und nachher sah man viele mit Salzschrot erlegte Hasen nebeneinander auf einer Wiese am Waldrand liegen. Wieder begannen Bastelarbeiten zu Weihnachten. Hergestellt wurden Bücherstützen, Briefständer, gerahmte Hinterglasmalereien und dergleichen, meistens recht unnütze Dinge. Hans-Joachim wurde beauftragt, diese Geschenke als „Kurier" in einer Uniform der Hitler-Jugend, die ihm nicht gehörte, nach Berlin zu bringen. Auf diese Weise konnte er zu seinem 14. Geburtstag am 18. Dezember zu Hause bei den Eltern sein.

In Altglienicke war das Leben vom Krieg geprägt. Einmal hatte es gleich nach einem Zählappell der Schulkinder Fliegeralarm gegeben. Mein jüngerer Bruder hatte das zwei Kilometer entfernte Elternhaus nicht mehr erreichen können und war unterwegs in einem überfüllten Bunker untergeschlüpft, während sich unsere Mutter fragte, wo er sei. Es wurde ernst. Gegen Kriegsende hörte unser Vater im Luftschutzkeller zu Hause mit einer zur Verwunderung seines kleinen Sohnes über den Kopf gezogenen Wolldecke Radio auf Langwelle, aber nicht nur die Luftlagemeldungen, sondern, wie er ihm später erzählte, vor allem die deutschsprachigen militärischen Lagemeldungen des „Feindsenders“ BBC.

In Böhmen gab es diesmal weder einen Besuch der Eltern noch wenigstens eine weiße Weihnacht. Zur Bescherung wurden Süßigkeiten verteilt. Es herrschte die Stimmung einer Trauergemeinde. Am Silvesterabend gingen alle Kinder im verordneten Schweigemarsch zu den im Dunst wenig einladenden Elbwiesen. Kaum erfreulicher waren, als der dünne Schnee liegen blieb, Nachmittagswanderungen in Grüppchen durch den nahen Wald zum Elbufer.

Hans-Joachims Rückkehr ins Lager verzögerte sich, weil in Berlin noch seine Haut ärztlich behandelt werden sollte. Vor seiner Abreise zog ihm seine Mutter am 3. Januar den zu großen Popelineregenmantel von Onkel Johannes über die Uniform und sagte, das halte ihn besser warm. In Wahrheit störte sie die Zumutung, den Jungen mit einer provozierenden Hakenkreuzbinde am Arm durch die halbe Tschechei reisen zu lassen. In Prag fuhr er dann zuerst nach Kolin und musste sich korrigieren. Erst am 5. Januar traf er wieder in Sadska ein.

Im trüben Januar gab es einen Wettbewerb zur Beschilderung der Zimmer mit Wappen. Nach dem 21. Januar gab es eine Neuerung: Einige Lehrer versammelten in Abständen die gesamte

Schülerschaft für jeweils etwa eine halbe Stunde im Speisesaal und hielten reihum Vorträge über die Lage an den Fronten. Den Anfang machte der Englischlehrer.[213] Er zeigte an der Europakarte erstmals sehr anschaulich und desto erschreckender, je verständlicher er redete, wie und wo die Durchbrüche der Alliierten im Westen und Süden und vor allem der Russen im Osten stattfanden und sich entwickelten. Den Jungen gegenüber gaben diese Lehrer zu verstehen: Die deutsche Widerstandskraft war erschöpft.

In Berlin wurden bis zum Ende des Monats Februar Hilfstruppen für die Verteidigung der Stadt aufgestellt, darunter etwa 60.000 ältere Männer und minderjährige Jugendliche unter der Bezeichnung „Volkssturm". Auch unser kriegserfahrener Vater wurde eingezogen. Beim ersten Aufruf vom 27. bis 31. Januar ging er in die im Admiralspalast am Bahnhof Friedrichstraße untergebrachte Ausgabestelle und ließ sich festes Schuhzeug geben. Als er es später anzog, waren es zwei linke Stiefel, da fuhr er wieder zurück und tauschte sie um; dadurch verlor er den Anschluss an die Gruppe und sollte zunächst wieder seiner Arbeit nachgehen.

Der 3. Februar war ein Sonnabend; in Berlin war der Himmel teilweise bewölkt. Etwa 10 Minuten nach einer Vorwarnung wurde vormittags um 10 Uhr 30 Fliegeralarm gegeben. Um 11 Uhr griffen weit über 900 amerikanische schwere Bomber mit einem Geleitschutz von mehr als 600 Jagdflugzeugen die Innenstadt an. Die Spitze setzte Rauchmarkierungen vom Bahnhof Papestraße im Süden bis zum Potsdamer und Anhalter Bahnhof im Norden. In dem gekennzeichneten Bereich blieb innerhalb von 50 Minuten kaum noch etwas stehen. Am Mittelpunkt der

Bombenabwürfe war die Dienststelle unseres Vaters, die Girokasse 9 der Berliner Stadtbank. Als eine Viertelstunde nach 12 Uhr Entwarnung gegeben wurde, war er am Leben, er kam auch aus dem Keller, es fuhr aber keine Bahn, er musste versuchen, über die kilometerweit im Umkreis brennenden Trümmer hinweg zu Fuß herauszukommen. Inzwischen wurde es Nacht. Unsere Mutter stand vor dem Haus in Altglienicke, unser Vater kam nicht. Sie sah in einer Entfernung von 15 bis 20 Kilometern den riesigen roten Feuerschein der brennenden Innenstadt. Am nächsten Morgen war noch kein Lebenszeichen von ihm da. Sehr spät kam er zurück. Er war 48 Jahre alt; in wenigen Tagen wurden seine Haare grau.

Noch einmal wurde er am 7. Februar zum Volkssturm aufgerufen. Beim Ausrücken zu einer Panzersperre sollte der Trupp des Volkssturms, dem er zugeteilt war, Minen legen. Die Zündkapseln dazu wurden getrennt in einem Brotbeutel mitgeführt, den unser Vater unaufgefordert an sich nahm. Sie waren dann am Ziel unauffindbar. Am 10. sollte er mit einer Panzerfaust die als Speicher genutzte Schule bewachen, da fiel er, die Panzerfaust möglichst weit über sich haltend, aufs Gesicht und blutete und wurde vom Arzt nach Hause geschickt.

Am 5. März wurden bereits die erst Fünfzehnjährigen mit dem Hinweis aufgerufen, dass die Einziehung zum Kriegsdienst gemäß einer Verordnung vom 2. Dezember auch im Protektorat gelte. Kurze Zeit danach hielt der Lehrer, der uns in Praschmo mit seinen Ulanengeschichten unterhalten hatte und dessen

Einstellung bis dahin unklar war, in meiner Klasse eine Vertretungsstunde im Fach Deutsch. Er nahm die Romanze „Belsazer" mit einem unvergesslich anschaulichen Kommentar zum dichterischen Rang des Gedichtes durch, bat aber am Ende der Stunde, nicht weiterzuerzählen, was wir Jungen heute bei ihm gelernt hätten. Den Namen des Dichters nannte er nicht.[214]

Gleich darauf wurde am 12. März, nicht unerwartet, vermehrte „Bandentätigkeit" in Böhmen gemeldet. Ein paar deutsche Polizisten kamen mit einem Pferdefuhrwerk ins Lager, sie begleiteten eine grau zugedeckte Lieferung Infanteriegewehre in mehreren langen Kisten, dazu brachten sie eiserne Behälter mit Munition und Pistolen und stellten sie vor dem Haus ab, in dem Hans-Joachim und ich untergebracht waren. Während sich einer von den Polizisten mit den Lehrern verständigte, ließ der andere die Kinder, die sich mehr für sein Pferd interessierten, gutmütig je einmal um das Haus reiten. Hans-Joachim erlebte dann bei einem ungeordneten Marsch durch ein Waldstück, wie der Lehrer, der in meiner Klasse die Ballade „Belsazer" durchgenommen hatte, nervös geworden, mit vorgehaltener Pistole einem entgegenkommenden fremden Radfahrer befahl, dem als Formation doch gar nicht erkennbaren „Sauhaufen" auszuweichen.

Der „Macker" vermied jede Vorbereitung der Jugendlichen auf die bevorstehende Katastrophe. In Berlin hielt er in einer Elternversammlung sogar eine Rede, in der er unzutreffend behauptete, das Protektorat sei „reichsdeutsches Gebiet", die Kinder seien bei ihm in Sadska in Sicherheit.[215] Das konnte nur Kopfschütteln darüber hervorrufen, dass er allem Anschein nach gar nicht daran dachte, rechtzeitig Vorkehrungen für den Fall zu treffen, den die Zimmerwirtsleute in Praschmo schon längst befürchteten, dass nämlich die Tschechen das deutsche Protektorat abschüttelten. Ins Lager zurückgekehrt, setzte er die Stilisierung des Alltags zur Idylle fort, indem er noch zum 21. März eine vorösterliche „Frühlingsfeier" anordnete, bei der unter anderem ich unter Anleitung von Dr. von Henjes die Verse „Frühling lässt sein blaues Band wieder flattern durch die Lüfte" von Mörike aufzusagen hatte. Aber aus den Lüften griffen gleich danach am 26. März amerikanische Flugzeuge von Süden her Prag an. Ein Teil von ihnen nahm seinen Weg im Bogen über Sadska. Alarm wurde ausgelöst. Einige Jungen im Lager liefen vor die Häuser und sahen am hellen Tage die kleine Bomberformation in großer Höhe ruhig dahinfliegen.

Am 1. April war Ostern; am Dienstag darauf wurde Hans-Joachim auf Grund eines allgemeinen Führerbefehls vom 25. März in geborgter Uniform mit Hakenkreuzbinde nach Königgrätz befohlen,[216] wo er einem Feldwebel Lebensmittelbestände registrieren half. Unterdessen wurde im Lager eine Telefonwache eingerichtet, zu der auch ich im entscheidenden Augenblick herangezogen wurde. Statt der Durchsage, wann der angeforderte Zug endlich eintreffen sollte, kam am 18. April die Meldung, dass „die Russen bereits vor Brünn" stehen. Jeder im Lager machte sein Gepäck reisefertig und wartete. Als das Abendessen beendet war, ließ der Lagerleiter alle Schüler ihre Uniformen der Hitler-Jugend anziehen und draußen antreten. Das Wetter war windig und nass. Er ging auf mich zu und ohrfeigte mich. Er glaubte, dass ich als zivil gekleideter Junge, der keine Uniform besaß, absichtlich keine trage, obwohl er es allen „zu ihrem Schutz“ befohlen hatte. In letzter Minute traf Hans-Joachim wieder im Lager ein.

Auf gut Glück begann zu fast mitternächtlicher Stunde der Abmarsch zum Bahnhof. Aber dort kam der erhoffte Zug nicht, weder aus der einen noch aus der anderen Richtung. Mehrere Gepäckwagen waren vorbereitet, in einen waren die Waffen eingeladen worden, er wurde seit Stunden von Schülern bewacht. Beim Verladen des letzten Gepäcks, das schnell gehen musste, hatte ich gesehen, dass die Bücherkiste mitkam, die unsere Eltern ihren Kindern mitgegeben hatten. Erst am 19. April traf um 4 Uhr morgens ein voll besetzter Zug aus Nimburg ein. Vier Wagen für die Wartenden wurden angehängt. Die Reiseroute wurde nicht bekanntgegeben.

Der Zug fuhr unerwartet nicht nach Westen weiter, wohin alle wollten, sondern zurück nach Nimburg. Prag sollte offenbar nicht mehr berührt werden. Die Bahnfahrt, die den Kindertransport dann zuerst mehr nach Süden, zuletzt nach Westen brachte, dauerte fünf Tage und Nächte.[217] Unterwegs gab es Angriffe von amerikanischen Tieffliegern, die es darauf anlegten, den Schienenverkehr zu unterbinden. Mehrmals wurde aber ihr Anflug so rechtzeitig gemeldet, dass die Kinder vor dem Eintreffen der einzeln die Gleise absuchenden schnellen Flugzeuge schon nicht mehr im Zug saßen, sondern rechts neben der Strecke Deckung suchen konnten. Wiederholt fuhr der Zug an verlassenen beschädigten Lokomotiven auf dem zweiten Gleis vorbei, die im Führerhäuschen und zum Teil am Kessel Löcher aufwiesen; die offenbar durch Beschuss aus den Bordwaffen der Tiefflieger entstanden waren, jedenfalls wiesen die Einschüsse auf Maschinenkanonen vom Kaliber 20 Millimeter hin. Einmal bewältigte die vorgespannte Lokomotive, für die der Zug zu lang war, eine Steigung nicht. Da stiegen alle aus und halfen, indem sie die Waggons auf Kommando schoben, bis der Schwung ausreichte.[218] Kurz vor der bayerischen Grenze blieb der Zug am 23. April spät abends hinter Lub bei Klattau stehen. Im Morgengrauen fuhr er nur noch einmal so weit zurück, dass man auf dem Bahnhofsgelände aussteigen konnte, und dann suchte jeder, was er als Handgepäck tragen konnte. Die meisten wechselten dabei ihre bisher vorgeschriebenen Kleider und die Wäsche. Der größere Teil des Gepäcks blieb unbewacht im Zug zurück.[219]

Der Fußmarsch begann in Richtung auf Neuern.[220] Dort kam ich abhanden; ich hatte eine Toilette gesucht und war etwas zurück geblieben, als auf einmal für mich die ganze Mannschaft um zwei Ecken verschwunden war; aber ich wusste das nächste Marschziel: Es hieß Engelshütt.[221] Ich fragte und wurde an den Bürgermeister verwiesen, in dessen Zimmer sich ein Radfahrer aufhielt, der zu Kurierdiensten eingeteilt war. Die beiden Männer verständigten sich schnell, ich wurde auf den Gepäckträger des Fahrrades gesetzt, und der Kurier versuchte, den auf der Straße dahinziehenden Trupp noch einzuholen. Es ging bergab und bergauf, im böhmischen Ort Santa Katharina und im bereits bayerischen Rittsteig, wo eine Pause eingelegt wurde, war von einem durchziehenden Kindertrupp nichts bekannt. Der Kurier fuhr weiter bis Engelshütt. Wir kamen zu früh an. Der Kurier ließ am Ort sofort zwei Scheunen zur Übernachtung für alle bereitstellen und fuhr nicht wieder zurück, bevor er seinen Schützling, der zum ersten Mal von ihm mit dem Wort „Flüchtling" bezeichnet wurde, satt und zugedeckt zum Schlaf im Stroh gesehen hatte. Mehrere Stunden später knarrte das Scheunentor, und „Macker" rief meinen Namen. Der Haufen Flüchtlinge war wieder beieinander.

Am nächsten Tag wurde aus einem auf die Straße gestellten Kessel das Mittagessen ausgegeben. Kurz danach kam ein einzelner „Jeep" mit oben aufmontiertem schweren Maschinengewehr und drei amerikanischen Soldaten aus dem Tal von Kötzting herauf über das freie Feld auf Engelshütt zu,[222] der Fahrer sprang mitten in dem kleinen Bergdorf heraus und forderte die Einwohner auf, eine weiße Kapitulationsfahne aufzuziehen: „a white flag so that we can see it". Das sei für das ganze Dorf genug. Dann fuhren die Soldaten auf dem Weg wieder zurück, auf dem sie gekommen waren.[223] Etwas später kam aus der anderen Richtung ebenfalls ein amerikanischer Jeep, aber mit vier Mann in deutscher Uniform darin und ohne aufmontiertes Maschinengewehr. Einer von ihnen fragte den ihm am nächsten Stehenden, ohne auszusteigen: „Sind die Amerikaner schon hier?" Auf das „Ja" als Antwort wendete er schleunigst und verschwand. Später kam aus dem Tal ein einzelner Sherman-Panzer und fuhr in die Dorfmitte. Der Kommandant forderte die Einwohner auf, alle Waffen abzugeben, fragte, ob es hier „Werwölfe" gebe, und verhängte eine nächtliche Ausgangssperre.[224] Er blieb über Nacht. Am nächsten späten Vormittag rückte aus dem Tal eine Artillerieabteilung mit vier Rohren an, stellte die Geschütze unmittelbar vor dem Dorfeingang auf und wartete. Die Soldaten öffneten ihre Verpflegungspakete und wärmten ihr in Blechdosen und Schachteln mitgebrachtes Mittagessen an einem kleinen Feuer. Auf einmal sprangen alle auf, die

Batterie gab eine einzige Salve seitwärts in den angrenzenden Wald ab, und als keine Reaktion erfolgte, packten sie schnell zusammen und fuhren wieder zurück.[225]

Etwa am 29. April kamen ein paar planbedeckte amerikanische Truppenlastwagen nach Engelshütt, um die in den Scheunen untergebrachten Kinder und ihre Lehrer umzuquartieren.[226] Bei der Durchfahrt in den winkligen Straßen der Stadt Kötzting war von einem Balkon herunter Jazz zu hören, den ein paar Soldaten dort bliesen. In Perwolfing angekommen, verteilten sich die Berliner auf die Höfe dort und zum Teil in Nieder-Runding.[227] Wir Jungen waren nun auf uns selbst gestellt. Die Eltern konnten nicht wissen, wo wir waren. Nachrichten nach oder aus Berlin gab es nicht, die Postverbindungen waren unterbrochen. Dem „Macker" entglitt weitgehend die Leitung des Haufens.

Die ärmeren Bauersleute im Bayerischen Wald waren meistens äußerst entgegenkommend. Aber die Last der Einquartierung war drückend. Ein paar Tage lang kamen Hans-Joachim und ich bei einer Bäuerin namens Schwarz in Niederrunding unter, die schon andere Flüchtlinge aus Schlesien aufgenommen hatte. In der Scheune wies eine ältere Frau den Kindern eine Stelle an, wo Heu gelagert war, denn in den noch kühlen Nächten sei es da wärmer als im Stroh. Die Bäuerin teilte ihre Vorräte und versorgte alle. Die Kinder sahen unter anderem erstmals hier beim Brotbacken im Ofen auf dem Hof zu.[228] Eine jüngere Flüchtlingsfrau sammelte draußen Brennnesseln zu einem Salat, von dem wir Jungen noch nie etwas gehört hatten.

Es war Mai geworden, wir liefen barfuß, die Rosen begannen zu blühen.[229] Hans-Joachim entschied sich, der Bäuerin nicht länger zur Last zu fallen, und suchte nach einem reicheren Bauern in der Nähe. Im benachbarten winzigen Dorf Göttling fand er eine solche passende Unterkunft für sich und seinen Bruder Horst. Die Familie hieß Fischer-Maier oder umgekehrt. Auf dem zusammengestückelten Vierseithof mit Wohnhaus und mehreren Ställen, Scheune und Remise gab es 14 Milchkühe und Kälber und 2 Ochsen, außerdem 2 Rösser und viele Schafe, Hühner und Tauben. Als Unterkunft wurde den Brüdern ein Platz oben auf dem Stroh in der großen Scheune angewiesen. Auf dem Querbalken darüber an der hinteren Wand konnte man etwas abstellen. Die Bäuerin schien ihrem Mann und ihren beiden Kindern richtig erzählt zu haben, dass die Buben aus Berlin keine Katholiken seien. Der Bauer vermutete argwöhnisch, dass sie von der Adolf-Hitler-Schule kämen. Hans-Joachim verneinte. Anders benahm sich einer der kleinen Söhne des Bauern: Er holte die Figur des Schutzheiligen aus der Nische über der Haustür, tat so, als bespucke er sie, und stellte sie schnell wieder zurück.[230] Fischer-Maiers tüchtiger Knecht Sepp, ein Schlachtergeselle aus Cham, verhielt sich neutral.

Hans-Joachim hielt den Kontakt zu den anderen Jungen in Perwolfing und Niederrunding. Die Nachrichten von Hitlers Tod und schließlich vom Waffenstillstand breiteten sich dort von Mund zu Mund aus. Die Bauern verstanden die Botschaft vom Ende des Krieges offenbar auch, als am Mittwoch, dem 9. Mai die Kirchenglocken in Ober-Runding läuteten.

Das Leben auf einem Bauernhof kannten wir als in Göttling untergekommene Berliner Kinder nicht, und oft verstanden wir auch den oberpfälzischen Dialekt nicht. Bei allem guten Willen war es schwierig, sich für die Unterbringung erkenntlich zu zeigen. Wir hackten Holz,[231] halfen beim Waschen und Striegeln des Rindviehs, gingen beim Ausmisten der Ställe karrenschiebend zur Hand, schnitten Häcksel, setzten auf dem Acker Stecklinge für Gemüse, halfen mit dem Rechen bei der Kleemahd und ließen uns vieles zeigen und sagen, wo wir nicht selber tätig wurden. Einmal wurde ein in den Hof gefahrener gewaltiger Motor angeworfen, an den mit einem breiten Transmissionsriemen ein anderes Großgerät angeschlossen war, und ein besonderes Vorkommnis war die perfekte Hausschlachtung eines Kalbes im Hof durch den Sepp, nachdem sich ein Lager mit polnischen Arbeitern aufgelöst hatte und diese in größerer Anzahl in den Hof gekommen waren und nach dem Kalb verlangt hatten. Sie sahen nun zu. Als die Polen abzogen, verschwanden auch meine festen Schuhe, die ich in der Scheune auf dem Querbalken abgestellt hatte, und Hans-Joachims letztes Geld.[232]

Hans-Joachim wusste, dass die unbenutzten Eisenbahnschienen, die sich hinter dem Hof durch das Tal schlängelten, nach Cham führten. Er besprach mit befreundeten Mitschülern die Stationen einer Reise nach Berlin. Die ersten gleichaltrigen Freunde machten sich bereits selbständig und brachen auf. Er wartete ab, bis die ersten neuen Lebensmittelkarten auch für ihn und mich ausgegeben wurden, sagte dann zum Weitersagen zu einem am Ort bleibenden Freund, er breche jetzt auf, und am 30. Mai machten sich die Brüder morgens auf den Weg.

In Cham tauschten wir die Karten gegen Waren ein und wanderten im Sonnenschein auf der Landstraße nordwärts weiter. Auf einem Teil der von duftenden Heckenrosen umsäumten Strecke nahm uns ein Bauer auf seinem Pferdefuhrwerk mit nach Bernried. Dort gab uns ein anderer Bauer Quartier in seiner Scheune. Er warnte vor fremden Plünderern auf der Straße. Am nächsten Morgen brachen wir Jungen ohne Abschied früh auf und kamen nur wenige Kilometer weiter bis nach Rötz. Es war der Fronleichnamstag, der ganze Ort beging das Fest. Hans-Joachim ging ins Rathaus und bat den Bürgermeister um ein geeignetes Schriftstück, mit dem sich die Brüder gegebenenfalls ausweisen könnten. Der Mann sagte: „In Berlin ist der Russe", und lehnte es ab. Aber auf der Straße fiel einer älteren Frau auf, dass ich am hohen Feiertag barfuß lief. Auf die Auskunft, mir seien die Schuhe gestohlen worden, verschwand sie kurz im Haus, brachte Schuhe ihres Kindes und schenkte sie mir. Nach einer Übernachtung mit Verpflegung in einer Sammelunterkunft in Rötz brachte ein Lastauto mit Plane die Flüchtlinge morgens während heftiger Regenschauer gruppenweise zum Bahnhof Schwandorf. Dort hörte der Regen auf, und um das nächste Ziel nicht zu verfehlen, wählten einige Flüchtlinge die zur Zeit tote Eisenbahnstrecke als Weg nach Weiden. Der Treck zog sich bald so auseinander, dass es ratsam war, einen am Bahndamm Posten stehenden amerikanischen Soldaten nach dem weiteren Weg zu fragen. Wir wurden eine Böschung hinauf geschickt, wo sich auf der Autostraße nach Weiden ein Flüchtlingstreck bewegte, in den wir uns einreihten.

Aber es dauerte nicht lange, da hielt ein amerikanisches Lastauto neben uns mit laufendem Motor an. Die Insassen waren aus dem Lazarett entlassene deutsche Soldaten, die über Weiden nach Hamburg fuhren. Der Fahrer fragte uns Kinder, wohin wir wollten, und lud Hans-Joachim ein, vorn auf dem hinreichend großen Kotflügel, und mich, hinten auf der Ladefläche Platz zu nehmen. Aber auch Hans-Joachim fand bald hinten Platz. In Hof an der Saale machten alle gemeinsam bei einem Bauern Rast, die Soldaten brieten Eier zum Abendessen, gaben uns Jungen auch davon ab, und als sie hörten, dass dem Hans-Joachim die Polen in Göttling das Geld gestohlen hatten, sammelten sie für ihn Ersatz.[233] Am nächsten Tag boten sie uns an, uns bis Magdeburg oder auch nach Hamburg mitzunehmen. Ein plötzlicher Reifenschaden in Halle konnte zwar einigermaßen behoben werden, aber dem Hauptmann, der die Gruppe führte,[234] blieb schließlich nichts übrig, als zur Verminderung der Last uns zu bitten, schon an der Autobahnausfahrt Könnern auszusteigen. Hans-Joachim fand nach fünf Kilometern Fußmarsch ein Quartier in Lebendorf bei Könnern. Dort wartete Frau Blamberg auf die Rückkehr ihres Mannes aus dem Felde. Sie nahm uns Kinder auf. Bei ihr wohnte bereits ihre unverheiratete Schwester. Sie und die beiden Berliner Kinder verpflegte sie vom 2. bis zum 12. Juni aus Lebensmittelvorräten, die kurz vor dem Eintreffen der amerikanischen Front noch schnell aus den Magazinen der deutschen Soldaten an die Bevölkerung verteilt worden waren. Das nächstliegende Problem war die Überquerung der Elbe. Bisher hatten wir Jungen unser Marschgepäck nicht allzu weite Strecken getragen; wiederholt waren wir auf Fahrzeugen mitgenommen worden. Jetzt ließen wir für den Rest unserer Reise alles Entbehrliche aus den uns verbliebenen geringen Habseligkeiten bei Frau Blamberg zurück, bis die Postverbindung wieder hergestellt sein würde, und machten uns morgens wieder auf den Weg.

Hans-Joachim hatte in Lebendorf Hinweise auf einen Uhrmacher bekommen, der uns auf seinem Fuhrwerk bis an die Elbe mitnehmen sollte. Daraus wurden 14 Stunden Fußweg.

In Aken an der Elbe[235] herrschte eine britische Besatzungstruppe. Von den mit weißen Gurten kenntlich gemachten Soldaten der Militärpolizei wurde in diesem Ort praktisch alles geregelt. Wir Jungen, offensichtliche Flüchtlinge, wurden sofort zu einer öffentlichen Verpflegungsstelle geleitet, anschließend wies man uns ein Privatquartier bei einem Malermeister zu, wo wir ebenso wie die Frauen zum Kartoffelschälen eingeteilt wurden. Es war nur in knappen Zwischenzeiten möglich, sich an der Elbe zu erkundigen, wie man sich von den Soldaten hüben und drüben, wo die Russen das Land besetzt hatten, möglichst unbemerkt über den Strom setzen lassen könnte. Die Lage war nicht geheuer. Auf der Elbe schwammen Leichen. Hans-Joachim entdeckte sie. Über den Schrecken, den wir bekamen, brauchten wir uns nicht erst zu verständigen, er verstand sich von selbst. Aber das praktische Problem, wie man nun über das Wasser kommt, musste besprochen werden. Es gab am Ufer in Aken ein beflaggtes belgisches Beiboot, das zu einem festliegenden großen Lastschiff gehörte. Dessen kleine Besatzung nutzte die Zeiten der Wachablösung auf dem anderen Ufer, um täglich die Überfahrt gegen Geld zu riskieren. Wir übernachteten in Aken mehrmals, um diese Chance unauffällig zu erkunden. Am 16. Juni wagten wir es, Hans-Joachim hatte die geforderte Geldsumme und gab sie hin, und so kamen wir Kinder mit einigen anderen deutschen Passagieren im Beiboot kurz nach 14 Uhr auf das andere Ufer.

Nach 11 Kilometern Fußmarsch erreichten wir den Bahnhof Zerbst. Hier fuhren bereits wieder Züge. Zunächst ging die Bahnfahrt über den Puffern zwischen den Waggons nur bis

Wittenberg. Der dortige Aufenthalt dauerte mindestens zwei Stunden, in denen wir uns auf den Vorhallenstufen eines großen Gebäudes niederließen. Ein bisschen Marschverpflegung hatten wir bei uns. Abends fuhr noch ein Zug bis Jüterbog, wo ein Sammelquartier im Dachboden einer geräumten Kaserne zur Übernachtung unmittelbar neben noch vorrätiger Munition aufgesucht wurde.[236] Am nächsten Morgen fuhren wir mit einem wieder überfüllten Zug direkt nach Berlin ab.[237] Wir hatten keine Vorstellung, in welchem Ortsteil am Stadtrand der Zug ankommen würde. Wir stiegen aus, als wir das Bahnhofsschild Lichterfelde Süd lasen. Hans-Joachim ließ sich von einem Passanten die Ortsteile Marienfelde, Buckow und Rudow nennen, die noch zu Fuß zu durchqueren waren.

Es war Sonntag, der 17. Juni 1945. Am frühen Nachmittag hielt sich unser jüngster Bruder mit ein paar Kindern spielend auf der Straße vor dem Elternhaus auf. Er sah zwei Jungen, die ihm bekannt vorkamen, auf geradem Weg über die Äcker und die Wiese auf sich zukommen und gab im Haus Bescheid. Unsere Eltern hatten kurz vorher von dem bereits aus Bayern nach Altglienicke in die Ewaldstraße zurückgekehrten Ingo Mante die Nachricht bekommen, dass wir ebenfalls auf dem Wege nach Hause seien; ein großer Rest Ungewissheit war aber geblieben. Unsere Mutter lief vor die Gartenpforte und blickte angespannt die Straße hinunter in die falsche Richtung. Erst als sie gleich danach uns Kinder leibhaftig aus nur noch wenigen Schritten Abstand auf sich zukommen sah, war ihre Erleichterung groß. Alle turbulenten und kräftezehrenden Ereignisse der vergangenen zwei Monate schienen sich in der allgemeinen

Freude des Wiedersehens zum größten Teil in glücklich überstandene und inzwischen ohnmächtig gewordene absurde Wachträume zu verwandeln.

Was sich in der Zwischenzeit in Berlin ereignet hatte und erzählt zu werden verdiente, war zu viel für einen Nachmittag. Es musste nach einer knappen Skizze später im Detail ergänzt werden und blieb auch danach für die Heimgekehrten immer noch ein lückenhaftes Mosaik.

Am Freitag, dem 20. April 1945 war in Berlin mit der Parole „Clausewitz“ von Goebbels der Belagerungszustand verhängt worden.[238] In Altglienicke blieb am 23. ein langer Munitionszug aus Berlin im Eisenbahnschacht hinter unserem Garten stecken.[239] Zwei SS-Offiziere, die den Transport leiteten und ihr Quartier im letzten Haus der Straße bei uns und unserm Nachbarn aufschlugen, verlangten Radioempfang und die Uhrzeit.[240] Die Durchsage aktueller Nachrichten war aber fast auf den Nullpunkt gesunken.[241] Die deutschen Soldaten brachten eine ängstliche bucklige Frau aus Fürstenwalde zur Unterbringung im Keller mit. Meine Mutter bat nun, den Zug mit seiner explosiven Fracht weiter zu ziehen und nicht hinter den bewohnten Häusern bis über das obere Ende der Straße hinaus stehen zu lassen. Darauf antwortete einer der Offiziere: „Der steht hier ganz gut, geschützt. Wir kommen nicht mehr zur Front durch.“[242] Im Osten rückte unterdessen die 1. Weißrussische Front unter Marschall Shukow vom Bahnhof Köpenick bis an die Dahme vor. „Sie können ruhig in den Keller gehen und schlafen. Wir passen hier oben auf", sagte ein junger Soldat, der die Nachtwache vor dem Haus antrat, in dem innen die Offiziere waren. In der Nacht vom 23. zum 24. setzten die Russen über die Dahme. Am 24. schossen sie, nachdem sie eben noch im Akazienhof auf heftigeren Widerstand gestoßen waren, aus der Richtung der Brücke herüber auf die Häuser an der gegenüberliegenden Straße, als sich im letzten Haus noch die deutschen Offiziere befanden. Die Bewohner dieser Häuser blieben während der Schießerei möglichst in den Kellern und sahen nicht viel von den Soldaten hüben und drüben.[243] Die deutschen Soldaten zogen sich schließlich zurück; sie schlugen die Richtung auf den Teltowkanal ein. Den ersten Russen bekam unsere Mutter zu sehen, wie er hinten herum[244] am Bombentrichter vor dem Haus vorbei über die Wiese auf das obere Ende der Rosestraße zu ging. Meinem achtjährigen Bruder, der neben ihr einen ersten Blick nach draußen wagte, erschien es fast komisch, dass der Russe sein Brot an einer Schnur hinten am Gürtel trug.[245]

Die bucklige Frau wieder los zu werden war nicht ganz einfach. Dann klopfte auch noch ein flüchtender SS-Aufseher aus einem Konzentrationslager an die Tür, der sich als solcher zu erkennen gab, und wollte sich eine Nacht lang im Keller verstecken.[246] Nach ein paar Tagen[247] machten sich Anwohner auf der Suche nach Brennholz an den Verpackungskisten der Fracht auf dem Zug zu schaffen und brachen sie auf. Da flog auf einmal der explosive Inhalt in die Luft. Zunächst brannten oberhalb des Bahnschachts die Baracken der Reichsbahn,[248] unten zündete ein Waggon immer den nächsten an, und schließlich wurde an der Spitze des Zuges die Hochspannungsleitung zerfetzt, deren an hohen Gittermasten hängende Stromkabel hinter dem Bohnsdorfer Weg den Eisenbahnschacht überquerten.[249]

In diesem Schacht fand zuletzt ein größerer Nachbarsjunge beim Spielen mit meinem Bruder und einem anderen Nachbarskind, dem seine Eltern den unmöglichen Spitznamen „Piesel" gegeben hatten, eine Panzerfaust und wollte sie abfeuern. Mein Bruder nahm hangaufwärts Reißaus. Als er sich oben umdrehte, stand unten das Kind in Flammen. Mein Bruder schrie. Da kam in Windeseile der Nachbar mit einer nassen Decke zu Hilfe und rettete dem Jungen das Leben.

Dann meldete sich der sowjetische Stadtkommandant. Er richtete Ortskommandanturen ein und ließ Waffen und Radioapparate einsammeln,[250] verbot die Beherbergung versprengter deutscher Soldaten, ordnete bei Androhung drakonischer Strafen an, dass die russischen Truppen nur in geschlossenen, von den Offizieren beschlagnahmten Wohnvierteln Quartier nehmen durften, verbot Plünderungen und vergaß nur, auch Vergewaltigungen zu verbieten. Eine Militärpolizei wurde eingerichtet, die mit grünen Mützen kenntlich gemacht wurde. Genäht wurden solche Mützen von Frauen aus der Bevölkerung. Meine Mutter setzte sich, um in der Nachbarschaft gesehen und notfalls gehört zu werden, draußen an die Nähmaschine und fertigte mehrere Mützen an. In einem Falle bekam sie sogar eine Belohnung in Form eines sauberen Schnupftuches voll Zucker. Dann hieß es: „Weiße Fahnen rein, rote Fahnen raus!"

Nachts brauchte nicht mehr verdunkelt zu werden, dagegen herrschte Ausgangssperre. Nun war aber in einem der damals gebräuchlichen Drehschalter für das elektrische Licht wegen Materialermüdung die innere Feder so schwach, dass der Schalter nicht einrastete; die Lampe in der Toilette flammte ein paarmal auf und wurde wieder dunkel. Das deutete ein Wachposten als verbotenes Morsesignal, kam ins Haus und war nur mit Mühe davon abzubringen, auf der Stelle meinen Vater zu erschießen, den er noch in der Toilette vorfand. Es gab solche Missverständnisse, vor allem aber auch Zügellosigkeiten der nun massenhaft herangeführten Besatzungstruppen. Vor allem rissen die überwiegend nächtlichen Überfälle auf Frauen in den Häusern nicht ab. Einmal flüchtete meine Mutter auf den oberen Dachboden, zog die Leiter mit nach oben und legte sie als Gewicht auf die Luke, während unten mein Bruder bedrängt wurde[251] zu sagen, wo die Frau sei; er hielt den Mund, er wusste von keiner Frau. Einmal kam ein vom Alkohol rot angelaufener Soldat ins Haus und bedrohte meinen Vater, war aber so betrunken, dass der Schuss über dem Kachelofen in die Wand ging.[252]

Auf den Gleisen der Umgehungsbahn, die heil geblieben waren, rollte nun ein Güterzug mit heimfahrenden Fremdarbeiterinnen. Sobald er im Schacht anhielt, ergoss sich ein Strom von Ukrainerinnen über die angrenzenden Grundstücke, unter anderem wurde die Rosenhecke am „Beton“ vor unserem Garten geplündert. Vorn auf den Seitenblechen der Lokomotive war die weiß aufgemalte alte Parole „Räder müssen rollen für den Sieg“ durchgestrichen, und darunter stand: „Köpfe müssen rollen nach dem Krieg“.

Vom Donnerstag, dem 24. Mai bis zum folgenden Mittwoch beteiligte sich mein Vater in der Innenstadt von Berlin sieben Tage lang an Aufräumungs- und Inventurarbeiten in der Klosterstraße.[253] Vom 6. Juni an war er drei Tage lang wieder in seiner alten Dienststelle in den noch existierenden Kellerräumen der Girokasse 9 als Wache zur Sicherheit der Tresore eingesetzt. Vom nächsten Tage an arbeitete er weiter bei der neuen Zentrale der Sparkasse.[254]

Nach der Erklärung der Alliierten, sie übernähmen nun selber die Regierungsgewalt in den zuvor unter ihnen vereinbarten Besatzungszonen in Deutschland und den entsprechenden Sektoren in Berlin, verlangte ein neuer sowjetischer Befehl, alle Häuser sollten abwechselnd mit roten, britischen und amerikanischen Fahnen geschmückt werden. Die Maße waren 1,80 Meter mal 0,80 Meter. Wieder saß meine Mutter an der Nähmaschine und fertigte einen Union Jack an.[255]

So weit reichten die Erzählungen der Eltern, als Hans-Joachim und ich wieder zu Hause eingetroffen waren. Beim Gang durch den Ort sahen die Heimgekehrten dann auch die Spuren der vergangenen Kämpfe: Das Geländer der steinernen Brücke hatte einen Durchschuss von einer Granate, am Wasserturm war ein größeres Loch vom Aufschlag einer Granate zu sehen, die Brücke, auf der die Köpenicker Straße den Teltowkanal überquert hatte, war auf der Rückzugsseite gesprengt worden, und noch im August lagen im unbebauten Winkel zwischen den Eisenbahngleisen[256] im Tal unterhalb des Falkenberges die leeren Kartuschen von Granaten, die dort von russischer Artillerie abgefeuert worden waren.

5.
Im Kalten Krieg

Auch im Riesengebirge Postelberg?

Besonders die damaligen Kinder und Jugendlichen mußten ein Lebenlang mit den Bildern von den Massakern leben…

Ein würdiges Gedenken der Toten täte gut[257]

Immer wieder begegnen mir Menschen, die von Massakern im Sommer 1945 in Trautenau berichten. Allen voran meine Mutter, Anna geborene Schwantner, wohnhaft auf dem Adalbert-Stifter-Platz 1, in ihren tschechischen Papieren von 1945 Pariser Platz genannt, heute Platz der Befreiung in der Nähe vom Städtischen Krankenhaus. Auf dem Platz wurden Erschießungen vorgenommen bzw. erschlagen, die Toten wurden zunächst in unseren Hausflur geworfen. Wochenlang mussten wir an den Wänden mit Blutspuren vorbei, bis meine Mutter und ich noch nicht Dreijährige dann selbst am 29. Juli 1945 in den 2. Transport der Wilden Vertreibung gerieten. Diese Toten könnten in der Grünanlage auf dem Platz verscharrt worden sein.

Über die Schreckensbilder in den Kindern von Flucht und Vertreibung ist wenig geforscht worden. Auch wenn ich keine Erinnerung habe, sind die Bilder doch in mir. Ich habe die Schüsse gehört und ich habe das Blut gesehen, auch wenn die Bilder nicht konkret sind, die Angst ist in mir, besonders muß mich die Aufforderung, innerhalb einer Stunde die Wohnung, das vertraute Umfeld zu verlassen und zum Abtransport in Reih und Glied anzustehen, verschreckt haben, das sind Gefühle von Verlorenheit und verletzter Intimität, die mich ein Lebenlang bedrängen und mich unter Panikattacken leiden lassen.

Meine Mutter hat davon viel später, erst in den letzten zehn Jahren erzählt – auch von den fürchterlichen Zuständen im Hochsommer 1945 in den Lagerstätten in Oberaltstadt, wo wir – meist Frauen, Kinder und Alte – eingepfercht waren, die Wanzen sich von den Decken fallen ließen, von den verheerenden hygienischen Zuständen, von Hunger und Durst, wie wir von dort in die Viehwagen und gen Westen transportiert wurden.

An der Grenze zwischen Tschechien und Sachsen wurde sie in meinem Beisein von einem Tschechen vergewaltigt.

Dieser Bericht meiner Mutter stimmt mit vielen Erlebnissen überein, von denen in der Dokumentation der Vertreibung der Deutschen aus Ost-Mitteleuropa, Bd. IV/I,II berichtet wird.

Aus den Aufzeichnungen von Pfarrer Hermann Schubert:

Die nun folgenden Tage sind gekennzeichnet durch Plünderungen, Vergewaltigungen von Frauen und Mädchen von 14 – 70 Jahren. Selbstmorde häufen sich. Abends ist das Pfarrhaus überfüllt von verängstigten Frauen und Mädchen, die hier übernachten wollen.

Ich habe einen Zeitzeugen kennengelernt, damals zehn Jahre alt, in dessen Umfeld berichtet wurde, wie LKWs im Sommer 1945 aus den zu einem tschechischen KZ umfunktionierten AEG-Werkhallen in der Bergstraße in Trautenau die Ermordeten in den Stadtpark fuhren und dort vergraben wurden. Es hatten noch Leute versucht, zwei scheinbare Leichen vom Wagen herunterzuholen, weil sie noch Lebenszeichen zeigten. Es muß also ein Massengrab im Stadtpark geben.

Dr. Lahmer (dieser Stamm der Lahmers ist über die urgroßmütterliche Seite der Schwantner mit mir verwandt) schreibt in seinem Trautenau-Buch auf Seite 197, dass in den AEG-, den ehemaligen Faltis-Werkhallen, Deutsche ermordet wurden, die ja auch irgendwo verscharrt sein müssen.

Auch die Villa Kluge, die zu der Firma J.A. Kluge, Flachsspinnerei in Oberaltstadt gehörte, war nach Kriegsende unter den deutschen Internierten als Folterstätte besonders gefürchtet, worunter es auch Tote gegeben hat. 8 ½ Monate war der Fabrikbesitzer Theodor Pohl im Gerichtsgebäude in Schatzlar interniert, wo er im Steinkohlebergwerk Zwangsarbeit verrichten mußte. Von Mithäftlingen wußte er von der Schreckensherrschaft, die sich in der Kluge Villa in Trautenau abspielte. Davon und von seinen eigenen schrecklichen Erfahrungen der Inhaftierung in Schatzlar sprach er vor seiner Familie meist selten, aber das Wenige hat sich bei seinem Sohn fürs Leben eingeprägt und ihn besonders gegen Unrecht sensibilisiert.

Bei dem Gründervater Theo Pohl hatte einst der Trautenauer akademische Bildhauer Emil Schwantner Porzellan-Modelleur gelernt, der ihn auch an die Kunstgewerbeschule nach Teplitz weiterempfohlen hatte.

Selbst Kinder wurden wegen Nichtigkeiten eingesperrt, wie mir Wolfgang R. (geboren am 17.12.1935 in Trautenau) erzählt, der als Neunjähriger keine Lust hatte, die für Deutsche obligatorische weiße Armbinde mit „N“ (Nemec-Deutscher) zu tragen.

Susanne F., in Berlin lebende Schriftstellerin, 1930er Jahrgang, war mit ihrer Mutter Mai / Juni 1945 im Morgengrauen auf dem Trautenauer Friedhof und wurde Zeugin, wie tschechische Milizen mit Stöcken und Stangen, auf Traut'sch (Dialekt) Schwuppe genannt, auf die nur mit einer Plane bedeckten Toten in einem Massengrab einschlugen und herumstocherten. Also muß es auf dem Friedhof auch ein Massengrab geben. Die Berichte der Zeitzeugen, die damals meist Kinder und Jugendliche waren, ließen sich sicher fortführen.

Nicht nur in Wekelsdorf gab es also Massenhinrichtungen und ein Massengrab, dessen mittlerweile würdig erinnert wird, ungeklärt sind auch noch die Massaker in den benachbarten Adersbacher Höhlen, wo Deutsche eingesperrt worden sein sollen, die dort verhungerten und verdursteten, auch darüber können noch Zeitzeugen berichten.

Auch in Rudnik / Hermannseifen ist jetzt eine Stätte mit fünf Ermordeten gefunden worden, deren Erschießung die Ortsansässigen ansehen mussten, eben auch Jugendliche.

Mittlerweile gehen in Tschechien die Ermittlungen weiter. Nicht nur in Herma Kennels Bergersdorf entluden sich explosionsartig die Geheimnisse, auch anderenorts haben Ausgrabungen Erschütterndes preisgegeben.

Eine Meldung von Radio Prag vom 26.01.2012 berichtete von neun Toten aus dem Massengrab bei Dobronín, die mittels DNA-Proben mit Verwandten identifiziert werden konnten. Der Sprecher der Hinterbliebenen, Johann Niebler, bestätigte, daß die Polizei bereits die Nachkommen von zwei der Toten informiert habe. Niebler sagte der Nachrichtenagentur dpa, für ihn sei es eine Genugtuung, dass die Ermittlungen zum Ziel geführt haben. Die Hinterbliebenen haben die sterblichen Überreste beigesetzt.

Sollten die Gesetze, die in Tschechien nach dem 9. Mai 1945 in Kraft traten und diese Taten unter Straffreiheit stellten, heute noch gültig sein, wäre das eigentlich ein europäisches Problem, die Tschechische Republik zu ersuchen, die Gesetze außer Kraft zu setzen. Es wäre auch ein europäisches Anliegen, wenn die Flüchtlinge und Vertriebenen unterstützt würden, europaweit einen Feiertag zu erhalten, ihrer und ihrer Vorfahren Opfer zu gedenken.

Eine große Freude wäre es mir, wenn meine Geburtsstadt Trautenau / Trutnov eine Gedenkstätte – vielleicht im Stadtpark in der Nähe der Schiller-Büste anbringen würde zum Gedenken an die unschuldigen Opfer der Zivilbevölkerung und Deportationen 1945 – 48 und zur Versöhnung:

Freude, schöner Götterfunken

Tochter aus Elysium,
Wir betreten feuertrunken,
Himmlische, dein Heiligtum.
Deine Zauber binden wieder,
Was die Mode streng geteilt,
Alle Menschen werden Brüder,
Wo dein sanfter Flügel weilt…

Das Lied an die Freude gilt als Europahymne und bedeutet Freiheit, Frieden und Solidarität, die alle Mitglieder teilen, sowie Ausdruck für die Einheit Europas in der Vielfalt.

Damals ist nicht damals ist heute

Den Opfern des Todesmarschs
Brünn 1945 gewidmet

Böhmisch-Mährische Höhe
Durchbrochen
Vom Eise befreit
Sind die Bäche
Brünn eingebettet
In Wald und Flur
Menschen suchten
Heimstatt und wurden
Vertrieben
Erschlagen
Auf der Flucht
Tausende
Schleppten sich fort
Abgeschlagene Schädel
Sperrten das Maul auf
Die meisten schwiegen
Aus Angst
Entdeckt zu werden
Unsichtbar Österreich
Zu erreichen
War ihr Ziel

Am Bahnhof sitzen
Alte Leute und
Füttern Tauben
Breithüftig zeigen
Sie Bein
Mit ihrer Krücke
Schieben sie
Taubenscheiße
Der Tag ist lang
Alle vier Stunden
Kommt ein Zug
Aus Deutschland
Und fährt weiter
Nach Wien

Können sie sich
Erinnern an den
Menschenzug
Wie die Kinder
Schrieen als sie
Über Leichen stolperten

Die Krampfadern
An ihren geschwollenen
Beinen sprechen
Von einem harten
Leben andere jedoch
Leben nicht mehr

Heute fragen die
Jungen

Warum?

258 Foto Schon

Wie ein Ssoffjett mein Röschen stahl

Herr Adenauer nannte sie Ssoffjetts, mein Vater die von Sibirien…

Nun war ich tatsächlich in die Nähe gereist, und nicht nur das, ich hatte mich auch verpflichtet, dort zu arbeiten, ein Jahr lang. Dafür bekam ich ein Überbrückungsgeld und zwei Heimflüge im Jahr. Ich war noch nie geflogen, nur mein Vater, der war bei der Luftwaffe.

Zuhause hatten wir gesessen vor dem Schwarzweißfernseher und alle haben geweint, auch die Männer, ich auch, obwohl ich noch ein Kind war. Aber Männer konnte ich nicht weinen sehen. Mein Vater hatte geweint, als er arbeitslos war, das war schlimm, das hieß, wir hatten kein Geld und Mutti musste zu ihrer Putzstelle noch eine weitere dazunehmen.

Ich fuhr für die Gastwirtschaft mit dem Wägelchen zweimal die Woche zur Brauerei und holte Eisblöcke, dafür bekam ich 50 Pfennig. Von der Bäckerin bekam ich 50 Pfennig, wenn ich den Kleinen mit dem Kinderwagen in den Park fuhr, zweimal die Woche, wenn sie zum Beichten ging oder was weiß ich, jedenfalls, ging sie in die Kirche, da konnte sie den plärrenden Wolfgang nicht mitnehmen. Das war auch eine Mark die Woche. Ich hatte also 2 Mark Lohn in der Woche und das war viel Geld. Das sparte ich auf Weihnachten und die Geburtstage, denn Taschengeld kriegte ich nicht. Wenn die Verwandten zu Besuch kamen, gaben sie auch was in die Sparbüchse.

Als Vati wieder Arbeit hatte, kauften wir zuerst einen Schwarzweißfernseher, da hatten wir alle was von, auch wenn es nur abends was gab, und ich dann ins Bett musste. Mutti kriegte eine Waschmaschine, einen Kühlschrank und einen Staubsauger, da konnte sie auch arbeiten gehen die ganze Woche über und nicht nur stundenweise, mein Vater kriegte ein Moped. Das waren sehr viele Anschaffungen in einem Jahr, die wir abzahlten in Monatsraten. Ich kriegte ein Fahrrad, mein erstes Fahrrad, von meinem Ersparten gab ich was zu, und ich musste nun nicht mehr unter die Stange am Herrenrad von Vati schief im Gestänge hängen, weil ich noch nicht drüber kam. Es war 1955 und es war der Anfang vom Wirtschaftswunder und eigentlich hätten wir alle glücklich sein können, aber wir weinten vor dem Fernseher.

Herr Adenauer war bei den Ssoffjetts und brachte Männer mit, gefangene deutsche Männer von einem Krieg, der vor zehn Jahren beendet worden war. Und wir weinten. Auch meine Verwandten weinten. Und wir schauten auf die Gesichter der Männer und ob wir Tante Marie sehen würden, wie sie ihren vermissten Sohn Heinrich umarmen würde, den ich nicht kannte, auch Tante Marie hatte ich nur einmal gesehen, aber es hieß, ihr Sohn Heinrich sei mein Patenonkel. Wir weinten vor Anstrengung, so genau sahen wir hin. Wir sahen viele Menschen, die sich umarmten, aber Tante Marie sahen wir nicht.

Telefon hatten wir nicht. Wir schrieben Tante Marie nach Bayern, dass wir sie nicht gesehen haben in unserem neuen Fernseher. Weihnachten besuchte sie uns und wir weinten wieder. Nein, Heinrich war nicht dabei, für immer verschwunden bei den Ssoffjetts.

Wie schrecklich dieses Sibirien war, zeigte uns 1959 der Film „Soweit die Füße tragen". Atemlos hing ich an der Mattscheibe und litt mit Oberstleutnant Clemens Forell vierzehntausend

Kilometer lang durch sibirischen Schnee, Eiseskälte, beißenden Wind und mit ssoffjettischem Hunger, denn zu essen gab es ja kaum was.

Und nun stand ich in der Friedrichstraße in der Schlange am Grenzübergang mit meinem westdeutschen Pass und es roch nach Ssoffjets, denn es war gesagt worden, dass die Ssoffjets anders röchen, und es roch anders.

Ich hatte Tüten dabei vollgestopft mit Westlebensmittel, die ich für ein Westberliner Ehepaar, das nach Ostberlin nicht durfte, so waren die Vorschriften, nach Karlshorst zu den Eltern bringen sollte mit meinen Bildern im Kopf von den Ssoffjets von 1955.

Bei der Grenzkontrolle musste ich alles auspacken, was mir Brigitte für ihre Familie eingepackt hatte. Niveacreme und Persilwaschpulver, Zuntz Kaffee und Bärenmarke, Karina Schokolade, und nasch bloß nicht, Mutti zählt sie genau ab. Und Vati macht die Buchführung, er hat ja ein Konto hier im Westen, warnte sie. Wie das alles funktioniert mit Osten und Westen oder nicht, war mir sowieso ein Rätsel. Manche Ubahnen fuhren, manche nicht, ebenso die Sbahn. Ich war mit der Fernbahn gekommen, Paris-Moskau, da war viel Wodka getrunken worden nachts in den Abteils und auf den Gängen, mich wollten die Ssoffjetts auch betrunken machen, aber ich mag keinen Alkohol. Sie heißen vielleicht deshalb Ssoffjetts, weil sie so viel soffen!

Zwei Franzosen waren auch im Abteil. Wir sprachen englisch, sie meinten, sie seien Kommunisten, daran könne ich keinen Gefallen finden, die Ssoffjets hätten meinen Patenonkel verschwinden lassen – in irgendeinem Arbeitslager in Sibirien, entgegnete ich. Ob er mir denn fehle? Ja, er fehlt mir, log ich, obwohl ich ihn nicht kannte. Das verschwieg ich.

Die Leute in Karlshorst kannte ich auch nicht. Sie hatten ein Häuschen mit Garten, aber es war Winter und ich musste über den schmuddeligen Schnee zu ihnen schliddern und aufpassen, dass die Tüten nicht in den Dreck fielen. Denn Plastiktüten, auch im Westen eine Neuigkeit, waren sehr begehrt. Und bringen Sie das nächste Mal wieder diese praktischen Tüten mit, so was gibt es bei uns nicht. Und dass es ja Karina Schokolade ist und Zuntz Kaffee, da legen wir besonderen Wert drauf. Und das Persil duftet so schön und die Nivea, so was kriegen wir alles im Osten nicht. Und bitte kommen Sie wieder, ja? Ihre Familie ist ja so weit weg, vielleicht können wir sie Ihnen ein wenig ersetzen.

Ach Mutti, sagte Herr Lenz, das Frolleinchen hat doch sicherlich einen Freund und will poussieren.

Ich wurde rot.

Nein, nein, ich bin doch ganz neu in Berlin, ich arbeite den ganzen Tag und abends muss ich lernen, weil ich die Aufnahmeprüfung bestehen will, im Herbst möchte ich zur Abendschule.

Aber bis dahin kommen Sie doch, Frolleinchen, bat Frau Lenz.

Ich kam. Bis in den Sommer hinein jeden Sonntag. Nachmittags gab's selbst gebackenen Kuchen und abends Schnittchen mit Ungarischer Salami. Extra besorgt, Frolleinchen, sagte Frau Lenz, weil Sie das so gerne mögen. Da muß ich beim Fleischer lange anstehen für, im Konsum gibt es das alles nicht.

Zu Ostern hatte ich ausgesetzt, weil ich meinen Freiflug nach Köln ausprobiert hatte. Wunderbar so über den Wolken und dann der Rhein und der Kölner Dom. Ich hatte Heimweh, am liebsten wäre ich Zuhause geblieben. Im Mai war ich wieder in Karlshorst.

Oh, wie schön, Frolleinchen, Frau Lenz kam mir schon entgegen gerannt und nahm mir eine Tüte ab. Die Enkelkinder kamen angehoppelt. Tante Karina kommt, riefen sie.

Ich hab den Kindern gesagt, dass Sie Karina Schokolade mitbringen, Frolleinchen, jetzt heißen Sie Tante Karina.

Kakarinikakarinikakari! Sangen sie. Ach deshalb mögen sie die Karina so gerne, weil hier in Karlshorst die Ssoffjetts sind.

Die Sonntage verbrachten wir von nun ab im Garten, wenn es nicht regnete.

Der Blütenduft erinnerte mich an meine rheinische Heimat. Mein Heimweh hatte sich noch nicht gelegt.

Das Probevierteljahr war nach Ostern um und ich hatte endlich eine Stelle am Kudamm gefunden, die meiner Neigung entsprach und nicht vom Arbeitsamt vermittelt worden war. Eine Buchhandlung war eine ganz andere Welt, als so ein trockenes Büro am Hohenzollerndamm. Oh, Hohenzollerndamm, meinte Herr Lenz, da habe er auch mal gearbeitet, als die Stadt noch nicht geteilt war. Aber jetzt wär er sowieso in Rente. Und das Frölleinchen bringt uns ja jeden Sonntag den Westen, ergänzte Frau Lenz.

Einmal hatte am Bahnhof Friedrichstraße mich ein Mütterchen abgepasst, um eine Mark zu betteln, obwohl das streng verboten ist. Ich hab so wenig Rente, klagte sie. Ich hab auch nur ein kleines Gehalt, dachte ich, sagte es aber nicht, denn es war sicherlich mehr als die alte Frau erhält.

Weil ich ja nun regelmäßig kam, schien ich bekannt zu sein. Sie haben immer so schöne Tüten dabei, sagte einmal eine, vielleicht, es klingt vermessen, aber mein Blutdruck ist so niedrig, wenn Sie mir Bohnenkaffee mitbringen könnten?

Aus der Tüte könne ich ihr nichts geben, das ist abgezählt, bestellt, dafür gibt es eine Buchführung, die der Herr Lenz macht, sagte ich streng, das hatte er am Hohenzollerndamm gelernt. Beim nächsten Mal brachte ich der Frau auch ein Päckchen Zuntz Kaffee mit.

Irgendwie schien ich in die Verhältnisse der Ssoffjetts hineingewachsen zu sein, ohne mich darum bemüht zu haben.

Eines Tages stand sie wieder am Ausgang Friedrichstraße. Ich habe einen Garten, sagte sie, es blüht so schön bei mir. Ich würde Sie ja einladen, aber Sie haben ja keine Zeit, auch mal zu mir zu kommen.

Sehr lieb, aber nein, tut mir leid, ich muß jeden Sonntag nach Karlshorst, zu den Ssoff...ich meine, stotterte ich, ich habe Verpflichtungen...

Dann nehmen Sie mein Röschen als Dank. Das Röschen war rot und duftete.

Der Grenzer lief auch rot an. Naturalien sind nicht erlaubt auszuführen. Er riß mir mein Röschen aus der Hand, schmiß es auf den Boden und trampelte darauf.

Als ich meinen Paß entgegennahm, war ein roter Fleck darauf. Das Röschen hatte sich verewigt.

Schlafes Schwester

Jetzt sinn isch dat! Die dicke Hauswirtin watschelt auf Oma zu, die ein Drittel von dem der Wirtin wiegt und die nur halb so groß ist.

Jetzt sinn isch dat! Wiederholt sie sich. Dat is ja Opium, wat de do jeplanzt häst. Dat jit et nit, da kütt de Polizei bei misch. Dat is minge Grund und Boden, da bin isch verantwortlich für, damit de dat begriefst!

Die schimpfende Frau zieht an Omas Kopftuch. Die beiden verknoteten Enden um den Hals drücken ihr die Kehle zu. Ich stehe stramm vor der dicken Frau. Ich reiche ihr bis an die Stirn. Ich rieche ihren schlechten Atem. Ich spreche statt meiner Oma.

Lassen Sie die Finger von meiner Oma, sehn Sie nicht, dass sie nicht erstickt.

Die Frau ass locker. Dat is evver och en Luder, ding Omma! Hätt mich rinjeläht, dat. Säht, et planzt wat zu essen und wat sinn isch, dat mäht Opium.

Meine Oma hat nichts von dem Gespräch verstanden. Ich sehe es an ihren lächelnden Augen, die sagen, ach! Wenn ich dich doch nur verstehen könnte.

Meine Großeltern sind noch nicht lange im Rheinland. Mein Vater ist Einheimischer. Ich bin dreisprachig aufgewachsen: Hochdeutsch (in der Schule), linksrheinisch (bei uns im Dorf), böhmisch (bei meinen Großeltern). Meine Mutter versteht rheinisch, spricht aber hochdeutsch. Meine Großeltern verstehen nichts. Wenn sie einkaufen gehen, muß ich als Dolmetscherin dabei sein.

Es sind schlechte Jahre, die wir hinter uns haben, sagen sie, aber Gott wird es schon richten.

Gott hat es gerichtet, ass sie ein Gärtchen bei der dicken Wirtin und zwei Dachzimmerchen bekamen. Natürlich hat Gott es nicht eingerichtet, aber meine Großeltern waren davon überzeugt, als die Frau vom Amt sagte, da haben wir was für Sie bis auf weiteres – es kommen auch wieder bessere Jahre.

Ja, hat meine Oma gesagt, ja, auch mein Opa, Gott wird es richten und so kamen sie bei der dicken Wirtin an, umarmten sie in ihrer einfachen ländlichen Art und sagten: Gott sei gelobt und bedankt. Natürlich verstand die Wirtin auch meine Großeltern nicht, denn sie kamen aus dem Riesengebirge, wo ganz anders gesprochen wird.

Also isch jonn jetzt und reiß dat Züsch widder russ! Die dicke Wirtin watschelt hinter die Scheune, wo Omas Gärtchen ist.

Das lassen Sie gefälligst! Schreie ich. Die Frau bückt sich, ich sehe ihr schmuddeliges Unterkleid und ihre speckwabbeligen Schenkel. Ich ziehe an Ihrem Kittelkleid. Frau Wirtin, das Amt hat sie reichlich entlohnt und zahlt die Miete voraus und Oma kann anpflanzen, was sie will.

Evver nit so jet, dat is Opium.

Quatsch! Schimpfe ich. Ich zeige auf die wunderschönen Blüten, in lila, rosa und weiß. Fast alle Pflanzen haben schon Kapseln angesetzt. Oma berührt sie, ein trockenes Rascheln ist zu hören.

Reif son se, juchzt sie.

Soll ich dir beim Pflücken helfen? Frage ich.

Hielocka dos Sackla. Du wesst anej, ob se gdiega sahn.

Flink knipst meine Oma die Kapseln vom Stengel der prachtvollen Pflanzen, die immer noch blühen, obwohl sie bereits Samen haben. In den Beutel kullern die gräulichen Kapseln und rascheln bei jeder Bewegung.

Für uns ist das lebensnotwendig, sage ich beiläufig zu der noch am Feldsaum stehenden Frau.

Dat will isch ens glöben! Lebensnotwendig, nit dat isch ens laache. Bei üsch im Osten is allet lebensnotwendig, wenn ihr et nit bezahlen müßt. Mir han dat allet offgebaut, nit ihr Pimmocken, ihr!

Frau Wirtin...! Ich stehe wieder steif vor ihr, als sie sich an den kostbaren Kapseln zu schaffen macht. Ich bin vierzehn Jahre alt und auch sehr kräftig. Ich werde Sie anzeigen, flüstere ich, wegen Sachbeschädigung und Beleidigung. Sie wissen genau, ass Oma Mohnstrietzel backt, Sie haben schon selber probiert und konnten nicht genug kriegen.

Isch? Bei dem singe Koochen. Ne dat schmeckt doch nit dat Züsch.

Letztes Jahr hat es Ihnen noch geschmeckt.

Da han isch och nit jewußt, dat dat Opium ist, dat han isch doch erscht neulich jelesn.

Oma pflückt in aller Ruhe weiter Kapseln. Wie schön eigentlich, nichts verstehen zu müssen.

Als das Säckchen schon mächtig beutelt, zwickt sie mich. Kumm'ocka Madla, do ham mer erst mol wos for de Mohnbuchtla.

Wat hätt et jesäht, ding Omma?

Nächsten Samstag sind Sie eingeladen, es gibt Mohnbuchteln mit Vanillesoße.

Ach änä, Vanillesoße? Is dat evver lecker. Un et hät jesäht, dat isch komme soll?

Ja, sage ich, Oma hat Sie herzlich eingeladen, Samstagnachmittag. Aber wir haben nur Muckefuck, echten Kaffee müssen Sie sich selber mitbringen.

Kaffee? Änä, dat bruch isch nit, wenn et Vanillesoße jit, dat jenüscht.

Oma trippelt mit ihrer kostbaren Last die Stiegen hinauf in die Dachstube.

Wo word ihr denn su a lang, murmelt Opa grimmig. Wos host denn nur imma mit der Frau unta zu stänka, Weibla.

Oma drückt die Kaspeln aus, wäscht die schwarzen Samenkörner und brüht sie. Dann bedeckt sie sie mit Milch.

Wos host denn do unta gmacht? Opa lässt nicht locker.

Ach geh'ock schloffa, grummelt sie. Das sagt sie immer, wenn sie sich über Opa ärgert. Aber das ist auch alles an bösen Wörtern, die sie für ihn hat. Dann sitzen sie beieinander auf meinem Bett, das als Sofa dient, und schmusen.

Bist mei Weibla, gell'ocka? Sagt Opa.

Wenns meenst, antwortet Oma.

Am Samstag sitzen wir in der warmen Stube, obwohl eigentlich noch Sommer ist, darf keiner reinkommen oder rausgehen oder die Dachluke öffnen. Wir schwitzen wie in der Sauna. Oma bereitet den Hefeteig für die Buchteln zu. In einer irdenen Schüssel scheint sich was zu bewegen. Das Küchenhandtuch wölbt sich. Alle halbe Stunde starren wir auf das Tuch.

Derweil bereitet sie die Vanillesoße zu. Ihre knorpelige Hand rührt kräftig die gelbe Soße, damit sich nichts ansetzt.

Rühr'ock wetter, sagt sie zu mir.

Ich rühre. Der süßlich würzige Duft, der in meine Nase zieht, erinnert mich an Weihnachten. Da gibt es Vanillekipferl.

Nu pass'ock uff, da kimmts nieber!

Gerade noch so habe ich es noch geschafft, den Topf beiseite zu ziehen, um ein Überlaufen zu verhindern. Aber es ist ein wenig angebrannt. Ich rieche es.

Dapert seids, murmelt Opa, dos riesch i do, dapert seids. Zwee Weibla a Huse un scho is der Deibel los!

Hiel'ocka die Gusche, Opapa, und geh'ock schloffa, die Oma blitzt mit ihren kleinen blauen Äuglein, ass auch ich ein wenig Angst vor ihr kriege. Geschlagen hat sie noch nie, aber sie scheint kurz davor zu sein, ihre Ruhe zu verlieren.

Wenn jetzo a noch der Kucha einfällt, Krutzitürken!

Oma, so was sagt man nicht! Entrüste ich mich. Ich habe in der Schule gelernt, ass man nicht fluchen darf.

Ja, grummelt der Opa, so was muß ma beichta, nur der arme Herr Jesus allan is am Krutz, verstehst, Weibla!

Hiel'ocka die Gusch, Mann.

Die Stimmung ist kurz vorm Platzen. Zu der Hitze im Raum kommt die Spannung zwischen den zwei alten Menschen. Ich weiß aber, ich weiß ganz sicher, gleich sitzen sie wieder auf dem Bett und schmusen.

Ich habe die Vanillesoße durch ein Sieb gedrückt. Am Topfboden hat sich nur wenig angesetzt.

Schau Oma, wie schön die Soße fließt.

Doch Oma hört und sieht nichts mehr, sie streut Mehl auf den Hefeteig, knetet ihn und rollt ihn aus, gibt einen Löffel von dem eingeweichten Mohn darauf und formt ihn zu einer Kugel.

Derweil kommt vom Bett ein gemütliches schwaches Pfeifen. Opa ist eingeschlafen.

So Madla, sagt Oma und streichelt mein Haar, wenn mer dos g'schafft ham, kün mer erst a mol Schluß macha. Dann gehst die Frau hola, gell'ocka?

Als ich bei der Wirtin unten anklopfe, ruft sie von der Terrasse her: Also, wenn ding Omma will, und dinge Oppa och, dann sähste dennen, dat isch he jedeckt han, dat et rischtiche Kaffe jibt un Zucker han isch och, also wenn de dat dennen sajen dähst, denn weeßte, isch kann doch nit mi de Trepp jon mit minge Been, dat jeht doch enit mi asu.

Nach einer Weile kommen wir mit den dampfenden Buchteln bei der Frau auf der Terrasse an und sie schnuppert wie ein Hund.

Änä, Omma, dat riecht ja ens, da könnt isch ens bekloppt werde, sone Appitit kriesch dabej.

Der Kaffee duftet, die Vanillesoße duftet, als sie sich über die Buchteln verteilt. Die Wirtin schmatzt. Änä, lev Frau, änä is dat ens lekker, also dat wollt isch üsch schon immer gesaht hahn, also änä, Koochenbacken, also dat künnt ihr evver, ihr Pimmocken[259] us Sibirien! Dat mäht ja rischtisch süschtisch![260]

Herr Adenauer lernt lesen

Opa war Zeitungsjunge. Auf dem Wenzelplatz in Prag. *Die Abendzeitung,* rief er in seinem Riesengebirgstonfall. Auch damals schon war Opa lieber spät auf den Beinen. Das war sein Glück. Denn eines frühen Abends fuhr eine Karosse über den festlich geschmückten Platz und ein feiner alter Herr winkte mit weißen Glacéhandschuhen den jubelnden Menschen zu. Opa sah den Kaiser Franz Joseph das erste Mal und sein Leben lang konnte er ihn nicht vergessen.

Böhme zu sein, war schon etwas Besonders, im Bunde mit Österreich ein Segen, aber diesem Kaiser zu dienen eine Gottesgnade. Als dann am 28.6.1914 das österreichische Thronfolgerpaar in Sarajevo ermordet wurde, versagte Opa die Stimme. Doch auch stimmlos wurde er seine Zeitungen reißend los.

Opa war sechzehn, als der Erste Weltkrieg ausbrach, und er bedauerte, daß er diesen Mord nicht sühnen durfte. Als er achtzehn war, verschied der geliebte Kaiser. Er war so alt geworden, wie Opa nie werden würde. Doch damals wußte er das noch nicht.

Opa wurde im letzten Kriegsjahr eingezogen und bald schon brachte ihn eine Schußverletzung am Bein in sein Elternhaus, am Fuße des Riesengebirges, zurück. Der Krieg ging verloren. Wer ihn überlebt hatte, war ein anderer geworden. Wie alles anders geworden war. Es gab keine Monarchie mehr. Die Schlagzeilen in den Zeitungen hatten nicht mehr den alten Klang.

Opa sprach zu wenig tschechisch, was jetzt die offizielle Sprache war. Er hatte nur die freundlichen Worte gelernt, dobré, gut, und hezký, schön. Doch die Welt war nicht freundlich. Neue Krisen bahnten sich an.

Uropa war Eisenbahner. Als er starb, hatte Opa seine Stelle bekommen, das war verbrieftes Recht im alten Österreich und die Tschechen hatten vorerst nichts dagegen einzuwenden. Doch seine Kriegsverletzung ließ ihn nicht lange bei der Bahn beschäftigt bleiben, er wurde Frührentner. Mittlerweile hatte er geheiratet und drei Kinder zu ernähren, da reichte die Rente nicht. Er verdiente sich ein Zubrot als Nachtwächter beim Finanzamt. Nun konnte Opa wieder nachts arbeiten, wenn die anderen Menschen schliefen. Die Welt schien im Nachdenken über ihr Schicksal versunken und schwieg. Auch Opa dachte nach und schwieg.

Oftmals schimpfte Oma: „Gehok schlofa, du Nachteule!“ dann sagte Opa nur: „Sei still, Weib!“ Und er meinte es nicht böse.

Die Nachtwächter-Uniform, die er trug, sollte ihm nach Ende des Zweiten Weltkrieges zum Verhängnis werden. Die Tschechen hielten ihn für einen Nazi und verhafteten ihn. Nach einem Jahr entließ man ihn aus dem KZ. Sein Sohn holte ihn an der Grenze zu Bayern ab. Sie kamen zu uns ins Rheinland.

Opa war nur noch der Schatten eines Mannes. Doch er war ein zähes Menschenkind, aufgewachsen in der herben Landschaft der Berge. Er war flink und drahtig und in der Lage, auch bei hohem Schnee voranzukommen. Opa erholte sich schnell.

Am Bahnhof in Bonn, im Kaffeehaus, das hier nahe an Frankreich Café hieß, saß er und sehnte sich zurück in seine Heimat und schaute den Menschen nach, die zu den Zügen hasteten. Allmählich nahm das Leben Gestalt an und die Politik begann ihn wieder zu interessieren. So wurde er Zeitungsverkäufer am Bahnhof zu Bonn.

Gegend ein Uhr mittags verließ er seine Wohnung, fuhr zur Redaktion, packte sein Bündel *Abendpost* unter den Arm und humpelte zum Bahnhof. Holte den Kasten, den er sich zum Schutz der

Zeitungen gegen Nässe hatte bauen lassen und den er über Nacht im Café abstellen durfte und stellte ihn an den Straßenrand. Darauf legte er einen Zettel, den er mit einem Stein beschwerte: *10 Pfennig* war deutlich in Sütterlinschrift zu lesen. Dann ging er in das Café, um seinen Sahnekaffee mit viel Zucker zu bestellen, denn *Melange, prosim!*, wie er in Prag zu sagen pflegte, verstand hier niemand.

Vom Fenster aus sah er seinen Kunden zu, wie sie sich eine Zeitung nahmen. Niemals hatte er beobachten müssen, daß jemand eine wegnahm, ohne einen Groschen in die Schale zu legen.

Seit einiger Zeit bemerkte er eine schwarze Limousine, die bei seinem Kasten hielt. Ausstieg ein livrierter Chauffeur, legte eine Münze in die Schale, nahm die *Abendpost*, ging zum Auto, setzte sich hinein und fuhr davon.

Opa war aufgefallen, daß der Wagen immer zur gleichen Zeit kam und sich im Fond ein sehr gepflegter, älterer Herr vorbeugte. Nun wollte Opa es genau wissen. Er richtete sein Kaffeestündchen so ein, daß er zur besagten Zeit bei seinem Zeitungskasten stand. Als sich der Wagen näherte, nahm er eine *Abendpost*, stellte sich an den Straßenrand und wartete, bis der Wagenschlag sich öffnete. Opa hielt die Zeitung hinein, bekam seinen Groschen und zog sich tief verbeugend, was mit seinen steifen Bein so aussah, als sei er ein Komödiant, wieder vom Straßenrand zurück.

Sonntags gab es keine Zeitung und Opa ging in die Kirche. So erfuhr er nie, ob auch an diesem Tag die Karosse am Bahnhof vorbeifuhr, vielleicht ebenfalls auf dem Weg zur Kirche.

Eines Tages öffnete sich statt der vorderen Wagentür die hintere, der alte Herr befahl:

Kommen Se her, junger Mann!. Opa schaute verwundert an sich herab. Hatte er sich über Nacht verjüngt?

Als er dann aber in die tiefliegenden Augen des feinen Herrn blickte, die in faltiger Haut eingebettet lagen, wußte Opa, daß hier eine noch ältere Generation als er selber sprach.

Kaiser Franz Joseph durchzuckte es ihn, und er verneigte sich tief, daß die Abendpost fast die Straße berührte.

Wie heißen Sie und woher kommen Sie? fragte die alte Stimme mit Nachdruck.

Rudolph Patek aus Böhmen, zu Diensten der Herr!

Noch von der alten Schule, was? Lesen Se mir die Schlagzeilen vor, Herr Patek!

Jawohl, Seine Exzellenz. Opa war ganz durcheinander. Natürlich wußte er aus der Zeitung, daß der feine alte Herr nur der Herr Bundeskanzler persönlich sein konnte, doch für ihn war er Seine Exzellenz, der neue Kaiser.

Nennen Se mich Herr Adenauer! Wir Rheinländer lieben die geschwollenen Worte nicht. Lesen Se! Opa merkte die Ungeduld in der Stimme des Herrn Bundeskanzler.

Jawohl, Seine...Jawohl, Herr Adenauer.

Opa las laut und kräftig, seinen böhmischen Akzent konnte er nicht verbergen.

Chruschtschow stellt Berlin-Ultimatum. Westmächte sollen aus Berlin abziehen.

Nachdem Opa die weiteren Schlagzeilen vorgelesen hatte, sagte Herr Adenauer:

Geben Se die Zeitung meinem Chauffeur!

Und zu diesem gewandt: *Geben Se Herrn Patek ein Trinkgeld!*

Opa nahm den Groschen Trinkgeld entgegen.

Zu gütig, Seine Exzellenz...Herr Bundeskanzler.

Somit war Opa zum Vorleser von Herrn Adenauer geworden und beide erlebten gemeinsam, wie sich die Lage um Berlin zuspitzte.

Eines Nachts, Opa hatte noch lange im Café mit anderen Gästen die Zeichen der Zeit gedeutet und einen Wermut gegen die Kälte der Weltpolitik zu sich genommen, als er wieder einmal den letzten Bus nach Hause verpaßte.

Auf der verwaisten Landstraße zog er sein zerschossenes Bein mehr als üblich nach sich. Der Wermut hatte es schwer gemacht. Ein unbeleuchetes Auto raste von hinten an ihn heran. Opa schaffte es nicht mehr, in den Graben zu springen.

Im Krankenhaus kämpften die Ärzte um sein Leben. Er hatte viel Blut verloren. Sein Kriegsbein wurde nochmal um ein Stück gekürzt.

Als er seinen Kampf gewonnen hatte, aber noch geschwächt war, sagte er zu mir:

Madla, du mußt die Abendpost am Bahnhof verkaufen. Der Herr Adenauer wird mich vermissen. Er kann doch nur fünfhundert Wörter, für die vielen neuen Wörter ist er schon zu alt. Lies ihm die Schlagzeilen vor. Gellok!

Da mir Opa der liebste Mensch auf der Welt war, erfüllte ich ihm den Wunsch.

Am nächsten Nachmittag, es war ein heißer Augusttag, stand ich am Bahnhof und bot die *Abendpost* feil, die mittlerweile zwei Groschen kostete. Die schwarze Limousine, wie Opa es beschrieben hatte, rollte heran, und es öffnete sich die hintere Wagentür.

Wo ist denn nur der Herr Patek abgeblieben, junges Frollein? Ich sitze ja janz auf dem Trockenen!

Mit dem Alten ist nicht leicht Zuckerschlecken, vermutete ich und antwortete artig:

Opa hatte einen Unfall und ist im Krankenhaus.

Grüßen Se ihn von mir, sagte der Herr Kanzler kurz angebunden.

Dann lesen Sie mir vor! befahl er.

Ich holte tief Luft und prustete das unschöne Gefühl, das mir sein barscher Ton verursacht hatte, mit einem Pfiff hinaus. Laut und deutlich las ich:

Sechs Stunden brauchten die Kommunisten. Dann war Berlin zerrissen. Sechs Tage brauchte der Westen, dann reagierte er. Was tat der Bundeskanzler in diesen Tagen der nationalen Not?

Herr Adenauer riß mir die Zeitung aus der Hand.

Was tat der Bundeskanzler in diesen Tagen... Dat isch nit lache! Et jibt ja noch Wichtigeres auf der Welt als Berlin...außerdem ist mein Nachrichtenlieferant krank!

Sein Ton wurde freundlicher: *Steht das wirklich da, junges Frollein?*

Ich trat ganz nahe an ihn heran, mein linker Arm stützte sich auf seinem Polster ab. Herr Adenauer wich zurück in den Fond des Wagens.

Verzeihen Sie, Herr Bundeskanzler, sagte ich, *das ist leider noch nicht alles!*

Wat jibt et denn noch?!"

Herrn Adenauers fahle Altershaut wurde noch wächserner, als sie im Halbdunkel der Limousine eh schon war. Ich blätterte in einem Buch.

Machen Se et nit so spannend!" Seine Ungeduld kribbelte wie Elektrizität im Fond des Autos.

Endlich hatte ich die Stelle gefunden, ich flüsterte ihm ins Ohr: *In diesem Katalog über bedeutende Kunstwerke des Zwanzigsten Jahrhunderts sind Sie, Herr Bundeskanzler, in einem Atemzug mit Herrn Ulbricht als Happening-Künstler erwähnt. Die Berliner Mauer hätten Sie zwar projektiert und gebaut, nicht aber an der Enthüllung teilgenommen.*"

Wat denn, wat denn! Herr Adenauer riß mir das Buch aus der Hand. Er hielt es mit den Buchstaben auf den Kopf stehend ganz nah vor seine kleinen Augen. Ich korrigierte seinen Griff.

Wo steht dat? Ich bin doch mit dem Sachsen spinnefeind!

Sehn Sie, Herr Adenauer, sagte ich jovial, *auch das steht hier. Die beiden Künstler, Adenauer und Ulbricht, waren sich spinnefeind. Sie können ja doch lesen!*

Die Lage war noch nie so ernst! philosophierte er finster.

Dann setzte er sich kerzengerade hin: *Dat Kunstwerk muß geändert werden. Ich halte nichts vom Sächsischen Barock. Ich muß nach Berlin. Junges Frollein, Sie kommen mit!*

Da das ein Befehl war, bin ich also im Jahre neunzehnhunderteinundsechzig nach Berlin und zur modernen Kunst gekommen.

Die Berliner allerdings kannten den Grund nicht, weshalb der Bundeskanzler die Enthüllung der Mauer um zehn Tage verfehlte. So blieben sich auch die Berliner und Herr Adenauer spinnefeind.

Als nach dem Tod des Kanzlers der Kaiserdamm, eine der größten Straßen Berlins, in Adenauerdamm umbenannt werden sollte, gründeten die Anwohner eine Bürgerinitiative gegen die Umbenennung und der Damm blieb, was er war: Kaiserdamm.

Hatte Opa vielleicht doch die richtige Ahnung, daß Herr Adenauer der Kaiser war?

Koppengeschichten

Ich kann sagen, ich war im Himalaya Gebirge, bevor ich auf der Schneekoppe war, denn 1969 hatte ich begonnen, in Westberlin Sinologie zu studieren, 1972 war ich das erste Mal in China. An Trautenau, wo ich geboren und mit gut zwei Jahren ausgewiesen wurde, habe ich keine Erinnerung, auf der Schneekoppe, wie es sich für ein Trautenauer Kind gehört, war ich nie. Das sollte sich ändern.

Anfang Juli 1975 sagte meine Mutter am Telefon, die im Rheinland lebt, ich fahre mit Onkel Rudi und Tante Leni (eine geborene Rudel, Halbtschechin) nach Trautenau. Komm doch auch! Onkel Rudi war der jüngste Bruder meiner Oma, die einen Schwantner geheiratet hat. Auch die Oma Familie namens

Kosek hatte ursprünglich tschechische Vorfahren, die, wie ich später erfahre, aus dem Gebiet um Nachod nach Lampersdorf, wo ab 1830 Steinkohle abgebaut wird, in den Bergbau gekommen sind. Das erzähle ich deshalb, weil diese Familien im Gegensatz zu der reindeutschen Schwantner-Familie offensichtlich noch Verwandte in Tschechien hatten, was ich natürlich nicht wusste, aber nicht nur weil sie tschechischstämmig waren, sondern auch weil sie als Bergbauarbeiter gebraucht wurden. So hat heute noch Schatzlar, wozu das Dorf gehört, den höchsten Anteil an deutschstämmiger Bevölkerung und könnte nach EU-Richtinien zweisprachig sein, wozu sich aber kein Deutscher trauen würde, es zu beantragen. Auch der Bildhauer Emil Schwantner, ein Verwandter meiner Opa-Familie stammt aus dieser Region.

Hier sollten wir übernachten.

Komm doch auch. Das sagt sich so schön: Aus Westberlin, mit Visa über die DDR nach Tschechien, so plötzlich. Der zerdätschte Prager Frühling war noch nicht lange her und überhaupt, ich kann ja nur übers Wochenende, ich studiere und es sind noch keine Semesterferien.

Ich besorge mir die Visa und fahre mit dem Zug via Prag und 5 Umstiegen nach Trautenau / Trutnov. Am Bahnhof steht Onkels Auto mit Bonner Kennzeichen. Wir düsen los. Da war eine Cousine, dort eine Schwägerin, ich kenne sie alle nicht, sie meinen aber, mich als Kind gekannt zu haben. Also wenn Du gar keine Erinnerung hast und auch noch nie da warst, gibt es nichts, jedes Trautenauer Kind muss auf die Schneekoppe, früher, als wir nuff sind, da sind mir noch zu Fuß, und doste jo än Spazierstock host. Mit dem Lift wirste fahren dürfen. Die älteren Frauen bleiben unten im Lokal, wo wir uns erst mal mit Schweinsbraten und Knedla gestärkt haben.

Ich muß gestehen, ich hasse Berge. Wenn ich mit meinem Freud in Europa unterwegs war, wollte er auf die Berge und ich ans Meer. Einmal haben wir den Onkel Rudi in seinem Urlaubsort am Tegernsee besucht, da sind wir irgendwo rauf auf einen fünfzehnhunderter mit einem übervollen Kabinenlift, runter weigerte ich mich und wir sind den ganzen Nachmittag talabwärts. Nächsten tags taten mir die Oberschenkel zum Zerreißen weh.

Also freue ich mich auf den offenen Lift in Petzer. Wir hampeln ganz schön in den Lüften, vor dem Abhang nur mit einer Eisenstange geschützt, wo ich schon als Kind öfter den Traum hatte, ich falle aus dem kreisenden Kettenkarussell, so baumeln auch hier die Beine im Nirgendwo, manchmal meine ich das Geäst streifen zu können. Auf der Zwischenstation raus, einen Schnaps trinken. Hinter dem Berg hören wir ein Grummeln, obwohl die Sonne ohne Schutz auf uns brennt. Der weitere Lift nach oben fahre nicht, da man nicht wisse, ob ein Gewitter kommt, kann Onkel Rudi erfahren, der ein wenig tschechisch spricht. Also er, Mutti und ich los. Wir sehen den Weg vor uns. Ausgelatscht über die Jahrhunderte, ausgespült vom Donnerregen. Helle Rinnen zu sehen zwischen Knüppelholz, bis auch dieses schwindet. Noch haben wir nicht den kahlen Buckel der Schneekoppe erreicht, da legt es los. Regenstrippen zum Anfassen so dick, ein Getobe da oben und ein Gepolter, als zerkrache Rübezahl all das menschliche Gerümpel, das ihm im Weg liegt, Wetterstationen, Poststationen, Bauden, Hütten und Seilbahnen, zerrt und fetzt es uns um die Ohren. Ich lasse mich unter Krüppelnadelholz auf den aufgeweichten Boden fallen, Onkel und Mutti hocken neben mir.

Sie scheinen das zu kennen.

Ich könnte mir vor Angst in die Hose machen und hocke mich zwei Büsche weiter hin. Als sähe es Rübezahl, entgeistert er sich nun total und gibt alles seiner widerwärtigen Gehässigkeit von sich, als wolle er nun endlich das Ende aller Zeiten, wie von Nostradamus prophezeit.

Wie es gekommen, beruhigt es sich. Wir können aus dem Gebüsch. Glück gehabt, sagt Onkel, greift sich seinen Knüppel, weil es keine Stöcke zu kaufen gab und schon gar keine Stocksiegel, in die man früher das Besuchsdatum eintragen ließ...

Aber wir kommen nicht weit. Mutti hat nicht das richtige Schuhwerk, es ist klatschnass, wir schliddern. Der Onkel als Bergsteiger ist natürlich am besten ausgerüstet. Aber es hilft ihm nichts, die beiden Frauen bleiben stehen. Wos, willst nej nuf uf die Koppe? Mutti erwidert, als wenn ich nej uf der Koppe gewesn wär!

Ich sag erst mal gar nichts, schüttele den Kopf, dass tausende Tropfen durch die Luft schwirren und wende. Obwohl es schwül ist, friere ich. Bei der Mittelstation, erfahren wir, dass der Strom auf der Seilbahn nach unten ausgefallen ist. Rübezahl lässt nichts aus. Ein Restaurant gibt es nicht. Also noch mal am Kiosk ein Schnäpschen. Das muß für eine Stunde Wartezeit reichen, denn im Nu sind die Fläschchen ausverkauft, auch die anderen verhinderten Bergsteiger wollen ins Tal und müssen warten.

Endlich sitzen wir wieder im Lift, endlich geht es runter, was irgendwie gefährlicher aussieht, als nach oben. Und es baumelt wieder und plötzlich macht es Ruck, Stillstand. Wir hängen zwischen Berg und Tal. Nichts geht mehr. Irgendwo ist in einem Mast der Blitz eingeschlagen, sagt der Onkel. Und jetzt? Frage ich. Na ja, irgendwann werden sie mit Leitern kommen und uns runterholen. Ich zittere am ganzen Körper. Wenn ich doch runter laufen könnte wie am Tegernsee, aber es ist ganz schön steil. Ich sehe keine Möglichkeit, außer warten. Ich hab vor Angst wieder ein bisschen Wasser gelassen, ich komm mir wirklich hilflos und wie ein kleines Kind vor, was ich ja mal war...hier in der Nähe.

Die Tanten im Lokal waren schon ganz verzweifelt, als wir endlich eintrudeln, nachdem die Elektrizität wieder geströmt war.

Eine der Tanten schenkte mir zuhause Fotos von den zünftigen Urgroßeltern Kosek vor der damaligen Baude beim Aufstieg auf die Koppe, wo noch die Stocksiegel mit Besuchsdatum zu erweben waren und andere Erinnerungsmitbringsel; und ein Foto von einem Koppenträger, der über das Steingerümpel, das auf dem Weg liegt, gebückt, mit einer Koppe, die weit über seine Körpergröße hinausreicht, zielstrebig dem Weg nach oben folgt, als wär das mal nur so ein Sonntagsspaziergang.

Der Lift wurde erst 1949 gebaut, nachdem das Gros der deutschen Bevölkerung ausgewiesen worden war. Der Beruf des Koppenträgers war ausgestorben, wenngleich bis vor einigen Jahren noch in Petzer einer namens Hofer lebte.

Da wurde mir klar, warum ich kein Freund der Berge geworden bin, sondern ein entwurzelter Weltenbummler...

Auf meiner Heimfahrt machen wir halt bei einer weiteren Cousine, die im Tschechischen, wie es früher hieß, an der Elbe wohnt. Ihr Mann füttert soeben an die hundert fette Karnickel in den Drahtkäfigen, sie pflückt Gemüse auf dem lehmigen Elbboden. Dobre den, da keiner zu der Zeit ein Telefon hatte, ist man einfach da und wird halt mit schmutzigen Händen, aber umso

Anni Schon und ein Koppenträger auf die Schneekoppe 1936
Foto Archiv Schon

herzlicher, begrüßt. Nach dem obligatorischen tschechischen Brühkaffee mit viel Zucker, dränge ich, ich muß zum Zug nach Chlumec, um über Prag nach Berlin zu kommen. An der Grenze muß ich die Tasche öffnen. Die Tante hatte ihren frisch gepflückten Knoblauch in einen Packen alte Rude Pravo gepackt. Der Grenzer wendet sich angeekelt ab. Auf der DDR Seite das gleiche. Gönnse mol de Goffer öffnen...Der Sachse macht ein Gesicht, als wär sein Ende gekommen. Mochen se de Tosche wieder zu, und verschwindet. Sollte ich Schmuggler werden, schwor ich mir, würde ich das Schmuggelgut in frischen Knoblauch einpacken, dann wär ich das lästige Schnüffeln der Grenzer los.

Mein Betttuch brennt

Ich kenne diese flammen
ich hatte mich wundgelegen
An Heinrich von Kleist
In jungen jahren
Und einen brandfleck
Im herzen
Dann tratst du ein
Kurfürstendamm 59/60
Und stöberst in
Staubigen folianten
Das antiquariat
Verjüngte sich bei
Deinem lächeln
Wir einigten uns auf
Else Lasker-Schüler
Wir hatten noch einen langen weg
Zu ihrem „Weltende"

Ich war schon in Prag
Ein jahr zuvor
Ich weinte in
Theresienstadt
Du wolltest Kafka

Eine rose aufs grab legen
Und Jacob schnupperte
An deinem lachen
Dann deckte euch
Mein wundgelegenes laken zu
Weil ihr frort
Im Jänner ist es
Kalt in Prag
Ich kenne die kälte
Ich bin geboren
Im winter
In dem land
Das mich verjagt
Ich habe mein kinderbett
Dagelassen…

Böhmen am meer
Eine obsession
Der dichter
Die sich in Illyrien
Wähnen und
Der mimikry von ahornbäumen
Lauschen
Dein kindheitsfluß
Klingt böhmisch

Sagst du
Moldau, Donau
Bei mir singen sirenen
In Elbe und Rhein

Als Jacob starb
Nahm ich seine hand
Das war's sagte er
Und es war viel
Geh jetzt
Der Rabbi kommt
…ich ging zu Heinrich
An den Wannsee
Die spiegelfläche grau
Und steinern wie granit
Tiefgründig und uralt
Das wasser das schweigt….

Zum 40. Todestag von Ingeborg Bachmann, * 25. Juni 1926 in Klagenfurt; † 17. Oktober 1973 in Rom. Ich bin im Besitz von persönlichen Briefen des Philosophen J. Taubes, u.a. zu seinem Liebesverhältnis mit Ingeborg Bachmann.

Paris 1985

Liebe Jenny Schon, also über Prag nach…

Ich bin mit Ingeborg einmal nach Prag und wir haben den ganzen Tag damit verbracht, das Grab Kafkas zu finden, auf das Ingeborg eine Rose auf sein Grab legen konnte. Am Abend waren wir durchnässt und durchfroren und mussten uns aneinander wärmen. Unvergesslich auch der Geruch J. T.

Kurfürstendamm 59/60 war die Buchhandlung, in der ich in den 1960er Jahren arbeitete, und Ingeborg begegnete.

Ingeborg Bachmann, Prag Jänner 1964, Gedicht

Ingeborg Bachmann, Böhmen liegt am Meer, Gedicht

Beim Kramen –

Für Franta

Das sind solche Tage, die sich eignen. Bis fünfzig habe ich immer nur alle Erinnerungsstücke in die Kisten geschmissen, weg damit, ich lebe jetzt.

Nun aber bei der beißenden Kälte, einem Gläschen dampfenden Tee, da wollen die an der Heizung (Herde und Wasserkesselsummen sind auch nur noch in der Erinnerungskiste) gewärmten Hände kramen, vornehmlich in den Fotokisten, jetzt lebe ich in der Vergangenheit.

Geschrieben habe ich über ihn, rein fiktiv, ich wußte, es gab ihn. Wie er aussah, hatte ich vergessen. Jetzt hat er ein Gesicht: Franta steht hinten drauf. Die Erinnerung ist irgendwie schöner. Nein, nein Franta, war wirklich nicht mein Typ. Aber er war den Anfang meines ersten veröffentlichen Romans wert. Da gehen zwei Menschen Hand in Hand über die schönste der europäischen Brücken nördlich der Alpen. Ich bin es? Noch nicht zwanzig.

Der andere. František, auch nicht älter. František? ...Ich bin mit den Jusos (Jugendorganisation der SPD) zur Völkerverständigung in das Land gefahren. Daß es Heimat für mich ist, hab ich niemanden gesagt, weil ich es selbst nicht wußte...Langsam beginnt der Staub zu bröseln, in Hirngassen, die seit Menschengedenken unbehaust sind.

Tatsächlich. Ich laufe über die Karlsbrücke...ein paar Postkarten, schwarz-weiß, erinnern daran. Es ist ein kalter Novembertag... wir tanzen auf der Brücke. Twist again Twist, der Tanz der Saison...

Am Morgen ist der Bus abgefahren nach Lidiče – ohne mich.

Ich habe diese Erholung gebraucht. Gestern waren wir in Theresienstadt.

Das wird Schwerstarbeit für mich heißen, jahrelänge Märsche gegen die Schuld der Väter. Das ist kaum auszuhalten, singend in die Gaskammer…[iii]

Drei Tage Prag in November 1963. Franta steht am Bus, als wir wieder zurückfahren nach Westberlin. Er schenkt mir einen kleinen Stoffschwejk.

Es war ein Abschied für immer, der Eiserne Vorhang hatte sich wieder geschlossen…

Nein, nicht für immer, 30 Jahr später, nachdem der Eiserne Vorhang verschwunden war, im Dezember 1992, war ich wieder in Prag, meinen 50. Geburtstag feiern, allein. Kein Franta, niemand wartete auf mich…nunmehr war ich bereits jenseits von Gut und Böse. Ich konnte der Erinnerung frönen, und ich fand sie: in Trautenau, wo ich im Dezember 1942 geboren wurde, seit 1992 fahre ich regelmäßig nach Böhmen.

Aber Franta? Lebt er noch. Hat er auch wie ich vom vielen Knedlaessen einen dicken Bauch. Trommeln seine Enkelkinder darauf oder trinkt er sein Feierabendbierchen im Kreise der Prager Freunde? Franta, lebst du noch?

Make love not war

1968

Am Trafalgar Square
Gesessen im donnernden
Verkehr mit Jiři Küsse
Getauscht
Im Hyde Park geliebt
Auf Bloomen und Planten
gelegen
Weißt du noch
Jan als du in
Hoek von Holland
aus dem Zug stiegst
Russen in Prag
Sagtest du
Singh holte aus
Seinem Turban einen Joint
Jiři zitterte
Russen in Prag
Bedeutet ich
Kann nicht zurück
Russen in Prag
Sagte ich
Gottseidank diesmal
Keine Deutschen

Singh fuhr nach Paris
In the heart of
Revolution
I am a Black Panther
Jeff spannte die Brust
I come with you

Mit Jiři Küsse
Getauscht bis Hannover
Dann war ich allein im
Abteil
Gänsefleisch die Goffer
Öffnen
Der Grenzer stand stramm
Ich öffnete
In der Portobello Road
Eine Royal Uniform geklaut
Ich wollte Sergeant Pepper spielen
All you need is love
Ich küßte ihn
Make love not war
Auch Pornographie ist
Verboten
Brummte er
Ich sah sein winziges
Lächeln
Göttinseidank ein
Mensch…

*

Gemeinsame Pflaumenbäume

Für Libuše Moniková[262]

Mein erster Sommer war heiß. Es könnte 300 n. Chr. gewesen sein. Ich war im Troß von Väterchen Tschech. Sein kleines Volk hatte vor asiatischen Reiterhorden fliehen müssen. Er fand ein Land am Meer und nannte es Böhmen. Meine Großmutter ist eine geborene Kosek.

Mein zweiter Sommer war wahrscheinlich nicht mehr so heiß. Insel versanken im Nordmeer bei Sturmfluten. Seitdem liegt Böhmen nicht mehr am Meer. Das Land war entvölkert worden. Ottokar II. hatte meinen Großvater aus dem Tirolischen geholt. Er heißt Schwantner.

Mein dritter Sommer war wunderschön. Meine Erinnerung ist schon besser. Ich habe Laufen gelernt. Ich spiele im Sandkasten. Ich kenne Rübezahl, der hinter mir, bei der Schneekoppe, grollt. Wieder mal hat ihn seine Angebetete nicht erhört.

Ein Blitz entlädt sich. Erschrocken stürze ich ins Haus. Da greift meine Mutter grob meine Hand. Ich wehre mich heftig. *Wir müssen nach Deutschland,* keucht sie, *die Tschechen wollen uns nicht mehr.*

Sie hatte das Nötigste in den Kinderwagen gestopft. Wir hasten zur Eisenbahn. Wir werden in Viehwaggons gepfercht. Rühezahl schimpft hinter uns her. Er hat uns nicht mehr einholen können. Vielleicht ist er schon zu alt. Oma und Opa sind auch nicht in unserem Treck. Ich werde sie alle ein Leben lang vermissen.

Mein vierter Sommer war dufte, wie der Berliner sagt. Mittlerweile bin ich halbwegs erwachsen und als Studentin zu der aufmüpfigen Jugend in der geteilten Stadt gestoßen. Ich habe den Tschechen recht gegeben, uns Deutsche vertrieben zu haben, weil unsere Väter Nazischweine waren. Wir spuken auf alle, die älter als dreißig sind.

Wir singen love, love, love, und lieben uns im Hyde-Park, weil Swinging London in ist. Im Corner erzählt jemand zum hundersten Mal, er habe Jesus gesehen. Er kann uns nicht überzeugen.

Vor der chinesischen Botschaft hatten Bobbies mit Rotgardisten einen Fight. Wir sind da, wo was los ist. Am liebsten was Revolutionäres! Ich lerne den chinesischen Weg des Kommunismus kennen bei Zigaretten aus Shanghai und Jasmintee aus Südchina. Das scheint doch ein gangbarer Weg für die Menschheit. Die Chinesen warnen mich vor der Sowjetunion. Die sei revisionistisch. *Wir kämpfen für einen neuen Menschen.* Der alte ist wirklich verbraucht.

Ich habe Jiři kennengelernt auf dem Markt in der Portobello Road. Er ist Sohn eines Beamten der Tschechischen Botschaft in London. *Der chinesische Weg ist kein Weg für die Menschheit,* ereifert er sich, *die wollen Ameisen aus uns machen. Unsere Brüder sind die Sowjets, die werden uns helfen, gemeinsam den Imperialismus zu besiegen.* Auch die chinesischen Abtrünnigen zählt er zu den Verbündeten der Imperialisten.

Zunächst erst mal ziehen wir gemeinsam durch die Pubs. Jiři verträgt mit seinen einundzwanzig Jahren eine ganze Menge. Das muß an Böhmen liegen. Dort sei das Bier erfunden worden, flunkert er. Da ich Bier eklig finde, bin ich froh, daß ich nichts mehr mit Böhmen zu tun habe.

Jiři hat vor, in Prag zu studieren, wo seine Großeltern leben. Auch er hat seine Babicka am liebsten von allen Menschen. So wundert es mich nicht, daß er im Zug ist, mit dem ich wieder zurück nach Berlin will. Die Bänke liegen voll mit meinen in London erstandenen Hippie-Klamotten. *Wohin des Weges*? frag ich.

Nach Prag, murmelt er, während er meine Pakete in das Gepäcknetz hievt.

Gänsefleisch die Goffer öffnen, lästere ich, *so werden wir an der DDR-Grenze begrüßt werden.*

Das sind Genossen wie ich, blökt er.

Ein Schwarzer setzt sich mir gegenüber. *Ladies and gentlemen,* strahlt er, *my name ist Black Percy.* Ein Sikh kommt hinzu. Black Percy will nach Paris, der Inder nach Frankfurt, Jiri nach Prag und ich in die geteilte, ehemalige deutsche Hauptstadt, wo ich das Germanistikstudium schmeißen und Sinologie studieren werde.

Im Zug erfahren wir von Jan, einem Holländer, daß die Russen in Prag einmarschiert sind.

Eine Lüge, brüllt Jiři. *Die Holländer arbeiten mit dem CIA zusammen. Sie sind die atlantische Front.*

Da ist sie wieder, diese Trauer der Böhmen um das verlorene Meer.

Nun mal sachte! Jan setzt sich erst gar nicht. Auch er ist von beachtlicher Größe. Und er ist kein Biertrinker. Buddhist, sei er, erzählt er später.

Eine Weile sehen sich die jungen Männer in die blauen Augen. Satte Bären stehen so herum.

Russen in Prag würde ja heißen, daß es diesmal keine Deutschen sind. Doch meine Schadenfreude bleibt auf der Strecke, denn ich muß einsehen, daß die Schuld unserer Väter damit noch lange nicht abgetragen ist.

In Rotterdam verlassen uns Percy und Jan. *Next year in Paris.* Der Farbige küßt mich auf die Wange und steckt mir einen Joint in die Jeansjacke. Es besteht kein Zweifel mehr, daß Panzer der Warschauer-Pakt-Staaten durch Prag rollen. Es ist der 21. August 1968.

In Münster schreitet Singh mit seinem Turban durch den Gang. *May-be next year in China. Good-bye!* Ein älteres Paar steigt zu. Jiři und ich sitzen schweigend nebeneinander. Wir scheinen uns kaum von den Alten zu unterscheiden. Alle jugendliche Frische, der internationale Flair ist seit Münster aus dem Abteil verschwunden. Da sitzen zwei böhmische Kinder, die vorzeitig vergreist sind.

Wenn unsere Väter sich nicht bekriegt hätten, könnte er wirklich mein Bruder sein. Wir sind uns nicht unähnlich. Wir tragen beide schwer an unserer Jugend. Aber ich vermag nicht, ihm meine Schwesternschaft anzubieten, weil ich mich als Täterkind mitschuldig fühle.

Das was ich mal wegen der Nazis gesagt habe, mußt du mir nicht übel nehmen, höre ich Jiři leise sprechen. Ich habe Mühe, ihn bei dem Geratter zu verstehen.

Ich bin so erzogen worden. Ich weiß, es gibt gute Deutsche. Ich wollte dir das gesagt haben, denn ich steige in Hannover aus. Nach Prag kann ich der Umstände wegen nicht. Zu meinem Vater nach London auch nicht. Er ist Dubcek-Anhänger und wird selber

Schwierigkeiten haben. Eigentlich war das alles vorauszusehen, aber damit bin ich noch lange kein Maoist.

Jiři ist jetzt wirklich ein alter Mann. Wenn wir nicht über Politik stritten, war ich schon ein bißchen in ihn verknallt. Jetzt ist das Bißchen auch noch verflogen, ich habe nur noch Mitleid mit ihm.

Die Räder quietschen. Der Zug stoppt.

Jiři, flüstere ich und stecke ihm einen Joint zu, *der hilft, mich zu vergessen.* Ich schreib ihm dennoch meine Berliner Adresse auf einen Zettel. Wir liebkosen uns.

Ich sehe ganz deutlich Rübezahls schützende Hand über uns alle.

Im Frühjahr 1945 rettet sich meine Mutter vor Soldaten der Sowjet-Armee auf das Dach der Waschküche. Ich döse derweil im Waschkorb.

Ich sehe Ottokar II., der meinem Opa Land schenkt und dafür dutzende von Enkeln erwartet, weil sein Land menschenleer ist. Das erste Enkelkind bekommt seinen Namen.

Ich begleite eine Weile Väterchen Tschech, der Omas Hand nimmt und sie in ein Land führt, daß am Meer liegt und in dem Pflaumenbäume wachsen, von denen die Pflaumenknödel fix und fertig herunterpurzeln...

Ich bin geküßt worden von all ihren Unzulänglichkeiten, von ihrer Güte und ihren Musen, die mit den Steinen in der Moldau von einem Vaterland singen, das mein Mutterland ist.

Jiri hab ich noch einmal wieder gesehen in Hamburg, wo er politisches Asyl bekommen hat. Unsere Liebe war eine Jugendliebe, die Opfer und Täter nicht kennt. Sie währte einen Sommer und es war ein europäischer Sommer...

Doch ich kann mich nicht herausstehlen aus den Sommern, die der Jugend gehören, tun als seien sie damit erledigt. In der Erinnerung holen sie mich ein, in den Begegnungen mit Menschen, die Auseinandersetzungen erwarten.

Letzten Sommer werde ich aufmerksam auf eine tschechische Schriftstellerin. Sie schreibt über Brillen und orthopädische Hilfsmittel, deren sie mehr als bei anderen Europäern in Deutschland sichtig geworden war. Demzufolge müßten wir besonders häufig behindert oder aber besonders fürsorglich zu unseren Behinderten sein.

Durch sie erscheinen mir aufeinmal die Deutschen als rücksichtsvolle Menschen. So was fällt Ausländern eher auf als Einheimischen. Mir kommen Tränen in die Augen, daß erst eine Fremde mir Deutschland näher bringen muß.

Ich versuche, die Autorin, Libuše Monikova, zu umwerben. Sie lebt in Berlin, nur zehn Jahre weniger als ich, aber auch das ist schon eine Generation. Sie ist Deutsche geworden. Der Sommer mit Jiri hatte es nötig gemacht. Libuše mußte aus Prag fliehen.

Sie ist eine gute Beobachterin. Herb in ihrem Urteil, ruppig in ihrer Einschätzung, aber liebevoll in ihrem Angebot, sich mit mir zu versöhnen.

Wir haben gemeinsame Pfläumenbäume, sagt sie. Das Recht auf die Landschaft der Kindheit, die einen Menschen geprägt hat, ist unveräußerlich, und niemand darf daran gehindert werden, dorthin zurückzukehren, hat sie 1991 in ihrem Essay über Deutschland geschrieben. Sie hat ihn *Zwetschgen* betitelt. Damals hatte ich weder von ihr gehört, noch daran gedacht, mich jemals wieder mit Böhmen zu beschäftigen. Das taten nur Ewiggestrige in Bayern.

Dann kam mein fünfzigster Geburtstag und ich fahre hin, nach Böhmen. Und ich werde wieder hineingerissen in den Strudel der Sommer mit seinen Gewittern und seinen strahlend blauen Tagen. Hineingesogen in die Nadelteppiche der Riesengebirgswälder, in die chinesisch kaisergelbe Pfifferlinge wie Butterblümchen gewoben sind, da Bäche prasseln unter dem Blaubeergestrüpp, als brodele das Beerensüppchen auf dem Herd. Ich werde kitschig bis zur Unerträglichkeit und doch wieder echt, weil ich Böhmin sein darf.

Inzwischen kenne ich hier, schreibt Libuše in ihrem Essay, verwirrend viele Menschen, die in meinem Land geboren sind oder deren Familien aus Böhmen oder Mähren stammen.

Wie schön, denke ich. Doch halt ein, ist die noch zu retten! Wenn ich einem Türken in der dritten Generation sagen würde, du bist in meinem Land geboren, er würde sagen, wieso in deinem Land, ich bin hier geboren, meine Mutter ist hier geboren, mein Opa ist hier als junger Mann hergezogen...

Die ehemaligen tschechoslowakischen Bürger deutscher Zunge wirken auf sie weicher, sagt Libuše Monikova, spontaner, auch heftiger als die anderen, in gewisser Hinsicht seien sie ihr näher.

Ich komme mir vor wie ein Insekt, das unter die Lupe genommen wird. Sie ist die Forscherin, ich bin der Exot, gerade gut genug, mit ihr verwandt zu sein. Die übrigen Deutschen sind noch weniger beliebt, obschon unter Libušes Bekannten ihr die wichtigsten und nächsten Menschen Deutsche sind.

Ich hatte tatsächlich angenommen, wenn ich in die Schwärmereien über Rübezahl falle und ihn tschechisch Krakonosch aussprechen lerne, werde ich geliebt. Ich hatte geglaubt, wenn ich weiß, daß Pflaumenknödel nicht von den Bäumen fallen, sondern erst mal kräftige Arme zum Pflücken der Pflaumen, zum Teigmachen und Teigausrollen benötigen, daß ein großer Bottich dampfendes Wasser dazu auf den Herd gehört, zerlassene Butter, Semmelbrösel oder Mohnsamen, Zucker und Zimt, daß ich als Einheimische akzeptiert werde.

Als ich mich anschickte von einem entfernten, nach 1945 in Tschechien geborenen Verwandten in meiner Geburtsstadt ein Haus zu kaufen, schenkte er mir sogleich einen irdenen Napf zum Zerlassen der Butter, den jeder Böhme besitzt. Seine Frau fügte ein Tischtuch hinzu, denn das slawische Gebot *Gast ins Haus, Gott ins Haus* sollte einen festlichen Rahmen bekommen. Ich ließ mich täuschen. Das Haus sollte niemals meins werden. Ich darf an dem Ort, an dem ich geboren bin, kein Haus besitzen.

Der Sommer war zuende. Libuše hatte mir noch angeboten, wenigstens gemeinsam die letzten Zwetschgenbäume entlang der Grenze zu schützen. Sie verstarb Anfang 1998.

Heuer habe ich noch keine Zwetschgen gegessen.....

Jugoslawien – da war doch was

1969 war ich das erste Mal in Jugoslawien. In der Nähe von Split haben wir Studierende aus Westberlin gezeltet und die alte Stadt und das Mittelmeer genossen. Die Unruhen der Achtundsechziger lagen hinter uns, wir suchten nach Möglichkeiten der politischen und gesellschaftlichen Umsetzung unserer linken Ideen. Das jugoslawische Modell eines Sozialismus schien zwar im Verhältnis zu der vor unserer Haustür liegenden stalinistischen DDR tolerant, aber eben auch nicht nachahmenswert. In den 1970ern bin ich zweimal durch Jugoslawien gefahren, habe nur Eindrücke von schrecklichen, sich hinziehenden Straßen, über Belgrad, sozialistischer Plattenbau, grau in grau, die lediglich den Wunsch förderten, nichts wie durch. Mein Ziel war zu dieser Zeit das von der Junta befreite Griechenland mit seinen wunderbaren antiken Schätzen. Als ich in den 1980er Jahren ebenfalls allein, später mit meinem Freund, die Jadranska runter bis an die albanische Grenze fuhr und auch wieder in freier Wildbahn zeltete, war eigentlich nur noch die Natur und die wilde zerklüftete Bergwelt, die schon in unseren Jugendbüchern von Karl May bewundert wurde, von Interesse. Ich erinnere mich noch intensiv der Serpentinen über der Kotorbucht, die von einem k. und k. Adligen angelegt wurden, weil er ein Klavier vom Schiff im Hafen hinauf schaffen ließ, Höhendifferenz gefühlte 1000 Meter mindestens. Außer dieser dramatischen Geschichte und den ebenso dramatischen Höhlen von Plitvice habe ich die Erinnerung an ein friedlich lebendes Volk, das allerorts unseren Hund streichelte, ohne einen Unterschied zwischen Serben oder Kroaten zu erkennen. Doch: irgendwo wurde Škola auf die Straße geschrieben und anderenorts Šola.

Dann kam die Wende in Deutschland und ich war als ehemals Linke ziemlich ratlos. Da wollten Menschen ein Deutschland, das mir ja als Nachkriegskind und als Linke abgewöhnt worden war.

Bereits 1963 war ich mit der Juso-Gruppe um Harry Ristock, der auch das Denkmal für den angeschossenen Rudi Dutschke am Kudamm in Berlin initiiert hatte, in Theresienstadt. Ich war im KZ Bergen-Belsen und nach der Wende im KZ Sachsenhausen und dem Frauen-KZ Ravensbrück. Ich hatte heftig gegen den Vietnamkrieg der Amerikaner demonstriert. Ich hatte also meine staatsbürgerliche Pflicht absolviert.

Dass aber Theresienstadt in dem Land meiner Herkunft liegt, den Gedanken verdrängte ich ganz einfach. Das war das Land von anderen, das mein Vater als Soldat heimgesucht hatte. Emotional hatte ich dort nichts zu suchen. Nur ewig Gestrige tummelten sich auf dem Plateau, das Heimat heißt. Aus Sicht meiner Westberliner Freunde und Bekannten war die Vertreibung der Deutschen richtig, sie wurde auch nicht Vertreibung genannt, es war ein Transfer. Dem hatte ich nichts hinzufügen.

Doch begannen nicht nach dem Zusammenbruch Jugoslawiens Bilder über Mattscheiben zu flimmern, die beunruhigend waren! Beunruhigend, weil sie nicht von Afrika handelten, daran hatten wir Bildverschlinger uns schon gewöhnt, auch nicht die Vertreibung der Amazonasureinwohner war etwas, was wirklich unter die Haut ging, da stapften Tausende und Abertausende kopftuchtragende Muttis und Omis mit plärrenden Kindern an ihren Armen hängend, Kinderwagen vor sich herschiebend, hinterherhinkend ein paar krüpplige Opas, im Staub der Lehmfelder, im Auf und Ab der strauchigen Hügel, mitten in Europa auf der Suche nach Heimat.

Ein Kommentator im Fernsehen meinte zu dieser Zeit, diese ethnischen Säuberungen in Jugoslawien, die in Europa nicht mehr denkbar schienen, zeigen auch, dass man das Thema hinsichtlich der Vertreibungen der Deutschen neu bewerten, dass man umdenken müsse. Er, der Kommentator, der die Nöte und das Trauma der Vertriebenen nicht ernst genommen habe, müsse mea culpa machen.

Wenn also der öffentlich-rechtliche Kommentator eine Neubewertung vornimmt, ist es ja recht und billig, wenn auch ich das mir auferlegte Verdikt aufhebe und mal gucke, wo ich geboren sein soll, wo Mutti herkommt und Opa und Oma und viele andere, die manchmal von einem Früher geredet hatten, das mir unbekannt. Das einzige, was mich interessiert hatte daran, waren die Pflaumenknödel, die Vanillekipferl und Mohnbuchteln, deren Rezepte sie von dort ins Rheinland mitgebracht hatten, wo ich groß geworden bin.

Also fuhr ich los, in Prag meinen 50. Geburtstag zu feiern, in Trautenau am Fuße des Riesengebirges, wo ich im Dezember 1942 geboren wurde, die Spuren zu suchen, die meine Vorfahren seit dem Mittelalter dort – vor allem auf den Friedhöfen – hinterlassen hatten.

Viele meiner seither erschienenen Bücher befassen sich mit dieser Spurensuche und der dadurch verursachten Re-Traumatisierung, die mich zu Berufsunfähigkeit und Frührente geführt haben. [263]

Orte der Erinnerung

Zum 11. Juli 1995 Srebrenica

Seit tausenden jahren
Sticken frauen an stillen abenden Tränen in tücher
Mit dem blut
der erinnerung an ihre
Söhne und männer und väter
An ihre brüder
Seit tausenden jahren
Knieen sie nieder
Vor gräbern ohne wissen
Um die gebeine
Sie sticken namen
Gegen das vergessen
Seit tausenden jahren
Bleiben frauen zurück
Geschändet
Sie sticken für die hoffnung
Immer wieder Leben…

Majne Júgo-Rayze ódr dí Macht dr Špráche

Für Jozo Dzambo zum 65. Geburtstag[264]

Ýbr majne Čechyeň-Rayze, líbr Jozo, hábe ich íň nojlich ajnyges brichtet, das ich auch in Jugoslávien vár, nicht.

Dabaj ist Čechyeň fyr mich óne Jugoslávien nicht cu denkň. Vajl ich brajc als Študentin 1969 in Šplit vár und in den achcigern mérfach dí Jadranska bis nach Albánien gfarň bin, hate ich ajne rojmliche Forštelung, vas es hajst, dr Hice ds Zomrs ausgezect cu zajn, aus dm kýlendn Gmojr in dn Štaub ds Mitags gtribn cu verdn, Hajmát cu vrlíren.

Nachdém ich díze Bildr im Fernzén zá, vuste ich, das hat auch vas mit mír cu tún.

Ich hate in Jugoslávieň frídliche Menšn und Nachbarn keňgelernt und fon ajnr Štunde cur andrn varn zí Fajnde. Majne Mutr var als Kind fýr ajn Jár in ajnr Čechyšn Famílje und hat núr Gútes ercélt und 1938 varn auf ajnmal dí Čechn Fajnde und 1945 varn dí Dojčn dí Fajnde.

Vajl majne Mutr Čechyš konte, hate dr Rusiše Oficír zí unbeheligt glasn, ich hate grosen rešpekt for dr Špráche und lernte Čechyš, ajn vénig. Erst ject ercélte majne Mutr mír, obvól zí Čechyš konte, ajn vénig, vurde zí fon ajnm Čechyšn Grenczoldátn vrgevaltigt.

Vas mich auch zér beunrúigte, vár, das in Jugoslávieň dí Menšn dí Špráche kontn und zich trocdém tótšlúgn.

Ist dí Macht dr Špráche núr dr Traum dr Dichtr? Etva Anne Louise Germaine de Staël «Tout comprendre c'est tout pardonner.» („Ales vrštén ist ales vrcajen“)? Dr Čechyše Grenczoldát hat majne Mutr vrštandn und trocdém vrgevaltigt. Majne Mutr hat dízes Šikzal nur ausgehaltn, indém sí ín bis hojte šénrédet: Ér var vénigstns hybš. Das Wort « hybš » hat ír dí Vyrde glasn. Als es pasírte, var ich als Bébí in írn Armen. Ich hate dámals noch kajne Vorte – und zúche hojte noch nach ínen.

Ajnyge Vorte, dí ich gfundn hábe, durfte ich, líbr Jozo, mit írer Hilfe im Štiftr-Járbuch verefentlichen. Děkuji.

Die Punkerin vom Hohenzollerndamm

Die Bildhauerin Ludmila Seefried-Matějková

„Sterbenden Krieger“ von Andreas Schlüter im Berliner Zeughaus als Schlusssteine über den Fenster- und Torbögen des Erdgeschosses zeigen seine Meisterschaft als barocker Bildhauer. Hier präsentieren sich die Herren der Schöpfung nicht als protzende Kämpfer, hier sehen wir in die Stille des Sterbens, jeder für sich allein, den Schmerzschrei erstickend, das Leiden aushaltend, indem sich der Sterbende auf die Lippen beißt, bis zu dem Augenblick der Erlösung, die Züge entspannen sich, friedlich wendet er sich ab von dieser Welt.

Diese Bilder verbündeten sich in mir mit jenem, die Ludmila Seefried-Matějková dem Sterben ihrer Mutter widmete. Ihre Reliefs wirken sanfter, in sich ruhender, sie zeigen Ludmilas Ehrfurcht vor ihrer Mutter, die sie zu siezen pflegte. Da die Mutter im kommunistischen Tschechien starb, durfte die Tochter sie nicht in ihren Tod begleiten. Man wollte die Dissidentin abstrafen, die ihren tschechischen Paß abgegeben, in den Westen gegangen und dort ihre Kunst in freiheitlicher Atmosphäre schaffen und präsentieren wollte.

In dem Atelier der Künstlerin in der Nähe des Bahnhofs Südkreuz, der Berggruen Holdings mittlerweile gehörend, stehen, sitzen oder liegen Schicksale. Man sieht den meist aus Ton gestalteten Plastiken ihr Leben an: „Homo homini lupus", welche sie gleich zweimal gestaltet hat. Der Mensch ist dem anderen ein Wolf, raffgierig, blutrünstig, hinterhältig.

Daß dieses Bild des Wolfes, das uns Thomas Hobbes in seinem „Leviathan" überliefert hat, nicht der biologischen Wirklichkeit des Wolfes entspricht, spielt keine Rolle. Es geht Ludmila um den Archetypus des Hinterhältigen, die Feinde kommen von hinten, sind im „Lupus II" vermummt, alles Ausdruck der hinterhältigen Feigheit, die wir heute abgeschwächt vom Mobbing kennen.

Oder ihr Bildwerk „Schrei". Der brustfreie Mann, sein Gesicht hässlich verzerrt, die Hände groß wie Pranken und doch hilflos, bitte helft mir, warum hört mich keiner. Er steht im Käfig, wer kann ihm da noch helfen, hinter Gittern ist Schreien hoffnungslos. Der, der ihn hören könnte, den Schrei des Verzweifelten, ist der Wärter, Mitglied des Systems, das ihn hier einsperrt. Man möchte mit der Drahtzange kommen und dem armen Mann helfen...aber wir hatten das System, das solche Bilder auch in unsere Gegenwart lieferte, in Berlin vor der Haustür und wissen, wie oft dieser Versuch auszubrechen tödlich endete.

Außenseiter sind ihr Sujet, „Die Bettlerin", „Obdachlos", die alte Frau, die einfach „Vor der Tür" liegengelassen wird, mit aufgerissenen Augen, keiner, der sich um sie kümmert, der nachschaut, ob sie sturzbesoffen oder tot ist, eine extreme Gefühlskälte geht von dieser Figur aus – trotz ihrer Existenz bedrohenden Hilflosigkeit.

Aber auch die schönen Gesichter sind beeindruckend und charakterstark: Frida Kahlo und Ludmilas Selbstbildnis mit Vaters Hut.

Ludmila Seefried-Matějková hatte in Tschechien studiert und kam 1967 an die HdK nach West-Berlin und wurde Meisterschülerin von Joseph Henry Lonas, (1925 – 2011), einem amerikanischen Bildhauer, der seine dreidimensionalen Werke in organischen, geometrischen und architektonischen Formen gestaltete, nicht figural wie seine Schülerin, die er aber in ihrem Gestalten unterstützte. Es gibt einige wenige Werke von ihr, die sich an Jo Lonas Stil anpassen.

Ludmila Seefried-Matějkovás Werke stehen auch im öffentlichen Raum:

An der Wand im Pförtnerbereich des Kriminalgerichts Moabit befindet sich die Installation „Justitia", eine überlebensgroße Hand in der oberen zweiten Ebene hält ein Seil, an dem zwei Käfige befestigt sind, ein leerer; in dem zweiten steht ein geschnürter Mensch, beide haben das gleiche spezifische Gewicht, die Waage neigt sich nicht. Da jedoch hier in dem Gericht Justitia Gerechtigkeit walten lässt, tritt in Parterre der nunmehr nicht mehr gefesselte Mann in die Freiheit.

In der Spandauer Polizei-Direktion windet sich ein nackter Mann aus der Polizeimaschine, diese Plastik hat etwas Martialisches, obwohl der antik Gewandete einen Arm und das Gros seines Körpers der Polizeimaschine entwunden hat, ist nicht sicher, ob nicht doch das mehrarmige in Ritterrüstung steckende und mit einem Visier unkenntlich gemachte Maschinenwesen am Ende siegen wird.

Im Wedding auf dem Nettelbeckplatz steht seit 1988 von Ludmila Seefried-Matějkovás der Brunnen „Tanz auf dem Vulkan".

Aus einem Kraterkegel sprudeln die frischen Wasser, keine Lava. Die Menschen, die auf dem Kraterrand tanzen, eine Sängerin, und zwei sich die Hände reichende Paare, sie wollen sich aneinander festhalten, nicht abstürzen, sie sind fröhlich, sind sich nicht der Gefahr bewusst, der sie ausgesetzt sein könnten, wenn der Vulkan statt des Wassers Feuer speite. Am Fuße sitzt der Klavierspieler und lässt sich naßspritzen. Bei einbrechender Dunkelheit werden Fontänen und Klavierspieler durch weiße, und der Vulkankrater durch rote Niedervoltscheinwerfer ins rechte Licht gesetzt, und es bietet sich dem Besucher ein stimmungsvolles Bild.

Am bekanntesten ihrer Werke ist der 1985 geschaffene „Doppelgängeradmiral" in Berlin-Kreuzberg, eine 7,40 m hohe Bronzeskulptur, mit Bezug auf den Namensgeber der Straße Adalbert Heinrich Wilhelm, Prinz von Preußen (1811 – 1873), der Admiral war, Sohn des jüngsten Bruders Wilhelm von König Friedrich Wilhelm III und Gatten der Königin Luise.

Der doppelte Admiral verfolgt mit seinem Fernrohr die Admiralstraße, die in 1970er durch Abriß und Neubau verschwand. Am Fuße der Sanduhr, der zerronnenen Zeit, auf der der Doppeladmiral steht, der sitzende Mundharmonikaspieler und die Punkerin.

Während der Sitzungen mit dem Modell der Punkerin entwickelte sich eine Freundschaft zwischen ihr und der Bildhauerin. Ludmila Seefried-Matějkovás machte eine zweite Bronze von dem Modell. Jetzt sitzt sie auch in Wilmersdorf auf den Stufen zu dem Theater Coupe, am Julius-Morgenroth-Platz, benannt nach einem jüdischen Arzt, in unmittelbarer Nähe zur Kommunalen Galerie am Hohenzollerndamm, in Wilmersdorf, das nicht nur der Punkerin sondern auch mir seit vielen Jahrzehnten Heimat ist.

Schmerzen über die Kindheit

Für Jan Skácel[265]

Die angst ist schwer
Unvergänglich
Seitlich verlagert
Im herzen

Vom sandkasten aufwärts
Bis in die wälder der welt
Bis in die wüsten
Von menschen geschaffen

Schmerzt mich
Die kindheit
Aus der ich gerissen
Zeitlos…

6.
Nach der Samtenen Revolution

Stadtrandgeschichten –

Für den Dissidenten J. J. –
Mit dem ich das Stasigefängnis
Hohenschönhausen besuchte

wo die stadt zuende ist
das fluten der geräusche
mit unserem herzschlag
sich vereinte
schenktest du mir die wilden blumen
für dein frühes grab

getötet wurde nur dein körper
von denen die immer noch
das regieren an unsichtbaren
fäden üben
wieviele strophen sind
in ihren röntgenkanonen
verschwunden

ewiges leid der freien seele
für sekunden haben sich
zwei einsame sterne verbunden
in der unendlichkeit werden
sie sich noch an den duft
der wilden blumen erinnern
die du mir schenktest am
stadtrand der ewigkeit[266]

Kein Tag, wie jeder andere

Ich hatte einen Riesenbammel. Schwellenangst. Es war das erste Mal, daß ich zu dem Tag der Heimat, veranstaltet vom Bund der Vertriebenen, ins ICC in Berlin gegangen bin.

Als Achtundsechzigerin bin ich geprägt worden von dem Bild, wie es Franz Fühmann in seiner Erzählung aus den frühen fünfziger Jahren „Böhmen am Meer" beschrieben hat.

... ich sah das Kind und wollte es am Arm packen und aus diesem Strom reißen, doch der Strom spülte uns nach vorn und schwemmte uns an eine Tribüne, und dort sah ich die Kinder. Sie standen am Fuß der Tribüne... und sie trugen Kostüme, und diese Kostüme waren tot. Es waren Kostüme von Volksgruppen, die es nicht mehr gab, und die Kinder trugen sie ratlos; sie staken in diesen erloschenen Trachten wie in Käfigen, bunt ausgeschlagen, zur Schau gestellt...ratlos in einer unverständlichen Welt. Dies sei die Tracht

ihrer Heimat, hatte man ihnen, den jungen Westfalen und Bayern und Hessen und Friesen und Württembergern und Berlinern, gesagt; es sei die Tracht ihrer Heimat und sie müßten sie mit Stolz tragen, hatte man ihnen gesagt, und nun standen sie da mit ratlosem Gesicht, kleine Kinder, Hauben auf dem Kopf und in den Händen bebänderte Rechen: Puppen in einem grauenvollen Spiel.

Der in der Nähe von Gablonz geborene Schriftsteller Franz Fühmann, Hitlerjunge, in russische Kriegsgefangenschaft geraten, dort um 180 Grad gewendet und in die DDR emigriert, sieht in den ratlosen Kindern der Vertriebenen die Vergewaltigten, vergewaltigt von jenen, die in unserem linken Jargon Revanchisten hießen, jene, die ihre verlorene Heimat wieder haben wollten, komme, was wolle.

Obwohl ich nie auf den Vertriebenenveranstaltungen war, hätte auch ich diese Geschichte schreiben können, gespickt mit den Vorurteilen, die mir als Linke beigebracht worden sind.

Während Frau Steinbach, die Vorsitzende des Vertriebenenverbandes sprach, die sich wiederholt von den Begehrlichkeiten der Preußischen Treuhand, Besitztümer in den ehemaligen preußischen Gebieten über europäische Gerichte zurückfordern zu lassen, distanziert hat, schnatterte und lästerte der Korrespondent einer linken Zeitung fortwährend mit seiner Nachbarin, die nicht immer über seine Witze lachen wollte. Auch stand er als einziger nicht auf, als Frau Steinbach bat, der Toten zu gedenken. Selbst der polnische Korrespondent hat sich erhoben, wenngleich er vielleicht von den polnischen Zwillingsbrüdern eins auf den Deckel kriegt.

Dieser Journalist, ein linker Weggefährte von mir aus der unsäglichen maoistischen KPD / ML-Zeit in Westberlin, währenddessen wir den Diktatoren skandierten: *Marx, Engels, Lenin, Stalin, Mao Zedong*, ist offensichtlich in den fünfunddreißig Jahren, die seither vergangen sind, keinen Deut klüger, kein bißchen lernfähiger geworden, daß nämlich zuhören die beste Methode ist zu lernen.

Ich hätte auch eins der beschriebenen Kinder sein können, denn meine Familie ist eine aus dem böhmischen Riesengebirge vertriebene. Ich hatte Glück, meine Familie war nicht so borniert, mich in einen bunt geschmückten Käfig zu sperren oder mich als eine *Puppe in einem grauenvollen Spiel* zu mißbrauchen.

Wir alle, auch die wir diese Kinder sind, haben dazu beigetragen, daß Deutschland seit sechzig Jahren keinen Krieg mehr erleben mußte, noch angezettelt, daß dieses Deutschland die vom Krieg gezeichneten Grenzen anerkannt hat und in einem europäischen Verbund lebt, in den die meisten ehemaligen Ostblockländer herzlich gerne beigetreten sind oder beitreten mögen.

Diese Kinder von damals sind mir jetzt auf der Veranstaltung im ICC begegnet. Die aktive, die Erlebnisgeneration ist dabei auszusterben. Wir Kinder von damals haben nur vage Erinnerungen. Wir gehen an die Fragen der Vertreibung anders heran als unsere Vorfahren, aber anders auch als von Fühmann prognostiziert sind wir zwar Hessen, Rheinländer, Berliner und so weiter geworden, aber wir wollen auch sehen, woher wir stammen, wo unsere Wurzeln sind, welche Kultur unsere Vorfahren hinterlassen haben – eine Kultur, die jetzt von den Völkern, die dort leben, wo wir früher gelebt haben, größtenteils angenommen wird, die unsere Kirchen wieder aufbauen und Schlösser und Wohnhäuser.

Das einzige Kind, das ich gesehen habe auf der Veranstaltung zum Tag der Heimat am 2.9. 2006 ist der zehnjährige Sohn des im letzten Jahr verstorbenen Deutschböhmen und Sozialdemokraten Peter Glotz, der die dem Vater posthum verliehene Medaille des Bundes der Deutschen Vertriebenen von Frau Steinbach im Empfang genommen hat. Wie wohl Franz Fühmann diese Szene beschrieben hätte, wäre er noch am Leben?

Auch die Witwe von Peter Glotz, Felicitas Walch-Glotz, mußte das Werk des Sozialdemokraten gegen Anwürfe verteidigen. Die einen meinten, Peter Glotz, der mit Frau Steinbach im Präsidium des Zentrums gegen Vertreibungen und dessen Mitbegründer war, sei zu rechts gewesen, die anderen sagten, er sei zu links. Dabei, meinte Frau Walch-Glotz, habe Peter Glotz seine Position nicht verändert, denn es habe weder was mit Linkssein zu tun, wenn auf die Leiden der Menschen hingewiesen wird, noch mit dem Rechtssein.

Ich aber habe meine Position verändert, ich werde nächstes Jahr ohne den Riesenbammel auf die Veranstaltung gehen und mich dafür einsetzen, daß der Tag der Heimat der Tag der Vertriebenen wird, wie es Frau Steinbach vom Präsidenten der Bundesrepublik, Herrn Dr. Horst Köhler, gefordert hat. Die Japaner, Kriegspartner der Deutschen im 2. Weltkrieg, gedenken –unter Anteilnahme der Völker der Welt- ihrer Opfer in Hiroshima und Nagasaki. Auch die deutschen Opfer sollten einen Tag haben, an dem ihrer gedacht wird.

Eine Geschichte ist eine Geschichte sind drei Geschichten –

Die Waschküche

Als ich losfuhr – vor 25 Jahren – wußte ich nichts.

Doch! Ein Onkel sei Bildhauer gewesen, ein vergilbtes Foto, das aber nicht mehr auffindbar ist, soll mich vor einem seiner Werke im Stadtpark von Trutnov zeigen, als Baby auf dem Arm einer besuchsweise in Trautenau, wie der Ort damals hieß, weilenden rheinischen Tante, einer Schwester meines Vaters, der in Hradec Kralové auf dem Flugplatz stationiert war.

Weil er kein Tschechisch sprach, sei er zum Tanzen nach Trautenau gefahren und habe meine Mutter kennengelernt, die deutsch sprach – wie er.

Das ist alles – wirklich!

Nein, schon wieder fällt mir was ein. Hinter dem Krankenhaus von Trautenau sei ich geboren worden. Mein Opa wohnte dort mit Oma in der neu errichteten Bahnbeamtensiedlung. Er hatte einen Betriebsunfall und war Pensionär der tschechischen Eisenbahn. Bei ihnen habe ich meine ersten Schrittchen gelernt. Mein Opa hinkte. Ich habe alles Wesentliche von ihm gelernt, vor allem: Liebe. Als ich später mal ein Gipsbein hatte, hinkte auch ich.

Das ist aber nun tatsächlich alles, was ich weiß von Trautenau.

Ich machte mich also auf den Weg. Das Krankenhaus fand ich, den Adalbert-Stifter-Platz dahinter nicht, an dem ich geboren worden war. Ein vergilbtes Foto bringt mich auf die Spur. Ich stehe breitbeinig mit Babyspeckbäckchen und rausgestreckter Zunge vor einer Rustikamauer, dahinter ein Kellerfenster. Die Häuserfundamente der gesamten Siedlung sehen so aus. Sie stehen um einen Platz, der heute Platz der Befreiung heißt. Ich finde unser Haus, meine Mutter hat eine Waschküche erwähnt, die am Eckhaus angebaut ist. Es gibt nur eine Waschküche in der ganzen Gegend, auf die diese Beschreibung zutrifft. Aus dem Flurfenster bin ich rausgeklettert, als die Mongolen kamen, habe mich platt auf das Dach gelegt und überlebt... ihre Worte klingen in meinem Ohr. Bisher hatte dies alles keinen Ort.

Die Waschküche sehe ich, hier an der Ecke der Gorkistraße, die drahtenen Seile sirren, Wäscheklammern vibrieren im Frühlingswind, weil meine Mutti vor Angst zittert. Andere Frauen der Siedlung sind vergewaltigt und in den Tod getrieben worden – im Mai 1945.

Der genius loci, obwohl verwahrlost, weil die Häuser noch nicht renoviert sind, ist spürbar. Sechzig Jahre nach Kriegsende gibt es solche Orte noch, unberührt, lebendige Geschichte in Zeitlosigkeit erstarrt, um sich zu erhalten, für mich, ein Ort, dem ich verdanke, daß ich meine Mutter heute noch in den Arm nehmen darf.

Diese Geschichte hat mir meine Mutter erst kürzlich erzählt. Geschichten dieser Art tragen Frauen auf der ganzen Welt oft ein Lebenlang mit sich herum, ohne je darüber gesprochen zu haben.

Die Post

Da ich selber kaum Spuren habe in Trutnov, suche ich mit den Augen meiner Mutter nach Erlebtem. Ich war bei der Post, sagt sie, mit kräftiger Stimme, habe Trautenau mit der Welt verbunden, ich war Telefonistin und hatte eine Kollegin in Breslau, die, obwohl wir uns nie sahen, meine beste Freundin war, so vertraut waren uns unsere Stimmen.

Also geh ich zur Post. Česká Pošta steht auf gelbem Schild mit abstrakten Posthorn darüber. Ich benötige eine Telefonkarte, weil ich kein Handy besitze.

Ein Schilderwald stürzt beim Eingang auf mich. Ich darf nicht Feuer anmachen; dies zu erklären, ist ein rotes X über ein brennendes Streichholz gezogen. Ich darf kein Eis essen, ein X durch die Eistüte, keinen Hund mitbringen, das gleiche. Hinter der Türklinke ein wenig versteckt die Pistole: Peng, nein, nicht hier. Auch durch die Pistole zieht sich ein rotes X. Ein Glück, daß ich kein Handy habe, durchgeixt, Kamera ebenso, nun, da ich hier kein Fahrrad besitze, erübrigt es sich, mir zu verbieten, daß ich mit dem Fahrrad in die Post hineinradele.

Auch meine Mutter mußte ab Mai 1945 ein Signum tragen: weiße Binde um den Arm mit dem Buchstaben „N", Nemec, selbst wenn sie die Post betrat, wo jeder sie kannte und wußte, daß sie eine Deutsche ist. Ende Mai 1945 wurde sie aufgefordert, die Telefonvermittlung sofort zu verlassen. Im Juli 1945 kam der Befehl, ihr Kind zu nehmen und binnen einer Stunde am Bahnhof für den Sammeltransport nach Deutschland zu erscheinen. Die Wilden Vertreibungen waren in volem Gange.

Irgendwann sind wir in Sachsen und später im Rheinland gelandet. Seitdem habe ich eine Erinnerung.

Eine Grenze ist eine Grenze ist eine Grenze ist keine...

Auch der Bildhaueronkel verdient noch mal in Erinnerung gebracht zu werden, das ist die andere Spur, die ich verfolge.

Meine Mutter meinte, er sei zu vornehm für uns arme Schlucker gewesen, hätte ein eigene Villa gehabt und in Prag studiert, deshalb hätte er Opa, seinen Cousin, nicht beachtet.

Ein vornehmer Onkel – wie interessant! Ich finde einige Werke im Trutnover Museum von Emil Schwantner. Schaue ihm auf Fotos in die Augen. Ein bißchen verwandt scheint er zu sein mit uns – ich finde seine Villa in der Husová, suche im Stadtpark nach Spuren und auf Dorfplätzen der Umgebung. Es formt sich ein Bild in mir von seinem Schaffen: ein barocker Künstler des 20. Jahrhunderts, gegenständlich, figural und fiktional. Leben und Tod, sein Hauptthema.

Er hat den Ersten Weltkrieg überlebt, hat mit den Deutschen und Tschechen, die Angehörige verloren haben, gelitten, hat ihnen Gedenkorte gestaltet auf dem Dorfanger, vor Kirchen und auf Friedhöfen.

In Kralovec suche ich nach seinem ersten Kriegerdenkmal. In Königshan, wie der Ort deutsch heißt, ist er geboren. Beim ersten Besuch fand ich es nicht. Beim nächsten Mal suchte ich den Bürgermeister auf. Er hatte noch nie was von diesem Bildhauer gehört. Eine Nichte, die gut deutsch spricht, sagt, es gibt jemand, der es wissen kann. Wir zuckeln und schlingern über vom Platzregen ausgewaschene Lehmpfade, schauen beim dornenverschlungenen Friedhof nach, verlangen vom Motor das

Letzte und vom Auspuff, das er dableiben möge, wo er augenblicklich knattert. Steine hacken an den Radkappen, Schmeißfliegen klatschen an die Scheibe, Staub wirbelt hoch: Da ist er, schreit die Nichte. Durch Feinstaubwolken auf einem Kartoffelacker erkenne ich Männer, die ackern. Die Nichte kommt mit einem Blaumann zurück. Das ist mein Onkel Petr, sagt sie erfreut, er weiß, wo das Denkmal steht, kurz vor der Grenze, am Ende der Welt. Ich nehme auch ihn mit.

Wir fahren an die polnische Grenze. Im Straßengraben Dornengestrüpp. Irgendwas Figürliches ist erkennbar. Onkel Petr zieht eine Art Machete aus seinem Gürtel und hackt drauf los. Ein kleiner Pfad ist geschlagen. Ich habe lange Hosen an und folge dem Onkel. Er zerteilt das Gestrüpp. Da ist es, rufe ich. Ich umarme den fremden Mann, dann krame ich in meinem Rucksack. Darauf einen Becherovka, ich geb ihm den Flachmann. Er trinkt und ich fotografiere. Ein Sandsteindenkmal, das linker Hand eine Mutter mit einem Kind im Arm zeigt und rechts einen trauernden alten Mann, wahrscheinlich der Vater des Gefallenen.

Da wird sich mein Onkel, der Bürgermeister, aber wundern, wenn ich dem das erzähle, daß wir so ein schönes Denkmal in Kralovec haben, frohlockt die Nichte und nimmt auch einen Schluck.

Kralovec, Grenzübergang, Trautenauer Steig, alte Handelsstraße nach Schlesien, irgendwo liegt Breslau. In Breslau bist du operiert worden, Kind, 1944, erzählte meine Mutter ein andermal, nachdem ich mit dem Fragen begonnen hatte. Vorher hatte ich ja nichts zu fragen. Ich hatte eine Kindheit, von der ich nichts wußte, weil ich ja woanders aufgewachsen bin. Meine Großeltern erzählten von den Späßen Rübezahls und ich hielt ihn für einen Flußgeist, dabei war er der Herr der Berge. Meine Oma ist in Bernsdorf großgeworden. Also wollte ich auch mal ihren Geburtsort kennenlernen. Es fährt ein Zug nach Bernsdorf. Da mein Opa Bahnpensionär bei der tschechischen Eisenbahn war, wollte ich mit der tschechischen Eisenbahn nach Bernsdorf fahren. Die fährt aber nur am Wochenende wurde ich belehrt, für die Touristen. Die Einheimischen benutzen sie wenig. Sie haben keine Arbeit oder haben ein Auto.

Ich fahre vom Hauptbahnhof in Trutnov ab, in Richtung Poříčí. Bahnhof Parschnitz, so der deutsche Name, wo der Vater meiner Oma arbeitete, der ein Tscheche war, der Zug fährt ein, ein Einwaggontriebwagen der ältesten Bauart, der Zugführer, die Mitte seines Seins bereits überschritten, graumeliert sein Schnauzbärtchen, verläßt sein Cockpit, er geht ins Bahnwärterhäuschen, kommt zurück, steigt in unser Abteil, ein Kofferradio unter seinem Arm, das Schlagermusik der früheren Jahre plärrt, stolz wie Oskar die Brust geweitet ob der schönen Klänge, marschiert er in das andere Cockpit. Der Zug ruckelt, wir fahren in die Gegenrichtung, alles setzt sich nun um. Wer will schon in der nun beginnenden atemberaubend schönen Landschaft rückwärts sitzen. In Bernsdorf überfahren wir, was sage ich, überleben wir die Fahrt über ein denkmalgeschütztes urzeitliches verrostetes Viadukt, so nah am Abgrund, daß wir uns zur Mitte hinsetzen, damit die alte Bahn keine Schlagseite bekommt. Ich steige nicht aus, ich sehe Bernsdorf unter mir liegen, die Kirche, in der meine Oma getauft, zur Kommunion gegangen und gefirmt wurde, am Horizont beginnt Schlesien, gleich kommt das Ende hatte der Blaumann aus Kralovec gesagt, das Ende kommt nicht. Der abenteuerliche Zugführer, uns dieses zu ersparen, wiederholt den Trick, den er in Parschnitz bereits erfolgreich vorführte, mit plärrender Schlagermusik reißt er das Steuer um und friedlich fahren wir wieder zurück nach Böhmen...

Meine schlesische Geschichte muß noch geschrieben werden...

Mórgnréte – Reyze in dí vérgangnhejt

Bej dr taufe vird es énlič zejn ví bej dr gburt: kaum ejnér vird sič erinern.

Das ist bej mír zó, leidr abr auć bej meinr mutr, dí sič lédiglič dr špétern gburt und taufe mejnes brúdrs erinert. Das gét sóvejt, das zí mír fotós šikt mit dr behauptung, ič zej es, vengleič zí ejndojtig mejnen brúdr cejgn, den bej dízr fótózicung var ič dabej, ič war nojn járé alt. Dr 2. Weltkríg war zeks járé vorbej.

Ancumerkn zej, das mejne mutr anzonstn ejn gútes erinerungsvermégn hat, aus náhelígendn grindn jdoč: ejn zelektíves.

Ič hábe alzó kejne ejgne erinerung an mejne cveiundejnhalbjérige kindhejt in Trutnov, dí jé fon den Vildn Fertreibungn im Julý 1945 béendet vird. Mejne mutr hat díze erejgnise éhr špartániš, nač dr féhigkeit íhres bevustzejns, sič mit dem traumá ausejnanderzecn cu kenen, prejsgegébn. Vir habn vénig fon frýhr gšpročn, érst zejt dr vende ercélt zí ejncelhejtn, ič mus gerečtervejse sagn: érst sejtdem fráge ič.

Ejnen traum hate ich hojfig, fríher. Mír ist heis, ič šteke in ejnm engn kanál, in einm šačt und vil nač óbn, nač forne, ins ličt.

Robe durč ejnen engn rózá angeštráltn koridór, kejne luftcufúr, ič drohe cu erštikn, in dr Ferjíngung, forne ejn ličt, ejn luftcug. Ič štrenge mič an, zér, víle mich foran auf alln fíren, ans ličt, ans ličt....

Ič hábe es gšaft, ič atme durč, ič lébe!

So mus es mir eršínen zejn, dízes gebúrtsličt, als dr čečiše bírgrmejstr meinr gburtsstad Trutnov in Bémen, heute Čečijen, šríb, ič kan in dr Bohumil-Martin-Hale aus mejnen bejden bíchern „Der Graben“, román, und „Böhmische/Česká Polka“, gdičte, lézn.

Er vírde auč júgendliče dr štédišn múzykšúle cur untermálung meinr lezung animíren.

Es ist némlič mejne taufkirče, díze nač dem čečišen kompónisten Bohumil Martin benante hale: dí in den 1890ern gbaute evangeliše kirče, in der bis kurc nač dem 2. Veltkrig for alem dojče protestanten cum gbét cuzamenkámen. Dafor gab es núr katoliše kirčen im Trutnover- und Rízengebírgsumfeld.

Mit dr štrukturelen ferenderung dr befelkerung nač dem kríg vurde das goteshaus iberflisig. Es vurde ein koncerthaus. Dr Béme, auč untr der komunistišen fučtel, kan óne múzik ničt lebn.

Im Trutnover švimbád hate ič for cvej járn ejn centráles erlébnis, als ejne šúlklase fon etva ačt/nojnjérign čečišn kindrn fom švimn dí halentrepe herunterkám. Ich dičtete auf dem kasenbon in der kafeteria:

„hír

kejne enkl

enkllós

lósgelasen

šenklbrejt

šejde tót

kríg“

Dí plecliche ejngebung, das cvar ič hír gbóren, ič ábr kejne enkl hír habn vérde, dí menšen mejner generacjon, zo unšuldig ví díse kindr, traumatizírt zind bis an ír lébensende, fírte zu einm rauščuštand an gefílen und gedanken, dém ič cunékst das gdičt „enkl“ ferdanke und šlíslich den vom Geest Verlag herausgegébenen cveišpračigen gdičtband „Böhmische/Česká Polka“.

Mein čechišer íbrzecer Jen Jensen, dér im umfeld dr Charta 77 tétig var, inhaftírt und gfoltert vurde, muste sič kurcfristig végn durč foltr erlitenen kérprličen und sélišen ferlecungen krankmeldn. Eine junge dojčbémin var berejt, zejne íberzecungen forculézn. Ejne študentin fír violončelo und íre švestr, dí pianistin, špílten Händel-variacjónen und ejgene kompozicjónen.

Am néksten tág, dem 8. Oktobr, ejnm Zontág, lás ič in der katolišen renesankskirče auf dem frídhóf in Maršov, dr taufkirče mejnes grósfátrs miterličerzejts und aler ánen aus dízer Švantnrfamílje. Es ist dí élteste kírče im bémišen Rízengebírge, dí soében usste manšaft um Pavel Klimeš restaurírt vird, dr mit zeinr frau Lenka auč das „veselý výlet“, galerie und touristikládn und penzjón, in Temni Dul und in Pec betrejbt, und ejn ekstrémbérgštejger ist. Bej ejnr Himaláyábergbeštejgung tráf er den Dalai Láma.

Im anšlus an dí lezung špílte ich dí CD mit dr kompózicjón cu 9/11 ejnes gróskouzengs aus dr Švantnr-familje, desen fórfárn in den cvanciger járn nač Amerika ausgevandrt várn, vejl ármút im Rízengebirge grasírte.

Insbezondere mejne lézung in Maršndorf var als dí ejner pacifistin angekindigt vordn. Ich hate ví in Trutnov gdičte und prozatekste abvekselnd fórgtrágn. Das lecte gdičt var štēc „Die alten Männer", das ič einm čečišen jagdflígr des 2. Veltkríges, den ich im cúk kenenglernt hate, gvidmet hábe.

Junge menšen aus dr alternatif-arbejtenden grupe SEVER, daruntr ejn kunsthistorikr, váren anvésend und lúdn cu ejner bsičtigung des fon ínen restaurírten farhauzes.

Cu dr vernisaš von verkn aus anlas des 50. tódestáges ejnes grósonkels dr Švantnr-familje, dr von 1920 und 1946 bildhauer in Trutnov vár, im Forrízengbirgsmuzeum in Trutnov, trug ič víderum gdičte aus dr „Böhmischen Polká" for. Auč dízer onkl hat gdičtet, mitunter im Rízengbírgsdialekt, den ič abr ničt beheře.

Bej dr anšlísenden gmitličen runde ergab sič ebnfals dí glegenheit, mit mír ibr mejne bíčr cu diskutíren. Ejn dojčbémišer frojnd, der inženír ist und alte kartn zamelt, und cúgibt, „es mit dr literatúr nicht zo cu habn!", muste notgdrungn íberzecen.

Ejn mitdrejsiger frzúčte ín cu bgejstern, vas mejne literatur btrift. Dr frojnd íberzecte níčtern, óne zejne gzičtscíge cu ferändrn. Ič hete dí atmosfére vundrbar eingfangen in mejnem róman und in den gdičten, íberzecte er den man, dí menšen hír vírdn sič vídrfindn, zí vírdn ermuntrt verden íber dí ferlorngegangne gešičte dr gégend načcudenkn, dén fon mír gesecten špúren načcušpíren, íberzecte dr frojnd den man. Er bcv. Seine švangere frau, dí dojčlérerin zej und ím in den lecten tagn, zeit er die bíčr erštanden hábe, dí noč ničt íbrzecten tejle íbrzect hábe, vírdn, ven es nač ínen ging, mír dén Nobelprejs fír díze bíchr ferlejn. Mein frojnd, dr íbrzecer aus nót, šlukte und vídrhólte: Ja, Nobelprejs hat er gzágt.

Auč ein dojčbémišer Jude, dr als kind dí Nácimasakr íbrlébte mit zejnm dojčen fátr, vérend dí miterliče familje ausgerotet vurde, fand sič vídr in mejnen gdičtn und prózatekstn, venglejč ič das júdntéma nur am rande erväne.

Ič hábe mír erlaubt, Reich-Ranickis pozicjón ejncunémn, das kindr, dí gkvélt vurdn und traumatizírt zind, sič ničt als kindr dr ejnen odr andren folksgrupe fílen, zondern glejč velčr hérkunft traumatizírte und ferlecte kindr zind.

In Liberec hábe ič in dr Štétišen Biblioték lezn dírfn, dí auf dem areal dr crštörten synagoge štét und in die ejne noje klejne synagoge integrírt ist.

Die biblioték bevárt das dojče kultúrgút, das in letern in Bémen cum lébn ervekt vurde, ca. hunderttauzend bíčer und handšriften, zófern zí dí ataken des 20. járhunderts auf dí miteleuropéíše kultúr íbrstanden habn.

Lejder habn die dojčlérer der örtličen gymnazien, dí usste bibliotékslejtung ejngladen vorden várn, das angebót, dojče literatúr und špráče dr gégnvart cu diskutírn, ničt angnomen. Fílerorts ist in den éhemals dojčen gebíten Čečijens cu špíren, das dás Dojč, dás hír gšpročen vird, ejn altertímliches ist, ničt ejn mit uns gevaksenes, dí vír dí šprače lebendig im tägličen austauš erlébn durftn. Dojč in der efentličkejt var untr den komunisten frbóten, zó blíb dí špračfrmitlung bej den gróseltrn und eltrn.

Dojčbémen feršídenen alters und ejne Èsterrejčerin várn anvézend und diskusionsfrojdig. Ejne dáme, die cvej rómáne gkauft hate, ejnen fír íre frojndin, var fon den gdičten zo angtán, obvól zí ejgentlič kejnen gdičtband kaufn volte, zí bát mič, ír den band cu lasen mit dr cuzičerung, das zí bej mejner neksten lezung in Prág zovól das geld als auč íre frojnde mitbringe…

Nur Laufen ist schöner

Mit einer Sehnsucht wurde ich in ihr Land gesogen, ohne dass ich nennen könnte, was mich eigentlich so zog.

Außer ein paar Hinweisen meiner Verwandten, ein paar Fotos und die Ahnentafel besaß ich nichts.

Gewiß trug dazu bei, dass meine Augen ein halbes Jahr in das Asphaltgrau der Großstadt gepreßt waren, der Winter in Berlin ist schrecklich, aber er war früher genau so schrecklich und ich hatte ihn ausgehalten.

Kaum dass die Bäume sprießen und die Amseln trillern, nutze ich die Gelegenheit, aufzubrechen.

Auf zu brechen…

Auf den Auen brutzelt das fette Gelb vom Löwenzahn. Die Luft geilt sich auf an den Pollen, ich habe einen unbändigen Appetit auf Farbe.

Ich gehe in mein Reisebüro und besorge mir eine Fahrkarte Berlin-Décin, für die Rückfahrt habe ich einen Lift von Marek, der mich in Trutnov, wie Trautenau heute heißt, erwartet und mit dem ich in den Broumovské Steny klettern will.

Der EC aus Hamburg kommend mit Zielbahnhof Budapest hat unterwegs aus unerklärlichen Gründen einige Stops und wir kommen verspätet in Décin an. Ich haste zum Busbahnhof, der in fünf Minuten zu erreichen ist, also kein Grund für irgendeine Panik.

Über Décin tobt ein Gewitter, wie ich es nur aus den Bergen kenne. In Berlin sind Gewitter außerordentlich diszipliniert, was aber nicht an Preußen sondern an seiner Morphologie liegt.

Es ist kurz vor vierzehn Uhr. Um vierzehn Uhr fährt der Bus nach Liberec, wo ich um sechzehn Uhr mit dem Bus nach Trutnov weiterzufahren vorhabe.

Ich stelle mich an eine Warteschlange in dem Glauben, es ist meine.

Als ich beim Fahrer um ein Ticket nach Liberec bitte, und er mir eröffnet, dahin fahre er nicht, muß mich der Blitz getroffen haben. Wie eine Vision sehe ich vom Nachbar-Halteplatz den Liberecer Bus ohne mich davonfahren.

Es schüttet wie aus Wassereimern! Ich rutsche in einen Graben. Meine Jeans sind lehmverschmiert. Ich fühle mich beschmutzt.

Graben, beschmutzt. Ich schlucke. Irgendwas mit einem Graben schwirrt durch meinen Kopf. Ich muß zum Bahnhof, zum Taxistand. In Trutnov wartet doch ein Freund. Er wird sich Sorgen machen, wenn ich nicht im Bus ankomme. Der Taxifahrer mustert mich. Prominte, stottere ich, ich bin in den Graben gerutscht. Ich schmeiße meine nasse Tasche auf den hinteren Sitz.

Der Taxifahrer guckt böse. Kam? Fragt er kurz angebunden. Immer auf der Straße nach Liberec bleiben, den Bus suchen und wenn wir ihn sehen, am nächsten Halteplatz halten, sage ich. Er gibt Gas. Ob er mich verstanden hat? Er rast. Aha, er weiß, wann der Bus an der nächsten Halte ist. Ich lehne mich zurück und hoffe, dass er nicht plötzlich bremsen muß. Wir haben Aquaplaning. Regenstrippen zerren an den Wischern, von Donnergrollen rhythmisch begleitet, die vom schwarzen Himmel geschleuderten Blitze blenden mich.

Prosim, nicht in den Graben fahren, prosim, winsele ich. Ich zittere. Was hab ich nur mit dem Graben heute. Die Straßen sind doch einigermaßen in Ordnung. Daß ich in den Graben gerutscht bin, ist doch ohne Belang.

Von dem Bus sehen wir keine Spur.

In Česky Kamenice ist es der Taxifahrer leid. Ihm ist die leere Rückfahrt zu teuer. Ich hab mich wirklich schlecht benommen. Was kann der Taxifahrer dafür, dass ich an der Bushaltestelle gedöst habe. Ich zahle, sage noch mal prominte und steige aus.

Es kommen Busse, jedoch keiner fährt in Richtung Liberec, so als wäre die Stadt von der Erde verschwunden, dabei ist sie Hauptstadt der Region.

Irgendwas muß ich tun. Ich grübele immerzu über den Graben nach, der mich in diesen Zustand gebracht hat. Ich wische noch mal an mir herum. Die Tasche bleibt verschmiert und die Jeans fleckig, doch da es regnet, müssten die Leute doch großzügig über mein Aussehen hinwegsehen. Ich steige in den Bus nach Nový Bor, der vor mir hält. Die Richtung müsste stimmen.

Im Bus schaue ich auf meine tschechische Landkarte, dann stiere ich auf die regennasse Straße. An einem Bachlauf entlang fährt ein Zug. Wir bewegen uns im Gleichmaß. Der Graben. In dem Graben liege ich.

Ich drücke meine Nase an der beschlagenen Scheibe. Nichts hab ich gesehen, gesponnen habe ich. Wahrscheinlich fiebere ich, weil ich in dem Unwetter klatschnaß geworden bin. Ich nehme mir ein Buch aus Tasche.

Meine erste Regung war – nichts wie weg! Ich habe Seite 94 von Vaculíks Das Beil aufgeschlagen. Mit jedem Schritt sank ich tiefer in die Ahnung einer Schuld hinein, und dieses Gefühl rückte meine Kameraden weiter weg von mir. Bislang hatte ich nie die absolute Verlassenheit erfahren, auch wenn ich wusste, dass sie existierte. Wie andere Dinge existieren, von denen wir eben nur wissen…

Was weiß ich schon von dem Land, in dem ich geboren, in dem ich jetzt im falschen Bus sitze und von dem Ludvík Vaculík erzählt. Im Grunde macht Vaculíks Protagonist das gleiche wie ich, er fährt in die Gegend seiner Kindheit zurück, die sich natürlich verändert hat. Aber er ist nicht wie ich im Graben gelandet. Ich werde dieses Wort nicht mehr los.

Nach einer Weile sehe ich wieder aus dem Fenster. Der Regen ist bescheidener geworden. Ich sehe ganz deutlich Ortsschilder, dann Straßenschilder. Alle sind sie in tschechischer Sprache. Und wieder sehe ich den Zug.

Der Zug fährt im Tschechischen, sagen Alte, wahrscheinlich sind die deutschen Bezeichnungen entfernt worden, sagen andere Alte, gleich bei Kriegsende, und das ist erst zwei Monate her. Niemand in dem übervollen Zug weiß, wo er sich befindet, wohin die Fahrt geht.

Stoisch hocken Frauen neben den Habseligkeiten, die ihnen geblieben sind.

Ich habe ganz deutlich unter den Frauen meine Mutter gesehen und ein Mädchen neben ihr hockend, noch nicht im Schulalter. Meine Mutter hatte doch nur ein Kind! Wie kommt sie zu diesem Mädchen, das sich an sie schmiegt? Eifersucht steigt in mir auf.

Nový Bor verspricht nichts Gutes. Ich umklammere meine Reisetasche. Ich sitze auf einer Bank. Auf die Plastikverdeckung des Wartehäuschens pinkt der Regen, der wieder stärker geworden ist, und spritzt durch die Ritzen in mein Gesicht. Zum Glück kann der Mann, der ebenso einsam hier herumsitzt, nicht erkennen, dass ich weine.

Ich war eifersüchtig auf mich selbst, denn das Mädchen war ich. Meine Mutter schlägt mir auf die Finger. Laß das! Befiehlt sie, du hast schon genug angestellt.

Aber ich weiß nicht, was sie will.

Man spricht fremde Männer nicht an, verstehst du! Du bist ein Mädchen.

Für mich ist das kein fremder Mann. Er sieht aus wie Opa.

Ich spreche trotzdem den fremden Mann an, der im Wartehäuschen sitzt und raucht und gottlob! Ich erfahre, dass gleich ein Bus kommt, der nach Jablonec nad Nisou fährt.

Das ist ein ganzes Stück näher an meinem Ziel.

Onkel Hannes war aus Gablonz, wie die Glasstadt deutsch hieß. Er kam mit seinem Treck ins Allgäu, wo Neu-Gablonz gegründet wurde. Meine Cousine Nina und ich besuchten ihn dort. Mein Großvater bekam als Bahnpensionär Freifahrten, auch für uns Kinder.

Im Allgäu sind saftige Weiden wie an den Ausläufern des Riesengebirges. Vielleicht erinnerten wir Kinder uns an Zuhause. Mit Nina wühle ich in den Schuppen. Die Scheuern sind prall gefüllt mit goldenem Stroh. Vielleicht finden wir eines Tages einen Schatz…

Daß dieser Schatz Onkel Hannes sein würde, daran hatten wir nicht gedacht.

Er streichelte unsere Muschi, und das sollten wir um keinen Preis der Oma erzählen, denn es sei das Geheimnis von uns dreien. Und wir hielten Wort.

Das Nickerchen im Bus hat mir gut getan. Ich habe den Halt in Liberec verschlafen, den Bus nach Trutnov hätte ich sowieso nicht bekommen, aber auf die Toilette hätte ich gehen können.

Nun muß ich bis Jablonec warten. Die Toilette ist derart verschmutzt, dass ich einen Gang in die Büsche vorziehe. Ich bin verärgert über die Zustände!

Der alte Glanz der einst reichen Bürgerstadt bröckelt postmodern von den Jugendstilfassaden und die vielen Erker und Loggien entführen mich einen Augenblick in mediterrane Gestade. Statt der Zypressen wispeln die Kerzen der blühenden Kastanien – von Bienenvölkern umschwärmt. Onkel Hannes gehörte als Zahlkellner in einem der ersten Hotels in Johannisbad zu den gehobenen Pensionären, die sich auf ihre alten Tage in Gablonz eingerichtet hatten.

Es ist nach fünf Uhr. Die Frau hinter dem Schalter, der tatsächlich noch geöffnet hat, stammelt immerzu: Ne, neni ne...!

Daß kein Fernbus mehr fährt, ist mir klar. Die Frau schiebt mir einen Zettel unter der Scheibe hindurch: Zelezny Brod, 17.50 Uhr.

Ich bin im Tschechischen. Wie Feindesland hörte sich das an, wenn die Alten davon sprachen, obwohl sie die Sprache verstanden.

Ich habe eine Karte, in der die Sprachgrenze von damals eingetragen ist.

Rund um das Böhmische Becken, rot, gleich deutsch, mittendrin grün, gleich tschechisch.

Irgendwann haben sich die Nazis auch daran nicht mehr gehalten.

Um achtzehn Uhr dreißig bin ich in Zelezny Brod.

Der Ort ist wie ausgestorben. Ich ahne, dass ich eine Bleibe suchen muß, denn Busse fahren um diese Zeit kaum noch.

Jedoch mit einmal setze ich meinen Fuß in den letzten Bus des Tages. Der fährt nach Prag. Besser als nichts. Viele Wege führen nach Rom, warum nicht über Prag. Dort werde ich mit Sicherheit eine Übernachtung finden, auch wenn es noch zweihundert Kilometer entfernt ist.

Im Bus erweisen sich zwei ältere Damen als meine Engel. Sie sprechen deutsch und entlocken dem Fahrer, dass ich in Semily den Zug nach Trutnov nehmen könne.

Mit dem Zug nach Trautenau…

Der Zug mit seiner vollen Last hält nicht auf den Bahnhöfen. Wie ein Geisterzug rattert er durch die grüne Hügellandschaft, einen schwarzen stinkenden Schweif hinter sich herziehend, der von Zischen und Pfiffen unterbrochen wird.

Der Zug schaffe es nicht, flüstert mir die Mutter zu. Ängstlich dränge ich mich an sie.

Der Zug hält in einem Tunnel. Wir Kinder schreien. Wir rücken zusammen. Es gibt niemand, der uns beschützen könnte. Türen werden aufgerissen, Uniformierte irritieren mit ihren Taschenlampen.

Die junge Frau spürt heißen Atem. Spürt wie ein schweres Becken gegen ihren Schamhügel schlägt. Das Kind in ihren Armen schützt sie nicht.

Samen ergießt sich in ihre versteinerte Schale.

Als der Zug aus dem Tunnel hinausschnaubt, sind die Menschen vom Abendlicht geblendet, das durch die Gattertür hereinfällt.

Ich will wissen, wer da bei uns lag.

Meine Mutter stößt mich von sich. Sie richtet ihren Rumpf auf. Ach, wäre nur ein Bach in der Nähe oder auch nur ein Wassergraben, stöhnt sie. Ist mir nicht heute schon mal das Wort Graben begegnet?

Es hat aufgehört zu regnen. Es ist neunzehn Uhr dreißig. Ich haste den Berg hinauf zum Bahnhof. Ich musste keinen Graben überwinden.

Meine Mutter fand keine Gelegenheit sich zu waschen. Der Zug war bis Teplice gekommen, dann wurden wir in der heißen Julisonne zu Fuß zwanzig Kilometer bis zur Grenze getrieben.

Ich lasse mich widerwillig an der Hand führen. Wir sind eine endlose Schlange von Menschen, die von bewaffneten Männern flankiert wird.

In den Kinderwagen will ich nicht, obwohl wir besser vorankämen. Ich war tagelang eingepfercht und bin glücklich, endlich wieder laufen zu dürfen.

Und ich will dies, ich will das, hab Hunger, hab Durst.

Die Grenze sei nicht mehr weit, dann sind wir in Deutschland, versucht meine Mutter mich zu trösten.

Ich freue mich auf dieses Deutschland. Ich weite meine Arme, so groß bin ich und so schön ist diese Welt. Ich tanze.

Aber der Bewaffnete ist schon bei uns und treibt uns. Nazischweine, sagt er.

Wie schmecken Nazischweine, frage ich ihn. Ich habe Hunger, sage ich, gibst du mir ein Schwein?

Die Mutter reißt meinen Arm und schüttelt mich. Sie keift mir ins Ohr: Ach, hätte ich dich nur im Graben liegengelassen. Beeil dich, sonst kommst du in den Wagen!

Den Weg nach Zinnwald ins Erzgebirge hinauf keuche ich, aber ich halte das Tempo der Erwachsenen. Nur nicht im Graben liegenbleiben, hier in diesem Land, das ist die größte Strafe, die sich meine Mutter ausdenken kann, mich einfach hier lassen und alle sind weg.

Sie hat noch oft mit dem Graben gedroht, wenn ich – aus ihrer Sicht – nicht artig war.

Auf dem Bahnhof in Semily steht eigens für mich herbeigezaubert ein Zug, der fährt, kaum bin ich eingestiegen, nach Stará Paka, wo eine Umsteigemöglichkeit nach Trutnov besteht.

Ich muß über keine Grenze, bin nicht im Graben liegengelassen worden, ich habe ein Ziel…

In Trutnov haste ich zum Marktplatz, wo ich in einem Restaurant um achtzehn Uhr dreißig mit Márek verabredet war.

Es ist einundzwanzig Uhr zehn. Von ihm keine Spur. Als ich den Kellner frage, streicht er sich sein Kinn. Ob ich einen mit Bart meine? Ich nicke eifrig. Der sei vor zehn Minuten hinaus.

Die Rathausuhr schlägt Viertel nach Neun. Ich renne zur Umgehungsstraße, an der der Parkplatz liegt.

Und wie auf Bestellung rollt ein Auto heran.

Aus dem geöffneten Fenster winkt Marek: Vitam tê! Willkommen in Böhmen!

Ich habe meine Mutter getroffen, sage ich als Entschuldigung für meine Verspätung.

Er schmunzelt. Vielleicht glaubt er, ich habe zu viel Becherovka getrunken.

Wo sie denn herkäme und was sie gesagt habe?

Ich habe meine Mutter auf der Flucht getroffen und sie wollte mich im Graben liegenlassen.

Ein Sturzbach von Tränen rast über meine Wangen und platscht auf seine Hände, die er mir entgegengehalten hat, nachdem er ausgestiegen ist.

To jsem rád! Tröstet er mich. Er freue sich, dass meine Mutter ihre Drohung nicht wahrgemacht habe.[267]

Ein Engel aus Jilemnice oder Joghurt aus Europa

Es ist wieder mal Frühling. In diesem Jahrtausend war ich noch nicht in meiner Geburtsheimat, aus der ich im Kinderwagen vertrieben wurde.

Auf ins Riesengebirge – wie mag es aussehen im EU-Kleid? Das Riesengebirgsvorland leuchtet im fetten Gelb vom Löwenzahn in dieser Jahreszeit, so meine Erinnerung. Wie schön , dass in dem zersiedelten Land immer noch Platz ist für so ein überflüssiges Gewächs, von dessen schlanker Form sich in der Großstadt ein paar Karnickel ernähren, die nachts auf dem Gelände der Technischen Universität spitze Blätter aus dem Beton zupfen.

Ich fahre mit der Regionalbahn. In Cottbus kommen wir verspätet an, weil wir in Lübbenau auf den Bundesgrenzschutz warten mussten, der zwei nichtdeutschsprechende Männer in Gewahrsam nahm, die weder zahlen noch sich ausweisen wollten. Die Lausitz-Bahn ist ohne mich abgefahren, ich gehe zum Counter im Cottbusser Hauptbahnhof.

Was nun, mein Anschluß in Tschechien ist weg.

Der Computer wird befragt, das Telefon betätigt.

Nach Trutnov wollen Sie?

Ja, ins Riesengebirge, nachmittags nach vier fährt nichts mehr nach Trutnov, ich weiß das von früher.

Moment mal. Ein Hotel können wir Ihnen nur bezahlen, wenn wirklich nichts mehr fährt.

Also wieder an den Computer, ans Telefon.

Aha! Sehn Sie, hier ham wir noch was. Der Drucker knattert.

Nun sagen Sie bloß über Rom? Witzele ich.

Wieso, ne über Prag. Sie fahrn jetzt nach Dresden Neustadt...

Ich will aber in Richtung Osten und nicht nach Dresden.

Dort steigen Sie um und fahrn dann bis Dresden Hauptbahnhof, dann steigen Sie wieder um in den Zug nach Wien und wechseln in Prag von Holešovice mit einem Fußweg von 20 Minuten zum Hauptbahnhof. Dann nehmen Sie den Zug nach Hradec Králove und steigen dort in den Zug nach Trutnov, wo Sie um 22.47 sein werden, weshalb wir Ihnen kein Hotel anbieten müssen.

Selbstverständlich, sage ich, nach Trutnov ist es noch nicht mal 200 Kilometer, wohingegen Prag 300 Kilometer südlich liegt, und von dort heißt es, wieder 200 Kilometer nordöstlich raufahren.

Wir informieren die deutschen und tschechischen Zugführer, fährt die Beamtin monoton fort, Sie fahren selbstverständlich auf Kosten der Deutschen Bahn. Wir schreiben Ihnen den Tatbestand noch mal auf den Fahrschein.

Ich fahre nicht nach Dresden, sondern nach Zittau und genieße die altösterreichische Eisenbahn bis Liberec. In Tschechien scheint alles wie in den Neuzigern, als ich das letzte Mal dort war. Oder sieht es aufgeräumter aus? Die Straßen, die sich wie ein silberner Faden durch das hügelige Gelände schlängeln, scheinen frisch asphaltiert zu sein, oder ist hier der Wunsch nach einer geordneten Welt das Maß für den Blickwinkel?

Ich kann mir doch nicht einbilden, dass die Dächer der Häuser neu gedeckt sind und die Fassaden gestrichen. So viel Farbe haben die vorüberfliegenden Ortschaften früher nicht gezeigt. Gewiß, als ich in Zittau durch die deutsch-tschechische Grenzkontrolle ging, musste ich den Paß zeigen, das ist ähnlich wie früher, als auch nur stichprobenmäßig ins Gepäck geschaut wurde. Selbst die tschechische Eisenbahn ist noch aus k. und k. Zeiten, und als der Schaffner zum Lokführer vorging, um nach dem Rechten zu sehn, weil der Motor zu stottern anfing, hatte man den Eindruck, in die Frühphase der industriellen Revolution gebeamt worden zu sein.

Ich stehe auf dem Bahnsteig, auf dem ich angekommen bin.

Ich frage den Lokführer nach einem Zug nach Trutnov, statt seiner antwortet ein junger Mann auf Deutsch.

Ja, Trutnov via Stara Paka. Wir fahren, ich genieße die Landschaft. Der Tunnels, die kommen, erinnere ich mich noch von früher, das Licht geht erst gar nicht an, so viele kurze stoßen in die Hügel. In den grellen Tag hinein werden wir in blühende Rapsfelder geschleudert,dass mir schwindlig wird vor lauter Licht und Strahlen.

Nach einem Stop gesellt sich ein glatzköpfiger junger Mann und ein dunkelgelockter mit Pferdeschwanz, der aus einer Kappe herausbaumelt, zu uns ins Abteil. Letzterer bekommt, kaum, dass er sitzt, eine Ohrschelle von seinem Partner, die Stimmen werden lauter, die Kappe fliegt durch unser Abteil. Die übrigen Gäste vertiefen sich noch intensiver in ihre Lektüre, der junge Mann, der mit dem Lokführer geplaudert hatte, lächelt mich an, zwischen seinem und meinem Sitz liegt die Kappe. Keiner von uns hebt sie auf. Der Pferdeschwänzige bekommt weitere Ohrschellen, er wehrt sich nicht. Der Schaffner kommt, knipst die Fahrkarten, kümmert sich nicht um die beiden. Als er bei ihnen ist, befiehlt er zu sitzen, der Glatzköpfige setzt sich, der andere hat mittlerweile sowieso nur noch gekauert. Die Mütze liegt immer noch unter dem Sitz. Ich zeige dem Schaffner mein Portemonnaie, ich war bei dem Durcheinander nicht dazu gekommen, Geld zu wechseln.

Sie haben keine Kronen? fragt er auf Deutsch.

Tut mir leid, nein.

Und Sie wollen nach Trutnov?

Ja.

Ich muß schaun.

Er bleibt lange weg. In Turnov halten wir eine gute halbe Stunde, die Randalierer sind ausgestiegen, die Kappe haben sie zurückgelassen. Einige Mitreisende sind ebenfalls ausgestiegen und kommen mit einem Pott Kaffee wieder. Das ist neu, das gab es nicht in den 90ern, dass man auf den Bahnhöfen des platten Landes Kaffee bekam, aber sonst sind die Bahnhöfe wie früher, die Bediensteten haben die gleiche Dienstkleidung, der Zugabfertiger eine rote Kappe, eine Pfeife und eine rote Fahne. Los fertig, weiter geht's.

Der Schaffner kommt zu mir. Es fährt kein Zug nach Trutnov, sagt er.

Ich fahre durch das Land und werde irgendwo mit dem Zug stehenbleiben, wahrscheinlich in Stara Paka und dann muß ich sehn. Ich weiß aus Erfahrung,dass es in Stara Paka nichts zu sehn gibt.

Der Mann, der mit dem Lokführer geplaudert hatte, stellt seinen Kaffeebecher beiseite und blättert in seinem Kursbuch. Ein zweiter junger Mann hilft beim Blättern. Ein dritter Mann betätigt das Handy. Zwischendurch unterhalten sie sich mit dem Schaffner auf Tschechisch. Ich verstehe sie nicht. Weitere Personen mischen sich in das Gespräch. Fast alle Leute in dem aus sozialistschen Zeiten stammenden Waggon scheinen mit meinem Problem beschäftigt. Es wird geblättert und telefoniert. Bei meinem letzten Besuch hatte es noch keine Handys gegeben, ich war zwischendurch ein paar Jahre krank gewesen und konnte nicht verreisen.

Der Schaffner kommt zu mir. No, kein Zug nach Trutnov.

Ich hab ein Zimmer gebucht, geht es mir durch den Kopf.

Gibt es auch keinen Bus?

Der junge Mann mir gegenüber, neben dessen Füßen immer noch die Kappe des Pferdeschwänzigen liegt, schaut mich an. Sehe ich ein Lächeln in seinem Blick, einen Hoffnungsschimmer? Auf Tschechisch wird weiter diskutiert. Wie verfluche ich, dass ich über den Anfängerkurs immer noch nicht hinausgekommen bin.

Der junge Mann sagt: In Stara Paka können Sie nicht bleiben. Da gibts kein Taxi und kein Hotel.

Das hab ich mir auch schon gedacht.

Nu ja, Sie fahren nach Jilemnice, da gibts Hotels und Taxis, da können Sie entscheiden oder um 21.44 Uhr von Stara Paka mit dem letzten Zug nach Vrchlabí....

Ich stehe auf. Ich gehe auf die Toilette. Mein Ziel nicht erreicht... Versagensängste schütteln mich, ich bin ausgesetzt auf einem anderen Stern und das Raumschiff kommt erst in hundert Jahren. Ich heule. Verheult komme ich aus dem Klo. Es beginnt draußen zu regnen.

Ich stiere aus dem Fenster. Meine letzte Träne möchte sich mit den Tropfen an der Scheibe vereinigen...

Excuse me, do you speak english?

Ich nicke. Ich blicke auf. Ein mittelalterlicher sympathisch aussehender Mann beugt sich über meine Bank: On next station my wife will waiting with car and we bring you to Trutnov.

Ich war doch eben noch in einem Raumschiff, das im grenzenlosen All vergessen worden war. Ich stiere den Mann an. Really? Das sind gut dreißig Kilometer. Ich habe während meiner Odyssee immer wieder auf die Landkarte geschaut, die vor mir ausgebreitet liegt, um wenigstens geographisch das Gespräch verfolgen zu können.

O.k. sagt er und nimmt mein Gepäck. Ich folge ihm. Es schüttet. Seine Frau öffnet die Autoklappe, wir flüchten in das rettende Blech und flitzen vorbei an vom Regen polierten properen Häuserfassaden, an Aral-Tankstellen, an Baumärkten, an Supermarktketten, in denen ich in Berlin auch einkaufe.

Später in Berlin erzähle ich meine Beobachtungen einem ehemaligen tschechischen Emigranten: No, was brauchen die Tschechen die deutschen Supermarktketten, das ist doch schon wieder eine Eroberung.

Ich darf doch bitten, entrüste ich mich, ihr habt all die Jahre bei diesen Ketten hier in Berlin günstig eingekauft, und ob das deutsche Ketten sind, ist in Zeiten der Globalisierung gar nicht so sicher...

Jedenfalls, beharrt er, brauchen die Tschechen keinen deutschen Joghurt.

Joghurt ist nicht deutsch sondern türkisch, lache ich, so ist das halt in Europa...

Ein Herbstspaziergang in den Adersbacher Felsen

Beobachtungen aus einer mitteleuropäischen Provinz

Ich war ins Land gereist, um die Gräber und die Gedenkstätten meiner böhmischen Vorfahren zu besuchen. Gräber, die inzwischen zum größten Teil wieder hergerichtet, Gedenkstätten für die Opfer des Ersten Weltkrieges, die renoviert werden, in fünfzig Jahren des Chaos verwildert und zerstört, was ein Großonkel, der Bildhauer Emil Schwantner, in der Ersten Tschechischen Republik geschaffen hatte.

Die Schneekoppe trug bereits ihr weißes Häubchen. In den Tälern des Riesengebirgsvorlandes herrschte der für die Jahreszeit übliche herbstliche Dunst und Nieselregen. Die leckeren Farben des barocken Marktplatzes meiner Geburtsstadt Trutnov schmeckten an diesem Tage fad. Ich hastete zum Bahnhof, war in Teplice n.M. verabredet. Es war Samstag. In den beiden putzigen Dieseltriebwagen, die eher einer Spielzeugeisenbahn glichen, herrschte reges Treiben. Trotz des Wetters war eine tschechische Wandergruppe eingestiegen, zünftig gekleidet mit Rucksäcken bepackt, aus denen die Brotzeit hervorgeholt wurde.

Mir gegenüber saßen drei junge Leute, wie sich herausstellte, aus London.

Ein junger Tscheche, der nebenan saß, sprach die jungen Leute an, auf deutsch. Sie seien keine Deutsche, sagte eine der beiden Frauen, sie seien Engländer und studierten in Deutschland.

Sie würden hier in Tschechien lieber englisch reden, ergänzte sie. Er spräche kein Englisch, meinte der Tscheche. Er setzte sich zu ihnen, sie redeten weiterhin deutsch miteinander. Er sei Anstreicher, sagte er, verdiene 20.000 Kronen im Monat, und es ginge ihm finanziell sehr schlecht. Wenn ich bedenke,daß meine Tante 6.000 Kronen Rente bekommt und davon, wenn auch bescheiden, so doch leben kann, schien mir der junge Tscheche sehr zu übertreiben. Sie seien auch nicht reich, meinten die Engländer, sie seien Studenten, und – mittlerweile hatten sie wohl die Kronen umgerechnet – soviel wie er hätten sie nicht zur Verfügung. Auch sie kauten an ihrer mitgebrachten Stulle. Zwei vor uns sitzende junge Männer hatten mitbekommen,daß englischsprechende Menschen anwesend waren und mischten sich mit starkem amerikanischen Akzent in das Gespräch, so daß ein Hin- und Herübersetze losging. Die Amerikaner waren aus Illinois [268] und auf dem Wege nach Polen, sie wollten in Teplice umsteigen. In Chvalec war ein auf Rübezahl gestylter junger Mann eingestiegen mit Wallebart und weitem Umhang, der eine in einen Sack verpackte und triefende Gitarre auf die Sitzbank legte. Die Amerikaner konnten den Blick nicht mehr von ihm lassen. Vielleicht erschien er ihnen als Überbleibsel ihrer Woodstock-Vätergeneration. Die Engländer waren in Adrspach ausgestiegen, ebenso die tschechische Wandergruppe. Draußen nieselte es noch immer. In Teplice endete der Zug, ich wurde erwartet. Ich wollte nach einem zerstörten Denkmal des Bildhauers forschen und hatte gebeten, mich zum Buchenberg zu begleiten. Von dem Kriegerdenkmal stand nur noch der Sockel, die Skulpturen lagerten in Einzelteilen in einem Depot, wovon mittlerweile die Fußteile gestohlen wurden.

Hinter Teplice parkten wir auf einem Feldweg. Das Wetter unterstützte meine Absicht in keiner Weise, das Denkmal der

Versöhnung zu besuchen, das vor zwei Jahren von einer ortsansässigen Bürgerinitiative unter Führung der damaligen Bürgermeisterin Vêra Vítová, eingeweiht worden war. Im Gegenteil, der Regen peitschte ins Gesicht, je weiter wir den Buchenberg anstiegen, der an seiner höchsten Stelle 800 Meter erreicht, für mich Flachländerin schon eine Leistung. Schweigsam ging ich meinem Begleiter hinterher. Schwerer Lehm klebte an unseren Füßen, die Schuhe waren feucht, von meinem Wettermantel tropfte der Regen, die Schirmmütze hielt das Schlimmste ab. Plötzlich eine Herde Mufflons, die die Grenze wechselte. Gehören sie Polen oder Tschechen? fragte ich gegen den Wind. Dem Wald, antwortete mein Begleiter, der ein wenig Deutsch sprach, das er sich aus dem Internet beigebracht hatte.

Wir passierten zwei junge Bäume. Wir blieben stehen. Symbol, sagte er. Deutscher Baum Eiche, tschechischer Baum Linde. Ich verstand. Aus der wenigen Volkskunde, die wir auf der Schule hatten, ist mir in Erinnerung geblieben,daß die Linde der heilige Baum der Slawen ist. Endlich ragte das steinerne Symbol der Versöhnung am Waldesrand drei Meter hoch in den herbstlichen Dunst. Ein einsamer Mensch, sagte ich, getragen von zwei Hälften. Mein Begleiter hatte eine andere Interpretation, die zwei Hälften, deutsche und tschechische, die sich nähern, ergeben einen neuen Menschen.

Am Wege lagen Steine als Symbol für je einen Getöteten. Sieben Wochen nach Ende des Zweiten Weltkrieges, am 30. Juni 1945, wurden an dieser tschechisch-polnischen Grenze, 23 Zivilisten erschossen als Opfer der sogenannten „Wilden Vertreibung".

Am Ende dieses Passionsweges, in einem kleinen Steinbruch, dem Ort der Tragödie, erwächst aus einem steinernen Kreuz eine Blume, das Symbol für neues Leben.

Schlechtes Gewissen

Gedanken beim Gang durch die beiden Ausstellungen in Berlin „Flucht, Vertreibung, Integration" – Historisches Museum – Pei-Bau und „Erzwungene Wege" – Zentrum gegen Vertreibungen, Kronprinzenpalais[269]

Als Achtundsechzigerin und Maoistin, die in Westberlin die Mauerzeiten überdauerte, war ich am Chinesischen Meer eher als an der Ostsee, habe die Wüste Gobi gesehen, bevor mir klar wurde, daß sich im südlichen Brandenburg auch eine Wüste entwickelt, habe -wenn auch nur vom Flugzeug aus- auf den ewigen Schnee im Himalaya geschaut, lange Zeit vor meiner Besteigung der Schneekoppe.

Als ich all das gesund überstanden hatte, klopften mir Freunde auf die Schulter: „Mutig, Mädel!"

Das ist dreißig Jahre her.

Eines Tages zitterten Bilder über meinen Bildschirm, die taumelnde Menschen zeigten, in den Lehm stürzend, Händchen von Kindern waren zu sehen, die versuchten, die Alten zu stützen, eins nach dem anderen durch die Staubhügel Bosnien ziehend...da begann ich eine Geschichte zu suchen, in der ich vorkam.

Die Bilder begannen mich aufzufressen. Ein Film rotierte in meinem Hirn, ein Kind, eine Mutter, Staubwege, Waschküche, Kind und Mutter, fliehend auf der Stelle. In einer Therapie fand ich Linderung.

Das ist gut 10 Jahre her.

Immer wieder meine Mutter, die vor mir flüchtete. Ich tapste ihr hinterher. Geh in dein Bettchen, rief sie, ich versteck mich, die Russen kommen. Dir tun sie nichts, du bist ein Kind. Sie lag auf dem Dach der Waschküche. Geh in dein Bettchen, hauchte sie.

Meine Mama ist auf dem Klo, beteuerte ich mit meinen drei Jahren, als sie tatsächlich kamen. Das Plumpsklo ist im Hof, sie stürmten die Treppen hinab. Sie konnten meine Mutter nicht sehen, so flach lag sie. Sie überlebte.

Einige Zeit später wurden wir von Tschechen außer Landes gehetzt, weil wir Deutsche waren.

Das ist einundsechzig Jahre her.

Erst seit ein paar Jahren erzähle ich davon. Ich hoffte auf den schützenden Mantel Europas.

Vergiß die Ursache nicht, du bist die Ursache, du bist ein Täterkind, dein Vater war Wehrmachtsoldat, sagen meine linken Genossen von früher. Du kannst dich nicht mit den Kindern der Vertriebenen gleichsetzen, den Bosniern, den Ponto-Griechen, die aus der Türkei rausgeschmissen, den Armeniern, die ermordet wurden, sagen meine grünen Verbündeten, mit denen ich für saubere Luft und gegen Atomkraftwerke gekämpft habe.

Die vielen Menschen bei der Ausstellungseröffnung im Kronprinzenpalais hinterlassen schlechte Luft. In die geöffneten Fenster dringt Jahrmarktsmusik. Die Ausstellungsmacher sind jung und nüchtern. Bloß keine Emotionen. Alles in Weiß gepackt. Erinnerungsstücke werden zurückgedrängt in Vitrinen. Weiß prescht hervor. Unschuldige Farbe der Kindheit – wie ein Kinderbettchen.

Ich höre der Leiterin des Tschechischen Zentrums beim Interview zu: Irgendwie fehlt was, sagt sie, es ist alles da, nur eines fehlt: Die Ursache.

Ich habe mich auf die Toilette geschlichen.

Sushi statt Böhmische Pflaumenknödel

Ilse Tielsch zum 85. Geburtstag –

die mich mit ihren Romanen „Ahnenpyramide“ und „Heimatsuche“ auf eigene Spurensuche geschickt hat

Goethe wusste wenig von den Böhmen, obwohl er jahrzehntelang dort in Kur war. Erst in seinen späten Jahren kam ihm in den Sinn, nach dem Tschechischen zu forschen.

Ein paar Jahrzehnte später ging es dem preußischen Schriftsteller Theodor Fontane ähnlich, er machte sich nach dem 1866er Krieg auf nach Böhmen und fand recht erstaunt daselbst Kinder, die artig deutsch sprachen.

In West-Berlin, wohin ich nach dem Mauerbau zu arbeiten angeworben wurde, weil viele Arbeitskräfte im Osten von ihren Arbeitsplätzen im Westen über Nacht abgeschnitten waren und händeringend in Westdeutschland junge Leute als Ersatz gesucht wurden, vergas ich, dass auch ich Wurzeln in Böhmen hatte und bei den Trautenauer Großeltern in Bonn, die nach der Vertreibung bei uns im Rheinland landeten, mit böhmischen Pflaumenknödeln groß geworden bin.

In Berlin erinnert nichts an dieses mitteleuropäische Land. Lediglich zur Zeit der Amerikanischen Alliierten in Westberlin gab es jede Menge Böhmische Lokale mit Schweinsbraten und Knedla! Jetzt findet man meist allüberall japanische Sushi-Lokale.

Schon Fontane beklagte, dass man erst immer das dazwischen liegende Sachsen durchqueren musste, um nach Böhmen und damit nach Österreich zu kommen; und doch natürlich preußengerecht an den 66er Krieg erinnernd: Es gibt einen Prager Platz, seit 1867 gab es die Königgrätzer Straße, die aber 1930 in Stresemannstraße umbenannt worden war.

Als ich nach Berlin kam, zog es mich der Kurfürstendammnähe wegen, wo sich damals das Leben abspielte, nach Wilmersdorf. Es gab dort eine Trautenauer Straße. Ich hatte nie, NIE! nachgeforscht, warum in Wilmersdorf diese Straße existiert. Erst nach der Wende, weil man erst dann ins umliegende Land, das der DDR gehört hatte, reisen konnte, las ich Fontanes „Wanderungen durch die Mark“ und seine Kriegstagebücher des 1866er Krieges.

Ich habe 1969 in Westberlin das Abitur gemacht, da war das alles kein Thema. Ich kannte die Schlacht bei Salamis 480 v.d.Z., aber nicht die Schlacht bei Trautenau oder Königgrätz 1866.

So nimmt es auch nicht wunder, dass ich, als ich Sinologie studierte, 1972 über das Himalaya nach Peking flog, aber nicht das Riesengebirge kannte. Rübezahl; na gut, Opa erzählte von ihm, wie er in die Blaubeeren ging als Bub in Marschendorf und sein Donnern ihm Angst einflößte. Oma zauberte ihn als Erziehungshilfe herbei, wenn ich gar nicht gehorchen wollte. De Rüvazol wird di holla, wenn's nicht gehorschst! Aber Rübezahl war für mich nicht ortsgebunden.

Ich hab also total vergessen, dass ich dort geboren wurde, weil ich eh keine Erinnerung habe. Sei froh, dass du nichts mitgekriegt hast, haben die Erwachsenen geraunt, du worst ja noch su klenn!

Jetzt kommt eine junge Tschechin, der ich über das Tschechische Zentrum vermittelt wurde, und will wissen, wie es 1945 und in Folge war mit den Frauen und Kindern. Ich musste sie erst mal aufklären über die Geschichte unserer beiden Völker, wie ich es ja auch erst vor gar nicht langer Zeit lernen musste, über die Deutschböhmen und Tschechischböhmen in dem Königreich Böhmen, das zum Heiligen Römischen Reich Deutscher Nation gehörte, das auch Kaiser gestellt hatte. Daß die Deutschen nicht erst wie mein Vater mit der Wehrmacht

1938 nach Böhmen gekommen sind, sondern schon seit den Přemysliden dort lebten und das Land maßgeblich und innovativ mit gestaltet haben, daß Trautenau, meine Geburtsstadt, nach Magdeburger Stadtrecht um 1300 gegründet wurde. Ich brauchte diese Legitimation, auch ein Siedlungsrecht in der Heimat meiner Mutter zu haben, denn ich hatte als Linke gelernt, mich der Deutschen Geschichte zu schämen, weil von ihr das Unheil des 20. Jahrhunderts ausgegangen sei.

Diese Einstellung war auch der jungen Frau beigebracht worden, wobei sie den Frauen und Kindern ein wenig dieser Schuld nachsah, aber was hätte der Tschechische Staat 1945 mit den Deutschen machen sollen?

Diese Frage, hoffe ich, kann sie sich mitlerweile selbst beantworten.

Das erste und das letzte Portrait

Emil Schwantner, 1909: Jan Vaclav Myslbek[270]

Zu der Zeit, als ich mich einige Male mit der jungen Frau traf, ging bei mir das Telefon: Opitz, Rathenow. Antikhandel. Ick ha Se im Internet jefunden, Sie sind doch so mit dem Bildhauer Schwantner, da ham Se doch geschrieben drüber.

Ja, antworte ich, was ist mit dem Emil Schwantner?

Nu, er steht hier bei mir!

Ich war platt. Ich hatte auch der Tschechin erzählt, dass ich mangels eigener Erinnerung an Trautenau nach der Wende begonnen hatte, Leben und Werk des Cousins meines Opas, des akademischen Bildhauers Emil Schwantner, zu erforschen. Er ist 1890 im Riesengebirge geboren und 1956 in Schönebeck / DDR, wohin er vertrieben wurde, gestorben. Ich hatte noch seine Witwe nach der Wende kennengelernt. Sie hatte mir einiges Material, vor allem Fotos, überlassen. Er hatte bei Jan Vaclav Myslbek in Prag studiert. In dem Nachlass befand sich ein Foto von Schwantners erster Büste, die er zur Aufnahmeprüfung 1909 machte, er war 19 Jahre alt, sie stellt seinen Lehrer, Jan Vaclav Myslbek dar. Nun wurde mir ein Werk von Schwantner angeboten, von dem ich wusste, es ist Schwantner. Weil er weder bei den Nazis noch in der DDR in die Partei eintreten wollte, hatte zwar Preise errungen, aber keine Aufträge, somit war sein DDR-Oeuvre gering und überschaubar.

Von einer weit entfernten Cousine, verwandt mit dem Trautenau-Forscher Reinhard Lamer, die ich ebenfalls durch Zufall kennenlernte, hatte ich einen Brief von Schwantner, den er ihnen 1947 nach Schwaben schrieb, wie schlecht es ihm ginge und dass er keine Aufträge bekäme. Wer will schon in der großen Nachkriegsnot ein Bildhauerwerk kaufen!

Der Mann schickte mir eine Mail. Es war Robert Koch, den er hatte, eins der wenigen Werke, das einem öffentlichen Auftrag in der DDR zu verdanken ist. Jetzt bewacht Robert Koch, wenn

Emil Schwantner · Robert Koch, 1955, Gips, patiniert[271] *Foto Schon*

auch nur aus Gips, denn anderes Material hatte Schwantner nicht zur Verfügung, meinen Schlaf und meine Gesundheit.

Einen weiteren Brief fand ich bei meiner Recherche, ein Schreiben von Franz Metzner, dem böhmischen Bildhauer, der im Vorkriegsberlin viele Bauwerke mit seinen Jugendstil-Bildwerken und auch das Völkerschlachtdenkmal in Leipzig geschmückt hatte, dass Schwantner, der 1912 sein Studium in Prag vollendet hatte, sofort nach Berlin kommen solle, ihm in der Endphase der Arbeiten beim Völkerschlachtdenkmal zu helfen. Beider Werke sind durch die beiden Kriege sehr dezimiert. Aber ihr Schaffen zeigt mir auch, wie eng Europa, über die Landesgrenzen hinweg, damals zumindest künstlerisch, verbunden war. Das ist die Botschaft, die ich der jungen Tschechin weitergeben möchte.

Linke Büste: Schwantner 1909 · Rechte Büste Fryce (cz., dt.Fritsche) handschriftlich: diese Karte aufbewahren.

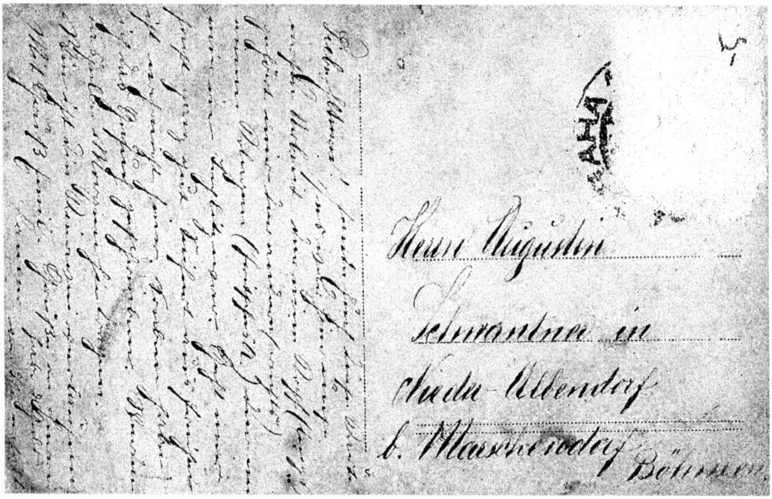

Herrn Augustin Schwantner
in Nieder Albendorf bei Marschendorf, Böhmen

„Liebe Eltern! sende Euch diese Karte
es war hier unse
erste Arbeit der eine Kopf (lings)
gehört mir der andere (rechts)
meim Kolegen (Fritsches A.) der mit
mir in Teplitz war. Geht mir
sonst ganz gut Seifert aus Freiheit
ist noch nicht hier. Soeben habe
ich das Gesuch geschrieben Werden
dasselbe Morgen hintragen.
Wie ist die Kierwei verlaufen.
Mit Gruß Emil. Grüße an Herrn
Langer habe das Geld
von Ihm erhalten"

Appendix

Anfragen von Emil Schwantner um Unterstützung bzw. Stipendium

Zwischen den beiden vorgestellten Portaits liegen fast fünfzig Jahre, zwei Weltkriege, die Nazidiktatur, die Vertreibung und die unzumutbaren Verhältnisse nach dem Krieg in der Ostzone bzw. DDR.

Wie sehr Emil Schwantner um die finanzelle Absicherung sowohl seines Studiums und auch nach dem 1. Weltkrieg um seine freiberufliche Existenz als akademscher Bildhauer kämpfen musste, zeigt folgender Briefwechsel:

Blatt I

20. X. 1909
432.
An die löbliche Geselschaft
zur förderung deutscher Kunst
Wissenschaft u. Literatur für
das Königreich Böhmen.

Emil Schwantner Spezialschüler
An der K.K. Kunstakademie
in Prag bittet um Verleihung
eines Stipendiums

Mit 9 Beilagen

Löbliche Geselschaft zur förderung
Deutscher Wissenschaft Kunst u. Literatur
für das Königreich Böhmen
Prag!

Untertänigst gefertigter
Schüler der Spezial-Schule des
Herrn Profesor Myselbeck an der
K.K. Kunstakademie in Prag,
bittet um gütige Verleihung
eines Stipendiums und
begründet sein Ansuchen
wie folgt.
1.) hat derselbe die K.K. Fachschule
für Keramick u. verwante
Kunstgewerbe in Teplitz
durch 2 Jahre als hospidant
besucht.

Außer dieser Zeit war
Gefertigter stets in der
Praxis tätig.

2.) sind seine Eltern nicht in
der Lage die Unterhaltungskosten zu befreien.
Demnach ist es ihm unmöglich,
ohne Unterstützung die
genannte Anstalt zu besuchen.

3.) schließlich verspricht gefertigter
Bittsteller sich der erwiesenen
Wohltat stets würdig zu zeigen.

Ergebenster
Emil Schwantner
Blatt II

Hochlöbliche Geselschaft zur förderung Deutscher
Wiessenschaft, Kunst u. Literatur für d. K.K. Böhmen.
In Prag.

Emil Schwantner Schüler der
Spezialschule des Herrn Profesor Myselbek
An der K.K. Kunstakademie in Prag
Bittet um Verleihung eines
Stipendiums zum weiteren
Studium an obiggenanter Anstalt.
Und begründet sein Ansuchen
Wie folgt.
Derselbe sowie dessen Eltern
sind laut beiliegenden Mittel
losigkeitszeugnißes nicht in
der Lage die Unterhaltungskosten
aus eigenen Mitteln zubestreiten.
Unterzeichneter bittet obiggenante Geselschaft
um Erfüllung seiner
Bitt, und verspricht, sich durch fleiß
und Ausdauer d. erbetenen
Begünstigung stets würdig zu
Erweisen.

Prag, am 14.Oktober 1910
Emil Schwantner
Kunstakademiker

Wird der Abteilung
Für Kunst zugewiesen
18.X.1910

345

Hochlöbliche Geselschaft
zur förderung deutscher Kunst
Wissenschaft u. Literatur für
das Königreich Böhmen.
in
Prag

Emil Schwantner Schüler
des II. Jahrg. d. Spezialschule
d. Profesor Myselbek
an der K.K. Kunstakademie in
Prag.

bittet um Ver-
leihung eines Stipendiums

Beilagen
zurückerhalten
10.11.10:
Emil Schwantner

Mit 2 Beilagen
u. 12 Photographien

Blatt III

An die Hochlöbliche Geselschaft zur
Förderung deutscher Wissenschaft Kunst
Und Lieteratur für das Königreich Böhmen
in
Prag!

Emil Schwantner Schüler des
II. Jahrganges der Spezialschule
des Herrn Profesor Myselbek
an der K.K. Kunstakademie
in Prag, bittet um verleihung
eines Stipendiums, zu seinem
weitern an obiggenannter
Akademie, und begründet sein
Ansuchen folgenderweise.
1.) derselbe befindet sich bereits
im dritten Jahrgange, und
hat Unterzeichneter im verflossenen
Jahre Vorzüglichen Erfolg, und
Wurde Ihm der erste Preiß
2.) zuteil. Unterzeichneter ist
lediglich auf sich selbst angewiesen,
da er von seinen Eltern überhaupt nicht bekommt. Er ist
deshalb für seinen Unterhalt
auf gütige Gönner angewiesen.

Unterzeichneter verspricht
Ferner sich der erwiesenen
Begünstigung durch Fleiß und
Außdauer stets würdig zu
zeigen.
Emil Schwantner

376
20.X.1911

An die
Hochlöbliche Geselschaft
zur Förderung deutscher
Wissenschaf Kunst u. Literatur
in
Prag

Emil Schwantner
Schüler des II. Jahrg. d. Spezialschule
d. H. P. Myselbek

bittet um Ver-
leihung eines Stipendiums

Blatt IV

Ad Z 578 ai 1912

Emil Schwantner absol (v)ent
Der Schule des Prof. Myselbeck an
Der K.K. Kunstakademie in Prag bezog
Durch drei Jahre Schulsipendium.
Er hat die Studien mit sehr gutem
Erfolge zurückgelegt. Um demselben
den Übergang zur praktischen
Tätigkeit zu erleichtern beantragt
Referent die Bewilligung
eines Betrages v. 300 Kronen mit
dem Bedeuten, daß der Petent
Aufnahme in einem großen
Bildhaueratelier findet.
Referent
15/2 1913. Krattner
Die Abteilung beantragt
300 K.

Hochlöbliche Gesellschaft zur Förderung
deutscher Wissenschaft Kunst u. Literatur
in
Prag!

Emil Schwantner bittet die
Hochlöbliche Geselschaft zur Förderung
Deutscher Wissenschaft, Kunst u. Literatur
um gütige Gewährung einer
Supfension, zu seinem weiteren
Fortkommen.
Habe die Spezialschule für
Bildhauerei an der K.K. Kunst-
Akademie mit vorzüglichen Erfolge
absolvirt; wurde zur Aktiven
Dienstleistung Einberufen, jedoch
wieder Entlassen. Durch die schon
Erwähnte Einberufung habe ich
einen großen Teil meiner Ersparnisse
eingebüst, da ich von meinen Eltern
nur auf geringe Unterstützung
rechnen kann, so bitte ich indem
mir in Prag in kurzer Zeit
Arbeit in Aussicht gestellt wurde
zu meinem Anfange um
gütige Gewährung einer Unterstützung.

Emil Schwantner

Hochlöbliche Geselschaft zur Förderung
deutscher Wissenschaft Kunst u. Literatur f. d. K. Böhmen
in
Prag!

Emil Schwantner Bildhauer
bittet

Um gütige Gewährung einer
Unterstützung
Emil Schwantner
Bildhauer
in Prag VII.
Maliřka ul. 227

Beilagen

Ad Z 578/1912

Herrn Emil Schwandtner
Bildhauer
Prag.

Die Abteilung für bildende Kunst hat Sie der Vollversammlung
bestens empfohlen und beantragt, Ihnen zur Ermöglichung der Selbständigkeit Ihres Künstlerischen Schaffens eine Unterstützung von 300 K. i.W. dreihundert Kronen zu bewilligen.
Diesem Antrage hat die Gesellschaft am 18. d. M. zugestimmt, und wird Ihnen den Betrag von 300 K auf Grund eines von Ihnen vorzulegenden Ansuchens um Flüssigmachung sofort auszahlen.
Die Kunstabteilung freilich würde Ihnen den Eintritt in ein großes Bildhaueratelier in einer großen Kunststadt empfehlen, damit Sie bei bedeutenden Aufträgen mitzuwirken in der Lage wären, und ist bereit, Ihnen hiebei behilflich zu sein.

Prag am 20. Februar 1913
Der Vorsitzende der
Gesellschaft
Myselbek

****

Trautenau am 5. Juli 1923

An die Hochlöbliche Förderungsgesellschaft
In Prag!

Für die mir Verliehene
Supfension sage ich Ihnen
Mein herzl. Dank
Achtungsvoll
E. Schwantner

Blatt V.

Ad Z 136 ai 1923

Bericht

Die Kunst-Kommission beantragt einstimmig, den Bildhauer Emil Schwantner auf Grund der vorgelegten Photographien seiner Arbeiten eine Subvention von kč 1.000 – zu bewilligen.
Beschluß vom 12./VI. 1923

1923
An die
Hochlöbliche Geselschaft zur förderung
deutscher Wissenschaft Kunst u. Literatur

Ich Unterzeichneter E. Schwantner Bildhauer in Trautenau
bitte die Geselschaft zur Förderung deutscher
Wissenschaft, Kunst u. Literatur um Unterstützung.
Gebe als Begründung meines Ansuchens eine Schilderung
meiner Verhältniße.
Nach Umsturze lies ich mich in Wien nieder.

Mußte jedoch in folge Erkrankung Wien im J. 1919 verlaßen.
Nun bin ich seit dem Frühjahr 1920 in Trautenau. Wärend dieser Zeit war ich mit einem Steinmetz beisammen. Ich hatte hier genügend Arbeit. Da ich einige Kriegerdenkmäler in Auftrag bekam.
Letzen Sommer habe ich begonnen mit Unterstützung meiner Eltern ein Haus mit Werkstatt zu bauen.
Augenblicklich ist meine Lage jedoch sehr schwirig, da ich alle meine Ersparnisse für den Neubau aufwenden mußte.
Außerdem habe ich noch eine Menge Schulden. Da ich Infolge Sperrung der Sparkaße meiner Heimatsgemeinde Marschendorf IV auch von meinen Verwanten kein Geld ausborgen kann, so möchte ich die Geselschaft z. förderung deutscher Kunst ersuchen, mir durch einen größeren Betrag alls Darlehen aus den Augenbliklig schwirigen Verkältnißen zu helfen.
Ich will nicht geschenkt haben, sondern würde binnen 2 Jahren das Geld zurükzahlen.

Auser den Geschäftligen Arbeiten, arbeite ich Portré Türfiguren und Gegenwärtig den Totentanz – ziklus. Doch kann ich mit diesen Arbeiten hier Natürlig nicht verdienen. Auch behersche ich jetzt die Steinbildhauerei.
Arbeite in jedem Material wie Marmor Sandstein Holz.
Ohne Punktieren frei nach kleinen Modellen.
Beiliegend einige Großaufnahmen von Arbeiten.

In der Hoffnung das mein Ansuchen nicht unberücksigtig bleibe.
Zeichne ich mit
Achtung
E. Schwantner

30 Bilder beiligend, um deren Zurüksendung ich bitte.

Trautenau 11. Juni 1931

An die Hochlöbliche Geselschaft für Wiessenschaft Kunst
U Literatur
in Prag!

Auf Grund einer Mitteilung des Metzner-Bundes
bin ich so frei, um einen Reisebeitrag, aus
der von Seiten der Regierung bereitgestellten
Supfension anzusuchen.
In der Annahme, das mann über meine Tätigkeit
unterichtet ist, halte ich es für nicht erforderlich
mein Verhältniße schriftlich zu schildern.
Doch lege ich einige Bilder bei.
Einer günstigen Erledigung entgegensehend
Zeichne ich mit vorzüglicher
Hochachtung
E. Schwantner
Ak. Bildh.
In Trautenau

Lebensdaten – Emil Schwantner

27.8.1890	in Königshan/Ostböhmen geboren. Vater: Augustin Schwantner, Bergmann und Gastwirt Mutter: Albina Hübner; Stiefmutter: Karoline Sitka
1896 – 1905	Volksschule in Bober
1905 – 1907	Lehre in der Modellierstube der Porzellanfabrik Schatzlar; Lehrer: Obermodelleur Hartmann aus Thüringen
1907 – 1909	Fachschule für Keramik in Teplitz-Schönau; Stipendium von dem Besitzer der Schatzlarer Porzellanfabrik Theodor Pohl
1909	erste Anstellung in einer Porzellanfabrik in Passau / Bayern
1909 – 1912	Studium an der Prager Kunstakademie Lehrer: Václav Myslbek, Jan Štursa Stipendium von der Gesellschaft zur Förderung deutscher Wissenschaft, Kunst und Literatur in Böhmen 2. Schuljahr: 1. Preis der Bildhauerklasse für „Ziegenbock“

1909 – 1912	3. Schuljahr: 1. Preis der Bildhauerklasse für „Erblindetes Grubenpferd" 1910 – 1912; Vorzugsschüler; Teilnahme an Studienreisen nach Holland und Belgien (Amsterdam, den Haag, Antwerpen, Brüssel etc.)
1912	Examen und Angebot einer Professur an der Prager Kunstakademie von dem tschechischen Kunstverein; Ablehnung durch Schwantner
1913	Arbeit bei Professor Franz Metzner in Berlin u.a. an dem für die Stadt Teplitz-Schönau bestimmten, fünf Meter hohen Kaiser-Josef-Denkmal, an der später in Chicago stehenden, acht Meter hohen Lessing-Figur, an Modellen für das Völkerschlachtdenkmal in Leipzig
Herbst 1913 – Anfang 1914	selbständiger Bildhauer in Berlin
1914	selbständiger Bildhauer in Wien, wo er den Ausbruch des 1. Weltkrieges erlebt
10.1.1915 – 26.11.1918	freiwilliger Frontoffizier in Galizien, Wolhynien, Rumänien und am Isonzo; Teilnahme an der 7. und 10. Isonzoschlacht

1915	Verleihung des Rom-Preises für die „Grablegung Christi“ durch die Gesellschaft zur Förderung von Kunst und Wissenschaft in Prag; kam infolge des Kriegsausbruches mit Italien nicht zur Ausführung
2.8.1916	Heirat mit Hermine Slezinger in Wien; wurde später geschieden
1919	Rückkehr zu den Eltern nach Albendorf / Marschendorf IV, Ostböhmen
Anfang 1920	Bezug des Hauses Kantstraße Nr. 5 in Trautenau / Ostböhmen (Heute: Husowa 5)
1929	Einweihung des Denkmals auf dem Trautenauer Friedhof für den 1925 verstorbenen sozialdemokratischen Abgeordneten Wilhelm Kiesewetter; das Denkmal wird im März 1993 zerstört
11.9.1932	Einweihung des Kriegerdenkmals „Der Totenreigen“ im Stadtpark Trautenau; im 2. Weltkrieg von den Nationalsozialisten zerstört
bis 1946	selbständiger Bildhauer in Trautenau; im Krieg u.a. Kunstlehrer an Trautenauer Gymnasium und Lyzeum
1946	Angebot des Tschechischen Kultusministeriums einer Professur an der Kunstakademie in Prag; Schwantner lehnt ab

Juni 1946	Aussiedlung nach Ottersleben / Magdeburg
1947	Stelle als Bildhauer bei einer Firma in Salzelmen / Schönebeck / Elbe
1.8.1948	Kündigung durch die Firma; selbständiger Bildhauer in Salzelmen
1951	Heirat mit Anna Renner aus Freiheit
1951	1. Preis für das Denkmal „Opfer des Faschismus“ in Schönebeck; kommt nicht zur Ausführung
1952 / 53	andere prämierte Bildwerke werden ebenfalls nicht angekauft, da Emil Schwantner nicht in die SED eingetreten will
Herbst 1956	letztes Werk: Christuskopf
18.12.1956	verstorben in Schönebeck / Elbe

Museen, in denen Werke Emil Schwantners zu besichtigen sind:

Hohenelbe (CZ):	Riesengebirgsmuseum im Schloß; diverse Werke. 2015 ist hier eine umfangreiche Werkschau – mit teilweie noch nie ausgestellten Werken von Schwantner.
Marktoberndorf / Allgäu (Deutschland):	Heimatkreis Hohenelbe; diverse Werke.
Prag:	National Galerie; Ziege, Bronze, Panther, Bronze, Bei Nacht und Grauen, Soldatengruppe, Holz, Gebirgsbauer, Bronze.
Schatzlar (CZ):	Museum; diverse Werke

Trautenau (CZ):	Städtische Galerie; diverse Werke Riesengebirgsvorland-Museum; diverse Werke Vom 26.11.2015 bis 28.2.2016 ist zum 125. Geburtstag und zum 60. Todestag von Emil Schwantner im Riesengebirgsvorland-Museum eine Ausstellung seiner Werke zu sehen.
Würzburg (Deutschland):	Heimatstube Trautenau; diverse Werke.

Eine kleine Geschichte Böhmens

Ältere Geschichte

In dem Gebiet, dass heute zu Tschechien gehört, siedelte in der Eisenzeit der keltische Stamm der Boier. Ein Nachhall ihres Namens findet sich wahrscheinlich in den Gebietsnamen Böhmen (*boio-hemum* = Heim der Boier). Später lebte hier der germanische Stamm der Markomannen.

Das Nachbargebiet, heute Österreich, war das Regnum Noricum, im Jahr 15 v. Chr. unter Kaiser Augustus Teil des römischen Reichs. Vindobona (Wien) war ein römisches Heerlager.

Erst mit der Vökerwanderung ca. 500 n. Chr. kommen Slawen in diese Gebiete. In der tschechischen Genesis führt Väterchen Tschech sein Volk in das relativ bevölkerungsarme Gebiet des böhmischen Beckens.

Der erste Herrscher der Slawen, dessen Name dokumentiert ist, war ein gebürtiger Franke namens Samo. Er stammte aus der Gegend des heutigen Sens, kam als Kaufmann ins Land und starb 658. Das *Reich von Samo*, in Wirklichkeit wohl nur ein Bund mehrerer Stämme, umfasste die heutigen Gebiete Slowakei, Mähren, Niederösterreich, später wahrscheinlich auch Böhmen, die Lausitz (an der Elbe) und vorübergehend auch (das historische) Kärnten.

Die Bezeichnungen Böhmen und Mähren tauchen erstmals im 9. Jahrhundert in fränkischen Quellen auf. Karl der Große versuchte, Böhmen zu erobern, letztlich vergeblich. 805 drang er mit drei Heeren in das Land ein, um es zu besetzen. Das erste Heer, bestehend aus Schwaben und Bayern, marschierte bei Domažlice ein, das zweite und stärkste, durch Karl angeführt, über Eger und ein drittes, bestehend aus Franken und Sachsen sowie Nordslawen, von Norden. Die Hauptarmee belagerte über längere Zeit vergeblich die *Canburg* an der Eger, womit das heutige Kadaň vermutet wird. Mit den restlichen zwei Armeen verband er sich schließlich in der Gegend von Žatec, Litoměřice und Rakovník. Die böhmischen Krieger waren dieser Übermacht weit unterlegen und zogen sich in der bevölkerungsarmen Gegend in tiefe Wälder zurück. Von dort griffen sie die Eindringlinge an. Bei einem dieser Kämpfe soll auch ihr Anführer Lech (nicht identisch mit dem sagenhaften polnischen Stammvater Lech) gestorben sein. Nach vierzig Tagen zog sich Karl der Große wegen des Mangels an Verpflegung aus dem Land zurück. Ein zweites Mal griffen die Franken ein Jahr später das Land an. Das geplünderte und verbrannte Land musste sich ergeben und zu Tributzahlungen verpflichten. Die Rivalität und lose Abhängigkeit von dem mächtigen Nachbarn im Westen blieb während des gesamten 9. Jahrhunderts bestehen.

Die neuere Geschichtsforschung lehnt die Stammestheorie ab und geht davon aus, dass es im böhmischen Becken seit der slawischen Landnahme nur einen Stamm (lat. *gens*) gab, den der Böhmen. Er wurde nach Außen von mehreren Fürsten *(duces)* vertreten, die im Inneren Verwalter von Burgwardbezirken waren.

Auch die Burgward-Theorie ist nicht unumstritten. Fest steht, dass es im 9. Jahrhundert keine „Zentralmacht“ gab, sondern bei Verhandlungen mit ausländischen Mächten immer mehrere, scheinbar gleichberechtigte Fürsten als Landesvertreter erschienen. 14 von ihnen traten 845 vor Ludwig den Deutschen.

Der erste historisch fassbare Fürst der Přemysliden-Dynastie, Bořivoj I., herrschte in Böhmen als Svatopluks Stellvertreter, ein Mähre.

Böhmen im 10. Jahrhundert unter Boleslav II. Seine Söhne Spytihněv I. und Vratislav I. befreiten sich aus dem mährischen Einfluss. 895 unterwarf sich Spytihněv I. zusammen mit Vitislav und weiteren böhmischen Großen in Regensburg dem König des Ostfrankenreichs, Arnulf von Kärnten.

Am Ende des 9. und zu Beginn des 10. Jahrhunderts begannen die ersten Přemysliden auch, die übrigen böhmischen Fürsten unter ihre Kontrolle zu bringen. Ihr Machtbereich beschränkte sich zunächst auf die mittelböhmische Region mit den Zentren in Prag und Levý Hradec.

Ebenfalls in das 9. Jahrhundert fallen die Anfänge der Christianisierung.

Der erste historisch belegte Přemyslide ist Bořivoj I. Sein Enkel Herzog Wenzel von Böhmen wurde 935 von seinem Bruder Boleslav ermordet und später Schutzheiliger des Landes.

973 gab Kaiser Otto I. Böhmen ein eigenes Bistum mit Sitz in Prag. Bis dahin war Böhmen ein Teil des Bistums Regensburg.

Spätestens ab dem 10. Jahrhundert lebte in Prag eine bedeutende deutsche und jüdische Gemeinschaft.

1003 eroberte Bolesław I. von Polen für kurze Zeit Böhmen. 1038 fiel Břetislav I. von Böhmen in Polen ein.

Die böhmische Königswürde, 1085 Vratislav II. persönlich verliehen, seit 1198 (Ottokar I.) erblich, demonstrierte die Sonderstellung Böhmens im Heiligen Römischen Reich. Lange Zeit mächtigster Fürst im Reich, war der Böhmische König mit Unterbrechungen Mitglied des Kurfürstenkollegiums und beteiligte sich an der Wahl des römisch-deutschen Königs, mit dessen Königstitel traditionell die Anwartschaft auf das römisch-deutsche Kaisertum verbunden war.

Přemysl Ottokar II. (* um 1232; † 26. August 1278 in Dürnkrut, in Niederösterreich) aus der tschechischen Dynastie der Přemysliden, war von 1253 bis 1278 König von Böhmen.

Im 13. Jahrhundert begann in manchen Teilen eine intensive Besiedelung durch deutsche Siedler und Bergleute. Auch in vielen Städten Innerböhmens lebten ab dem 12./13. Jahrhundert Deutsche und Tschechen zusammen.

Ottokar II. nutzte die Schwäche der babenbergischen Herzogin und ihres Sohnes zur Aneignung deren Herrschaftsgebietes: Schon vor seiner Krönung zum König von Böhmen (1253) wurde er 1251 Herzog von Österreich. 1261 wurde er Herzog der Steiermark, 1269 auch von Kärnten und Krain.

Damit erreichte die přemyslidische Herrschaft ihre größte Ausdehnung. In seiner Rivalität zu Polen unterstützte er die Eroberungen des Deutschen Ordens. Zum Dank wurde Königsberg nach ihm benannt.

Im Machtkampf zwischen ihm und dem 1273 gewählten römisch-deutschen König Rudolf I. von Habsburg besiegte dieser ihn 1278 in der Schlacht auf dem Marchfeld.

1300 wurde Wenzel II. König von Polen. Die böhmisch-polnische Personalunion endete bereits 1305. Sein Sohn Wenzel III. wurde 1306 in Olmütz ermordet. Damit endete die Přemyslidendynastie. Wenzels jüngste Schwester Elisabeth heiratete dann Johann von Luxemburg.

Mit König Johann kam 1310 die Dynastie der Luxemburger auf den böhmischen Thron und führte die Politik der Přemysliden fort. 1347 folgte ihm sein Sohn Karl, der spätere Kaiser Karl IV. als König von Böhmen nach. Er bewirkte 1344 die Erhöhung des 973 gegründeten Bistums Prag zu einem Erzbistum. Dadurch wurde Böhmen aus der Kirchenprovinz Mainz gelöst und bildete nun eine eigene Kirchenprovinz mit den Suffraganbistümern Olmütz und Leitomischl. 1348 gründete Karl IV. die nach ihm benannte Karls-Universität als erste Universität auf dem Boden des Heiligen Römischen Reiches nördlich der Alpen. Zu jener Zeit war die böhmische Hauptstadt das politische, wirtschaftliche und kulturelle Zentrum Mitteleuropas. Das böhmische Königreich bildete das Zentrum der luxemburgischen Hausmacht und der imperialen Politik Karls IV. Benachbarte Territorien inkorporierte er zur Krone Böhmens. 1335 verzichtete Kasimir der Große von Polen auf Schlesien. Seit dem 14. Jahrhundert gehörten deshalb Schlesien, die Lausitzen sowie zeitweise die Mark Brandenburg und auch Teile der im Norden der heutigen Oberpfalz liegenden Gebiete (sog. Neuböhmen) zum böhmischen Staatsverband. Karl IV. betrieb eine ausgleichende Nationalitätenpolitik: Er schützte und förderte die Deutschen in Böhmen, verlangte von ihnen aber, dass sie ihre Kinder zweisprachig deutsch und tschechisch erziehen. Karls Versuche, die Macht des Königs u. a. mit dem Erlass eines Landrechts (Maiestas Carolina) zu stärken, scheiterten am Widerstand der Landstände.

Zur Zeit seines Todes im Jahr 1378 erreichte die deutsche Besiedlung Böhmens einen Höhepunkt. Schon ab dem späten 14. Jahrhundert ging die deutsche Sprache und Bevölkerung wieder zurück. Wirtschaftlich war Böhmen unter den Luxemburgern eine der führenden Regionen Europas. In Prag wurden gleichzeitig mit dem Prager Kanzleideutsch Grundlagen der modernen deutschen Sprache gelegt und durch die Feder des religiösen Reformators Jan Hus Grundlagen der modernen tschechischen Sprache.

Die offizielle Bezeichnung als *Heiliges Römisches Reich* ist erstmals für 1254 belegt. Folgerichtig ließen dessen Herrscher sich selbst seit dem 11. Jahrhundert vor ihrer Kaiserkrönung *Rex Romanorum* (*König der Römer*) nennen. Mit diesem Titel verbanden sie den Anspruch auf die Kaiserkrone und auf eine supranationale Herrschaft, die deutsche, italienische (Reichsitalien), französische und slawische Sprachgebiete umfasste.

Der Zusatz „Deutscher Nation" taucht in der Literatur erstmals 1438 auf, im Antrittsjahr von Albrecht II. 1486 wurde er erstmals in einem Gesetzestext erwähnt. Die Betonung des deutschen Charakters des *Römischen Reiches* verstärkte sich seit Ende des 15. Jahrhunderts, als die Macht des Kaisers in Reichsitalien de facto nicht mehr ins Gewicht fiel und sich im Wesentlichen auf das deutsche Herrschaftsgebiet beschränkte. Auch im Abwehrkampf gegen Karl den Kühnen von Burgund wurde diese Terminologie verwendet.

Das Gremium wurde durch die Goldene Bulle von Karl IV. 1356 auf sieben Fürsten festgeschrieben. Im Spätmittelalter waren dies die drei geistlichen Kurfürsten von Mainz, Köln und Trier und vier weltliche Kurfürsten, der König von Böhmen, der Markgraf von Brandenburg, der Pfalzgraf bei Rhein und der Herzog von Sachsen.

Neuere Geschichte

Jan Hus begab sich unter der Zusage freien Geleits auf das Konzil von Konstanz und wurde dort 1415 als Ketzer auf dem Scheiterhaufen hingerichtet. 1420 begannen die Hussitenkriege. In denen entluden sich nationale, soziale und konfessionelle Spannungen mit großer Heftigkeit. Die hussitischen Einheiten operierten in dem zweiten Viertel des 15. Jahrhunderts auch in Bayern, Schlesien, im Glatzer Land, in Österreich, in der westlichen Slowakei, in Brandenburg und in Gebieten bis an die Ostsee. Gleichzeitig richteten sich die Kriegshandlungen der Hussiten gegen katholische Städte, Klöster und Adelsburgen im Inland. Der Bürgerkrieg teilte Böhmen in ein katholisches und ein hussitisches Lager.

In den hundert Jahren nach der Hinrichtung herrschten im Königreich Böhmen verschiedene Adelsgeschlechter, auch die polnischen Jagiellonen. Vladislav II. wurde 1471 zum König von Böhmen ernannt, 1512 von seinem dreijährigen Sohn Ludwig II. beerbt, der 1526 ohne Nachkommen starb. Daraufhin wählten die Stände seinen Schwager Ferdinand I. von Habsburg zum böhmischen König.

1618 rebellierten die evangelischen Stände gegen Kaiser Matthias. Der Prager Fenstersturz war der Auslöser für den Dreißigjährigen Krieg. Nach dem Tod des Kaisers im März 1619 sagten sich die Stände der böhmischen Länder von den Habsburgern los und schufen sich mit der Böhmischen Konföderation eine neue Verfassung. Danach wählten sie den Calvinisten Friedrich von der Pfalz zum König.

In der Schlacht am Weißen Berg *(Bílá hora)* am 8. November 1620 unterlagen die böhmischen Stände unter ihrem König Friedrich von der Pfalz den Truppen der katholischen Liga, die von dem Feldherren Graf von Tilly angeführt wurden. Friedrich, der sogenannte Winterkönig, musste aus Böhmen fliehen und Kaiser Ferdinand II. konnte seinen Anspruch auf die Krone Böhmens durchsetzen.

Auf die Schlacht am Weißen Berg folgte das von den Tschechen als temno („Dunkelheit“) bezeichnete Zeitalter. Kaiser Ferdinand II. unterdrückte alle Nicht-Katholiken. Einige Führer des böhmischen Aufstands wurden hingerichtet, die Mehrheit des böhmischen protestantischen Adels wurde enteignet und musste das Land verlassen. Die Güter wurden an – zumeist deutschsprachige – katholische Adlige aus anderen Teilen des Habsburgerreiches vergeben. Ein Teil des böhmischen Adels konvertierte auch zum Katholizismus.[272]

Trotz seines fragmentarischen Charakters galt der Westfälische Friede 1648 bis zur Französischen Revolution als Grundlage des Systems der europäischen Staaten, das um 1650 erst im Entstehen begriffen war.

Infolge der Napoleonischen Kriege wurde 1806 das Heilige Römische Reich aufgelöst, ab 1815 gab es den Deutschen Bund, der mehr oder minder bis zum Deutsch-Österreichischen Krieg 1866 hielt, den die Preußen gewannen. Von nun an existierte der Norddeutsche Bund, unter Ausschluß von Österreich, der ab 1871 vom Deutschen Reich abgelöst wurde.

Dieser kleindeutsche Nationalstaat schloss bis auf Österreich, Liechtenstein und Luxemburg alle ehemaligen Mitglieder des Deutschen Bundes ein.

Der Begriff k. und k. Monarchie wurde in der 1867 aus dem Kaisertum Österreich entstandenen Österreichisch-Ungarischen Monarchie (vom Ausgleich mit dem Königreich Ungarn an) für die gemeinsamen Einrichtungen beider Reichshälften, also der *Gesamtmonarchie*, eingeführt.

Das 19. Jhd. ist zudem von den Unabhängigkeitsbewegungen der Volksgruppen des ehemals Heiligen Römischen Reichs geprägt.

Der Vorlauf der späteren Tschechischen Republik beginnt hier, obwohl erst am 28. Oktober 1918 die Tschechoslowakische Republik gegründet wurde.

Seit den Slawenkongressen 1848 wurde z.B. diskutiert, ob es eine Einheit der slawischen Völker geben könnte. Besonders unter der Führung des Historikes František Palacký in Prag, u.a. nahm auch der russische Anarchist Michail Bakunin teil, wurde eine föderative Umwandlung Österreichs in einen Bund gleichberechtigter Völker gefordert, das war aber den Aufständischen zu wenig, was zum Prager Pfingstaufstand 1848 führte.

Besonders in den deutsch-sprachigen Gebieten um das Böhmische Becken entwicketen sich in der zweiten Hälfte des 19. Jhd. Industriestädte; zu der ehemals mehrheitlich deutschen Bevölkerung kamen jetzt vermehrt tschechische Industriearbeiter.[273]

Eine Volkszählung am 31. Dezember 1900 hatte ergeben: 63 Prozent waren Tschechen und 36 Prozent Deutschböhmen in Böhmen. Dennoch wurde die deutsche Bevölkerung nicht gleichberechtigt bei der Gründung der Tschechoslowakischen Republik (28. Oktober 1918) berücksichtigt.

Die Slowaken – im 11. Jhd. in das Königreich Ungarn eingegliedert, ab 1526 Teil der Habsburgermonarchie und ab 1867 Teil von Österreich-Ungarn, aber nie zum Königreich Böhmen gehörten – wurden jetzt das zweite Staatsvolk, die Deutschen eine Minderheit, mit eingeschränktem Stimmrecht. Wie wäre die Geschichte verlaufen, wenn 1918 eine Tschechischdeutschböhmische Republik entstanden wäre?[274]

Curricula vitae

Jenny Schon wurde in Trautenau / Riesengebirge geboren, als Kleinkind nach Brühl / Rheinland vertrieben, woher der Vater stammt; dort Volksschule und Lehre als Steuerfachfrau.

1961 als Arbeitskraft angeworben nach West-Berlin, Lehre als Buchhändlerin, eigene Buchhandlung, Abendgymnasium, Studium der Sinologie und Publizistik, 1972 Reise in die VR China auf Einladung des Außenministeriums, Magister, Bücher über China.

Aufbaustudium der Philosophie und Kunstgeschichte, Lehraufträge über chinesische Philosophie, Bücher über Kunst, Frauen, Böhmen.

Seit 1995 freie Schriftstellerin, Stadtführerin in Berlin. PEN-Mitglied.

Veröffentlichungen, zu Böhmen und Berlin:

Der Graben, Riesengebirge-Roman,
2005, Berlin,

Böhmische / Ceska Polka, Gedichte, dt.-cz.,
2005, Vechta,

Die Sammlerin, Riesengebirge-Roman,
2009, Berlin,

PostelbergKindeskinder, mit Joachim Süss,
2011, Bad Schussenried,

Wo sich Gott und die Welt traf, Zeitzeugenberichte zum Mauerbau und die ersten Jahre danach,
2011, Vechta,

Rheinisches Rondeau (Geschichten nach der Vertreibung),
2012, Berlin,

Finger zeig, Geschichten zu 25 Jahre Maueröffnung,
2014, Vechta,

1967 Wespenzeit, Roman zu Westberlin,
2015, dahlemer verlagsanstalt,

Böhmen nicht am Meer – Eine Spurensuche bis heute,
Bad Schussenried, 2016,

...endlich sterblich, Gedichte,
2016, Vechta.

Horst Schulze wurde in Berlin geboren, erlebte als Kind den 2. Weltkrieg in Berlin und in Böhmen.

Er studierte an der Humboldt-Universität, nach Übersiedlung nach West-Berlin an der Freien Universität Germanistik und Geschichte. Promotion 1964 mit einer Arbeit über den Ackermann aus Böhmen.

Er arbeitete als Lehrer in Berlin, München, Münster und Hannover.

Die Geschichte unserer Vorfahren

Zur Berichterstattung über die Stiftung „Flucht, Vertreibung, Versöhnung" (F.A.Z. vom 17. Dezember): So geht es auch nicht. Besonders für uns deutsche Kriegs- und Vertreibungskindeskinder ist diese Stiftung wichtig, weil wir nicht wie die einheimischen Nachfahren einen Ort haben, der die Geschichte unserer Vorfahren zeigt. Insofern ist es natürlich dieser Aspekt, welcher der Hauptaspekt sein muss. Ich habe von dem wenigen, das meine Mutter bei der wilden Vertreibung im Juli 1945 aus Trautenau in meinen Kinderwagen an Erinnerungen packen konnte, bereits der Stiftung einiges zur Verfügung gestellt. Ich habe über den akademischen Bildhauer Emil Schwantner aus Trautenau gearbeitet, der in die DDR vertrieben wurde, Materialien gesammelt, eine Robert-Koch-Büste et cetera im Besitz, was ich ebenfalls der Stiftung vererben wollte. Sie können doch nicht so einfach ohne uns wichtige Zeitzeugen, die wir die Ausstellungen und den Fundus mitaufbauen, die Prämissen ändern! Dann müssten wir unsere Materialien zurückfordern.

JENNY SCHON, BERLIN

Leserbrief in der FAZ 5.1. 2015 zu der Berichterstattung des Weggangs des Direktors der Stiftung Flucht Vertreibung Versöhnung, Berlin, Dr. Manfred Kittel.

Anmerkungen

1 Nicht unerwähnt lassen will ich, dass Franz Fühmann ansonsten ein guter böhmisch-stämmiger Schriftsteller war und sich von dieser Position der fünfziger Jahre später zurückgezogen hat.

2 „Umsiedeln" ist auch so ein Wort, das heute zum Unwort des Jahres avancieren könnte, denn die Menschen sind aus Tschechien rausgeschmissen worden. Umsiedeln tun Menschen, die freiwillig gehen und ihre Sachen, Hausrat mitnehmen können.

3 Nach Wikipedia ist diese Version ein Fake. Aber sie ist schön und passt zu Böhmen

4 Der Gerechtigkeithalber möchte ich anführen, dass es bis zu Friedrich II. Zeiten für die Einwohner auch nicht möglich war, katholisch zu sein oder zu werden. Lediglich in diplomatischen Kreisen gab es Katholiken. Erst durch die Eroberung großer Teile Schlesiens durch Friedrich II. kamen Katholiken nach Preußen, wurde die Hedwigskathedrale in Berlin gebaut.

5 Freia Hoffmann, Instrument und Körper, Insel TB, Ffm., 1991, S. 214

6 Freia Hoffmann, in Riethhmüller, Beethoven, Interpretation seiner Werke, II, Laaber Verlag, 1994, S. 505

7 Verein f.d. Gesch. Potsdams, 7te Lief., 45ste Sitzung am 24.4.1866

8 Hoffman, in Riethmüller, aaO, S. 505

9 Friedrich Förster, Befreiungskriege 1. Band, Berlin 1856, Gustav Hempel Verlag; 1. Brief S. 28, ferner: Preussens Helden in Krieg und Frieden, 5. Band; Darin: Neuere und neueste Preußische Geschichte, 3. Band.

10 Aus: Frank Bauer, Horrido Lützow! Geschichte und Tradition des Lützower Freikorps, Schild Verlag, München, 2000, S. 76.

11 Hoffmann, in Riethmüller, aaO., S. 504

12 Jörg Paulus, Neugriechen und Neufranken, in: Blühende Landschaften, bebra verlag, 2002, S. 173

[13] Horrido S. 55

[14] Horrido Lützow, S. 46 f.

[15] Horrido, S. 12

[16] Horrido, S. 70

[17] Friedrich Förster, Befreiungskriege 1. Band, Berlin 1856, Gustav Hempel Verlag; 2. Brief S. 29, ferner: Preussens Helden in Krieg und Frieden, 5. Band; Darin: Neuere und neueste Preußische Geschichte, 3. Band.

[18] Dr. Friedrich Förster, Preussens Helden in Krieg und Frieden, 5. Band, Berlin 1856, Vlg. Gustav Hempel, S. 857 – 858

[19] Rataplan bekanntgeworden durch: Pillwitz, Ferdinand (* 1790): Rataplan, der kleine Tambour, aufgeführt als Vaudeville / Musikstück in Weimar, Hoftheater, Di, 14. Okt. 1834

[20] Förster, ebd. S. 859 – 860

[21] Förster, aaO, S. 860

[22] Woher Förster die Briefe der Eleonore hat, gibt er nicht bekannt. Es stimmen nämlich einige Daten nicht:

Er schreibt, 1813 sei der Bruder, an den die Briefe gerichtet sind, 15 Jahre alt gewesen. Der Vater (Unteroffizier 2. Bataillon Garde) wird ins Rheinland (Unionskriege infolge der Französischen Revolution) versetzt. Die Prochaska'schen Kinder, eins stirbt im Kindesalter, Karoline, der Bruder und Eleonore, die älteste, waren vom 4. August 1794 bis zur Rückkehr des Vaters 1797 im Waisenhaus, wo Eleonora, obwohl vorher katholisch, zu Michaelis 1797 evangelisch eingesegnet wird. Demnach müsste der Bruder 1813 mindestens um die 20 gewesen sein und Eleonore 28 Jahre alt. Laut „Der Bär" hat er 1889 eine 80jährige Tochter, die also 1809 geboren wurde, demnach wäre nach Förster der Bruder schon mit 11 Jahren Vater geworden.

Förster wird, als er seine Memoiren schrieb, aus den vorhandenen Notizen die beiden Briefe rekonstruiert haben. Er konnte ja nicht wissen, dass Jahrzehnte nach der Veröffentlichung zur Ehrung der Eleonore Prochaska noch ein Familienmitglied existiert.

23 Schelowsky, 45. Sitzung Verein f.d. Gesch.Potsdam, 24.4.1866

24 Der Bär, 1889/90, S. 106, Stabi Berlin Tc 8682-16 <a>

25 Preußensfrauenzimmer, S. 68

26 Wiener Theaterzeitung 7.Jg. (1814)

27 Musik zu Dunckers „Leonore Prochaska", WoO96,
Erstdruck in der Alten Gesamtausgabe. (s. Riethmüller, S. 504 ff.)

28 s. Freia Hoffmann, „Instrument und Körper.
Die musizierende Frau in der bürgerlichen Kultur", Insel-Verlag, 1991, S. 113 ff., 131.

29 Hoffmann, in Riethmüller, S. 504 f.

30 Hoffmann, in Riehtmüller, S. 508

31 Florian Pichler, Der deutsche Geist, Gedichte,
Verlag Wallishaussers, Wien, 1814

32 Außer den angegebenen Quellen in den Fußnoten,
sind noch folgende Literaturnachweise:

Allg. Dt. Biographie, Leipzig, 1888, 26. Bd. S. 621 f.

Brandenburgia, 16.Jg. 1907 – 1908, 1908, S. 315

Kunzendorf, P., Hervorragende Söhne und Töchter der Mark,
Berlin, Wien, C. Zieger Vlg., 1892, S. 99 f.

Brun-Barnow, von, Eleonore Prochaska als August Renz, in:
Der Bär 9, 1883, S. 200 ff.

Schelowsky, Eleonore Prochaska, das Heldenmädchen von Potsdam,
in: Mitteilungen des Vereins f.d. Geschichte Potsdams, 7te. Lief.,
45. Sitzung am 24.4.1866, XCVII., S. 137 ff.

Der Vortrag wurde gehalten zum 190. Todestag von Eleonore Prochaska, 2003 in der Stadtbilbiothek Potsdam.

33 Otto Riedrich, Der Bildhauer Franz Metzner, Verlag Ed. Stache,
Warnsdorf, Wien, 1925, S.22 f.

34 Blankenburg, Gudrun, Friedenau – Künstlerort und Wohnidyll,
Frieling Verlag, Berlin , S. 46

35 Friedenauer Lokalanzeiger 13. Dezember 1911, zit. n. Friedenau erzählt, Dokumentation von Hermann Ebling, edition Friedenauer Brücke, S. 307

36 Pötzl-Malikova, Maria, Franz Metzner, Leben und Werk, in: Franz Metzner, Ein Bildhauer der Jahrhundertwende, München, Museum Villa Stuck, 1977 u.a., S. 17

37 Zit n. Hutter, Peter, „Die feinste Barbarei" – das Völkerschlachtdenkmal bei Leipzig, Mainz 1990, S. 80

38 Zit. n. Hutter, ebd., S. 75

39 Hutter, ebd., S. 109

40 Hutter, ebd., S. 123

41 Gerhard Kurt Müller, 1926 Leipzig, in einem unveröffentlichen Essay Februar 2008. Müller gehört mit seinen Gemälden und Skulpturen zu den Schlüsselfiguren der „Leipziger Schule".

42 Gustav Klimt und die Kunstschau 1908, Prestel Verlag, München, 2008, S.104

43 Zit. n. Pötzl-Malikova, Maria, Franz Metzner, Leben und Werk, in: franz Metzner, Ein Bildhauer der Jahrhundertwwende, München, Museum villa Stuck, 1977 u.a., S. 12 ff,

44 Uhlandstraße 144. Damals gehörte allerdings die Uhlandstraße zu Charlottenburg – Wilmersdorf, die noch nicht nach Berlin eingemeindet waren.

45 Pötzl-Malikova, ebd. S. 13 f.

46 Pötzl-Malikova, ebd., S. 14

47 Erschienen in: Jahrbuch Archiv Leipzig, 2014

48 Leo Trotzkij, in seinem Wiener Ausstellungsbericht von 1911, zitiert nach: Arved D. Gorella, Anschluß an die Wirklichkeit, in: Constantin Meunier, Katalog zur Ausstellung, Berlin , o. J.,

49 Josef Mühlberger, Bildhauer Emil Schwantner, in: Die Riesengebirgsstube, Würzburg, 1986, S. 23

[50] Wilhelm Hausenstein, Konstantin Meunier, Berlin 1913, SPD-Bildungsausschuß, Eigenverlag

[51] Emil Schwantners Lebenslauf, Riesengebirgs-Jahrbuch 1967, S. 114

[52] Ebd., S. 114

[53] Benno Dlouhy, Emil Schwantner, in: Ostböhmische Heimat, 1/1927, S. 43 f

[54] Emil Schwantners Lebenslauf, aaO, S. 115

[55] Peter Bloch, Vorwort zu „Ethos und Pathos – Die Berliner Bildhauerschule 1786-1914", Ausstellungskatalog 1990, Berlin

[56] Peter Hutter, „Die feinste Barbarei" – Das Völkerschlachtdenkmal bei Leipzig, 1990, S. 172

[57] Ebd., S. 174

[58] Ebd., S. 175

[59] Ebd., S. 175

[60] Waldemar Grzimek, Bildhauer des 20. Jahrhunderts, S. 92 f.

[61] Ebd.

[62] Vgl. Martina Weinland, Kriegerdenkmäler in Berlin, 1870 – 1930, S. 83

[63] Wilhelm Hausenstein, Die bildende Kunst der Gegenwart, Berlin 1914, S. 219, zit. n. Sibylle Einholz, in: Peter Bloch „Ethos und Pathos", in dem Artikel über Franz Metzner

[64] Sibylle Einholz, Der Gezwängte Mensch – Beobachtungen zu Berliner Grabreliefs des frühen

20. Jahrhunderts, in: Zeitschrift des Deutschen Vereins für Kunstwissenschaft 43, 1989(2), S. 80

[65] Vgl. Hutter, „Die feinste Barbarei", S. 140 f.

[66] Emil Schwantners Lebenslauf, ebd., S. 115

[67] Zit.n. Erwin Schön, Aus Rübezahls Heimat, 1951, S. 153

68 Emil Schwantner, in: Hohenelber Zeitung, 7.9.1927

69 Dominique Jarrassé, Rodin – Faszination der Bewegung, 1993, S. 3o

70 Benno Dlouhy, ebd., S. 44

71 Josef Mühlberger, Trautenau, Heimatbildung, Heft 26, 1923, S. 14

72 Josef Mühlberger, Nachruf auf Emil Schwantner, Aus Rübezahls Heimat, 1/1957, S. 4

73 Johann Georg Sulzer (1720 – 79), in: Ethos und Pathos, Berliner Bildhauerschule 1786 – 1914, Denkmalsplastik in Berlin – ihre Wirkungsweisen im Stadtraum, Schülergabe für Prof. Dr. Peter Bloch, 1990

74 Erwin Schön, Emil Schwantner, in: Riesengebirgs Heimatbuch 1951, S. 154.

75 Vgl. Oskar Nimsch, Sochar Emil Schantner, in: Zprávy, 3/1957, S. 25 f.

76 Johann Posner, Ein großer und getreuer Sohn unserer Heimat. Vor 70 Jahren wurde Emil Schwantner geboren, in: Riesengebirgsheimat 7/1960, S. 201. Vgl. a. Rudolf Sitka, Emil Schwantner, in: Riesengebirgsheimat 1/1957, S. 13

77 Vgl. Nimsch, ebd., S. 26

78 Josef Mühlberger, Die musische Tafelrunde, in: Wo ich daheim war, Nürnberg, 1983, S. 53 ff.

79 Pfingstfest Trautenau 1936, Führer durch Kunst- und Kulturausstellung, S. 27

80 Mühlberger, Die musische Tafelrunde, ebd., S. 72

81 Eben jener Seifert aus Freiheit, den Schwantner auf der Karte an seinen Vater, 1909, erwähnt, daß er „...noch nicht hier" ist. Auf der Karte ist die Büste des alten Mannes abgebildet, die Schwantner als Aufnahmearbeit an der Prager Kunstakademie „...in einem einzigen Vormittag fix und fertig..." machte. Seifert studierte auch an der Prager Kunstakademie.

82 Josef Mühlberger, in Nachruf auf Emil Schwanter, Aus Rübezahls Heimat 1/1957, S. 3

83 A. Woytech, Die Korke, in: Riesengebirgs-Heimatbuch 10/1952, S. 52

84 Josef Mühlberger, Die musische Tafelrunde, ebd., S. 70

85 Vgl. Johann Posner, in: Riesengebirgsheimat 7/1960, S. 201

86 Rudolf Sitka, Emil Schwantner, Riesengebirgsheimat 1/1957, S. 13

87 August Gaul und die Entwicklung der Tierplastik im 19. Jahrhundert, in: Ethos und Pathos, Schülergabe, ebd.

88 Vgl. Otto Kletzl, Emil Schwantner, in: Jahrbuch des Deutschen Riesengebirgsvereines, Hohenelbe, 1923, S. 75

89 Benno Dlouhy, Emil Schwantner, in: Ostböhmische Heimat 1/1927, S. 45

90 August Gaul und die Entwicklung der Tierplastik im 19. Jahrhundert, Schülergabe, ebd.

91 Otto Kletzl, Emil Schwantner, der Bildhauer des Riesengebirges, in: Karl Schneider, Das Riesengebirge und sein Vorland, Wien 1924, S. 46

92 Brief Emil Schwantner vom 13. Oktober 1949 an die Mutter von Eva Scholze

93 Die Gedichte und Lieder Emil Schwantners sind von einer Cousine der Lamer-Linie, Eva Scholze aus Jungbuch, aufgezeichnet worden, die als Kind Emil Schwantner zuhörte, der die Lieder auch mit der Geige begleitete.

94 Diesen Brief schickte mir Frau Kašparová in den neunziger Jahren, als sie davon hörte, dass ich über Emil Schwantner forsche. Wir haben uns ein paar Mal in Trautenau und Schatzlar getroffen. Sie ist mittlerweile gestorben, wie fast die gesamte Erlebnisgeneration.

95 Aus meinem Gedichtband „Böhmische/Česka Polka", cz. von Jen Jensen, Geest Verlag, Vechta, 2005

96 Goethe, Gedichte, insel tb 1400, Ffm, 1992, S. 586

97 1782 wurde Goethe geadelt; s. Georg Schwedt, Das Reiselexikom Goethe, Callwey, München, 1996, S. 104

[98] Goethe, Römische Elegien und Venezianische Epigramme, hg. Regine Otto, insel tb 1150, Ffm., 1989, S. 75

[99] Goethe, Gedichte, aaO, S. 335 f.

[100] vgl. Johannes Urzidil, Goethe in Böhmen, Artemis Verlag, Zürich, 1965. /Siehe Fußnote 13)/

[101] vgl. Die Felsenstädte von Adersbach und Wekelsdorf, Verlag Juko, Tschechien, S. 10 ff.; sowie: Ernst Schremmer, Sudetenland, Flechsig Verlag, S. 166

[102] s. Otto Krätz, Mineralogie und Geologie, in ders.: Goethe und die Naturwissenschaften, Callwey Verlag, München, 1998, S. 60 ff.

[103] Johannes Urzidil nennt den 15. September 1790 als klare Vollmondnacht. Meine Nachfrage bei der Sternwarte in Berlin hat aber ergeben, daß am 23. Vollmond war. Auch andere Autoren lassen Goethe in der Nacht vom 22. zum 23. die Schneekoppe ersteigen. S. Schwedt, Reiselexikon, aaO, S. 145

[104] Urzidil, aaO, S. 23

[105] Goethe, Gedichte, aaO, S. 335

[106] s. Urzidil, aaO, S. 24

[107] Meyers Konservationslexikon, Leipzig, 1905, 12. Band, s. 579

[108] Diese Fakten wissen wir von Johannes Urzidil (1896 in Prag geboren, 1970 in New York gestorben). Er widmete sein Lebenswerk Goethe in Böhmen, 1932 als Essay erschienen; 1962 als erweiterte Ausgabe. Urzidil verdanken wir, daß wir ziemlich alles auf einen Blick wissen, was Goethe in Böhmen trieb und mit wem er sich traf, ohne sämtliche Briefe und lebensgeschichtliche Zeugnisse durchblättern, die 140 Bände der Weimarer- oder Sophienausgabe nach dem Stichwort Böhmen absuchen zu müssen. Siebzehnmal Böhmen nennt er den ersten Teil, sagt uns den genauen Tag der An- und Abreise.

[109] Schwedt, Reiselexikon, aaO, S. 135

[110] Goethe, Gedichte, aaO, S. 855

[111] s. Urzidil, Goethe, aaO, S. 44

[112] s. Urzidil, Goethe, aaO, S. 26

[113] s. Urzidil, Goethe, aaO, S. 144

[114] s. Urzidil, Goethe, aaO, S. 145

[115] s. Urzidil, Goethe, aaO, S. 147

[116] Urzidil, goethe, aaO, S. 149

[117] Reinhard, Karl Friedr. Graf, 1761 – 1837, Gesandter Napoleons, Freund Goethes

[118] Urzidil, Goethe, aaO, S. 151f.

[119] Urzidil, goethe, aaO, S. 50

[120] Urzidil, Goethe, aaO, S. 53

[121] Urzidil, Goethe, aaO, S. 155 f.

[122] Schubarth, Karl Ernst, 1796-1861, Philologe und Ästhetiker

[123] Urzidil, Goethe, aaO, S. 129

[124] Goethe, Gedichte, S. 283

[125] Urzidil, goethe, aaO, S. 177

[126] Urzidil, aaO, S. 175

[127] Urzidil, Goethe, aaO, S. 178

[128] Urzidil, aaO, S. 361

[129] Johann Peter Eckermann, Gespräche mit Goethe, Goldmann Verlag, München, TB 950-51, S. 55

[130] Buchwald, in: Goethe Band 1, aaO, S. XXIV

[131] Buchwald, ebd., S. XXIV

[132] Goethes Werke in 10 Bänden, Volksverlag Weimar, 1958, 1. Band, S. XXXI und Urzidil, Goethe, aaO, S. 162

[133] Eckermann, aaO, S. 4o1

[134] Eckermann, ebd., S. 402

[135] Urzidil, aaO, S. 237, 298, 318

[136] Urzidil, aaO, S. 331

[137] Goethe, Gedichte, aaO, S. 1085

138 Marie Ebner-Eschenbach (* 13. September 1830 auf Schloss Zdislawitz bei Kremsier in Mähren; † 12. März 1916 in Wien), Bozena, nur noch antiquarisch auffindbar;
dto., Aus Spätherbsttagen, Erzählungen, Vitalis Verlag, Prag, 1999; Bozena Nemcova (4. Februar 1820 in Wien als Barbara Pankel; † 21. Januar 1862 in Prag), Die Grossmutter (Babicka), Vitalis Verlag, Prag; Peter Härtling (* 13. November 1933 in Chemnitz), Bozena, dtv Taschenbuch, 1996.

139 Erstveröffentlichung in: Jenny Schon, Der Graben, verlag am park, Berlin, 2005

140 Erstveröffentlichung in: Jenny Schon, Der Graben, verlag am park, Berlin, 2005

141 Theodor Fontane, Der deutsche Krieg von 1866, Band 1, S. 358

142 ca. 1970 in dem Erzählband Der Scherbenberg", 1983 noch mal in dem Band Wo ich daheim war, Helmut Preußler Verlag, Nürnberg, veröffentlicht.

143 Mühlberger, Die Tafelrunde, in: Wo ich daheim war, S. 71 f.

144 Der Gedichtband „Das große Rauschen" ist 1931 im Verlag der Literarischen Adalbert-Stifter-Gesellschaft in Eger erschienen.

145 Mühlberger, Geschichte der deutschen Literatur in Böhmen 1900 – 1939, S. 348-349, Verlag Langen Müller, München, 1981.

146 Ebd. S. 348f.

147 Das in den zwanziger Jahren gebaute Atelierhaus Schwantners existiert noch heute in Trautenau. Bei der Vertreibung 1946 mußte er alle Werke vor Ort lassen, die zum Glück größtenteils im Museum gelandet sind und nicht zerstört wurden wie viele seiner Denkmäler in den Ortschaften.

148 Sudhoff, Dieter (Hg.), Holunderblüten. Erzählungen deutscher Schriftstellerinnen aus Böhmen und Mähren., 2005, Wuppertal, Verlag: Arco

149 Die Tochter der einzigen Tochter Renate, die aus der Ehe mit Kurt Hampel stammt, und in Westfalen lebt. Sie beabsichtigt ein Buch über die Familie ihrer Dichter-Großmutter zu schreiben und ist deshalb mit Informationen sehr zurückhaltend.

[150] aaO, S. 349

[151] Else Lasker-Schüler, aus: Meine Wunder, in: Helles Schlafen – dunkles Wachen, dtv. 1967

[152] Der Text ist erschienen in: Stifter Jahrbuch 2014, München

[153] Erstveröffentlichung in: Jenny Schon, Rheinisches Rondeau, trafo verlag, Berlin, 2012

[154] Interessant ist, dass meine Mutter nicht nur tschechisch Schonova, sondern Anny mit –y schreiben muß.

[155] Diese Erzählung wurde prämiert auf der Messe Migration Bonn, 2013

[156] Erstveröffentlichung in: Jenny Schon, PostelbergKindeskinder – Träume und Trauma, Odertor Verlag, Bad Schussenried, 2011

[157] Erstveröffentlichung in: Jenny Schon, PostelbergKindeskinder – Träume und Trauma, Odertor Verlag, Bad Schussenried, 2011

[158] Was nachher aus den beiden wurde, wusste er aber vermutlich nicht. Um was für Russen es sich handelte, ob sie reguläre Soldaten waren oder nicht, blieb vielleicht ungesagt. Ich kann mich nur an Episoden, nicht an eine zusammenhängende Erzählung erinnern.

[159] Die armen Leute hatten auf Knien um ihr Leben gebeten. Diese Geschichte hörte ich später von meiner Mutter oder vielleicht auch von meinem Vater. Das Ende dieser Erzählung oder ihrer Wiederholung, die jedenfalls ihren Ausgangspunkt bei der Erläuterung des Verhaltens der Großmutter hatte, war die Bemerkung, das Bedenkliche seines Verhaltens sei seiner Mutter bewusst gewesen. Sie habe aus ihren bösen Ahnungen auch keinen Hehl gemacht, als er wieder abgereist war. Ebenfalls ein banges Gefühl hatte ich aus anderem Anlass und wohl erst später. Er gab mir beim Abschied einen silbernen altrussischen halben Tscherwonetz, dessen Prägung auf der Rückseite den russischen Doppelkopfadler mit dem Sankt-Georgs-Schild zeigte und auf dessen Schauseite der letzte Zar Nikolaus abgebildet war. Während ich das schöne Stück bewunderte, schenkte er es mir „zum Andenken“. (Es fällt mir allerdings schwer, die damaligen Reden von späteren Kommentaren zu unterscheiden.)

160 In der ersten Zeit nach dem 10. Juni, an dem die Alliierten ihre „kombinierte Bomber-Offensive" begannen, lag Berlin aber noch nicht in bequemer Reichweite ihrer Maschinen. Solange es nur sporadische größere Angriffe gab, hielt sich auch die Menge der herunterkommenden Granatsplitter in bescheidenen Grenzen. Eingreifender und wirkungsvoller als die Sammlung von Konservendosen war die systematische Demontage fast aller massiven eisernen Zäune zumindest der öffentlichen Grundstücke, zu denen die Schulen gehörten.

161 Am Nachmittag dieses 29. Juli fuhr ich zu 5 Uhr zur Geigenstunde nach Köpenick. Wenn ich mich richtig erinnere, fragte die Lehrerin in der Stunde nur, ob in Altglienicke auch so viele Flugblätter wie dieses abgeworfen worden seien, und überließ mir das gezeigte Exemplar. Außerdem schenkte sie mir zum Geburtstag ein Bild von einem Hirsch im Wald hinter Glas und Rahmen. Weitere Andeutungen machte sie nicht; ich wusste auch ohne sie, dass man solche Flugblätter nicht weitergeben sollte. Das Bild gefiel mir nicht, nur dass sich zwischen Bild und hinterer Deckpappe das geschenkte Flugblatt verstecken ließ. Aber länger aufgehoben habe ich es nicht.

162 Rektor André nannte diese Zahl in seiner Schulchronik. Es gab dann ab September 1943 nur noch Zählappelle.

163 Nach dem 1. März war er der zweite schwerere Angriff. Er betraf Südende, Lankwitz, Steglitz, Friedenau, den Zoo, den Potsdamer Platz und Lichtenberg. Eingesetzt waren 625 Bombenflugzeuge. Vorangegangen war in der Nacht vom 17. zum 18. August ein die fliegende deutsche Luftabwehr bindender Ablenkungsangriff auf Berlin mit nur 20 Maschinen, der Hauptangriff war gegen die Raketenabschussrampen in Peenemünde gerichtet.

164 Das Gelände war zwar abgesperrt, aber man konnte erkennen, dass es Leichen gab, die jung wirkten. Ich erinnere mich, dass wir aus Neugier hingelaufen waren, dass mich aber nachhaltig vor allem die Feststellung schockierte, dass die Besatzung tot war. Später las ich den Bericht eines deutschen Piloten, der sich wahrscheinlich auf diesen Absturz bezog, den er beobachtet hatte. Demnach handelte es sich nicht um einen Abschuss, sondern um einen Motor- oder Manövrierschaden. Wir waren damals der Meinung, der Bomber habe einen Treffer der Flak aus Falkenhorst abbekommen. In dieser Nacht verlor die britische Luftwaffe 58 Maschinen und fast 400 Mann Besatzung. Die Nachrichtensender führten diese Verluste auf die neu organisierte deutsche Luftabwehr zurück, meldeten aber summarisch auch Zerstörungen in Wohngebieten und Bevölkerungsverluste.

165 Vorangegangen war ein kleiner Störangriff mit nur 5 Maschinen in der Nacht vom 25. zum 26. August. Eingesetzt waren am 31. August 512 Maschinen. Der Angriff wurde hektisch durchgeführt und war von Fehlmarkierungen geprägt. In den Nachrichten wurden erhebliche Zerstörungen eingeräumt, aber zugleich wurde gemeldet, „dass die vom Feind beabsichtigte zusammengefasste Wirkung nicht zustande kam.“ Gemeint war der befürchtete Feuersturm, wie ihn Hamburg erfahren hatte.

166 Der übliche Termin des Eintreffens am Abfahrtsbahnhof war 18 Uhr. In meinen alten Notizen steht keine Zeit.

167 Aus dem Tagebuch eines Mitschülers schrieb ich später ab, der Zug sei in Dresden gewechselt worden.

168 Eine Beschreibung der Reiseroute habe ich sonst nicht finden können. Wahrscheinlich ging die Fahrt über Tetschen-Bodenbach, Leitmeritz, Melnik, Podiebrad, Kolin, Pardubitz, Olmütz, Prerau und Hullein zu dem geänderten, zunächst fälschlich mit „Prag“ angegeben gewesenen Fahrtziel, dessen Neubestimmung anscheinend erst nach der Abfahrt, vielleicht erst in Dresden, dem Begleitpersonal mitgeteilt worden war.

169 Damals waren wir ungefähr 80 Kinder, von denen sich die der untersten Oberschulklasse noch nicht kannten.

170 Hitler hatte schon am 27. September 1940 nach den ersten Luftangriffen der Engländer auf deutsche Städte in einem von Bormann unterzeichneten vertraulichen Rundschreiben an die Reichsbehörden und Parteistellen angeordnet, unter Vermeidung jeglichen Propagandaaufwandes vor allem solche Kinder, die in Laubenkolonien und in Stadtteilen ohne ausreichende Luftschutzkeller wohnten, unter der Bezeichnung Kinderlandverschickung in Sicherheit zu bringen. Dabei sollte aber nicht von einer „Evakuierung“ der Städte gesprochen werden. Tatsächlich wurden zwischen 1941 und 1944 etwa 5 Millionen Kinder mit 200.000 Sonderzügen in 12.000 Lager gebracht, davon 800.000 Schüler im Alter von über 10 und unter 16 Jahren. Die Volkswohlfahrt übernahm die Verschickung der vorschulpflichtigen Kinder und der Schüler der ersten 4 Schuljahre, die größeren Kinder sollten von der Hitlerjugend, unterstützt von Gauinspekteuren des Lehrerbundes, betreut werden. Vorbereitet wurde die Verschickung durch eine Schulung der jugendlichen Lagermannschaftsführer und der gegebenenfalls aus der Lehrerschaft hervorgehenden, von den bisherigen Schulaufsichtsbehörden ernannten Lagerleiter.

171 Napajedl (Napajedla) liegt am Ost-Ufer der March (Morava) 66 km (Luftlinie) östlich von Brünn (Brno).

172 Ich lernte damals die Ausdrücke „Schwarze Hand“ und Gestapo in der Umformung zu „Gestupo“ kennen, was „geheime Stubenpolizei“ heißen sollte. Unter diesen Masken wurde Unfug getrieben. Außerdem musste ich mich an Wörter gewöhnen, die mit der Organisation des Jungvolks der Hitlerjugend zusammenhingen, bei dem ich aber durch Zufall nicht angemeldet war, weil anzunehmen war, dass nach meinem 10. Geburtstag am 29. Juli 1943 bei den „Pimpfen“ in Berlin nichts mehr kontrolliert werden konnte.

173 Praschmo (Prazmo) liegt am West-Ufer der Moravka
25 km süd-südöstlich von Mährisch Ostrau (Ostrava).

174 Seitens des Reichserziehungsministeriums bestanden seit 1935 Bestrebungen, Turnlehrer wie Dr. Scheele generell zu stellvertretenden Schulleitern zu ernennen. Sie sollten „durchgreifen“: „Anhaltendes Versagen im Sport“ war Grund genug, Schüler von der Oberschule zu verweisen. Aus dem Jahre 1940 ist eine Äußerung Hitlers gegenüber dem Senatspräsidenten von Danzig Hermann Rauschning überliefert: „Eine gewalttätige, herrische, unerschrockene, grausame Jugend will ich ... Ich werde sie in allen Leibesübungen ausbilden lassen ... Das ist das Erste und Wichtigste ... Ich will keine intellektuelle Erziehung ... Sie soll mir in den schwierigsten Proben die Todesfurcht besiegen lernen.“ Davon allgemein spürbar wurde in unserer Schule aber nur eine von vielen Schülern gern übernommene Überschätzung des Sports.

175 Das Rajmaneum ist heute ein Altersheim mit 7 Wohnungen. Der eine Mitschüler in unserem Zimmer, der den Eltern öfter Grüße an einen kriegsgefangenen Franzosen Ive auftrug, trug dessen Vornamen Ive als Spitznamen.

176 Der Unterricht vermittelte im Wesentlichen die traditionellen höheren Schulkenntnisse. Es gab allerdings eine deutliche Überbetonung der „Körperertüchtigung“, die auf den Schulzeugnissen in einem ersten Teil in breiter Ausfächerung beurteilt wurde. Dann folgte eine Beurteilung des Verhaltens. Erst an dritter Stelle kam ein Teil, in dem die Noten in den anderen Schulfächern standen. Es gab ein „Unter-

richtsprinzip“ des Rassismus, das für alle Fächer gelten sollte, sich aber nur begrenzt anwenden ließ und in Praschmo in der Form des überall üblichen Nationalismus angewandt, aber nicht mit Antisemitismus verknüpft wurde, da der evangelische Physiklehrer, ohne dass die Schüler es wussten, einerseits als Rassejude galt, andererseits als im Ersten Weltkrieg hochdekorierter Leutnant im Jagdgeschwader „Richthofen“, zuletzt unter Göring, unantastbar war; er wurde allerdings wegen seiner dumpfen Fistelstimme von den Jungen schamlos lächerlich gemacht. Und es gab seit 1937 in den damals sogenannten deutschkundlichen Fächern in den oberen Klassen ideologisch geprägte Bekenntnis-Aufsatzthemen, während der Literaturunterricht, der ja stets die Nationalliteratur übermäßig betont, weitgehend verschont blieb; Heine-Lektüre war schlicht verboten. In den Geschichtsunterricht wurden Militärgeschichte und Wehrkunde einbezogen und aus ihm die zuvor berücksichtigt gewesene Kunst- und Musikgeschichte ausgeschieden und den Fächern Kunsterziehung und Singen zugewiesen. Mit den Liedern aus dem Liederbuch der Hitlerjugend, denen man wenig anderen Sinn als den der öffentlichen Ruhestörung beim Marschieren abgewinnen konnte, hatte der Musikunterricht aber nichts zu tun. Die Erdkunde wurde um geopolitische Aspekte erweitert, an den Biologieunterricht wurde Rassenkunde angeschlossen, und Philosophische Propädeutik verschwand aus dem Lehrplan. Unverändert blieben Mathematik, Physik, Chemie, Englisch und Latein.

177 Die 9 bis 10 Bogen starken, kartonierten Klassenstufenbände aus dem Verlag Thieme in Leipzig wurden ab 1940 herausgegeben von Kraepelin u.a.; sie waren bebildert und auf die gewünschte Ideologie zugeschnitten.

178 Die Studienassessorin, die in meiner Klasse Biologieunterricht gab, war zufrieden, wenn die Funktionen der Sinnesorgane, speziell des Auges, sachlich richtig dargestellt wurden, und ließ kindliche Beschreibungen gelten.

179 Am Anfang des Tages stand um 7 Uhr Wecken, um 7 Uhr 45 „Stubendurchgang“ auf dem Plan, es gab um 8 Uhr Frühstück, um 13 Uhr Mittagessen, um 16 Uhr einen Imbiss, der mit dem Wort Jause angezeigt wurde, und um 18 Uhr Abendessen. Von 14 bis 16 Uhr wurde

Freizeit gegeben oder „Dienst“ angesagt, und für die Zeit von 19 Uhr bis 20 Uhr 30 war „stille Beschäftigung“ nach eigener Wahl im Haus vorgesehen oder nochmals „Dienst“, und das Ende des Tages begann um 20 Uhr 30 mit dem Schuheputzen und Waschen, ab 21 Uhr herrschte „Lagerruhe“. Mit dem „Dienst“ waren zum Beispiel Ausmärsche gemeint, die manchmal mit Geländespielen verbunden wurden, oder es wurden Hitlerjugendlieder eingeübt. „Dienst“ waren auch sommerlche Sportwettkämpfe, im Winter auch Bastelarbeiten oder im Frühjahr die Veranstaltung eines Singewettstreits, allerdings vieles auch auf Initiative von Lehrern. Ein größerer Schüler namens Hannes Aust spielte sich als Hauptlagermannschaftsführer auf, und beim Stubendurchgang machten sich seine Unterbeauftragten öfter einen Spaß daraus, den Schrankinhalt auf den Fußboden zu schmeißen; erst nach wiederholten Beschwerden bei den Lehrern ließen im Laufe der Zeit solche Ungezogenheiten nach. Es gab aber auch Lehrer, die das Gehabe der Jugendführer guthießen, etwa die Sportlehrerin, die sich nicht nur Austs Klage über Hans-Joachims respektlose Antworten „du hast mir gar nichts zu sagen“ und „so doof wie du bin ich schon lange“ anhörte und für Aust Stellung nahm, sondern auch veranlasste, dass dem Hans-Joachim im 2. Teil des Schulzeugnisses angedichtet wurde, bei ihm sei „kameradschaftliches Verhalten kaum vorhanden“.

180 Lungendurchschuss ist am ehesten bei aufrechter Haltung des Opfers zu vermuten. Vom 12. Juli an hatte sich die 208. Infanteriedivision mit ihrem Pionierbataillon von der Oka bis nach Sewsk zurückgekämpft, vorläufig dort die Front gehalten, und nachdem am 5. August weiter südlich bei Belgorod, wo die 4. deutsche Panzerarmee kämpfte, die Russen die Front in einer Breite von 70 Kilometern in Richtung auf die Bahnlinie Sumi-Charkow durchbrochen hatten, war sie an die linke Flanke der Heeresgruppe Süd gestellt worden. Bei Sumi hielt die 2. Armee der Heeresgruppe Mitte den Vormarsch der Russen auf. Nahe Sumi liegt an der Eisenbahnstrecke von Kursk nach Kiew an einem Sejm-Übergang Burin. Die Bahnstrecken hatten strategische Bedeutung für den Nachschub der Russen, die am 3. September bei Burin vorrückten. Einen Tag nach Johannes‘ Verwundung trennte am 6. 9. der befürchtete „Dammbruch“ am Sejm die beiden Heeresgruppen Mitte und Süd voneinander.

181 Davor war beim Rückzug auf die Dnjeprlinie offenbar bis Schitomir keine Kampfpause eingetreten. Den Namen des Ortes, wo Johannes begraben wurde, hat der Hauptmann meiner Meinung nach nicht erwähnt.

182 Die Großmutter hielt sich an ihrem 72. Geburtstag bei ihrem Sohn in Altglienicke auf, daher ist der Aufschrei überliefert.

183 Diese Luftoffensive mit Flüssigkeitsbrandbomben, die sich schwer bekämpfen ließen, wurde erst im März abgebrochen. Die Briten markierten vom 27. November an die Zielgebiete mit schwebenden Leuchtbomben; die Berliner nannten sie „Weihnachtsbäume". Vor dem 27. November war eine Luftwarnung aus drei Sirenentönen eingeführt worden. Im Radio wurde dann nach dem Ticken eines Metronoms anhand einer Planquadratkarte durchgesagt, wo der Bomberverband gerade war. Altglienicke lag im Planquadrat Gustav Heinrich vier.

184 Wenn ich mich nicht irre, war sein Einsatzort Bohnsdorf, Ortsteil Falkenhorst. Die schwere Flak mit dem Kaliber 8,8 Zentimeter wurde beim Nachteinsatz unterstützt von Parabolscheinwerfern, die einen Durchmesser von anderthalb Metern hatten. Gelenkt wurden die Scheinwerfer und Geschütze von einem Horchgerät, das Ringtrichter-Richtungshörer hieß. Ein Bedienungsmann ermittelte mit Hilfe eines Schallverzugsrechners die Schallrichtung auf 2 Grad genau, Scheinwerfer und Geschütze folgten dem Horchgerät, bis das Signal „Licht auf!" kam. Mein Vater beschrieb zwar den Ringtrichter-Richtungshörer, ich bezweifle aber, dass er daran direkt eingesetzt war. Als im ersten Weltkrieg verschütteter Frontsoldat war er seitdem auf einem Ohr taub. In der Scheinwerferbatterie bediente er vielleicht den Schallverzugsrechner. Ein einmaliges Vorkommnis blieb der Einsatz von neuartigen blendenden Bodenleuchten. Mein Vater zitierte den Befehl dazu: „Brennt ab den Mist!"

185 Ob ein Auto besorgt wurde, wahrscheinlich kam ein Taxi, und ob die Schwester mitfuhr, weiß ich nicht mehr.

186 Unter den größeren Modellbastlern im Hotel Picha gab es einen, dessen Hansekogge Bewunderung erregte.

187 Die Geschenke kamen, was uns aber nicht verraten wurde, an die Lagerleitung adressiert, von den jeweiligen Eltern und wurden von unseren Lehrern im Speisesaal an den gewohnten Sitzplätzen aufgebaut.

188 Es war eine flüchtige Zufallsfreundschaft. Die Wanderung dauerte fast vier Stunden.

189 Podiebrad (Podebrady) liegt am Nordufer der Elbe 52 km östlich von Prag. Abfahrt von Friedek 17 Uhr, wir fuhren über Mährisch Ostrau, Prerau, Olmütz, Böhmisch Trübau, Pardubitz und Kolin, Ankunft 20 Uhr 10.

190 Der Lagerleiter im Hotel „Luxor", ein Raubein, reagierte amüsiert und mit Anerkennung auf meine Erklärung, warum ich mich am Vormittag ohne Abmeldung vom Lager entfernt hatte.

191 In Praschmo gab es auch üble Burschen, ich erinnere mich an einen, den ich mir nach einem von ihm hinterrücks geführten Tritt in die Kniekehle als Gegner im Ringkampf unter den Augen der Mitschüler und des Lagermannschaftsführers aussuchen durfte und besiegte. Vor einem mit ihm meistens verbündeten Schüler musste man sich ebenso vorsehen.

192 „Rotfront" war vermutlich nur ein provozierender Cliquenname ohne echte Bedeutung. Übrigens sprach sich herum, dass im Krankenhaus, dem „Revier" für mehrere Lager in Podiebrad, Opfer mit Rippenbrüchen lagen.

193 Er hatte einen Rohrstock und benutzte ihn oft.

194 Dagegen waren die in den letzten Märztagen veranstalteten Geländespiele nicht grob, denn alle richteten sich dabei nach den Regeln; eigentlich wurde nur Verstecken gespielt.

195 Mein jüngerer Bruder sagte im Luftschutzkeller: „Ich habe keine Angst, ich zittere bloß."

196 Das Wort sollte wahrscheinlich die englischen Wörter Sport und Turnen durch einen deutschen Ausdruck ersetzen. Die Wortakrobatik fand aber überwiegend auf anderen Gebieten statt.

197 Praschmo lag, was kaum gewusst wurde, nicht in Mähren, sondern im ehemaligen Österreichisch-Schlesien.

198 Wer es war, daran konnte sich mein Bruder später nicht genau erinnern. Es war immer viel Willkür im Spiel.

199 Ich drückte mich regelmäßig; ich wurde jedenfalls wegen meines von der Diphtherie zurückgebliebenen Herzmuskelschadens geschont.

200 Mein Onkel hatte triumphierend gemeldet, wie schnell das Treibstoffwerk wieder auf volle Leistungsfähigkeit gebracht wurde. Bedenklich war aber, dass die Alliierten überhaupt, und zwar von Süden her, die Tschechei überfliegen konnten. Vermutlich starteten sie vom inzwischen von den Amerikanern eroberten Flughafen Foggia. Brüx heißt tschechisch Most.

201 An seine Beerdigung kann ich mich nicht erinnern; meiner Meinung nach wurde er eingeäschert und die Urne nach Mährisch-Ostrau geschickt.

202 Bartens hatte mit der Reise nichts zu tun. Meiner Meinung nach kannten wir ihn gar nicht persönlich.

203 Drei Wochen später wurde eine absolute Urlaubssperre verhängt; eine Reise wie diese wäre danach nicht mehr möglich gewesen. Außerdem wurde die 60-Stunden-Woche verfügt, die für unseren Vater schon vorher praktisch galt.

204 Derselbe Lehrer setzte seine rhetorischen Fähigkeiten aber auch gelegentlich im Kern im Sinne des Regimes ein: Einmal, es war vielleicht anlässlich des „Gewitters" der Verhaftungen am 22. August nach dem missglückten Attentat gegen Hitler vom 20. Juli, verglich er uns Deutsche jedenfalls mit den Insassen eines „rasenden D-Zugs", und sein verschieden deutbarer Schluss aus diesem Gleichnis hatte etwa den Sinn, wer abspringe, verliere sein Leben. Einmal hörten ein paar Mitschüler von Hans-Joachim im Speisesaal am dafür geeigneten Radiogerät verbotenerweise die Meldungen eines „Feindsenders". Dieser Lehrer kam dazu und sagte, das seien bekanntlich doch alles Lügen, und die Jungen sollten sich das besser gar nicht anhören, denn etwas davon bleibe immer im Gedächtnis hängen; aber er ließ die Schüler im Übrigen unbehelligt.

205 Mein jüngerer Bruder kannte nur noch kurze Zählappelle in der großen Schule in Altglienicke einmal in der Woche.

206 Der Speisesaal wurde aufgeteilt, und außer dem ohnehin immer für den Unterricht genutzten Aufenthaltsraum im Hotel Picha wurde dort sogar in einem bewohnten Zimmer bei den größeren Schülern unterrichtet und angeblich dabei auch geraucht. Picha war übrigens der Name des Hoteliers. Das Haus heißt heute Hotel Ondras.

207 Ich weiß nicht, ob Hans-Joachim wirklich daran teilnehmen musste, und glaube, dass er in der fraglichen Zeit im „Großrevier" in Friedek in Quarantäne festlag, wahrscheinlich wegen Impetigo.

208 Tatsächlich betrug die kürzeste Entfernung zur Front etwa 170 Kilometer.

209 Der Umzug war vermutlich am 19. September.

210 Sadska liegt 42 km östlich von Prag nahe dem Südufer der Elbe (Labe), 10 km westlich von Podiebrad und an einer Nebenbahnlinie 9 km südsüdwestlich Nimburg (Nymburk) am anderen Ufer der Elbe.

211 Zu ihnen gehörte, glaube ich, Detlef Pfeiffer, ein Nachbar aus unserer Straße, und wahrscheinlich auch der Englischlehrer. Ob BBC verbotenerweise in Böhmen überhaupt zu empfangen war, weiß ich nicht mehr.

212 Der kleine Kurort Bad Sadska hatte ungefähr 3.000 Einwohner. Seine Besonderheit waren Salzquellen, die wir aber nie kennen lernten. Ich habe den Ort im Jahre 1966 wieder besucht, und in dem mir bekannten Schulhaus ließ es sich eine junge Lehrerin nicht nehmen, mir zur Begrüßung von ihrer Klasse ein tschechisches und ein deutsches Lied vorsingen zu lassen.

213 Der Witwer hatte inzwischen die Krankenschwester geheiratet, die in Praschmo tätig gewesen war.

214 Das Gedicht fängt an „Die Mitternacht zog näher schon". Es ist die alte Geschichte vom „Menetekel" in Flammenschrift an der Wand. Den Wortlaut der biblischen Geschichte und die Übersetzung, die Heine nicht erwähnt, ergänzte der Lehrer. Später fiel mir auf, dass er die Ballade offenbar nicht ablas, sondern aus dem Kopf rezitierte.

215 Diese irreführende Ansicht über das „Protektorat" äußerte er wahrscheinlich an einem Abend in den späteren Januarwochen. Vielleicht hing die Initiative einiger Lehrer kurz nach dem 21. Januar, die Schüler über die Kriegslage allgemein zu informieren, mit „Mackers" Abwesenheit wegen seiner Berlinreise zusammen, vielleicht nur, weil die beteiligten Lehrer ihm, mit seinem Einverständnis, eine Stellungnahme ersparen wollten.

216 Die Stadt liegt nur etwa 60 Kilometer in Luftlinie östlich von Sadska, war aber damals mit der Bahn nur umständlich zu erreichen, und außerdem gab es nur noch regellosen Zugverkehr.

217 Außer zwei Orten am Ende der Bahnfahrt sind mir keine Ortsnamen im Gedächtnis geblieben. Anscheinend wurde der gesamte Schienentransport der Flüchtlinge nach Südwesten geleitet. Die russische Front war dabei, bis zum 19.4.1945 nördlich der gebirgigen Grenzen der alten Tschechoslowakei immer westwärts über die Spree hinweg bis Spremberg vorzurücken, während die letzten intakten Bahngleise, die in Böhmen von Westen nach Osten verliefen, noch von der bei Mährisch Ostrau kämpfenden Heeresgruppe Mitte für Versorgungszüge der Wehrmacht gebraucht wurden. Am Ende näherten wir uns Klattau nicht von Norden, sondern von Süden.

218 Die Stimmung war zwar angespannt, aber nicht gereizt. Einmal an einem späteren Tag hielt der Zug dicht neben einem Transport von Männern in gestreifter Sträflingskleidung. Die Insassen baten um etwas Essbares, aber außer einem Stück Käse, das zufällig eines der Kinder noch bei sich hatte, war nichts aufzutreiben.

219 Das Gleis nach Klattau war im Laufe des Tages zerbombt worden. – „Macker" nötigte entweder Hans-Joachim oder mir eine sperrige blecherne Waschschüssel auf. Es muss aber ein Pferdefuhrwerk gegeben haben, mit dem unter anderem Kartoffeln mitgenommen wurden, aus unerfindlichen Gründen hatte eine Waschschüssel darauf keinen Platz, vom Gepäck der Kinder ganz zu schweigen. Wo zuletzt die im Gepäckwagen zurückgelassenen Waffen blieben und was mit dem privaten Gepäck der Erwachsenen geschah, weiß ich nicht genauer.

220 Nur Aust trennte sich von seiner „Lagermannschaft" und wollte wieder zurück „nach Aussig" an der Elbe und bei der Waffen-SS die Russen am Vorrücken nach Berlin hindern. Wahrscheinlich hat er Aussig nie erreicht.

221 Angesagt wurde das nicht. Ich war vor meinem geplanten Zurückbleiben an die Spitze des Zuges gegangen, um nachher nicht in zu großen Rückstand zu kommen, und hatte mich dort bei jemand, der den Zug anführte und das Ziel ja wissen musste, für alle Fälle vorsorglich danach erkundigt. Engelshütt war noch 16 km entfernt.

222 Engelshütt liegt nahe beim Gebirgszug Hoher Bogen fast 800 Meter hoch. Der Blick ins Tal war damals frei.

223 Einer der Soldaten, die im Jeep geblieben waren, gab aus dem bereits abfahrenden Jeep heraus stehend einen einzigen Schuss aus seinem Gewehr auf das Ortsschild ab und traf in der Aufschrift „Nach Kötzting“ exakt das Ö.

224 Zu den Waffen zählten auch feststehende Messer. An die Ausgangssperre hielt sich der Dorfbürgermeister nicht und wurde gleich an seinem Zaun erschossen. Von den Kindern konnte der Vorgang nicht beobachtet werden, denn sie mussten in der Scheune bleiben. Tagsüber konnten die Kinder mit den Soldaten sprechen; einer hatte Perlmuttbeschläge am Knauf seiner Pistole, die offensichtlich sein Privateigentum war. Der 3. Panzerarmee Pattons standen auf Befehl Kesselrings an den Böhmerwaldpässen noch Teile der 11. Panzerdivision gegenüber.

225 Die angebrochenen Verpflegungspakete ließen sie liegen; die Kinder machten sich darüber her.

226 Für die Mitnahme der bisher mitgeführten Kartoffeln hatten die Soldaten kein Verständnis.

227 Die Dörfer Perwolfing und Niederrunding zwischen den Städten Kötzting (im Osten) und Cham (im Westen) gehören zur Gemeinde Runding. Auch die wenigen Höfe in Göttling am Fluss Regen gehören dazu.

228 Brot wurde in der Gegend damals grundsätzlich auf jedem Hof von den Bäuerinnen selbst gebacken.

229 Tagsüber war es schon so warm, dass die Kinder im nahen Fluss, dem Regen, zu baden anfingen. Zwei Schüler schwammen mit umgeschnallten Gürteln und Brotbeuteln zum anderen Ufer, packten gefundene Munition in ihre Taschen, und einer erlitt dann in dem zu kalten Wasser einen Herzanfall. Er ertrank und wurde erst am nächsten Tag bei Cham aufgefischt. (In Sadska hatte dieser Schüler, der Adolf Wagner hieß und Adi genannt wurde, mir noch Fotos und seine Tagebücher gezeigt. Aus ihnen schrieb ich mir ein paar Daten ab.)

230 Der Bauer meinte mit der Adolf-Hitler-Schule vielleicht die Ordensburg für den Nachwuchs der Partei in Sonthofen. Hans-Joachim kannte so etwas gar nicht. Fritz war übrigens noch sehr klein, die Mutter brachte ihm gerade das Lesen bei; vielleicht war er enttäuscht, dass der Einfall mit dem Schutzpatron nicht die vermutete Wirkung hatte. Gescheiter war, dass er erzählte und zeigte, wie der Taubenschlag unter dem Wohnhausdach eingerichtet war.

231 Baumstämme besorgte sich der unerfahrene Bauer direkt aus dem Wald. Er hatte die Kraft seiner Pferde, die den Abtransport nicht bewältigten, überschätzt, kehrte zum Hof zurück und holte außerdem seine beiden Ochsen.

232 Bei dieser oder einer anderen Gelegenheit machte der Bauer eine verächtliche Bemerkung darüber, dass das Geld nichts wert sei. Die Bäuerin antwortete treffend: „Ohne Geld ist der Mensch ein Affe."

233 Hans-Joachim hatte noch in Sadska vor seiner Abkommandierung nach Königgrätz von seinem Vater aus Berlin 200 Mark geschickt bekommen und davon inzwischen wenig verbraucht. Was die Soldaten sammelten, waren mehr als 200 Mark.

234 Er hatte mehr Glück als Onkel Johannes; er hatte nur noch einen Lungenflügel, aber er lebte. Der Mann hatte einen Erlaubnisschein für den Sammeltransport, den er bei der einzigen knappen amerikanischen Militärkontrolle, die wir erlebten, vorzeigte, so dass sich die Soldaten nicht einzeln ausweisen mussten. Unter den Verwundeten war aber einer, der im Lazarett versucht hatte, mit Bimsstein die Tätowierung auf seinem Arm zu entfernen, die ihn als SS-Mann verraten hätte. Wir Kinder wurden übrigens nicht kontrolliert.

235 Die Entfernung von Lebendorf bei Könnern bis nach Aken an der Elbe beträgt 55 oder 56 Kilometer. Wir hatten nicht die Absicht, Aken zu erreichen, sondern wollten nur allgemein die Elbe ansteuern. Die Stadt Aken liegt 13 km westlich von Dessau am Südufer der etwa 175 Meter breiten Elbe, wo sie nordwestwärts nach Magdeburg einbiegt.

236 Beim Flakturm. Um nicht nochmals auf Puffern fahren zu müssen, versuchte Hans-Joachim entweder in Wittenberg oder in Jüterbog vergebens, Fahrkarten zu kaufen; die Schalter waren geschlossen. Ob er in Zerbst schon wusste, dass das nächste Fahrziel Jüterbog hieß, und entsprechende Fahrkarten kaufte, weiß ich nicht mehr.

237 Zwischen den Waggons verkündete ein Passagier allen, die es nicht wissen wollten, er sei ein politischer Häftling gewesen. Ein älteres Ehepaar hatte einen schönen hölzernen Handwagen in der Lücke zwischen den Puffern mit einer Wäscheleine festgebunden. Am Stadtrand von Berlin hielt der Zug auf freier Strecke, da wollte die Frau aussteigen und band den Handwagen los, verpasste aber das Ende des Aufenthalts und konnte dann den an der Leine hängenden Wagen nicht mehr mit den Händen halten. Man hörte es nur noch knacken und klappern.

238 Mein Vater umrandete in einem Kalender die Daten von Freitag bis Sonntag blau ohne Text, und fügte eine rote Umrandung darunter in U-Form für das Datum vom Montag, dem 23. an und strich die 23 kreuzweise rot durch. Da er den Kalender offensichtlich für den Nachweis seiner dienstlichen Tätigkeit bis in den Mai 1945 benutzte, war vermutlich gemeint, dass es sich um die Belagerungstage vor der Überrollung Altglienickes durch die Front handelte, in denen er wahrscheinlich unfreiwillig vom Dienst fernbleiben musste. Tatsächlich hatte er schon am 15. April, dem Zahltag, sein Gehalt für April nicht mehr bekommen.

239 Das obere Ende des Zuges stand an einer bereits fast ebenerdigen Bahnschranke. Dort war der Zug wenig geschützt, weil der Schacht flacher war als am anderen Ende des Zuges jenseits der Brücke, auf der die Straße in gerader Linie über den Schacht hinweg nach Bohnsdorf verlief. Die ältere Bahnlinie über Grünau nach Halbe war seit dem 22. April abends blockiert.

240 Die Begleitmannschaft bestand aus Freiwilligen der von Generalmajor Joachim Ziegler geführten Division Nordland, die als Teil der 9. Armee aus dem Raum Frankfurt an der Oder west- und südwestwärts zurückwich.

241 In der vorangegangenen Nacht und am folgenden Tage griffen britische und amerikanische Bomber nochmals Berlin an. Ab 10 Uhr 30 fiel vorübergehend der Strom aus; davon war auch der Radioempfang betroffen.

242 Von Süden drückte die 1. Ukrainische Front auf der von Zossen nach Berlin führenden Fernverkehrsstraße ausfächernd auf den Stadtrand

und schnitt mit dem Ziel, den südwestlichen Zangenarm um Berlin zu bilden, die Bahnverbindungen im Süden und Südwesten der Stadt durch. Die Folge davon war, dass die mit der Bahn aus Berlin heranzuführenden Munitionstransporte auch für die von Südwesten von Niemegk und Belzig nach Beelitz sich herankämpfende 12. Armee Wenck keine freie Strecke mehr vorfanden, als Wenck versuchen sollte, die aus der Einkesselung beim Forsthaus Hammer nordöstlich von Halbe westwärts ausbrechenden Teile der 9. Armee und der 4. Panzerarmee unter Busse vor den sie hart bedrängenden sowjetischen Truppen zu retten.

243 Sie suchten nicht die Stollengänge beim Stellwerk auf, weil sie fürchteten, dort mit Flammenwerfern ausgeräuchert zu werden. Die Luftschutzstollen boten nur Schutz gegen Splitter und sollten niedergehende Bomben abfangen, während die Luftschutzkeller auch Brand abhalten sollten.

244 Das kann eigentlich nur heißen, wenn die Russen aus dem Akazienhof kamen, dass mit dem Ausdruck „hinten" die Spitze des Munitionszuges im Schacht am Bohnsdorfer Weg gemeint war, und dass der Russe an den letzten Häusern der Ewaldstraße vorbei über den Zug hinweg oder um dessen Spitze herum vorrückte. Unwahrscheinlich ist die Zugehörigkeit dieses Soldaten zu den Truppen der 1. Ukrainischen Front, die an diesem Morgen von Zossen und Schönefeld her bis an den westlichen Rand von Bohnsdorf vorgedrungen war.

245 Laut Sowjetischem Informationsbüro waren erst am 26. 4. Altglienicke, Rudow und Adlershof eingenommen.

246 Meine Notiz lautet zusätzlich, aber wahrscheinlich falsch, „aus Dachau". Der SS-Mann blieb über Nacht. Die Frau blieb nicht viel länger. Die Enge im Keller war groß, nachdem auch unsere Großmutter nach Altglienicke umgesiedelt war.

247 Das war etwa am 2. Mai, als in Berlin die Kampfhandlungen eingestellt wurden, was aber wegen des abgeebbten Nachrichtenflusses nicht ohne weiteres als örtlicher Waffenstillstand wahrgenommen werden konnte.

248 In meinen Notizen ist von einem Tankzug die Rede, vermutlich waren Treibstoffkesselwagen im Zug gemeint.

249 Menschen kamen, glaube ich, nicht zu Schaden.

250 Manche der damit beauftragten Soldaten kannten weder Toiletten mit Spülung noch Wasserleitungen, hielten nicht angeschlossene Radioapparate für defekt und gaben sie zurück, wollten Armbanduhren, verwechselten aber andere Instrumente, die Zeiger hatten, mit Uhren, usw.; in der deutschen Bevölkerung kursierten Witze darüber.

251 Der Soldat klopfte ihm mit dem Pistolenknauf drohend auf die Finger.

252 Ähnlich erging es dem Nachbarn, der sich rettete, indem er oben aus dem Mansardenfenster auf die Regenrinne kletterte und nebenan an die Scheibe klopfte, wo die Großmutter nicht gleich reagierte. Er wurde dann vom nächsten Nachbarn durch das Fenster hereingelassen. Die Randlage der letzten Häuser in der Straße reizte anscheinend besonders zu solchen Übergriffen. Wenig später, als wir Brüder schon zu Hause eingetroffen waren, brach ein Russe schräg gegenüber ins Haus ein und machte sich über die Frau her. In der Nachbarschaft schlugen die Frauen Alarm mit Kochtopfdeckeln und schrieen nach dem Kommandanten. Tatsächlich wurde der Krach gehört, der Kommandant kam aus dem alten Ortskern von Altglienicke mit seinem Jeep, sprang über den Zaun, drang in das Haus ein und erschoss den Russen. Der Vorfall ist als Lösung eines Problems innerhalb der Roten Armee zu verstehen, nicht als Musterbeispiel dafür, dass die Deutschen von einzelnen Offizieren auch Rücksicht oder gar Sympathie zu erwarten hatten.

253 Am 28.4. hatte der russische Stadtkommandant Bersarin in Berlin alle Banken schließen lassen, aber am 15.5. allein die Sparkasse wieder zugelassen. In diesen Zusammenhang gehörte die einwöchige Tätigkeit meines Vaters in der Klosterstraße 80-85, wohl im Palais Podewils, das der Sparkasse gehörte. Dort wurde ihre vorläufige Zentrale eingerichtet, denn die Zentrale am Alexanderplatz 2 war bis Anfang 1952 zu stark beschädigt.

254 Die Filiale 182 der Sparkasse der Stadt Berlin, wo er offiziell am 15.7. 1945 als Buchhalter anfing, befand sich in Adlershof nahe dem S-Bahnhof am Süßen Grund im Eckhaus der damaligen Posadowskystraße 3 bis 5, der späteren Weerthstraße. Zur am 5.6. wieder eröffneten und in Stadtkontor umbenannten Berliner Stadtbank

wechselte mein Vater dort am 1.11.1947. Am 1.1.1952 versetzte ihn die Zentrale am Alexanderplatz 2 meiner unsicheren Erinnerung nach zur Sparkassen-Filiale im Haus Alt-Köpenick 38 gegenüber dem Schloß Köpenick.

255 Das Material dafür sollten die Einwohner wahrscheinlich selber beschaffen. Diese britische Flagge hing aber nicht am Haus, als Hans-Joachim und ich wieder eintrafen. Vielleicht war sie bereits eingesammelt worden.

256 Diesseits der S-Bahn-Strecke von Adlershof nach Grünau bogen zwei Strecken in den Schacht hinter der Straße ein, eine nach ihrer Überquerung des Teltowkanals, eine andere ausgehend vom Bahnhof Grünau. Zwischen diesen drei Strecken gab es einen Rest Kiefernwald mit Wacholderbüschen und Heidekraut.

257 Im Antrag der Koalitionsfraktionen zu „60 Jahre Charta der deutschen Heimatvertriebenen“ 2011, würdigen CDU/CSU und FDP die „Charta der Heimatvertriebenen" vom 5. August 1950 als „wesentlichen Meilenstein auf dem Weg zur Integration und Aussöhnung" und die Verdienste der Vertriebenen aus den ehemaligen deutschen Ostgebieten nach dem Zweiten Weltkrieg. Außerdem fordern sie die Bundesregierung auf, den 5. August als möglichen nationalen Gedenktag für die Opfer der Vertreibung zu prüfen.

Letztlich zog sich die Diskussion bis 2014 hin, als Bayern, Hessen und Sachsen erstmals in offizieller Form den zweiten Septembersonntag als Gedenktag einführten, um an die 14 Millionen Deutschen zu erinnern, „die nach 1945 völker- und menschenrechtswidrig aus ihren jahrhundertealten Heimatgebieten vertrieben worden waren.“ Der Mut dieser drei Bundesländer, dieses Zeichen zu setzen, habe nun dazu geführt, daß auch die Bundesregierung dem Drängen Bayerns nach einem bundesweiten Vertriebenen-Gedenken nachgab, das von nächstem Jahr an stets am 20. Juni, dem Weltflüchtlingstag der UNO, durchgeführt werden soll.

258 Foto „Frau mit Kinderwagen“, Osnabrück. Mit dem Relief erinnern der Documenta-Künstler Heinrich Brummack und sein Sohn Jakob an die im Zweiten Weltkrieg getöteten Kinder. Konkret bezieht sich das Gedenkrelief auf den Luftangriff auf Osnabrück am 21. November 1944, bei dem eine Bombe den Stolleneingang des Schutzstollens am Schölerberg

(Stadtteil Nahne) traf, in den 91 Menschen geflüchtet waren. Sie alle, darunter 51 Kinder aus dem nahe gelegenen Kinderheim und der Volksschule Nahne, kamen ums Leben. Ihre Namen stehen auf einer Tafel unter dem ganz in Grautönen gehaltenen Relief. Bei dem Angriff auf den Schutzbunker starb auch der bekannte Osnabrücker Künstler Franz Hecker. Das Relief selbst bezieht sich auf ein Foto, das in den 1940er Jahren um die Welt ging. Es zeigt eine Frau mit ihrem Kind, die in einer Schlange von Müttern und Kindern auf Einlass in einen Schutzbunker am Bahnhof Zoo in Berlin wartet. Das Relief ist an einer Stelle der Kirchenwand der ehemaligen Dominikanerkirche, die jetzt eine Kunsthalle ist, angebracht, an der sich früher vermutlich einmal ein Kruzifix befand.

259 Pimmocken – rheinisches Schimpfwort für Flüchtlinge

260 Erstveröffentlichung: Jenny Schon, Rheinisches Rondeau, trafo verlag, Berlin, 2012

261 Erstveröffentlichung: Jenny Schon, Rheinisches Rondeau, trafo verlag, Berlin, 2012

262 Tschechische Schriftstellerin, 30. August 1945 in Prag – 12. Januar 1998 in Berlin, Erstveröffentlichung in: Jenny Schon, Der Graben, verlag am park, Berlin, 2005

263 Geschrieben und veröffentlicht für: Jubliäumsschrift südost Verein e.V. Berlin-Kreuzberg 2013

264 Jozo Dzambo, Kroate, Historiker, Dichter, wissenschaftlicher Mitarbeiter beim Adalbert-Stifter Verein, München. Lektor für das Jahrbuch des Stifter Vereins.

265 ...alles schmerzt sich einmal durch bis auf den eignen grund
und die angst vergeht
schön die scheune die nach längst vergangnen ernten
leer am wegrand steht...

Jan Skácel (1922-1989 Brünn) aus „Wundklee“ (übersetzt von Reiner Kunze), er war Redakteur am Brünner Rundfunk, ab 1963 Chefredakteur der Kulturrevue Host do domu, 1969 verboten; bis 1981 veröffentlichte er im sog. Samizdat oder im Ausland. Er ist Ehrenbürger von Brünn.

266 3. Lyrikpreis der Künstlergilde Esslingen 2013

[267] In abgewandelter Form erschienen in: Jenny Schon, Der Graben, verlag am park, Berlin, 2005

[268] In Illinois lebt eine Groß-Cousine von mir, deren Opa, ein Bruder von meinem Opa Schwantner, ca. 1920 aus Trautenau ausgewandert ist. Ihr Bruder ist Joseph Schwanter, ein Composer und Pulitzerpreisträger. Von unserer gemeinsamen Ur-Großmuter erzähle ich in der Geschichte „Rübezahl geht nach Amerika".

[269] Veröffentlicht in: Prager Zeitung 33/2006

[270] Die Karte dazu an seine Eltern 1909 siehe Anhang

[271] Die Büste Robert Kochs für die Poliklinik in Premnitz in Brandenburg, 1955 in der DDR hergestellt, von der ich aber nach der Auflösung der meisten DDR-Institutionen die Spur verloren hatte. Als ich sie vom Händler kaufte, war sie recht ramponiert. Der Zufall will, dass eine tschechische Bildhauerin, Ludmila Seefried-Matějková, sie restauriert hat.

[272] Es war ja – wie bereits an anderer Stelle erwähnt – auch seit der Reformation 1540 in den späteren preußischen Gebieten nur noch der protestantische Glaube erlaubt und der katholische verboten. Cuius regio, eius religio – hieß die Parole. Seit dem Augsburger Friedensschluss von 1555 wurde dem Luthertum die Existenz neben dem Katholizismus zugebilligt. Jeder deutsche Landesherr konnte fortan in seinem Territorium die Konfession festlegen.

[273] Ein Beispiel aus meiner muttermütterlichen Familie: Der Ururgroßvater Josef Kosek kam aus der Nähe von Nachod, ein traditionell rein tschechisches Gebiet, in der Mitte des 19.Jhd. nach Schatzlar, Grenzstadt nach Schlesien, wo bis vor kurzem Steinkohle abgebaut wurde. Da es in der Gegend nur deutsche Mädchen gab, heiratete er aus Bernsdorf ein Bauernmädchen aus der Familie Winkler, deren Sohn, ebenfalls Josef Kosek, heiratete eins aus der Familie Schmidt. Meine Oma, geborene Kosek, heiratete einen aus der Schwantner-Familie. Dieser ehemalige tschechische Stamm Kosek hatte sich zu den Deutschen gezählt und wurde ebenso 1946 vertrieben wie die Schwantner-Familie.

[274] Zur Geschichte der Deutschen in der Tschechoslowakischen Republik nach dem Ersten Weltkrieg siehe: http://www.vertrieben-aktuell.org/2016/03/03/der-anschluss-der-sudetenlande-1938/